WILHELM RIBHEGGE

DAS LEBEN DES ERASMUS
IM SPIEGEL SEINER BRIEFE

WILHELM RIBHEGGE

DAS LEBEN DES ERASMUS
IM SPIEGEL SEINER BRIEFE

KATHOLISCHES LEBEN UND KIRCHENREFORM
IM ZEITALTER DER GLAUBENSSPALTUNG

Vereinsschriften der Gesellschaft zur
Herausgabe des Corpus Catholicorum
Herausgegeben von Günther Wassilowsky

82

Abbildung auf dem Einband:
Porträt des Erasmus von Rotterdam, Quentin Massys, 1517,
Rom, Galleria Nazionale d'Arte Antica

Die Korrektur des Manuskripts wurde gefördert durch die
Sparkasse Münsterland Ost.

© 2024 Aschendorff Verlag GmbH & Co. KG, Münster
www.aschendorff-buchverlag.de

Das Werk ist urheberrechtlich geschützt. Die dadurch begründeten Rechte,
insbesondere die der Übersetzung, des Nachdrucks, der Entnahme von Abbildungen,
der Funksendung, der Wiedergabe auf fotomechanischem oder ähnlichem Wege
und der Speicherung in Datenverarbeitungsanlagen bleiben, auch bei nur auszugsweiser
Verwertung, vorbehalten. Die Vergütungsansprüche des § 54 Abs. 2 UrhG
werden durch die Verwertungsgesellschaft Wort wahrgenommen.

Printed in Germany
Gedruckt auf säurefreiem, alterungsbeständigem Papier ∞

ISSN 0170–7302
ISBN 978-3-402-11105-5
ISBN 978-3-402-11106-2 (E-Book PDF)

INHALTSVERZEICHNIS

Einleitung 7

1. Die Jugend des Erasmus 13

2. Die Pariser Jahre 21

3. In Brabant, Paris, England, Italien und wieder in England: die Jahre von 1501 bis 1514 33

4. Zwischen Löwen und Basel: Die Jahre 1514 bis 1521 51

5. Die Jahre in Basel: 1521 bis 1529 99

6. Die Freiburger Jahre: 1529 bis 1535 161

7. Rückkehr nach Basel: die letzten Lebensjahre 1535 und 1536 . . . 211

8. Schluss 219

Literaturverzeichnis 225

Personenregister 247

Dank 263

Einleitung

Im April 1524 schrieb Erasmus von Rotterdam einen vertraulichen Brief an seinen Freund Konrad Gockeln, Professor an der Universität Löwen, der einen Abriss seines bisherigen Lebens enthielt. Erasmus schreibt, er sei vor 57 Jahren in Rotterdam geboren worden. Seine Mutter Margarete und sein Vater Gerhard waren verlobt, aber noch nicht verheiratet. Da aber Gerhards Familie ihren Sohn zum Priesterberuf vorgesehen hatte, wollte sie keine Heirat, und er entfernte sich von seiner Familie und ging nach Rom. Dort erreichte ihn von seiner Familie die falsche Nachricht, dass die junge Frau, die er hatte heiraten wollen, gestorben sei. Darauf entschloss sich Erasmus' Vater, Priester zu werden. Bei seiner Rückkehr nach Holland erfuhr er, dass die Nachricht falsch gewesen war. Aber eine Heirat kam nicht mehr zustande. Die uneheliche Geburt des Erasmus und auch, dass er möglicherweise der Sohn eines Priesters war, belastete Erasmus jahrelang.

Seine Mutter starb an der Pest, als er dreizehn Jahre alt war, und kurz darauf auch sein Vater. Die Vormünder drängten den jungen Erasmus, in ein Kloster einzutreten und Mönch zu werden. Aber Erasmus wehrte sich dagegen. Schließlich machte er doch seine Profess. Er wurde Mönch bei den Regularkanonikern des Heiligen Augustinus in Steyn bei Gouda.

Dieser Brief wird in der Ausgabe der Briefe des Erasmus als „Compendium Vitae Erasmi" geführt.[1] Die lateinische Edition der Briefe, die sich als ‚klassisch' etabliert hat, wurde von Percy Stafford Allen ediert: P. S. Allen [Hg.], Opus Epistolarum Des. Erasmi Roterodami, 12 Bde., Oxford 1906–58 (Nachdruck: Oxford 1992).[2] Die neueste Ausgabe der Werke des Erasmus von Rotterdam, die „Opera Omnia" der „Editio Amstelodamensis" (Abkürzung: ASD), die von der Koninklijke Nederlandse Akademie van Wetenschappen (KNAW) herausgebracht und gefördert wird, erscheint seit 1969 und ist bisher noch nicht abgeschlossen.[3]

---

[1] Percy Stafford Allen, (Hg.): Opus Epistolarum Des. Erasmi Roterodami, 12 Bde, Oxford 1906–1958. Nachdruck: Oxford 1992 (Edition der Briefe des Erasmus. Abkürzung: Allen), hier: Allen 1. S. 45–52; Collected Works of Erasmus, Toronto 1974 ff. (Englische Übersetzung der Werke des Erasmus. Abkürzung: CWE), hier: CWE 4, S. 399–410; CWE 10, S. 230–238.

[2] Vgl. Wilhelm Ribhegge, Erasmus und Europa: Studien zur Korrespondenz des Erasmus von Rotterdam, in: Zeitschrift für Historische Forschung Vol. 25, No. 4 (1998), S. 549–580.

[3] Vgl. die „General Introduction" zur ASD: Opera Omnia Desiderii Erasmi, Recognita et adnotatione critica instructa notisque illustrate 1.1, Amsterdam (North Holland Publishing Company) 1969, S. vii–xxi. – Johannes Trapman, Editing the Works of Erasmus: Some Observations on the Amsterdam Edition (ASD), in: Erika Rummel

Eine englischsprachige Übersetzung der Werke, die „Collected Works of Erasmus" (Abkürzung: CWE), wird von der kanadischen „University of Toronto Press" (UTP) herausgebracht und das Projekt wird von dem „Canada Council for the Arts" gefördert. Die CWE wurde auch vom Zweiten Vatikanischen Konzil (1962–65) beeinflusst, das eine überkonfessionelle Sicht auf das 16. Jahrhundert nötig machte. Erasmus bot sich dabei geradezu an.

Bereits 1964 war von Wissenschaftlern des „Centre for Reformation and Renaissance Studies" an dem Victoria College der kanadischen Universität Toronto gegründet worden.[4] Die Idee zu diesem Projekt geht auf die Initiative von Ronald M. Schoeffel zurück, einer der Verlagsdirektoren der UTP, der im Sommer 1968 entdeckt hatte, dass es keine Übersetzung der Korrespondenz des Erasmus ins Englische gab. Zwei Wissenschaftler der Universität Toronto James McConica und Richard Schoeck wurden eingeladen, sich an dem Projekt der „Erasmus-Edition" zu beteiligen und im folgenden Jahr wurde ein „Editorial Board" für die editorische Politik, ein „Executive Commitee" für dessen Durchführung und ein international zusammengesetzes „Advisory Board" zusammengestellt, dem aus Deutschland der Historiker Otto Herding (1911–2001) aus Freiburg angehörte. Die vollständige Liste der „Collected Works of Erasmus" (CWE) wird 86 Bände erfassen und ist noch nicht abgeschlossen.

Die ersten 22 Bände der „Collected Works of Erasmus" (CWE) umfassen die Übersetzung der Briefe des Erasmus ins Englische („The Correspondence of Erasmus"). Für die ersten beiden Bände dieser Briefedition, die 1974 und 1975 herauskamen, hatte man Wallace K. Ferguson (1902–1983), Kanadas best bekannter Historiker der Renaissance, als Annotator und R. A. B. Mynors (1903–1989), damals vermutlich der Welt führender Kopf für die lateinische Literatur, als Übersetzer gewonnen.[5] Für die folgenden Bände der Briefedition fungierten als Annotatoren James K. McConica für die Bände 3 und 4, Peter G. Bietenholz für die Bände 5–8, James M. Estes für die Bände 8–10 und 14–21, Charles G. Nauert (1928–2013) für die Bände 11–12 und James K. Farge für den Band 13. Als Übersetzer fungierten für die ersten zehn Bände wiederum

---

and Milton Kooistra (Eds.), Reformation Sources. The Letters of Wolfgang Capito and His Fellow Reformers in Alsace and Switzerland (Centre for Reformation and Renaissance Studies), Toronto 2007, S. 87–101.

[4] Die drei Gründungsinstitute der Universität, „Victoria", „St. Michael" und „Trinity", hatten alle protestantische und katholische kirchliche Bindungen.

[5] Vgl. Mark Crane, Forty Years of the „Collected Works of Erasmus" [1964–2014], in: Renaissance and Reformation/Renaissance et Réforme, (Fall 2014), S. 71–79; James M. Estes, The Englishing of Erasmus: The Genesis and Progress of the Correspondence Volumes of the Collected Works of Erasmus, in: Luc Deitz/ Timothy Kirchner/Jonathan Reid (Hg.), Neo-Latin and the Humanities: Essays in Honour of Charles E. Fantazzi. Essays and Studies 32: Center for Reformation and Renaissance Studies, 2014, S. 143–156; James M. Estes, The Achievement of P.S. Allen and the Role of CWE, in: Renaissance and Reformation/Renaissance et Réforme (Summer 1989), S. 289–298.

Einleitung 9

R. A. B. Mynors und D. F. S. Thompson (1919–2009) für Band 1–6. Nach dem Tod Mynors' setzten Alexander Dalzell (1925–2019), Clarence H. Miller (1930–2019) und Charles Fantazzi die Übersetzung für die Bände 11–21 fort. 2022 erschien der 21. Band der englischen Briefedition, der die Briefe des Erasmus 2940 bis 3141 (von Juni 1534 bis Februar 1537) umfasst.[6] Dieser 21. (und vorletzte) Band der Briefausgabe, die insgesamt über 3000 Briefe erfasst, reicht bis zum Tod der Erasmus am 12. Juli 1536 in Basel. Die englische Briefausgabe ist also jetzt vollständig. Der noch ausstehende 22. Band ist lediglich der Registerband. Die Nummerierung der Briefe wurde in der CWE von Allen übernommen. Der Zugang zu den Briefen des Erasmus wird durch das dreibändige biografische Lexikon „Contemporaries of Erasmus. A Biographical Register of the Renaissance and Reformation" erleichtert, das gleichfalls in der „University of Toronto Press" (UTP) erschien (Toronto 1985–87: Abkürzung: BR).[7] Das vorliegende KLK-Heft soll die 21 Bände der englischen Briefedition der Toronto Press vorstellen.

Der Beginn der Erasmus-Forschung im 18. Jahrhundert geht auf Jean Leclerc zurück, der mit seiner zehnbändigen Ausgabe der Werke von Erasmus von Rotterdam, die 1703 bis 1706 bei Pieter van der Aa in Leiden erschien, die Grundlage der modernen Forschung legte: Desiderii Erasmi Opera Omnia, hg. Johannes. Clericus [Jean Leclerc], 10 Bde., Lugduni Batavorum (Leiden) 1703–1706. Nachdruck: Hildesheim 1961–1962 („Leidener" Edition der Werke des Erasmus. Abkürzung: LB).

Percy Stafford Allen wurde durch die Vorlesung angeregt, die J. A. Froude 1893/4 in Oxford über Erasmus gehalten hatte[8], sich ein Leben lang mit Erasmus zu beschäftigen, wobei er zahlreiche europäische Bibliotheken und Archive durchforschte. 1914 erschien sein Buch „The Age of Erasmus"[9]. Die ersten 7 Bände des „Opus epistolarum" wurden von Allen in den Jahren 1906 bis 1927 veröffentlicht, die restlichen 4 Bände nach seinem Tod 1933 von der Witwe Helen Mary Allen und H. W. Garrod, Fellow am Merton-College in Oxford, in den Jahren 1934 bis 1947. Der Registerband 12 erschien 1958.

---

[6] CWE 21: The correspondence of Erasmus: Letters 2940 to 3141/June 1534–February 1537, translated by Alexander Dalzell † with Ann Dalzell † and John N. Grant, annotated by James M. Estes, Toronto/Buffalo/London 2022.

[7] Die französische Übersetzung der Briefe des Erasmus: La Correspondance d'Erasme, hg. Institut interuniversitaire pour l'étude de la renaissance et de l'humanisme, Bd. 1–12, Brüssel 1967–1984 (Vollständige französische Übersetzung der Briefe des Erasmus). – Im Deutschen besteht lediglich ein Auswahlband der Briefe: Erasmus von Rotterdam: Briefe. Verdeutscht und hrsg. von Walther Köhler, (4. Aufl.) Darmstadt 1995. Sie geht auf einen Nachdruck der Ausgabe von Walther Köhler (1870–1946) zurück, die 1938 in Dieterich'sche Verlagsbuchhandlung in Leipzig erschien.

[8] James Anthony Froude, Life and letters of Erasmus. Lectures delivered at Oxford 1893-4, London 1894.

[9] Percy Stafford Allen, The age of Erasmus. Lectures delivered in the universities of Oxford and London. Oxford 1914.

1923 erschien die Erasmus-Biografie von Preserved Smith[10] und 1924 die Erasmus-Biografie von Johan Huizinga[11], die 1928 von Werner Kaegi ins Deutsche übersetzt wurde. 1926 brachte Augustin Renaudet sein Buch „Erasme. Sa pensée religieuse et son action d'après sa correspondance (1518–1521)" heraus.[12] 1930 erschien Albert Hyma „The Youth of Erasmus"[13], 1933 das Werk „Desiderius Erasmus Roterodamus. Ausgewählte Werke" von Annemarie und Hajo Holborn[14] und Otto Schottenloher „Erasmus im Ringen um die humanistische Bildungsreform. Ein Beitrag zum Verständnis seiner geistigen Entwicklung".[15] 1934 erschien Stefan Zweigs Buch „Triumph und Tragik des Erasmus von Rotterdam"[16], gleichsam ein Kontrastprogramm zur Ideologie des Nationalsozialismus. 1936 brachte Alfred Hartmann die „Gedenkschrift zum 400. Todestage des Erasmus von Rotterdam"[17] heraus. 1937 erschien Marcel Bataillon „Érasme et l'Espagne"[18], und 1939 Augustin Renaudet „Etudes Èrasmiennes 1521–1529".[19]

Nach 1945 wurde Erasmus wiederentdeckt: 1947 erschien Fritz Casparis Aufsatz „Erasmus on the Social Functions of Christian Humanism"[20], und im gleichen Jahr Richard Newalds Buch „Erasmus Roterodamus"[21]. 1949 brachte Margaret Mann Phillips das Buch „Erasmus and the Northern Renaissance"[22] heraus, und von derselben Autorin erschien 1964 „The Adages of Erasmus"[23]. 1950 erschien von Aloïs Gerlo „Erasme et ses portraitistes, Metsijs, Dürer, Holbein".[24] 1952 erschien Andreas Flitner „Erasmus im Urteil seiner Nachwelt. Das literarische Erasmus-Bild von Beatus Rhenanus bis zu Jean Le Clerc"[25], 1961 Karl Heinz Oelrich „Der späte Erasmus und die Reformation"[26], 1962 Friedrich Heer „Erasmus von Rotterdam"[27], 1967 Willehad Paul Eckert „Erasmus von Rotterdam. Werk und Wirkung, Bd. 1:

---

[10] Preserved Smith, Erasmus. A study of his life, ideals and place in history, New York and London 1923.
[11] Johan Huizinga, Erasmus, Haarlem 1924.
[12] Paris 1926 (Nachdruck: Genf 1970).
[13] Ann Arbor 1930.
[14] München 1933. Nachdruck: München 1955.
[15] Münster 1933.
[16] Wien 1934. Zahlreiche Nachdrucke.
[17] Basel 1936.
[18] Paris 1937.
[19] Paris 1939.
[20] Fritz Caspari, Erasmus on the Social Functions of Christian Humanism, in: Journal of the History of Ideas (Jan. 1947), S. 78–106.
[21] Freiburg 1947.
[22] London 1949. Nachdruck: 1981.
[23] Cambridge 1964.
[24] Bruxelles 1950.
[25] Tübingen 1952.
[26] Münster 1961.
[27] Frankfurt 1962.

Der humanistische Theologe; Bd. 2: Humanismus und Reformation"[28] und Elsbeth Gutmann „Die Colloquia Familiaria des Erasmus von Rotterdam"[29], 1969 Maria Cytowska „Korespondencja Erazma z Rotteramu z Polakami"[30].

1969 brachte Roland H. Bainton die neue Biografie „Erasmus of Christendom"[31] heraus, Johannes Beumer die Studie „Erasmus der Europäer"[32] und Charles Béné, „Erasme et saint Augustin ou influence de saint Augustin sur l'humanisme d'Erasme".[33] 1970 erschien George Faludy „Erasmus von Rotterdam"[34], 1974 Anton J. Gail „Erasmus von Rotterdam in Selbstzeugnissen und Bilddokumenten"[35], 1977 Yvonne Charlier „Érasme et l'amitié d'après sa correspondance"[36], 1978 Franz Bierlaire „Les Colloques d'Érasme: réforme des études, réforme des moeurs et réforme de l'Église au XVIe siècle"[37], Richard DeMolen (Hg.) „Essays on the Works of Erasmus"[38] und James D. Tracy „The Politics of Erasmus. A Pacifist Intellectual and His Political Milieu"[39], 1979/1992/2003 Bruce Mansfield „Interpretations of Erasmus c 1550–1750: Phoenix of His Age"; „Interpretations of Erasmus 1750–1920: Man on His Own"; „Interpretations of Erasmus c 1920–2000: Erasmus in the Twentieth Century"[40], 1980 Irmgard Bezzel, Erasmus von Rotterdam. Deutsche Übersetzungen im 16. Jahrhundert.[41] 1981 brachte Jacques Chomarat das zweibändige Buch „Grammaire et rhétorique chez Érasme"[42] heraus, 1986 erschien Heinz Holeczek „Erasmus Deutsch: Die volkssprachliche Rezeption des Erasmus von Rotterdam in der reformatorischen Öffentlichkeit 1519–1536"[43], 1987 Léon E. Halkin „Erasmus ex Erasmo. Érasme éditeur de sa correspondance"[44], 1986 Cornelis Augustijn „Erasmus"[45], 1987 Léon E. Halkin „Érasme parmi nous",[46] und Friedhelm Krüger „Humanistische Evangelienauslegung. Desiderius Erasmus von Rot-

[28] Köln 1967.
[29] Basel/Stuttgart 1967.
[30] Warszawa 1965.
[31] New York 1969. Deutsch: „Erasmus. Reformer zwischen den Fronten", Göttingen 1972.
[32] Werl 1969.
[33] Genf 1969.
[34] Frankfurt 1970.
[35] Reinbek bei Hamburg 1974.
[36] Paris 1977.
[37] Paris 1978.
[38] New Haven/London 1978.
[39] Toronto 1978.
[40] Toronto 1979/1992/2003.
[41] Passau 1980.
[42] Paris 1981 (2 Bände).
[43] Stuttgart-Bad Cannstatt 1983.
[44] Aubel 1983.
[45] Baarn 1986. Deutsch: Erasmus von Rotterdam. Leben-Werk-Wirkung, München 1986.
[46] Paris 1987. Deutsch: Erasmus von Rotterdam. Eine Biographie, Zürich 1989.

terdam als Ausleger der Evangelien in seinen Paraphrasen".[47] 1989 erschien Erika Rummel „Erasmus and his Catholic critics, Bd. 1: 1515–1522; Bd. 2: 1523–1536"[48], 1991 Peter Walter „Die Theologie aus dem Geist der Rhetorik. Zur Schriftauslegung des Erasmus von Rotterdam"[49], 1990/93 R. J. Schoeck „Erasmus of Europe. Bd. 1: The Making of a Humanist 1465–1500, Bd. 2: The Prince of Humanists 1501–1536"[50], 1993 Silvana Seidel Menchi „Erasmus als Ketzer. Reformation und Inquisition im Italien des 16. Jahrhunderts"[51], 1995 Jean-Claude Margolin „Érasme. Précepteur de l'Europe"[52] und Lisa Jardine „Erasmus. Man of Letters. The Construction of Charisma by Print"[53], 1996 James D. Tracy „Erasmus of the Low Countries"[54], 1997 Marianne E. H. N. Mout/Heribert Smolinsky/Johannes Trapman „Erasmianism: Ideal and Reality"[55].

Vom 3.–5. November 1986 fand ein internationales Arbeitsgespräch des „Wolfenbütteler Arbeitskreises für Renaissanceforschung" über „Erasmus und Europa" statt, das vom August Buck (1911–1998) geleitet wurde. Daran nahmen führende Erasmus-Forscher wie Otto Herding, Léon-E- Halkin, Jean-Claude Margolin, Dietrich Briesemeister, Hubertus Schulte Herbrüggen, Agnes Ritook-Szalay, Paul Gerhard Schmidt, Bengt Hägglund und Cornelis Reedijk teil.[56] 2001 erschien Istvan Bejczy „Erasmus and the Middle Ages. The Historical Consciousness of a Christian Humanist"[57] und 2010 Wilhelm Ribhegge „Erasmus von Rotterdam"[58]. 2016 brachten Martin Wallraff/Silvana Seidel Menchi/Kaspar von Greyerz den Sammelband „Basel 1516. Erasmus' edition of the New Testament" heraus[59].

Von den rund 3000 Briefen, die von Erasmus erhalten sind, wurden 1600 von ihm selbst geschrieben. Aber nur rund 15 % der von ihm selbst geschriebenen Briefe wurden bis zum Jahre 1514 verfasst, als er schon 47 Jahre alt war. Nur 16 Briefe von ihm oder an ihn sind erhalten, bevor er 21 Jahre alt war.[60] Von den insgesamt 3130 Briefen von Erasmus an ihn kommen nur 445 aus den Jahren vor 1516, das sind nur 7 %: das heißt 2655 sind in seinen beiden letzten Lebensjahrzehnten, von 1516 bis 1536, zustande gekommen.

[47] Tübingen 1988.
[48] Nieukoop 1989.
[49] Mainz 1991.
[50] Edinburgh 1990/93
[51] Leiden-New York-Köln 1993.
[52] Paris 1995.
[53] Princeton, N. J. 1995.
[54] Berkeley-Los Angeles-London 1996.
[55] Amsterdam-Oxford-New York-Tokyo 1997.
[56] August Buck (Hg.), Erasmus und Europa, Wiesbaden 1988.
[57] Leiden-Boston-Köln 2001.
[58] Darmstadt 2010.
[59] Tübingen 2016.
[60] Schoeck I, S. 62 f.

1. Die Jugend des Erasmus

Der erste Band der „Correspondence of Erasmus" (CWE 1) reicht bis zum Jahre 1500.[61]

Die Eltern des Erasmus. Seine Kindheit in Gouda. Die Schulzeit in Deventer. Eintritt in das Augustinerkloster Steyn bei Gouda. Erasmus freundschaftliche Kontakte mit den Mitmönchen Servatius Rogerus, Cornelis Gerard und Willem Hermans. Priesterweihe 1492. Der Entwurf der Schriften „De contemptu mundi" und „Antibarbari". 1493 wird er Sekretär des Bischofs von Cambrai Hendrik van Bergen, der ihm ab 1495 das Studium in Paris ermöglicht. Freundschaft mit Jakob Batt. In Paris Kontakte zu den Humanisten Robert Gaguin und Fausto Andrelini. Auf Einladung seines Schülers William Blount, Lord Mountjoy, erster Englandaufenthalt 1499/1500. Freundschaft mit Thomas More und John Colet. Der Vorfall von Dover bei der Rückkehr. Das erste Buch: die „Adagiorum Collectanea" (1500), das er Blount widmet.

Den ersten Brief, der hier abgedruckt ist, schreibt Erasmus an seinen Vormund Peter Winckel im Jahre 1484. Seine Kindheit hatte er im holländischen Gouda verbracht, seine lateinische Schulzeit in Deventer, unterbrochen von einem kurzen Aufenthalt in Utrecht und in 's-Hertogenbosch, und dann wieder in Gouda. Beide Eltern starben 1484 an der Pest. 1487 trat Erasmus auf Drängen des Vormunds in das Augustinerkloster Steyn bei Gouda ein. Er machte seine Profess 1488. Den Eintritt in das Kloster hat Erasmus später kritisch beschrieben.[62] Die Priesterweihe erfolgte 1492. Danach verbrachte er einige Zeit als Latein-Sekretär des Bischofs von Cambrai, Heinrich von Bergen, der 1493 Kanzler des Ordens vom Goldenen Vlies wurde. Der Bischof ermöglichte es ihm, 1495 zum Theologiestudium nach Paris zu gehen. 1499/1500 verbrachte Erasmus aufgrund der Einladung seines adeligen Schülers William Blount ein halbes Jahr in England und kehrte wieder nach

---

[61] CWE 1: The Correspondence of Erasmus: Letters 1 to 141–1484 to 1500, translated by R.A.B. Mynors and D.F.S. Thomson, annotated by Wallace K. Ferguson, Toronto and Buffalo 1974. – Das Geburtsjahr des Erasmus ist umstritten. Schoeck nimmt an, dass es das Jahr 1467 ist (Schoeck, S. 26–41). Dieses Datum würde dem entsprechen, das Erasmus einem Brief an Urbanus Regius beschreibt (Brief vom 24. Februar 1516 aus Basel, in: CWE 3, Ep. 392. In diesem Brief gibt Erasmus sein Alter mit neunundvierzig Jahren an.) – Vgl. Harry Vredeveld, The Ages of Erasmus and the Year of His Birth. In. Renaissance Quarterly (Winter 1993), S. 754–809.

[62] In seinem „Compendium vitae" vom 2. April 1524 (CWE 10, S. 220–238).

Paris zurück. 1500 brachte er mit 33 Jahren in Paris sein erstes Buch mit dem Titel „Adagiorum Collectanea"[63] heraus.

Einige der frühen lateinischen Briefe, die Erasmus an seine Mitmönche und Freunde Servatius Rogerus, Franziscus Theodoricus, Cornelis Gerard und Willem Hermans schrieb und mit denen er gelegentlich Gedichte austauschte, sind erhalten. Man sieht daran, dass diese Mönche sich in ihrem lateinischen Stil übten und die lateinischen Bücher der Antike lasen, die in den Klosterbibliotheken vorhanden waren.[64]

Die Briefe an Servatius Rogerus bringen ein ausgesprochen schwärmerisches Bedürfnis nach Freundschaft zum Ausdruck, wenngleich sie meist betont literarisch stilisiert sind.[65] In einem Brief an Cornelis Gerhard von 1489 (Ep. 20) empfahl Erasmus Augustinus und Hieronymus als seine bevorzugten Autoren, aber daneben auch die Philosophen Aristoteles, Plato, Epikur und zahlreiche Dichter der Antike, darunter unter anderen Vergil, Horaz, Ovid, Juvenal, Statius, Martial, Claudian, Lucan, Tibull und Properz und bei den Prosaschriftstellern Cicero, Quintilian, Sallust und Terenz. Aber der damals wahrscheinlich 22-jährige Erasmus hatte schon seinen bevorzugten Autor entdeckt: den Italiener Lorenzo Valla (1405–57), dessen Buch „Elegantiarum linguae latinae" in seinem Briefwechsel mit Cornelis Gerhard gegen Kritik entschieden verteidigte. Nur zwei dieser Briefe aus seiner Klosterzeit, die Briefe 26 und 29, die sich mit Valla befassten, hat er später veröffentlicht, wobei er hinzufügte, dass er sie als Junge („scripsit puer") geschrieben habe.[66] Aber Erasmus scheute sich, die Jugendbriefe zu veröffentlichen. Sie wurden erst hundert Jahre später gedruckt.[67]

Die erste Schrift, die Erasmus damals verfasste, die „De contemptu mundi" („Über die Verachtung der Welt") griff ein altes Thema der mönchischen Existenz auf. Diese Schrift vermittelt einen ersten Einblick in die Vorstellungswelt des jungen Erasmus als Mönch und als Literat. Er habe diese Schrift verfasst, als er noch nicht ganz zwanzig Jahre alt war, schreibt Erasmus

---

[63] ASD II, 9: Adagiorum Collectanea, hg. Felix Heinimann/M.L. van Poll – van de Lisdonk, Amsterdam 2005; CWE 30: Adagiorum collectanea, translated and annotated by John N. Grant, Toronto/Buffalo/London 2017.

[64] Über die frühen Jahre als Mönch in Gouda, von denen auch ein Brief des Erasmus an die Schwester Elisabeth von 1486 erhalten ist, vgl. Richard L. DeMolen, Erasmus as Adolescent: ‚Shipwrecked Am I, and Lost, Mid Waters Chill'. Erasmus to Sister Elisabeth, in: Bibliothèque Humanisme et Renaissance, 1976, S. 7–25.

[65] Yvonne Charlier, Érasme et l'amitié d'après sa correspondance, Paris 1977, S. 65–94. („Ses années de jeunesse"). – Vgl.: Forrest Tyler Stevens, Erasmus's ‚Tigress': The Language of Friendship, Pleasure, and the Renaissance Letter, in: Queering the Renaissance, 1994, S. 124–140.

[66] Charles Fantazzi, The Evolution of Erasmus' Epistolary Style, in: Renaissance and Reformation 13 (Summer 1989), S. 263–288, hier: S. 272–274.

[67] 1607 in der „Vita Erasmi" bei Paulus Merula, Leiden. – Vgl. CWE 1, Introduction, S. XIX; Allen Bd. 1, S. 601. Es handelt sich bei diesen Jugendbriefen um die Briefe CWE 1, Ep. 3–34.

im Vorwort der gedruckten Ausgabe, die erst 1521, mehr als dreißig Jahre später, bei Martens in Löwen erschien.[68] Die Schrift „De contemptu mundi" ist als Brief gestaltet. In ihm legt ein „Theoderich von Haarlem" – offensichtlich ein Mönch – seinem Neffen „Jodocus" die Gründe dar, die dafürsprechen, den „Lärm der Welt" zu verlassen und in ein Kloster einzutreten, Mönch zu werden und ein „Leben in der Ruhe der Einsamkeit" zu führen.

Literarische Anregungen erhielt der junge Erasmus aus dem Briefwechsel mit seinem älteren Freund Cornelis Gerard, einem Augustinerchorherrn in Lopsen bei Leiden, der wie er aus Gouda stammte.[69] Vor seinem Eintritt in das Kloster hatte Gerard in Köln, Löwen und Paris die *artes liberales* studiert. Erasmus lernte Gerard möglicherweise über seinen Mitbruder und Freund in Kloster Steyn Willem Hermans kennen, einen Verwandten Gerards. Gerard führte Erasmus in eine größere Welt ein, die über Holland hinausging. Allen hat den ersten Briefwechsel zwischen den beiden auf das Jahr 1487 datiert.[70] Die Korrespondenz nimmt schnell einen ernsten Charakter an. Gerard und Erasmus erarbeiten gemeinsam literarische Standards, und sie schicken sich gegenseitig Texte zur Korrektur zu. Von den neueren italienischen Humanisten schwört Erasmus schon sehr früh auf Lorenzo Valla.[71] Gerhard dagegen bevorzugt andere italienische Humanisten. Aber beide identifizieren sich mit der neuen Bewegung der Humanisten, der „poetae", wie sie gegenüber den „theologi" genannt werden, als einer europäischen Bildungsbewegung, in der auch der europäische Norden eine hervorragende Rolle spielt.[72]

Aus der Gegenwart führte Erasmus in seiner Korrespondenz Namen weiterer Humanisten aus Westfalen, dem Rheinland und den Niederlanden an. Mit heimatlichem Stolz bemerkt er: „Sie alle kamen und kommen aus unserer Zeit, und sie alle brachte Deutschland hervor."[73] Erasmus zog einen Vergleich zur Antike, als die Künste des Handwerks ebenso geblüht hätten wie die Dichtkunst. Dann aber sei – „vor dreihundert, zweihundert Jahren" – ein Abfall eingetreten. An dieser Stelle hätten italienischen Humanisten wie Valla und Filelfo angesetzt. Valla habe mit seiner Schrift der „Elegantiae", die

68 „Olim vix annos natus viginti." (De contemptu mundi, hg. S. Dresden, in: Opera omnia Desiderii Erasmi Roterodami Bd. 5,1, Amsterdam 1977, S. 3–85, hier: S. 39. Die Amsterdamer Ausgabe der „Opera omnia" des Erasmus wird im Folgenden zitiert als „ASD". – CWE 66: On Disdaining the World/De contemptu mundi, translated and annotated by Erika Rummel, Toronto u. a. 1988), S. 139–175.
69 C. P. H. M. Tilmans, Cornelius Aurelius (c 1460–1531). Praeceptor Erasmi?, in: F. Akkerman/A. J. Vanderjagt, Rodolphus Agricola Phrisius (1444–1485), Leiden 1988, S. 200–218.
70 CWE 1, Ep. 4.
71 Charles Trinkaus, Lorenzo Valla (1407–1457), in: BR 3, S. 37–375.
72 Vgl. Tracy, Erasmus of the Low Countries, passim; Jonathan Israel, The Dutch Republic. Its Rise, Greatness, and Fall 1477–1806, Oxford 1995, S. 41–54; J. IJsewijn, The coming of humanism in the Low Countries, in: H. A. Oberman (Hg.), Itinerarium Italicum. Essay in Honour of P. O. Kristeller, Leiden 1975, S. 193–304.
73 CWE 1, Ep. 23, S. 39.

erstmals 1471 im Druck erschienen war[74], den Kampf gegen die Barbarei der Sprache und des Stils aufgenommen.[75]

In ihrem Briefwechsel bestärkten Erasmus und Gerard sich gegenseitig in ihrem Selbst- und Zeitbewusstsein. Sie verbanden damit eine scharfe Kritik an den aus dem Mittelalter überkommenen Bildungsstandards. 1489 schickte Erasmus Gerard eine „Oratio" „gegen das Barbarentum". Gerard arbeitete den Text zu einem Dialog in Reimform zwischen ihm und Erasmus um und gab ihm den Titel „Apologia Erasmi et Cornelii ... adversus barbaros".[76]

Erasmus kam erstmals in Kontakt mit dem burgundischen Hof und der Welt des burgundischen Adels, als er 1493 Sekretär des Bischofs von Cambrai Hendrik van Bergen wurde. Mit Zustimmung des zuständigen Bischofs von Utrecht David von Burgund verließ er das Kloster Steyn, dem er aber weiter als Regularkanoniker angehörte. Erasmus adeliger Dienstherr, Hendrik van Bergen, war ein gebildeter Jurist. Er hatte in Löwen und Orléans studiert und war seit 1480 Bischof von Cambrai. Zu seiner Diözese gehörte auch Brüssel. Er galt als einer der führenden Prälaten Burgunds. Im April 1493 wurde er Kanzler des burgundischen Ritterordens vom Goldenen Vlies. Im Oktober 1496 hatte er die Trauerfeierlichkeiten für Philipp den Schönen und Johanna von Kastilien zelebriert. Die Herren van Bergen waren Stadtherren von Bergen op Zoom, der Handels- und Hafenstadt an der Oosterschelde zwischen Antwerpen und Breda. In den zwei Jahren als Sekretär Hendriks van Bergen hielt sich Erasmus überwiegend in Brüssel auf. Gelegentlich konnte er sich auf einem Landgut der Familie in Halsteren bei Bergen zurückziehen.[77] Er trug weiter sein Mönchsgewand.

Der burgundische Hof galt als einer der glänzendsten in ganz Europa. Davon profitierten die Städte der südlichen Niederlande, Flanderns und Brabants, des heutigen Belgiens. Der Wohlstand von Städten wie Brüssel, Mechelen, Brügge, Gent, Löwen und Antwerpen spiegelte sich in ihrem Stadtbild, an das noch heute die Altstadt von Brügge erinnert. Die Städte waren Zentren der niederländischen Kunst, aus denen Maler wie die Brüder van Eyck hervorgingen.[78] Am burgundischen Hof sprach man französisch. Aber die Sprache des kirchlichen Schriftverkehrs, für den der Bischof von Cambrai Erasmus als Sekretär benötigte, war natürlich Latein. Offensichtlich hatte Erasmus als Sekretär des Bischofs genügend Zeit, die bisherigen Freundschaf-

---

[74] Lorenzo Vallas Schrift „Elegantiarum linguae libri tres" geht auf das Jahr 1444 zurück. Vgl. CWE 1, S. 40.
[75] CWE 1, Ep. 23.
[76] CWE 1, Ep. 19 u. 23. – Der Text des Dialogs wurde 1513 von Reyner Snoy, einem gemeinsamen Freund, veröffentlicht: „Apologia Erasmi et Cornelii sub dialogo lamentabili assumpta adversos barbaros, qui veterem eloquentiam contemnunt, et doctam poesim derident". – Abdruck in: C. Reedijk (Hg.), The Poems of Desiderius Erasmus, Leiden 1956, S. 161–169.
[77] Schoeck (1990), S. 132–145 („In the bishop's Service").
[78] Tracy, Erasmus of the Low Countries, S. 9–16.

ten weiter zu pflegen und neue Freunde hinzuzugewinnen. Wenngleich nur als Beobachter konnte Erasmus erste politischen Erfahrungen sammeln. Zu Erasmus' neuen Freunden zählte der gleichaltrige Humanist Jakob Batt, damals Stadtsekretär von Bergen. Batt stammte aus Bergen, und er hatte in Paris studiert.[79] Er hatte engen Kontakt zu der Familie van Bergen. Eine Zeitlang war er Lehrer der Lateinschule in Bergen gewesen.[80]

In Jakob Batt fand Erasmus neben Cornelius Gerard, der inzwischen Prior des Klosters der Augustinerchorherren in Hemsdonck bei Schonhoven geworden war, einen weiteren Verbündeten im Kampf gegen die „Barbaren" und für die „bonae literae". Bei einem Aufenthalt in Halsteren auf dem Landsitz des Bischofs bei Bergen, überarbeitete Erasmus 1494/95 den Text gegen die „Barbaren", den er bereits fünf Jahre zuvor mit Gerard ausgetauscht hatte.[81] Er gestaltete ihn zu einem Dialog um. „Gegen die Barbaren" – „Antibarbari" war die zweite Jugendschrift des Erasmus. Gegenüber der ersten Schrift „De contemptu mundi" ist die Schrift „Antibarbari" erheblich engagierter und kämpferischer angelegt. Allerdings hatte auch diese Schrift keine unmittelbare Wirkung, da sie gleichfalls erst Jahrzehnte später im Druck erschien.[82]

„Antibarbari" war gleichsam ein Manifest gegen die Unbildung. Als Erasmus 1495 nach Paris und 1499 nach London kam, hatte er die Schrift in seinem Reisegepäck, und er nutzte sie, um sich in den Kreisen der europäischen Humanisten bekannt zu machen. Gedruckt wurde sie erst nach einer erneuten Umarbeitung 1520 in Basel bei Johannes Froben.[83] So erschienen die „Antibarbari" im gleichen Jahr als Buch wie die bekannten Programm-

[79] Vgl. Brief Willem Hermans an Batt, Anfang 1494 (CWE 1, Ep. 35).
[80] BR 1, 100 f.
[81] Brief an Cornelis Gerard vom Frühjahr 1494 (CWE 1, Ep. 37).
[82] ASD I, 1: Antibarbarorum Liber, ed. Kazimierz Kumaniecki, Amsterdam 1969, S. 1–138; CWE 23: The Antibarbarians/Antibarbarorum liber, translated and annotated by Margaret Mann Phillips, Toronto/Buffalo/London 1978, S. 1–122. – In seinem Widmungsbrief zu dem Buch an den elsässischen Humanisten Johann Witz (Johannes Sapidus) von 1520 bemerkt Erasmus zur Entstehung der „Antibarbari": „I had not yet reached my twentieth year when I set to work. Then, a few years later, I had the idea of refashioning the same matter as a dialogue to make it easier reading." (CWE 7, Ep. 1110, S. 24–26).
[83] Kazimierz Kumaniecki, Introduction, in: ASD I,1 [1969]), S. 1–138; hier: 1–32. – Der in der ASD edierte Text der „Antibarbari" bringt zwei Versionen, eine frühe Fassung aus den Jahren 1494/95 und die für den Druck überarbeitete Fassung von 1519/20. – Zur Entstehungsgeschichte und zum historischen Umfeld der „Antibarbari": Margaret Mann Phillips, Introduction, in: CWE, Bd. 23): S. 2–15. – Zu den „Antibarbari": Erika Rummel, „Et cum Theologo bella poeta gerit": The Conflict between Humanists and Scholastics Revisited, in: The Sixteenth Century Journal 23 (1992), S. 713–726; James D. Tracy, Against the ‚Barbarians': The Young Erasmus and His Humanist Contemporaries, in: Sixteenth Century Journal 11 (1980), 3–22; Schoeck (1990), S. 146–152 („Antibarbari"); Halkin, Erasmus von Rotterdam (1989), S. 25–27; Rudolf Pfeiffer, Die Wandlungen der

schriften Luthers von 1520 „An den christlichen Adel deutscher Nation", „Von der babylonischen Gefangenschaft der Kirche" und „Von der Freiheit eines Christenmenschen".[84]

„Antibarbari" setzte sich mit den zeitgenössischen theologischen und scholastischen Gegnern der „bonae literae" auseinander, die auch mit den Adjektiven „humanae", „liberales", „elegantiores" und „politiores" umschrieben werden. Gegenüber den noch recht zaghaften Äußerungen in „De contemptu mundi" verteidigt Erasmus hier das Recht auf eine weltliche, klassisch-literarische Bildung. „Barbaren" und „Goten" sind diejenigen, die den Zugang zu den alten Sprachen und zur antiken, der heidnischen Literatur verweigern. Die „Sprachen" sind ausschließlich die alten, die griechische und die lateinische Sprache. Das Holländische, Erasmus' Muttersprache, wie auch die modernen europäischen Volkssprachen etwa das Französische, Deutsche, Englische, Italienische werden nicht erwähnt.

Margaret Mann Phillips hat die „Antibarbari" als eine Programmschrift der „Renaissance des Nordens" beschrieben.[85] In der Eingangsszene führt Erasmus die Leser in das historische Milieu seiner holländischen Heimat ein. In Halsteren bei Bergen op Zoom, „in der ländlichen Abgeschiedenheit Brabants" kommen drei Freunde zusammen: Erasmus selbst, Willem Hermans, wie Erasmus Augustinerchorherr des Klosters Steyn bei Gouda, und Jacob Batt, der Stadtschreiber von Bergen. Zu ihnen stoßen noch zwei ältere Bekannte, gleichfalls aus Bergen: der Bürgermeister Wilhelm Conrad und der Arzt Jodocus.[86] Man lässt sich im Freien zu einem längeren Gespräch nieder.

Nach einigem persönlichen Geplänkel und Unterhaltungen über die Landschaft, die Umwelt und das Wetter kommt man schließlich auf Probleme des eigenen Landes zu sprechen, die alle bedrücken, „de calamitate nostrae Hollandiae". Das kräftige Klagelied[87], das Erasmus und seine Freunde auf den Verfall antiker Kultur und Bildung in Bergen und in Holland anstimmen, kann aber nicht darüber hinwegtäuschen, dass es das eigentliche Ziel dieses Dialogs ist, für die Neuentdeckung der klassischen Literatur zu

,Antibarbari', in: Gedenkschrift zum 400. Todestage des Erasmus von Rotterdam, Basel 1936, 50–68.

[84] Vgl. Martin Brecht, Martin Luther Bd. 1: Sein Weg zur Reformation 1483–1521, Stuttgart 1981, S. 352–396.

[85] Margaret Mann Philipps, Erasmus and the Northern Renaissance, Woodbridge, Suffolk, ²1981, insbesondere die Kapitel „The Legacy of the Past", „Erasmus and the Classics", „The Lutheran Tragedy" und „The Middle Way"; Charles G. Nauert, Humanism and the Culture of Renaissance (New Approaches to European History), Cambridge 1995.

[86] C. G. van Leijenhorst, Willem Hermans, in: BR 2, S. 184 f.; C. G. van Leijenhorst, Jacob Batt, in: BR 1, S. 100 f.; C. G. van Leijenhorst, Willem Colghenens (=Conrad), BR 1, S. 329; C. G. van Leijenhorst, Joost van Schoonhoven (=Jodocus), in: BR 2, 246 f.

[87] ASD I, 1, 45; CWE 23, 23 f.

werben. „Antibarbari" trägt stark biografische Züge. Zwar tritt Erasmus in diesem Dialog in den Hintergrund, und er übernimmt selbst nur die Rolle eines Vermittlers, aber er macht Jacob Batt mit dessen langer Rede zum Sprecher seines eigenen Lebensprogramms. Als Kronzeugen antiker Bildung werden die Kirchenväter Hieronymus und Augustin angeführt.[88]

Erst 1520 brachte Erasmus den ersten (des ursprünglich auf vier Bücher) geplanten Dialogs der „Antibarbari" heraus. Gerade in den Schlusspassagen der Buchausgabe von 1520 wird deutlich, dass der Autor inzwischen nicht mehr der junge Mann war, der vor dreißig Jahren die erste Fassung der Schrift entworfen hatte. Inzwischen war Erasmus der erfahrene Bibelhumanist. Er war durch seine Edition des Neuen Testaments von 1516 ein berühmter Autor geworden. Doch bleibt dieser Dialog ein wichtiges autobiografisches Dokument, das unmittelbar zur Jugend des Erasmus führt.[89]

---

[88] Vgl. Jacques Chomarat, Grammaire et Rhétorique chez Érasme, 2 Bde, Paris 1981, hier: Bd. 1, S. 423–425.

[89] „Trotz aller Wandlungen durch drei Jahrzehnte sind die ‚Antibarbari' im Wesen und im Ziel sich gleich geblieben". (Rudolf Pfeiffer, Die Wandlungen der ‚Antibarbari', in: Gedenkschrift zum 400. Todestage des Erasmus von Rotterdam, Basel 1936, S. 50 – 68, hier: S. 67).

2. Die Pariser Jahre

Hendrik van Bergen hatte Erasmus als Sekretär eingestellt, weil er sich einen Kardinalshut erhoffte und sich auf eine Reise nach Italien vorbereitete. Als sich die italienischen Pläne zerschlugen, ergab sich für Erasmus die Chance, in Paris zu studieren. Batt hatte vermittelt. Im September 1495 traf Erasmus in Paris ein. Er wohnte im Collège Montaigu, das sich gegenüber der Abtei Ste. Geneviève in der Mitte des Quartier Latin auf dem linken Ufer der Seine befand. Gleich nach seiner Ankunft nahm Erasmus in einem überschwänglich formulierten Brief Kontakt zu Robert Gaguin auf. Der 62-jährige Gaguin[90] war der führende Kopf eines Kreises von Humanisten, der sich an der Universität gebildet hatte und der die Wiege des französischen Humanismus werden sollte.[91] Der über sechzigjährige Kirchenrechtler Gaguin war ein nüchterner Mensch. Er mahnte den jungen Erasmus in seinem Antwortbrief, seine Eloquenz nicht mit Schmeichelei zu vergeuden.[92] Über Gaguin lernte Erasmus den italienischen Humanisten Fausto Andrelini kennen und befreundete sich mit ihm. Andrelini lehrte seit einigen Jahren an der Artistenfakultät und hatte wie Gaguin Kontakt zum Hof König Karls VIII.[93]

Erasmus' neue Kontakte zu den Pariser Humanisten machten es möglich, dass erstmals ein gedruckter Text von ihm erscheinen konnte. Am 30. September 1495 kam Gaguins Buch „De origine et gestis Francorum compendium" bei dem Pariser Drucker Pierre Le Dru heraus. In die noch freien Seiten am Schluss des Buchs wurde neben einem Gedicht von Andrelini auch ein Brief von Erasmus an Gaguin aufgenommen, in dem Erasmus den Autor und das Werk pries, wobei er ironisch hinzufügte, er wisse natürlich, wie bescheiden, ja geradezu verschämt der Gelobte sei.[94]

Erasmus war nach Paris gekommen, um Theologie zu studieren. Dem Collège Montaigu gehörten etwa 80 Theologiestudenten an. Das Collège wurde von Jan Standonck, einem der führenden Theologen der Universität, geleitet, der dort ein rigides asketisches Regime eingeführt hatte. Mit 28 Jahren war Erasmus zehn Jahre älter als die meisten Studenten beim Eintritt in die Universität, und er war deshalb nicht völlig den strengen Regelungen

[90] Sylvie Charrier, Recherches sur l'oeuvre latine en prose de Robert Gaguin 1433–1501), Paris 1996.
[91] Vgl. R. Weiss, Learning and education in Western Europa from 1470 to 1520, in: The New Cambridge Modern History, Bd. 1: The Renaissance 1493–1520, hg. G. R. Potter, Cambridge 1978, S. 95–126; hier: S. 103.
[92] CWE 1, Ep. 43, Zeile 30–43.
[93] Godelieve Tournoy-Thoen, Fausto Andrelini (1462–1518), in: BR 1, S. 53–56. – Vgl. Schoeck (1990), S. 183–195 („Humanism at Paris").
[94] CWE 1, Ep. 45, S. 89, Zeile 67–72.

am Collège Montaigu unterworfen. Aber er litt unter dem dort herrschenden geistigen Klima und der Kargheit der Lebensverhältnisse. Noch dreißig Jahre später geißelte er sie in seinem Kolloquium „Das Fischessen".[95]

Erasmus lebte in Paris unter starken Spannungen. Seinen Hoffnungen auf den Eintritt in die Welt der Pariser Humanisten stand die Einbindung in die starre Klosterdisziplin des Collège Montaigu gegenüber, der er hatte entfliehen wollen. Im Frühjahr 1496 brach Erasmus zusammen. Er erkrankte schwer. Er verließ Paris und kehrte nach Holland zurück.

Aber im Kloster in Steyn riet man ihm, nicht zu resignieren, sondern das Studium in Paris fortzusetzen. So kehrte Erasmus schließlich im Herbst 1496 nach Paris zurück. Er trat nicht wieder in das Collège Montaigu ein, sondern suchte sich eine private Unterkunft. Er musste allerdings auch sein Studium jetzt selbst finanzieren. Die Mittel, die der Bischof versprochen hatte, gingen nur spärlich ein. In den folgenden Jahren mischen sich in seinen Briefen aus Paris die Berichte über seine humanistischen Studien mit denen über seine ständigen Geldsorgen. Regelmäßig schickte er Berichte an den Prior des Klosters Steyn, Nikolaus Werner, der ihm wohlwollend gegenüberstand.[96] Erasmus achtete darauf, die Beziehungen zu den Niederlanden, zu dem Bischof von Cambrai und zu seinem Orden nicht abreißen zu lassen. Gelegentlich fuhr er zu kurzen Besuchen nach Holland und Brabant.

Die folgenden drei Jahre in Paris sollten einen prägenden Einfluss auf die Persönlichkeit des jungen Humanisten haben. Erasmus suchte sich die Gunst seines Priors durch fromme Geschichten zu erhalten. Er sei soeben, schrieb er ihm, von einer Krankheit einzig durch die Hilfe der Heiligen Genoveva, der Stadtpatronin von Paris, geheilt worden. Im Stil der *Legenda aurea* berichtete er Werner im Januar 1497: „Hier in Paris regnete es fast ununterbrochen drei Monate lang. Die Seine trat über die Ufer und ergoss sich über die Felder und in die Mitte der Stadt. Man holte den Schrein der Heiligen Genoveva aus der Kathedrale von Notre Dame. Der Bischof und die ganze Universität gingen im vollen Ornat voraus, angeführt von den Regularkanonikern, dem Abt und seinen Mönchen, die alle barfuß gingen. Vier unbekleidete Träger trugen den Schrein. Jetzt ist der Himmel wieder vollkommen klar."[97] Die Pariser Seine-Brücke hatte anscheinend die ständigen Überflutungen nicht unbeschadet überstanden. Zwei Jahre später, im Oktober 1499, stürzte sie ein.[98]

---

[95] CWE 39/40, Colloquies: A Fish Diet (1526), Toronto/Buffalo/London 1997, S. 675–763.

[96] CWE 1, Ep. 48, 50, 77 und CWE 2, 171. – Vgl. C. G. van Leijenhorst, Claes Warnerszoon, in: BR 3, 411.

[97] CWE 1, Ep. 50.

[98] Michel Reulos, Paris au temps d'Érasme, in: Colloquia Erasmiana Turonensia 1 (1969), S. 79–86; hier, S. 82.

In seiner erhaltenen Korrespondenz aus den Pariser Jahren befinden sich wenig Informationen über sein Studium an der Universität. Anfangs wohnte Erasmus mit Vinzent Augustin Caminad zusammen, der aus Viersen am Niederrhein stammte. Mehrere Jahre lang bestand zwischen beiden eine Studienfreundschaft, die nicht frei von Spannungen war. Caminad half Erasmus häufiger mit Geld aus.[99] Gemeinsam unterrichteten sie die Brüder Christian und Heinrich Northoff, die bei Caminad wohnten. Sie waren Söhne eines Lübecker Kaufmanns. Erasmus tauschte mit den beiden Brüdern regelmäßig Briefe aus, die zum Teil erhalten sind, um seine Schüler in ein elegantes Latein einzuüben und ihre sprachliche Ausdrucksfähigkeit zu stärken. Erasmus setzte den Briefwechsel mit Christian Northoff fort, als dieser Paris wieder verlassen hatte und nach Lübeck zurückgekehrt war.

Aus dem Unterricht der Brüder Northoff entstanden die „Schülergespräche" („*Familiarium colloquiorum formulae*"), die Caminad 1518 erstmals veröffentlichte. Sie waren die Vorform der späteren „Kolloquien" des Erasmus. Zu den Schülern des Erasmus kamen noch die beiden jungen Engländer Thomas Grey und Robert Fisher hinzu.[100] Ende 1498 stieß der junge englische Adelige William Blount zu dem Kreis der Schüler.[101]

Die Pariser Theologie und die spätmittelalterliche Scholastik machten wenig Eindruck auf Erasmus. Für ihn waren sie von der nach Duns Scotus benannten Richtung des „Scotismus" beherrscht. Über seine theologischen Vorlesungen an der Sorbonne, die er eine Zeit lang täglich besuchte, um den Bakkalaureat zu erwerben, ließ er sich spöttisch in einem Brief an Grey aus: „Wenn du nur sehen würdest, wie dein Erasmus unter den frommen Scotisten mit offenem Mund sitzt und „Gryllard" hört, wie er von seinem hohen Katheder herab vorträgt, mit seiner in Falten zusammengezogenen Stirn, seinem starren Blick und seinem bekümmerten Gesichtsausdruck, dann würdest du denken, es sei nicht Erasmus."[102] Mit einem geschickten Kunstgriff bringt Erasmus in diesem Brief die Theologen der Sorbonne mit der Gestalt des Epimenides von Knossos auf Kreta in Verbindung, der als einer der sieben Weisen der griechischen Antike des 7. und 6. Jahrhunderts vor Christus galt. Paulus hatte in seiner Rede auf dem Areopag in Athen aus einem Gedicht des Epimenides über die Kreter zitiert und in seinem Brief an Titus aus diesem Gedicht den Satz zitiert „Alle Kreter sind Lügner".[103] Eras-

---

[99] Charlier, Érasme et l'amitié, S. 101 f.; Franz Bierlaire, Augustinus Vincentius Caminadus, in : BR 1, S. 250 f.
[100] Thomas Grey, in: BR, 2, S. 129 f.; James K. McConica, Robert Fisher, in; BR 2, S. 39 f.; Charlier, Érasme et l'amitié, S. 104 f.
[101] CWE 1, Ep. 79, 89. – Charlier, Érasme et l'amitié, S. 106 f.
[102] CWE 1, Ep. 64, Zeile 74–76.
[103] Apostelgeschichte 17, 28; Titus 1, 12.

mus macht Grey mit dem Mythos vom „Schlaf des Epimenides" bekannt[104], den er auf die Pariser Theologen anwendete.

Sympathischer als der Umgang mit den Pariser Theologen war für Erasmus der mit dem Humanisten Fausto Andrelini, der für seine Neigung zur Frivolität bekannt war. Gelegentlich tauschten die beiden Freunde kurze Unsinnstexte untereinander aus.[105] Die Briefe an seine Schüler Christian und Heinrich Northoff, Thomas Grey und Robert Fisher gestaltete Erasmus zugleich als Muster für einen guten literarischen Stil. Er gab Lektüreempfehlungen, wobei er Grey von den antiken Autoren Vergil, Lucan, Cicero, Laktanz, Hieronymus, Sallust und Livius empfahl.[106] Aber er griff auch Szenen aus dem Alltagsleben auf, wenn er im August 1497 in einem Brief, den er für Heinrich Northoff entworfen hatte, diesen für seinem Bruder Christian, der inzwischen nach Lübeck zurückgekehrt war, über das Zusammenleben mit Caminad und Erasmus in ihrer Pariser Pension berichten lässt.[107] Einfühlsamer sind die Empfehlungen, die Erasmus Christian für die Organisation seines Studiums gibt.[108]

Erasmus sammelte die Briefe an seine Schüler, um sie in eine Anleitung zum Briefeschreiben (*„De conscribendis epistolis"*) einzuarbeiten.[109] Er wollte das Buch ursprünglich seinem Schüler Robert Fisher widmen. Gedruckt wurde es aber erst 1522 bei Johann Froben in Basel.[110] In den Jahren 1498/99 war Erasmus, der inzwischen über 30 Jahre alt war, in Europa noch völlig unbekannt. Seine Situation war prekär und ihn drückten wirtschaftliche Sorgen.

Nach einer schweren Erkrankung schrieb er im April 1498 dem Karmeliter Arnold Bosch aus Paris nach Gent: „Ich wollte in diesem Jahr nach Italien, in Bologna einige Monate Theologie studieren und dort die Doktorwürde bekommen, dann im Jubiläumsjahr nach Rom, dann heim und dort meine Verhältnisse ordnen. Aber ich fürchte, ich kann nicht wie ich will. Vorab fürchte ich, mein Befinden erlaubt nicht eine so weite Reise und verträgt das heiße Klima nicht. Schließlich berechne ich, dass man nicht ohne große Kosten nach Italien kommt und der Doktortitel braucht eine große Summe.

---

[104] CWE 1, Ep. 64, Zeile 27–35.
[105] CWE 1, Ep. 96–100; Bainton, Erasmus, S. 45.
[106] CWE 1, Ep. 63.
[107] CWE 1, Ep. 55, 61.
[108] CWE 1, Ep. 56.
[109] Im Mai 1499 berichtete Erasmus Batt in einem Brief aus Paris, dass er an „De conscribendis epistolis", „De copia" und an anderen Textentwürfen arbeite (CWE 1, Ep. 95).
[110] De conscribendis epistolis, hg. J. C. Margolin (ASD I, 2 [1971], S. 157–579); CWE 25: On the Writing of Letters/De conscribendis epistolis, translated and annotated by Charles Fantazzi, Toronto/Buffalo/London 1985, S. 1–254; Erasmus von Rotterdam, De conscribendis epistolis/Anleitung zum Briefeschreiben (Auswahl). Übersetzt und hg. Kurt Smolak, in: AS VIII (1980).

2. Die Pariser Jahre

Und der Bischof von Cambrai gibt nur äußerst sparsam."[111] Zur gleichen Zeit schrieb Erasmus seinem Prior in Steyn in gedrückter Stimmung: „Ich bin unzufrieden. Meine Pläne haben sich zerschlagen. Ich wünsche, mein Leben allein Gott und meinen Studien zu widmen, über die Heilige Schrift meditieren und meine früheren Irrtümer mit meinen Tränen wegzuwischen."[112]

Im Sommer 1498 reiste Erasmus nach Holland, um sich von seiner Krankheit zu erholen. Er kehrte nach einem Besuch in Löwen und an dem herzoglichen Hof in Brüssel nach Paris zurück. In Brüssel kam es nur zu einer kurzen Begegnung mit seinem Förderer, dem Bischof von Cambrai, weil Hendrik van Bergen kurz darauf zu einer Mission im Auftrag Herzog Philipps nach England aufbrach.[113] Auf der verzweifelten Suche nach finanzieller Unterstützung nahm Erasmus im November 1498 wieder Kontakt zu Jacob Batt auf. Batt hatte Bergen verlassen und war in den Dienst Annas van Borssele, Herrin von Veere, getreten, die als Witwe auf Schloss Tournehem in der burgundischen Grafschaft Artois zwischen Calais und St. Omer lebte. Batt hatte die Erziehung des damals zehnjährigen Adolfs von Burgund übernommen, des Sohnes Annas und Philipps von Burgund, der 1498 gestorben war. Erasmus hoffte, Anna mit Hilfe Batts als neue Förderin zu gewinnen.[114]

Mitten im Winter, im Februar 1499, reiste Erasmus selbst nach Tournehem, um mit Anna Kontakt aufzunehmen. Dann eröffnete sich plötzlich eine neue Perspektive. Seit November 1498 war Erasmus Erzieher des zwanzigjährigen William Blount, Baron Mountjoy, gewesen, in dessen Wohnung in Paris er damals lebte.[115] Als Blount in Sommer 1499 auf den Sitz seiner Familie nach Bedwell in Hertfordshire zurückkehrte, lud er Erasmus ein, mitzukommen.[116] Im Sommer überquerten beide den Kanal. In England angekommen fühlte sich Erasmus wie erlöst. In einen überschwänglichen Brief schrieb er an Fausto Andrelini nach Paris: „Ich habe schon einige Fortschritte in England gemacht. Der Erasmus, den du kanntest, ist ein respektabler Jäger geworden, er ist auch kein schlechter Reiter und im höfischen Umgang nicht unerfahren, er grüßt zurückhaltend und zugleich freundlich, und das alles ohne jede Übung."[117]

Während des achtmonatigen Aufenthalts in England machte der junge Blount Erasmus mit einem Freundeskreis englischer Humanisten in London bekannt, die fast alle aus vornehmen Familien stammten. Einige von ihnen wie William Latimer, Thomas Linacre, der spätere Arzt Heinrichs VIII., und der Theologe William Grocyn hatten sich längere Zeit in Italien aufgehalten

---

[111] CWE 1, Ep. 75; Köhler (Hg.), Erasmus, Briefe, S. 28.
[112] CWE 1, Ep. 74.
[113] CWE 1, Ep. 76 u. 77.
[114] CWE 1, Ep. 80.
[115] CWE 1, Ep. 79.
[116] CWE 1, Ep. 102.
[117] CWE 1, Ep. 103; Köhler (Hg.), Erasmus, Briefe, S. 37.

und von dort die Begeisterung für die griechische Sprache und Literatur mitgebracht.[118] Im geselligen Umgang mit den neuen Freunden eröffnet sich für Erasmus plötzlich eine neue Perspektive. Er lernte die angenehmen Seiten eines Lebens kennen, in dem sich Wohlstand und Bildung verbanden. Zu dem Kreis englischer Humanisten zählte auch der junge Jurist Thomas More, den Erasmus in London kennenlernte und mit dem ihn eine lebenslange Freundschaft verbinden sollte.[119] „Hat die Natur jemals etwas geschaffen, das angenehmer, süßer und glücklicher ist als die Persönlichkeit Mores", schrieb Erasmus an Fisher.[120]

William Blount war der vierte Baron Mountjoy. Er hatte über seinen Stiefvater Ormond, der im Dienst der Königin Elizabeth von York stand, Zugang zur königlichen Familie. Im August 1499 hielten sich Erasmus und More auf einem Gut Mountjoys bei Greenwich auf. In der Nähe lag Eltham Palace, wo die Kinder König Heinrichs VII. mit ihrer Mutter Elizabeth lebten. Bei einem Besuch in Greenwich nahm More Erasmus nach Eltham mit und führte ihn in die königliche Kinderstube ein. Erasmus stand hier etwas unvermittelt und verlegen dem achtjährigen Prinzen Heinrich, dem späteren König Heinrich VIII., gegenüber, der ihn fragte, ob er ihm auch ein Geschenk mitgebracht habe.

Erasmus berichtete später, er habe eilig einen lateinischen Text in Reimform zum Lob Englands, des Königs und seiner Familie verfasst, den er dem jungen Heinrich drei Tage später übergeben habe.[121] Erasmus' Rückkehr nach Paris verzögerte sich. So hielt sich Erasmus noch für einige Wochen in Oxford auf. Er wohnte dort in dem College der Augustinerchorherren St. Mary, dessen Prior Richard Charnock war. Charnock machte Erasmus mit John Colet bekannt, der durch seine theologischen Vorlesungen an der Universität Oxford über die Briefe des Apostels Paulus ein breiteres Publikum anzog. Colet führte sich bei Erasmus mit einem Brief ein, beglückwünschte ihn, dass er nach England gekommen sei und umwarb ihn.[122] Erasmus fühlte sich geschmeichelt.[123] Die Begegnung mit Colet in Oxford, die Erasmus später durch die Edition ihres Briefwechsels dokumentierte, wurde für ihn zu einem Schlüsselerlebnis. Mehr als zwanzig Jahre später hat Erasmus die

---

[118] Peter Burke, The Spread of Italian Humanism, in: Anthony Goodman/Angus MacKay (Hg.), The Impact of Humanism on Western Europe, London/New York 1990, S. 1–23.
[119] Brief an Thomas More vom 28. Oktober 1499 (CWE 1, Ep. 114).- Vgl. Peter Ackroyd, The Life of Thomas More, London 1998, S. 68–83 („We Talk of Letters").
[120] CWE 1, Ep. 118, Zeile 27–29.
[121] Brief an Johann von Botzheim vom 30.1.1523 (CWE 9, Ep. 134A, S. 299 f.). – Vgl. James P. Carley, Blount, William, fourth Baron Mountjoy (c.1478–1534), in: Oxford Dictionary of National Biography, Sept 2004; online ed., Jan 2008.
[122] CWE 1, Ep. 106.
[123] CWE 1, Ep. 107.

Persönlichkeit Colets in einem langen Brief an Justus Jonas in Erfurt beschrieben.[124] Colet und Erasmus waren gleichaltrig.

Colet kam aus einer reichen Londoner Familie. Sein Vater war Tuchhändler, und er war zweimal Lord Mayor von London gewesen.[125] Colet war der älteste Sohn und zugleich der einzige überlebende Erbe der Familie. Nach dem Studium der „*artes liberales*" in Oxford und Cambridge hatte er eine Reise nach Italien unternommen und sich schließlich 1495 in Oxford niedergelassen. Inzwischen hatte er sich der Theologie zugewandt und war Priester geworden. Ähnlich wie Erasmus hatte er er die christlichen antiken Autoren entdeckt, darunter Origenes, Ambrosius und Hieronymus. Augustinus dagegen habe er „zu Unrecht abgelehnt", berichtet Erasmus.[126] Colet war auch im Zivilrecht und im kanonischen Recht bewandert, in Geschichte und Politik belesen. Er habe sich schließlich jene Eloquenz erworben, mit der er auch über die Evangelien gepredigt habe. 1504 wurde Colet Dekan von St. Paul in London.

Erasmus fühlte sich von Colet angezogen. In Oxford pflegte Colet zu Abendessen im kleinen Kreis einzuladen, denen lange Gespräche und Diskussionen folgten. Erasmus und Colet vergnügten sich an diesen Disputen und setzten sie gelegentlich in Briefen von Haus zu Haus fort. So diskutierten sie im Herbst 1499 über die Todesangst Christi im Garten von Gethsemane und den Ausspruch bei Markus 14, 36 und Matthäus 26, 39 „Vater, wenn es möglich ist, lass diesen Kelch an mir vorübergehen". Erasmus deutete die Worte als kreatürliche, menschliche Angst, die auch die menschliche Natur Christi belege.[127] Colet dagegen vertrat eine ältere Interpretation des Hieronymus, wonach Christus habe ausdrücken wollen, dass die Juden durch seinen Tod keine Schuld auf sich geladen hätten. Der Tod Christi solle nicht die Ursache des Tods der Juden sein. Erasmus dagegen sah in dem Ausspruch keinen Bezug auf die Juden. Er verstand es, Colet argumentativ in die Enge zu treiben. Doch war er geschickt genug, sein Gegenüber nicht zu verletzten.[128]

Die heiteren Tage des halben Jahres, das Erasmus in England verbracht hatte, endeten etwas abrupt, als er am 27. Januar 1500 in Dover das Schiff betreten wollte, das ihn über den Kanal nach Boulogne bringen sollte. Der eng-

---

[124] CWE 8, Ep. 1211 (Brief an Justus Jonas in Erfurt vom 13.6.1521). Erasmus erwähnt in diesem Brief, dass Colet, der 1467 geboren wurde, um „zwei oder drei Monate jünger als er selbst" sei (CWE 8, Ep. 1211, Zeile 313 f.).
[125] J. B. Trapp, John Colet (1467–1519), in: BR 1, S. 324–328.
[126] CWE 8, Ep. 1211, Zeile 302.
[127] CWE 1, Ep. 109.
[128] CWE 1, Ep. 108 (an Colet), 109 (an Colet), 110 (von Colet), 111 (an Colet). – Erasmus veröffentlichte den Disput 1503 bei Dirk Martens in Anwerpen unter dem Titel: „Disputatiuncula de tedio, pavore, tristicia Iesu, instante crucis hora, deque verbis quibus visus est mortem deprecari: ‚Pater, si fieri potest transeat a me calix iste'".

lische Zoll nahm ihm seine sämtlichen Ersparnisse ab, die er mit sich führte. Sein Ärger schlägt sich noch in der Ausgabe der *„Adiagorum Collectanea"* vom Juni 1500 nieder, wo Erasmus den Vorfall von Dover in die Kommentierung des Sprichworts „Ich bin dem Rachen des Wolfs entkommen" („E lupi faucibus eripui") einbrachte und dazu bemerkte: „Das ist so, als wenn wir unser Geld von dem Zollbeamten in Dover zurückerhalten hätten."[129]

Auf dem Rückweg von Boulogne nach Paris machte Erasmus für zwei Tage Station in Tournehem im Artois, wo sich Jakob Batt noch auf dem Schloss aufhielt, das Anna von Veere bewohnte. Der Vorfall von Dover, schrieb Erasmus später an Botzheim, sei für ihn der entscheidende Anstoß gewesen, um in kurzer Zeit eine Sammlung antiker Sprichwörter zusammenzustellen, die im Sommer 1500 unter dem Titel „Adagiorum Collectanea" bei dem deutschen Drucker Johann Philipp in Paris erschienen.[130] Erasmus hatte sich von Freunden wie Robert Gaguin Bücher für seine Exzerpte ausgeliehen.[131] Er lernte Griechisch, um griechische Autoren lesen zu können und sie in die Spruchsammlung einzufügen. Er wohnte wieder bei Augustin Caminad. Er erkrankte, fand aber in dem Pariser Humanisten und Arzt Wilhelm Cop aus Basel einen guten Helfer.

Als das Buch im Juli erschien, fügte er ihm sein Gedicht auf Britannien bei, das er für Prinz Heinrich verfasst hatte. Er widmete schließlich die Ausgabe der „Adagiorum Collectanea", wie die Erstausgabe hieß, seinem Freund William Blount, Lord Mountjoy. Fausto Andrelini steuerte als *„poeta regius"* ein auf den 15. Juni 1500 datiertes Vorwort bei, und empfahl den Lesern das Buch, „auf das wir so lange gewartet haben".[132] Auf der Titelseite pries der Drucker das Buch der Jugend als Kostbarkeit zu einem niedrigen Preis an. Es eigne sich besonderen zur Verbesserung des Sprachstils in Wort und Schrift. Das Buch war in römischen Typen („nitidissimae formulae") gesetzt, wie Philipp hervorhob, nicht in gotischen, die noch weit verbreitet waren. Insofern begann mit der Ausgabe der „Collectanea" auch eine neue Zeit des Buchdrucks in Paris.[133]

[129] „An example would be if I recovered my money from the customs officer on the shore at Dover." [„Veluti si nos pecuniam a prefecto littoris douvarensis recepissemus."] (ASD II, 9 [2005]), S. 46–272; hier: S. 147; CWE 30 [2017], S. 85–357; hier: S. 209.

[130] Adagiorum collectanea, hg. Felix Heinimann/M. L. van Poll – van de Lisdonk (ASD II, 9 [2005], S. 46–271; CWE 30: Adagiorum Collectanea by William Barker, translated and annotated by John N. Grant, Toronto/Buffalo/London 2017. – Vgl. Schoeck (1990), S. 235–242 („Adagiorum Collectanea, 1500"); Margaret Mann Philipps, The „Adages" of Erasmus, Cambridge 1964, S. 41–61.

[131] CWE 1, Ep. 121 u. 122 (Briefe vom März 1500).

[132] CWE 1, Ep. 127. – Vgl. Margaret Mann Phillips, The „Adages" of Erasmus. A Study with Translations, Cambridge 1964, S. 41–61 („The ‚Adagiorum collectanea' of 1500").

[133] Mann Phillips, The „Adages" of Erasmus, S. 44 f.

2. Die Pariser Jahre

Die „Collectanea" waren ein kleines Buch von 152 Seiten mit 818 antiken Sprichwörtern. 1506 brachte Josse Bade in Paris eine um zwanzig weitere, vor allem griechische Sprichwörter erweiterte Ausgabe heraus. 1509 erschien eine Ausgabe der „Collectanea" bei Matthias Schürer in Straßburg.[134] Mit dreiunddreißig Jahren hatte Erasmus sein erstes Buch herausgebracht. Selbstbewusst behauptete er, soweit er wisse, habe vor ihm noch kein lateinischer Autor eine ähnliche Anthologie zusammengestellt.[135] Aber er irrte sich. Bereits zwei Jahre zuvor, im April 1498, war in Venedig eine Sammlung von Sprichwörtern unter dem Titel „Proverbiorum libellus" von Polydor Vergil erschienen.[136]

Wenige Wochen nach der Publikation der „Collectanea" holte Erasmus der Alltag wieder ein. Als in Paris die Pest ausbrach, ging er von September bis Dezember 1500 in die Universitätsstadt Orléans, um dann wieder nach Paris zurückzukehren. Von Orléans aus führte er einen intensiven Briefwechsel mit Jacob Batt in Tournehem. Seine eigenen Briefe aus dieser Zeit, die er später in der Briefedition „Farrago" (1519) veröffentlichte[137], belegen seine Unsicherheit über die Zukunft. Er überlegte, in die Niederlande zurückzukehren, hoffte aber immer noch auf eine Gelegenheit, in Italien den Doktortitel zu erwerben.

Auf Vermittlung Batts hatte Erasmus inzwischen Kontakt zu Antoon van Bergen aufgenommen, dem Bruder des Bischofs, um in ihm einen neuen Förderer zu gewinnen. Antoon war seit 1493 Abt des reichen Klosters St. Bertin in Saint-Omer. Im Juni 1500 hatte der Abt Herzog Philipp den Schönen in Saint-Omer festlich empfangen. Nach dem Tod seines Bruders Hendrik 1502 begann der Aufstieg Antoons van Bergen in der burgundischen Adelshierarchie.[138] Von Orléans aus korrespondierte Erasmus mit dem Kaplan des Abtes, Anton von Luxemburg.[139] Gleichzeitig bearbeitete Erasmus Batt unablässig, um ihn zu bewegen, bei Anna von Veere weitere Zuwendungen herauszuholen. Sein Verhältnis zu Caminad, der mit nach Orléans gegangen war und mit dem er zunächst zusammenlebte, blieb gespannt.[140] Schließlich zog er zu Jacob Voecht aus Antwerpen, der in Orléans Jura studierte. Zwischen beiden entstand eine lebenslange Freundschaft, die sie bis zu ihrem gemeinsamen Todesjahr 1536 miteinander verbinden sollte.[141] In Orléans

---

[134] Vgl. M. L. van Poll – van de Lisdonk, Einleitung, in: ASD II, 9, S. 1–35.
[135] CWE 1, Ep. 126, Zeile 112–115.
[136] Vgl. van Poll – van de Lisdonk (ASD II, 9), Einleitung, S. 11–14; CWE 1, S. 259, Anm.; Mann Phillips, The „Adages" of Erasmus, S. 47 f.; Brian P. Copenhaven, Polidoro Virgilio, in: BR 3, S. 397–399.
[137] CWE 1, Ep. 129, 130, 133, 135, 138, 139.
[138] André Godin/C. G. van Leijenhorst, Antoon van Bergen (1455–1534), in: BR 1, S. 130 f.
[139] CWE 1, Ep. 137.
[140] CWE 1, Ep. 131, 133, 136.
[141] Marcel A. Nauwelaerts, Jacob de Voecht, in: BR 3, S. 416.

lieh sich Erasmus von einem Freund eine Ausgabe des Homer aus, um weiter Griechisch zu lernen.[142]

Der zweite Band der „Correspondence of Erasmus" (CWE 2) erfasst die Jahre 1501 bis 1514.[143]

Aufenthalt in Brabant, Paris, England, Italien und wieder in England. Ciceros „De officiis" (1501). Begegnung mit Jean Vitrier in Saint-Omer. Erstdruck des „Enchiridion" (1503). Kontakte mit dem burgundischen Hof in Brüssel und der „Panegyricus" auf Herzog Philipp (1504). Erneuter Besuch in England 1505 und Gast im Hause Thomas Mores in London. Entdeckung und Übersetzung Lukians. Neue englische Freunde, so William Warham und John Fisher. Die Herausgabe von Lorenzo Vallas „Annotationen zum Neuen Testament" (1505). Aufenthalt in Italien 1506–1509. Der Druck der „Adagiorum Chiliades" bei Aldo Manutio in Venedig 1508. Das „Lob der Torheit" („Laus stultitiae") 1511. Keine Rückkehr in das Kloster.

Die Phase, die dieser Band abdeckt, war für Erasmus von besonderer Bedeutung, da sich hier die Wende von der Zeit seiner obskuren frühen Jahre zur internationalen Bedeutung vollzog: In dieser Zeit erreichte er die Meisterung der griechischen Sprache, legte die Vorstellung seiner religiösen Gedankenwelt im „Enchiridion" nieder, erreichte er durch die hervorragende Ausgabe der „Adagia" bei Aldus in Venedig seine Berühmtheit in der Gelehrtenwelt und wurde sein „Lob der Torheit" sehr populär. Gleichzeitig bereitete er seine griechische Ausgabe des Neuen Testaments vor. Die meisten der in diesem Band verzeichneten Briefe wurden schon zu Erasmus' Lebzeiten veröffentlicht, teils als Widmungsbriefe oder Gefälligkeitsbriefe zu den Erstveröffentlichungen seiner Bücher oder mit seiner Zustimmung 1519 im „Farrago nova epistolarum Erasmi" bei Froben in Basel. Allerdings ist die Datierung der von Erasmus veröffentlichten Briefe größtenteils falsch, da er selbst keinen Wert darauflegte. Die korrekte Datierung verdanken wir erst der Briefausgabe von Allen.

Zurück in Paris schrieb Erasmus auf Drängen Batts im Januar 1501 selbst einen Brief an Abt Antoon von Bergen, um ihn zu umwerben.[144] Dabei erwähnte er seine eigene einfache Herkunft und die hohe soziale Stellung Antoons. Er schätzte offensichtlich die juristische Kompetenz Antoons und

---

[142] CWE 1, Ep. 132, Zeile 90–92.
[143] CWE 2: The Correspondence of Erasmus. Letters 142 to 297–1501 to 1514, translated by R.A.B. Mynors and D.F.S. Thomson, annotated by Wallace K. Ferguson, Toronto and Buffalo 1975.
[144] CWE 2, Ep. 143. Ein weiteres Bittschreiben richtete Erasmus im März 1501 an Antoon van Bergen, wobei er eindringlich auf die Notwendigkeit des Sprachenstudiums für die Lektüre und Edition griechischer Texte hinwies (CWE 2, Ep. 149). – Vgl. R. J. Schoeck, Erasmus of Europe, Bd. 2: The Prince of Humanists 1501–1536, Edinburgh 1993, S. 1–13.

informierte ihn ausführlich über einen Gerichtsfall aus Orléans, bei dem ein Mann, seine Frau und seine Tochter wegen Zauberei angeklagt und verurteilt worden waren. Seine Informationen hatte Erasmus von Jakob Voecht erhalten.[145]

Offensichtlich angeregt durch seinen Kontakt mit dem Juristen Voecht brachte Erasmus im April 1501, wieder bei Philippi, in Paris eine Ausgabe von Ciceros „De officiis" im Oktavformat heraus.[146] Erasmus empfahl seinem Freund Voecht, dem er das Buch widmete,[147] es wie einen kleinen Dolch („*pugiunculus*") bei seinen Rechtsgeschäften mit sich zu führen, damit es ihn daran erinnere, dass die Tugend die mächtigste Waffe der Menschen sei.

---

[145] CWE 2, Ep. 149.

[146] Titel: „Officia Ciceronis solertissima cura Herasmi Roterdami ex multis exemplaribus exactissime castigata". – Zu Ciceros „De officiis": Douglas Kries, On the Intention of Cicero's „De Officiis", The Review of Politics 65 (2003), S. 375–393.

[147] CWE Bd. 2, Ep. 151 und 152, Zeile 40–42. – Neuauflagen erschienen 1519 bei Dirk Martens in Löwen und 1520 bei Froben in Basel, die beide die erste und eine erneuerte Widmung an Voecht enthielten. (CWE 7, Ep. 1013).

3. In Brabant, Paris, England, Italien und wieder in England: die Jahre von 1501 bis 1514

Als im Frühjahr 1501 in Paris wieder die Pest ausbrach, begab sich Erasmus in die Niederlande. Er besuchte sein Kloster in Steyn und seinen Freund Willem Hermans in Haarlem. In Brüssel kam er mit seinem Förderer Hendrik van Bergen zusammen. Über Veere in Zeeland begab er sich schließlich zu Batt nach Tournehem. Hier im Artois, das zum Herzogtum Burgund gehörte, wechselte er seine Aufenthalte in dem folgenden Jahr zwischen Schloss Tournehem, der Abtei St. Bertin in Saint-Omer und Schloss Courtebourne. Alle drei Orte lagen nahe beieinander.[148] Erasmus fand in Saint-Omer einen Kreis von Gleichgesinnten. Ein junger Gehilfe erledigte für ihn Botengänge, besorgte Bücher und schrieb und kopierte Texte.[149] Im Auftrag Abt Antoons van Bergen verfasste Erasmus im Juli 1501 in Saint-Omer ein Antwortschreiben an Giovanni de Medici, den Sohn Lorenzo de Medicis. Der damals 25-jährige Kardinal und spätere Papst Leo X. hatte nach einer Reise durch Deutschland und Flandern im Jahre 1510 dem Abt von St. Bertin einen mehrtägigen Besuch abgestattet und sich später mit einem Brief aus Italien für dessen Gastfreundschaft bedankt.[150] Das war Erasmus' erste Berührung mit der italienischen Renaissance aus der Ferne.

Zu Erasmus' neuen Bekannten in Saint-Omer zählte Jean Vitrier, einer der bekanntesten Franziskanerprediger.[151] Seine Predigten in französischer Sprache wandten sich vor allem an ein städtisches Publikum.[152] Vitrier war seit 1500 Guardian des Franziskanerkonvents der Observanten in Saint-Omer und 1501 lernte Erasmus den damals 44-jährigen kennen. 1502 erreichten es seine Gegner, dass Vitrier von seinem Amt als Guardian entbunden wurde. Später wurde er als geistlicher Betreuer an ein Nonnenkloster nach Courtrai versetzt. Über sein weiteres Leben ist wenig bekannt.

---

[148] Jean Hadot, Erasme à Tournehem et à Courtebourne, in: Colloquia Erasmiana Turonensia 1 (1969), S. 87–96.

[149] Name des Gehilfen: Ludovicus (CWE Bd. 2, Ep. 163, 166, 167). – Franz Bierlaire, La familia d'Érasme. Contribuiton à l'histoire de l'humanisme, Paris 1958, S. 47 f.

[150] Vgl. D. S. Chambers, Pope Leo, in: BR 2, S. 319–322.

[151] André Godin, Jean Vitrier, in: BR 3, S. 408 f. – Eine Sammlung von Predigten Vitriers hat André Godin in der Stadtbibliothek von Saint-Omer gefunden. Sie wurde von ihm 1971 zusammen mit einer Textanalyse der Predigten publiziert: André Godin, L'Homéliaire de Jean Vitrier. Spiritualité Franciscaine en Flandre au XVIe Siècle. Texte, Etude Thématique et Sémantique, Genf 1971.

[152] André Godin, Jean Vitrier et le „cenacle" de Saint-Omer, in: Colloquia Erasmiana Turonensia 2 (1972), S. 781–805.

Erasmus hatte den Guardian bei der ersten Begegnung zunächst als hochfahrend empfunden[153], ihn dann aber näher kennengelernt und mit ihm Freundschaft geschlossen. Er war von der Religiosität Vitriers beeindruckt.[154] Zwanzig Jahre später beschrieb er in einem Brief aus dem Jahre 1521 an Justus Jonas in Erfurt die Persönlichkeit Vitriers in Form eines Doppelportraits, das Jean Vitrier und John Colet, die beide inzwischen gestorben waren, als die beiden geistlichen Führer vorstellte, die ihn am stärksten beeinflusst hätten.[155] Vitrier habe den griechischen Kirchenvater Origenes als seinen Lieblingsautor entdeckt. Theologische Einwände gegen Origenes habe er mit der Bemerkung abgewendet: „Es kann nicht sein, dass der Heilige Geist nicht in diesem Herzen wohnte, das so viele Bücher hervorbrachte, die so gelehrt und mit einem solchen Feuer geschrieben waren."[156]

Angeregt von Vitrier begann Erasmus mit der Arbeit an jener Schrift, die er 1503 unter dem Titel „Enchiridion militis christiani" herausbrachte.[157] Die „Philosophia Christi" nimmt darin eine Schlüsselrolle ein. Der Begriff dient zur Umschreibung der christlichen Lebensweise. Entscheidende Anregungen erhielt Erasmus aus der Lektüre des griechischen Kirchenvaters und Exegeten Origenes (185–254), auf den er durch Vitrier gestoßen war. Im Winter 1501/1502 begann er in Courtebourne die Homilien des Origenes zu lesen.[158] „Ich habe einen großen Teil der Werke des Origenes gelesen", schrieb er später an Colet. „Unter seiner Anleitung habe ich gute Fortschritte gemacht. Denn er legt gleichsam die Quellen frei und zeigt die Prinzipien eines guten theologischen Handwerks auf."[159] Erasmus blieb von Origenes sein Leben lang fasziniert.[160]

[153] Erasmus in seinem Brief an Batt aus Saint-Omer vom August 1501 über den Guardian (CWE Bd. 2, Ep.163).
[154] Johannes Beumer, Erasmus von Rotterdam und seine Freunde aus dem Franziskanerorden, in: Franziskanische Studien 51 (1969), S. 119–122; Charlier, Érasme et l'amitié, S. 114–120.
[155] Brief aus Anderlecht an Justus Jonas in Erfurt vom 13. 6. 1521 (CWE 8, Ep. 1211). – Dieser Brief an Justus Jonas ist eine der wichtigsten Quellen zur Biografie Jean Vitriers.
[156] CWE 8, Ep. 1211, Zeile 31–32.
[157] Erasmus über die Entstehung des „Enchiridion" in dem Brief an Botzheim: CWE 9, Ep. 1341A, Zeile 720–736. – Vgl. Tracy, Erasmus of the Low Countries, S. 27–40 („The Ideal of Christian Civility").
[158] CWE 2, Ep. 164. – CWE 66: Charles Fantazzi (Hg.), The Handbook of the Christian Soldier/Enchiridion militis christiani, (1988), S. 2–7 (Introductory Note).
[159] CWE 2, Ep. 181, Zeile 45–48.
[160] André Godin, Érasme et le modèle origénien de la prédication, in: Colloquia Erasmiana Turonensia 2 (1972), S. 807–820; André Godin, De Vitrier à Origène; Thématique et vocabulaire origéniens dans l'enchiridion militis christiani, in: André Godin, Érasme lecteur d'Origène, Genf 1982, S. 13–118; Jan de Boeft, Erasmus and the Church Fathers, in: Irena Backus (Hg.), The Reception of the Church Fathers in the West. From the Carolingians to the Maurists, Leiden [u.a.] 1997, S. 537–572.

3. In Brabant, Paris, England, Italien und wieder in England

Im Juli 1502 starb Jacob Batt und am 7. Oktober starb Hendrik van Bergen. Der Bischof war kurz zuvor aus Spanien zurückgekehrt, wohin er das Herzogspaar Philipp und Johanna begleitet hatte. So verlor Erasmus seine beiden wichtigsten Förderer. Er war jetzt 35 Jahre alt, als er sich im September 1502 in Löwen im flämischen Brabant niederließ. Dort wohnte er im Kolleg St. Donatian bei Jean Desmarez, der aus der Nähe von Saint-Omer stammte und Rhetorikprofessor an der Artistenfakultät der Universität war.[161] Seinem Jugendfreund Willem Hermans berichtete er, er habe hier Zuflucht vor der Pest gesucht, die überall grassiere. Inzwischen fühle er sich in der Beherrschung des Griechischen sicher.[162] Er übersetzte einige Schriften des griechischen Autors Libanius ins Lateinische. Allmählich wurde Erasmus eine Autorität. Jacob Faber, ein Lehrer an der Schule St. Lebuin in Deventer, widmete ihm eine Ausgabe der Gedichte des Alexander Hegius.[163]

Erasmus' Zukunft war aber weiter ungewiss. In den folgenden zwei Jahren bewegte er sich im Umfeld der Universität Löwen und des Brüsseler Hofs. Desmarez machte ihn mit einigen Humanisten in Löwen bekannt, darunter Hieronymus Busleyden[164], der durch seine Brüder im engen Kontakt zum burgundischen Hof stand. Busleyden brachte Erasmus in Kontakt mit Nicolas Ruistre, dem Bischof von Arras und Kanzler der Universität, ein einflussreicher Mann in der Verwaltung des Herzogtums.[165]

In Löwen vollendete Erasmus das Manuskript des „Enchiridion militis christiani" („Handbuch des christlichen Streiters"), das er in Saint-Omer begonnen hatte. Er brachte es zusammen mit zwei weiteren Texten unter dem harmlosen Titel „Lucubratiunculae" („Kleine Nachtarbeiten") im Februar 1503 bei Dirk Martens in Antwerpen heraus. Die „Lucubratiunculae" wurden mehrfach nachgedruckt. Als eigenständiger Text erschien das „Enchiridion" erst 1515 bei Martens, der sich inzwischen in Löwen niedergelassen hatte. Das „Enchiridion" wurde zunächst wenig beachtet.[166] Berühmt und in ganz Europa bekannt wurde es erst durch die Ausgabe, die Johannes Froben im Juli 1518 in Basel. herausbrachte. Es wurde danach in mehrere Landessprachen übersetzt. Die Neuausgabe wurde durch einen Widmungsbrief an den elsässischen Humanisten und Benediktinerabt Paul Volz[167] eingeleitet, in dem Erasmus die Intention seiner Schrift knapp, präzise und zugespitzt vorstellte.

---

[161] Jean Desmarez, in: BR 1, S. 389.
[162] Brief an Willem Hermans vom September 1502 (CWE 2, Ep. 172).
[163] CWE 2, Ep. 174.
[164] Ilse Guenther, Jérome de Busleyden, in: BR 1, S. 235 f.
[165] Ilse Guenther, Nicolas Ruistre, in: BR 3, S. 177 f.
[166] Brief an Botzheim vom 30.1.1523 (CWE 9, Ep. 1341A, Zeile 736).
[167] Volz wurde in den 1520er Jahren evangelischer Prediger in Straßburg. Vgl. Miriam U. Chrisman, Paul Volz, in: BR 3, S. 417 f.

Das „Enchiridion" wurde zu einer Programmschrift, vergleichbar der Schrift Luthers „Von der Freiheit eines Christenmenschen".[168] Das „Enchiridion" wendet sich an die christlichen Laien. Das griechische Wort hat die Doppelbedeutung von „Dolch" und „Handbuch". Alle 22 Kapitel („canones") des „Enchiridion" laufen darauf hinaus, eine neue Form des Christseins zu begründen. Der ruhig argumentierende Text enthält im Kern eine revolutionäre Botschaft. Es ist eine Absage an die mittelalterliche Vorstellung einer christlichen Ständegesellschaft, die in der geistlichen Lebensform der Mönche, Nonnen und Kleriker das Ideal des Christseins verwirklicht sieht, das von den „niederen" Lebensformen der Mehrheit der christlichen Laien abgesetzt wird.

Bei Erasmus tritt stattdessen der jeweils einzelne Christ als Person in den Vordergrund. Am Schluss des „Enchiridion" schreibt Erasmus, er wolle seinen weltlichen Leser davor schützen, „mit unverschämtesten Aufforderungen, Drohungen und Schmeicheleien zum Mönchtum" getrieben zu werden, „als ob es außerhalb der Kutte kein Christentum gäbe". Dann folgt die berühmt gewordene Formulierung: „Mönchtum ist nicht Frömmigkeit, sondern eine Art zu leben, für den einzelnen je nach der Beschaffenheit des Körpers und der Begabung entweder nützlich oder schädlich." („Monachatus non est pietas, sed vitae genus, pro suo cuique corporis ingeniique habitu, vel utile vel inutile.")[169] Erasmus hatte mit dem „Enchiridion" eine Theologie des christlichen Laien entworfen.[170]

Bereits seit seiner Zeit als Sekretär des Bischofs von Cambrai war Erasmus mit dem Leben am Hof des Herzogs von Burgund vertraut geworden. Als Herzog Philipp der Schöne Ende 1503 von seiner zweijährigen Reise nach Spanien in die Niederlande zurückkehrte, schlug Desmarez Nicolas Ruistre vor, Erasmus mit dem Vortrag einer lateinischen Rede zur Begrüßung des Herzogs im Rahmen der Feiern der „joyeuse entrée" zu beauftragen. Die Feier fand am Fest der Epiphanie, am 6. Januar 1504, vor den Ständen von Brabant im Schloss von Brüssel statt. Es war die erste direkte Berührung, die Erasmus mit der Politik hatte und mit der er sich seitdem bewusst ausein-

---

[168] Vgl. Werner Welzig (Hg.), Enchiridion militis christiani/Handbuch eines Christlichen Streiters, in: AS, Bd. 1 (1968), S. VII – XXV (Einleitung); CWE 66: The Handbook of the Christian Soldier – Enchiridion militis christiani, translated and annotated by Charles Fantazzi, Toronto/Buffalo/London 1988. – Vgl. Augustijn (1986), S. 42–53; Schoeck, Erasmus of Europe (1993), S. 14–27 („The Enchiridion: ‚philosophia Christi'"); Bainton, Erasmus, S .67–73; Halkin (1989), S.73–80 („Einführung in das fromme Leben. Das Handbüchlein eines christlichen Streiters").

[169] Welzig, Enchiridion, S. 371.

[170] Vgl. Yves Congar, Der Laie. Entwurf einer Theologie des Laientums, Stuttgart 1956.

anderzusetzen begann.[171] Seit dem Herbst arbeitete er intensiv an dem Text seiner Rede, und er musste sich dabei zunächst einmal Informationen über die Spanienreise Philipps besorgen.[172] Es war für ihn eine Einführung in die burgundisch-habsburgische Politik.

Herzog Philipp war Anfang November 1501 zusammen mit der Herzogin Johanna, der Tochter Ferdinands von Aragon und Isabellas von Kastilien, von Brüssel aus nach Spanien aufgebrochen. Die Reise führte das Paar zunächst über die Picardie nach Frankreich, wo sie im November in Paris und im Dezember in Blois von König Ludwig XII. empfangen wurden, der sie von dort weiter nach Tours begleitete. In Spanien fand im Mai 1502 in Toledo die Huldigung der Cortes von Kastilien und im Oktober in Saragossa die der Cortes von Aragon statt. Als Philipp im Dezember 1502 Spanien wieder verließ, ließ er die schwangere Johanna zurück. Sie gebar im März in Alcalá den Sohn Ferdinand, das vierte Kind nach Eleonore, die 1498 in Brüssel, Karl, der 1500 in Gent und Isabella, die 1501 in Brüssel geboren waren.

Die Rückreise führte Philipp wieder durch Frankreich, zunächst nach Savoyen, wo er mit seiner Schwester Margarete zusammenkam, die seit kurzem mit Philibert II. von Savoyen verheiratet war. Von dort ging er nach Tirol, wo er in Innsbruck seinen Vater König Maximilian I. besuchte. Anfang Oktober 1503 verließ er Innsbruck. Über Ulm, Blaubeuren, Stuttgart, Pforzheim und Heidelberg kam er Ende Oktober in Worms an. Von dort fuhr er mit dem Schiff nach Mainz. Ende Oktober kam er in Köln an und Anfang November war er wieder in Brüssel, als Erasmus bereits seine Rede vorbereitete.

Dem Gefolge Philipps hatte auch Bischof Hendrik van Bergen angehört, der kurz darauf nach seiner vorzeitigen Rückkehr aus Spanien in Cambrai im Oktober 1502 gestorben war. Einen Monat nach dem Vortrag der Rede brachte Erasmus den „Panegyricus" mit einem Widmungsbrief an Ruistre und einem Brief an Desmarez im Anhang[173] in Antwerpen als Buch heraus.[174] Obwohl Erasmus ein starkes Unbehagen an seinem eigenen Text nicht verbergen konnte[175], so hat er dennoch den „Panegyricus", der sein Einstieg in

---

[171] Im Frühjahr 1503 hatte Erasmus eine Widmung an Jacob Anthoniszoon zu dessen Buch über die Herrschaft des Kaisers („De precellentia potestatis imperatorie") geschrieben, das im April 1503 bei Dirk Martens in Antwerpen erschienen war. Darin wies Erasmus dem Kaiser die Aufgabe zu, den „Christlichen Frieden vor dem Schaden des Krieges zu schützen". (CWE 2, Ep. 173).

[172] Briefe an den Stadtpensionär Jacob Mauritsz aus Gouda und an Willem Hermans vom 27. u. 28.9.1503 (CWE 2, Ep. 176 u. 178).

[173] CWE 2, Ep. 179 u. 180.

[174] Panegyricus ad Philippum Austriae ducem, hg. Otto Herding, in: ASD IV, 1 (Amsterdam 1974), S. 1–91; hier: S. 3–21 (Einleitung) u. S. 78 (Anmerkung). – CWE 27: Panegyric for Archduke Philip of Austria – Panegyricus ad Philippum Austriae ducem, translated and annotated by Betty Radice, Toronto/Buffalo/London, S. 1–75.

[175] Brief an Colet vom Dezember 1504 (CWE 2, Ep. 181).

die Welt des burgundischen Hofs war, später nie versteckt. In dem „Panegyricus" hatte Erasmus zum ersten Mal seinen christlichen Pazifismus formuliert, der eng mit seiner Vorstellung der Einheit der christlichen Gesellschaft Europas verbunden war.

Da Herzog Philipp bereits im September 1506 in Burgos – bei seinem zweiten Aufenthalt in Spanien – starb, übertrug Maximilian die Regentschaft in Burgund an Philipps Schwester Margarete, die, inzwischen Witwe, von Savoyen nach Brabant zurückgekehrt war und sich in Mechelen niedergelassen hatte. Sie übernahm bis 1516 die Vormundschaft für ihren unmündigen Neffen Karl. Herzogin Johanna, die 1505 in Brüssel ihr sechstes Kind, die jüngste Tochter Maria geboren hatte, blieb nach dem Tod Philipps in Spanien. Sie wurde ein Opfer der politischen Erbstreitigkeiten, die in Spanien nach dem Tod ihrer Mutter Isabella von Kastilien 1504 einsetzten. Johanna erkrankte nach dem Tod ihres Mannes. Von 1509 bis zu ihrem Tod 1555 lebte sie in Tordesillas.

Bei den Arbeiten am Druck des „Panegyricus" in Antwerpen hatte Erasmus den jungen, damals noch nicht zwanzigjährigen Korrektor Peter Gilles und dessen Familie kennengelernt, den späteren Stadtschreiber von Antwerpen. Gilles wurde einer seiner engsten Freunde.[176] Im Sommer 1504 hatte Erasmus in dem Prämonstratenserkloster bei Löwen das Manuskript Lorenzo Vallas „Annotationen zum Neuen Testament" entdeckt. Ende des Jahres begab er sich nach Paris, um Vallas Manuskript bei dem Drucker Josse Bade herauszubringen. Bade stammte aus Brabant. Seine Druckerei und Buchhandlung wurde ein Treffpunkt für Pariser und ausländische Humanisten.[177] Über Bade lernte Erasmus später den französischen Humanisten Guillaume Budé kennen.[178] Die Ausgabe der „Annotationen" erschien im April 1505.[179] Erasmus widmete sie Christopher Fisher, dessen Gast er zu jener Zeit in Paris war.[180] Fisher war ein englischer Geistlicher im Dienst der römischen Kurie. Möglicherweise hat Fisher damals auch einen päpstlichen Dispens besorgt, die es Erasmus erlaubte, trotz seiner illegitimen Geburt kirchliche Ämter anzunehmen.[181]

In seinem Widmungsschreiben ging Erasmus auf das von Valla angewandte Verfahren ein, bei der Exegese des Neuen Testaments, den lateinischen

---

[176] Brief an Gilles (CWE 2, Ep. 184). Vgl. Marcel A. Nauwelaerts, Pieter Gilles, in: BR 2, S. 99–101.
[177] Geneviève Guilleminot, Josse Bade, in: BR 1, S. 79–81.
[178] Marie-Madeleine de la Garanderie, Guillaume Budé, in: BR 1, S. 212–217. – Vgl. Marie-Madeleine de la Garanderie, La correspondance d'Érasme et de Guillaume Budé. Ttraduction intégrale, annotations et index biographique, Paris 1967.
[179] Laurentii Vallensis ... in Latinam Novi Testamenti interpretationem ex collatione Graecorum exemplarium Adnotationes, Paris 1505.
[180] Widmung an Christopher Fisher (CWE 2, Ep. 182) und Brief von Josse Bade an Erasmus (CWE 2, Ep. 183).
[181] Dispens Papst Julius II. vom 4. Januar 1506 (CWE 2, Ep. 187 A).

3. In Brabant, Paris, England, Italien und wieder in England

Text der Vulgata mit den griechischen Textfassungen zu vergleichen. Er wehrte die Proteste scholastischer Theologen ab, dass sich damit die Grammatiker anmaßten, bei der Deutung der Schrift von dem Heiligen Geist inspiriert zu sein. Auch wenn die Theologie die „Königin der Wissenschaften" („regina disciplinarum") sei, wandte Erasmus ein, müssten die Theologen sich mit Hilfe der Grammatik vor sprachlichen Fehlern schützen.

Von Paris aus hatte Erasmus im Dezember 1504 wieder Kontakt zu John Colet aufgenommen, weil er an einen erneuten Besuch in England dachte.[182] Im Sommer 1505 traf Erasmus in London ein. Er hielt sich etwa ein Jahr lang in England auf. Inzwischen war sein Jugendfreund Servatius Roger Prior seines Klosters in Steyn bei Gouda geworden. Aber das Verhältnis zwischen den beiden Mönchen war gespannt. Erasmus berichtete Roger, er sei von Mountjoy nach England eingeladen und von den Humanisten in London freundlich empfangen worden, „fünf oder sechs Gelehrte gleicherweise im Lateinischen wie im Griechischen bewandert, wie man sie zur Zeit wohl kaum in Italien finden dürfte".[183]

Erasmus wohnte in dieser Zeit überwiegend im Haus Thomas Mores in Bucklersbury in London. Anscheinend machte er einen kurzen Abstecher nach Cambridge.[184] Natürlich war er weiter auf der Suche nach Förderern. Er gewann einen guten Kontakt zu mehreren Prälaten, zu Richard Foxe, dem Bischof von Winchester, zu William Warham[185], dem Erzbischof von Canterbury und damaligen Lordkanzler, und vermutlich auch schon zu John Fisher, dem Bischof von Rochester und Kanzler der Universität Cambridge.[186] Alle drei Bischöfe hatten eine Residenz in London. Aber alle diese Kontakte brachten ihm trotz des päpstlichen Dispenses nicht das erwünschte Benefizium ein. Resigniert schrieb er im April 1506 an Roger nach Gouda: „Ich habe mich mit dem Mittelmaß, das ich erreicht habe, abgefunden. Ich habe genügend Vertrautheit mit dem Griechischen erworben, und ich werde mich künftig den Gedanken über den Tod und über mein Seelenheil widmen."[187]

Der junge Anwalt More, der 1504 als Abgeordneter in das House of Commons gewählt worden war, hatte im Januar 1505 Jane Colt geheiratet. Im Oktober war die älteste Tochter Margaret geboren worden. Während Erasmus' Aufenthalts im Haus Mores hatten beide Freunde gemeinsam die Satiren des griechischen Rhetoriker Lukian gelesen, der 180 n. Chr. in Athen gestorben war. Sie stießen hier auf eine Stilform der Ironie, die später More

---

[182] CWE 2, Ep. 181.
[183] CWE 2, Ep. 185, Zeile 14–18.
[184] Schoeck, Erasmus of Europe (1993), S. 51–61 („Return to England, 1505–1606"); Germain Marc'hadour, L'Univers de Thomas More. Chronologie critique de More, Erasme et leur époque (14771536), Paris 1963, S. 135–143.
[185] CWE 2, Ep. 188.
[186] CWE 2, Ep. 242.
[187] CWE 2, Ep. 189, Zeile 14–20.

3. In Brabant, Paris, England, Italien und wieder in England

in der „Utopia" und Erasmus in den „Kolloquien" einsetzen sollten. Beide begeisterten sich an den Texten Lukians, und sie machten sich daran, sie gemeinsam ins Lateinische zu übertragen. Erasmus brachte die Übersetzungen ein Jahr später bei Josse Bade in Paris als Buch heraus.[188]

In dieser Situation erhielt Erasmus unerwartet das Angebot, die beiden Söhne Battista Boerios, des italienischen Arztes König Heinrichs VII., zum Studium nach Italien zu begleiten. Im Sommer 1506 verließ er England und kehrte nach Paris zurück. Erasmus hatte sehr angenehme Erinnerungen an seinen Aufenthalt in England, wie er Colet aus Paris schrieb.[189] Von Paris begab er sich mit den beiden jungen Italienern über Lyon durch Savoyen nach Bologna.

Erasmus hatte bereits von London aus veranlasst, dass seine frühen Briefe an Freunde in Gouda gesammelt wurden, um sie später zu veröffentlichen.[190] Dagegen sind aus der Zeit von 1508 bis 1511 keine Briefe von ihm erhalten. So ist sein Italienaufenthalt in den Jahren 1506 bis 1509 und die Zeit seiner Rückkehr nach England von 1509 bis 1511 nur spärlich durch Selbstzeugnisse abgedeckt. Bei seiner Ankunft in Bologna fand Erasmus nicht das blühende Italien der Renaissance und des Humanismus, sondern er wurde mit den Territorialkriegen konfrontiert, in die Italien seit 1494 durch die Einfälle der französischen Könige Karl VIII. und Ludwig XII. verwickelt war. Seit 1503 wurde Italien auch von den Kriegszügen Papst Julius' II. überzogen, der versuchte, den Kirchenstaat zurückzuerobern und wiederherzustellen.[191]

Bei der Ankunft der Reisegruppe in Bologna drohte ein Angriff der Truppen des Papstes auf die Stadt und man wich zunächst nach Florenz aus. Bei der Rückkehr nach Bologna erlebte Erasmus am 11. November als Zuschauer den feierlichen Einzug des „Kriegerpapstes" in die Stadt, der von den Kardinälen begleitet wurde.[192] Den negativen Eindruck, den diese erste Begegnung mit dem Papsttum auf ihn machte, hat Erasmus nie vergessen.

Erasmus berichtete über die Ereignisse in Bologna in zwei Briefen vom November 1506 aus Florenz und aus Bologna an Servatius Roger nach Gouda.[193] Die wichtigste Mitteilung in beiden Briefen war für ihn die Nachricht

---

[188] Luciani opuscula ... ab Erasmo Roterodamo et Thoma Moro ... in Latinam linguam traducta, Paris 1506; The Complete Works of St. Thomas More. Bd. 3, Teil I: Translation of Lucian, hg. C. R. Thompson, New Haven and London 1974.
[189] CWE 2, Ep. 195.
[190] Brief an Franziscus Theodoricus (CWE 2, Ep. 186).
[191] Austin Renaudet, Érasme et l'Italie, Genf ²1999, S. 139–150 („Turin, Florence et Bologne"). – Vgl. Halkin, Erasmus von Rotterdam (1989), S. 81–90 („Italien und die Rückkehr zu den Quellen").
[192] Vgl. Christine Shaw, Julius II: The Warrior Pope, Oxford 1993, S. 149; vgl. Schoeck, Erasmus of Europe (1993), S. 65.
[193] CWE 2, Ep. 200 u. 203.

3. In Brabant, Paris, England, Italien und wieder in England   41

an sein Kloster, dass er inzwischen – an der Universität Turin – den Doktor der Theologie erworben habe.[194]

In Bologna lernte er den etwa zehn Jahre jüngeren Paolo Bombace kennen, der seit kurzem an der Universität Griechisch, Poetik und Rhetorik lehrte. Beide freundeten sich an, und Bombace lud Erasmus ein, bei ihm zu wohnen. Die Freundschaft überdauerte Erasmus' Italienaufenthalt. Seit 1513 war Bombace Sekretär eines Kardinals in Rom, und seit 1524 stand er im Dienst der Kurie unter Papst Clemens VII. in Rom. Er wurde der wichtigste Vertrauens- und Verbindungsmann für Erasmus bei Kontakten mit Rom. Bombace vermittelte das Einführungsschreiben Papst Leos X. zur zweiten Auflage des Neuen Testaments von 1519, das Erasmus vor seinen Kritikern in Europa schützen sollte. 1527 kam Bombace beim Sacco di Roma ums Leben.[195]

Seit seinem Italienaufenthalt begann Erasmus stärker in europäischen Kategorien zu denken. Er versuchte, mit dem berühmten Verleger Aldo Manutio in Venedig Kontakt aufzunehmen, um in das neue europäische Netzwerk des Buchdrucks einzusteigen. Er bot Manutio seine beiden Übersetzungen der Euripides-Tragödien zum Nachdruck an und ein Gedicht über das Altern („De senectute carmen"), das er im Sommer während des Ritts über die Alpen verfasst hatte.[196] Manutio lud Erasmus nach Venedig ein. Im November 1507 traf Erasmus in Venedig ein und blieb dort ein Jahr. Seit längerem bereitete er die Überarbeitung der kleinen Pariser Ausgabe der „Adagia" von 1500 vor. Er gewann Manutio dafür, eine erheblich erweiterte Neuausgabe herauszubringen. Sie erschien Ende 1508 als „Adagiorum Chiliades" in Venedig, jetzt mit über 3200 antiken Sprichwörtern.

Hier in Venedig wurde der Europäer Erasmus geboren. Die „Adagia" von 1508 wurden ein europäisches Bildungsbuch, das ihm den Eintritt in die geistige Welt Europas eröffnete, die er gleichzeitig zu verändern begann.[197] Mit der erneuten Widmung der „Adagia" an Mountjoy, der inzwischen im Dienste des englischen Königs stand, betonte Erasmus die Verbindung zu seinen englischen Freunden. Die jetzige Ausgabe sei die Frucht langer Nachtarbeit. Die meisten griechischen Zitate habe er ins Lateinische übersetzt, um

---

[194]   Das Diplom befindet sich heute in der Universitätsbibliothek Basel.
[195]   M. J. C. Lowry, Paolo Bombace, in: BR 1, S. 163–165.
[196]   Ad Guilielmum Copum medicorum eruditissimum de senectute carmen [lat./dt.], in: AS 2 (1975), S. 340–357; Reedijk, The Poems of Desiderius Erasmus, S. 280–290.
[197]   „Finally, it is also a European book in the wide range of its readers und its continuing reception: published in many editions in most European countries and read by students, teachers, and scholars everywhere, it is a book that helped as much as any other single book to transform the intellectual landscape of the whole of sixteenth century Europe." (Schoeck, Erasmus of Europe [1993], S. 75). – Vgl. Mann Phillips, The „Adages" of Erasmus, S. 62–95 („The ,Adagiorum Chiliades' of 1508: The Edition of Learning").

den Sprachbedürfnissen „unserer Zeit" zu entsprechen.[198] Die „Adagia" waren eine Anthologie klassischer Zitate, die Erasmus kompiliert hatte.[199]

Die „Adagia" von 1508 wandten sich an ein breites gebildetes Publikum in Europa, und sie vermittelten einen einfachen und verständlichen Zugang zur literarischen Welt der Antike. Das erklärt die enorme Wirkung, die von ihnen ausging.[200] Sie wurden schon bald komplett oder in Auszügen in die meisten europäischen Nationalsprachen übersetzt. So haben sie über die Jahrhunderte hinweg die Sprach- und Denkmuster der Europäer geprägt.[201]

Ende 1508 begab sich Erasmus in die nahe Universitätsstadt Padua, wo er den Winter verbringen wollte. Zu dieser Zeit hielt sich der junge Alexander Stewart, der nichteheliche Sohn des schottischen Königs Jakob IV. mit seinem Bruder in Padua auf. Alexander führte, wenngleich noch minderjährig, bereits den Titel des Erzbischofs von St. Andrews. Erasmus übernahm die Betreuung seiner Studien.[202]

Inzwischen hatte Papst Julius II. seinen Kampf um die Rückeroberung des Kirchenstaats wiederaufgenommen. Im Dezember 1508 verbündeten sich Ludwig XII., Maximilian I., Ferdinand von Aragon und Julius II. in der Liga von Cambrai zum gemeinsamen Bündnis gegen die Republik Venedig, zu dessen Territorium auch Padua gehörte. Im folgenden Jahr wurde Italien wieder von Truppen überzogen. Die Stadt Venedig wurde im April 1509 von Papst Julius II. exkommuniziert. Im Mai schlugen französische Truppen Venedig bei Agnadello. „Ich verabscheue diese Kriege", schrieb Erasmus aus Padua an Manutio, „die es mir nicht erlauben Italien zu genießen, das mir eigentlich immer mehr gefällt."[203]

Im Dezember begaben sich Erasmus und Stewart von Padua nach Ferrara. Nach einem kurzen Aufenthalt ging es von dort weiter über Bologna und Florenz nach Siena, wo man im Januar eintraf und sich einige Monate

---

[198] CWE 2, Ep. 211.
[199] Textausgaben: ASD I, 1–8 (Amsterdam 1981–2005); CWE Bd. 31–36 (Toronto 1982–2006); William Barker.(Hg.), The Adages of Erasmus, Toronto 2001 (Auswahl); AS Bd. 7 Adagiorum Chiliades (Adagia Selecta)/Mehrere Tausend Sprichwörter und sprichwörtliche Redensarten (Auswahl). Übersetzt, eingeleitet und mit Anmerkungen versehen, hg. Theresia Payr, Darmstadt 1972, S. 357–633.
[200] „Durch den Buchdruck konnte er im vollen Sinn des Wortes ein Kulturzentrum werden, eine geistige Zentralstation, ein Prüfstein der Zeitgedanken." (Huizinga [1993], S. 85).
[201] Vgl. Barker, The Adages of Erasmus, S. IX-XLVII (Editor's introduction); Mann Phillips, The „Adages" of Erasmus, passim; Payr, Adagiorum Chiliades (Adagia Selecta), S. XI-XXXIII (Einleitung); Gail, Erasmus von Rotterdam, Adagia, S. 3–21 (Einleitung); Worstbrock, Deutscher Humanismus 1480–1520, Bd. 1, Sp. 701–708 u. Sp. 711 f.
[202] Mordechai Feingold, Alexander Stewart, in: BR 3, S. 286.
[203] CWE 2, Ep. 213. – Vgl. Renaudet, Érasme et l'Italie, S. 163–165. – Noch im Dezember 1509 schrieb Daniele Scevola aus Ferrara an Erasmus: „Hier herrscht nur Krieg und alles ist verlassen." (CWE 2, Ep. 216A).

3. In Brabant, Paris, England, Italien und wieder in England 43

aufhielt. Hier erlebten sie den italienischen Karneval. In der Karwoche 1509 hielten sich Erasmus und Stewart in Rom auf. Beide unternahmen noch einen Abstecher nach Neapel, um sich im Mai voneinander zu trennen. Beim Abschied schenkte Alexander Erasmus einen Ring. In dessen Stein war ein bärtiger Kopf eingraviert, den Erasmus als den des antiken Gottes der Grenze „Terminus" deutete, sowie der Spruch „Concedo nulli" – „Ich weiche keinem". Erasmus benutzte den Ring später als Siegelring. Alexander Stewart kehrte nach Schottland zurück. Vier Jahre später kam er zusammen mit seinem Vater König Jakob IV. in der Schlacht von Flodden im Norden Englands ums Leben.

Anscheinend im Juni erhielt Erasmus die Nachricht, dass der englische König Heinrich VII. im April gestorben war. In Briefen von Mountjoy und Erzbischof Warham wurde er aufgefordert, sofort nach England zurückzukehren. Unter dem neuen König Heinrich VIII. würden sich ihm große Möglichkeiten eröffnen. Dem Brief Mountjoys war gleich ein Wechsel für die Kosten der Rückreise beigefügt.[204]

Bei dem Aufenthalt in Rom hatte Erasmus Kontakt mit den Kardinälen Domenico Grimani[205], Giovanni de Medici[206] und Raffaele Riario[207], die zu den Förderern der Humanisten zählten. In einem späten Brief aus dem Jahre 1531 an Augustino Steuco berichtet Erasmus, dass ihn Kardinal Grimani häufiger zu einer Unterhaltung habe einladen wollen.[208] Schließlich sei er aber der Einladung mehr um des Anstands willen als aus Neigung gefolgt. Das muss Anfang Juli 1509 gewesen sein. Zu seiner Überraschung habe ihn der Kardinal nicht wie einen kleinen Mann („homunculus"), sondern wie seinesgleichen, „wie einen Kollegen", empfangen. Ihm sei ein Sessel angeboten worden und beide hätten sich mehr als zwei Stunden lang miteinander unterhalten, wobei er nicht einmal seine Kappe habe abnehmen können. Der Kardinal habe sich über die Studien ausgelassen und über seine Pläne zur Errichtung einer Bibliothek gesprochen. Schließlich fordert er ihn auf, in seinem Palast zu wohnen. Nachdrücklich betonte er, dass sein Angebot ernst gemeint sei. Zum Abschied nahm er Erasmus noch das Versprechen ab, vor seiner Abreise noch einmal vorbeizukommen. „Ich Unglücklicher! Ich bin nicht zurückgekommen, weil ich befürchtete, er könne mich mit seiner Beredsamkeit dazu bringen, meine Meinung zu ändern. Noch nie habe ich so leichtsinnig gehandelt!"[209]

---

[204] CWE 2, Ep. 214, 215, 216.
[205] CWE 17, Ep. 2465.
[206] CWE 2, Ep. 296, CWE 3, Ep. 335.
[207] CWE 2, Ep. 296, CWE 3, Ep. 334.
[208] CWE 17, Ep. 2465.
[209] CWE 17, Ep. 2465, Zeile 44–60. (Brief aus Freiburg an Agostino Steuco vom 27.3.1531).

Noch im Juli kehrte Erasmus über Como, den Splügen-Paß, Chur und Konstanz in den Norden zurück. In Straßburg nahm er Kontakt zu seinem dortigen Verleger Matthias Schürer und zu dem Elsässer Humanistenkreis auf. Er begab sich rheinabwärts in die Niederlande, wo er sich kurz in Antwerpen und in Löwen aufhielt. Aber sein Kloster in Steyn besuchte er nicht. Nach der Überquerung des Kanals kam er Ende August in London an, in der Stadt, aus der er drei Jahre zuvor nach Italien aufgebrochen war.[210]

Bei Erasmus' Ankunft in London waren die Krönungsfeierlichkeiten für Heinrich VIII. bereits beendet. Am Sonntag, den 24. Juni, war Heinrich in der Kathedrale von Westminster Abbey von dem Erzbischof von Canterbury William Warham zum König gekrönt worden. Die Erwartungen an den neuen König waren groß. Da für die Zeit von 1509 bis Anfang 1511 keine Briefe von und an Erasmus erhalten sind, ist es schwierig, seine Aufenthalte und Tätigkeiten in dieser Zeit zu rekonstruieren.[211] Er scheint sich zunächst im Haus des damals 31-jährigen Thomas More in Bucklersbury in London aufgehalten zu haben, wo er sich von seinem Steinleiden erholen konnte. Thomas war inzwischen mit Jane More verheiratet, und sie hatten vier Kinder bekommen. Im Dezember 1509 wurde er als Abgeordneter in das von Heinrich VIII. einberufene „House of Commons" gewählt und Anfang 1510 als „Under-Sheriff" zu einem der beiden Stadtrichter Londons bestellt.[212]

In London schrieb Erasmus das „Lob der Torheit", „Morias enkomium".[213] Der Titel der Schrift spielt auf den Namen Mores an. Das „Lob der Torheit" ist als eine „declamatio" gestaltet, als Ansprache einer Frau – der weiblichen Gestalt der Torheit -, die dem Publikum ihre eigene Torheit anpreist. Die Torheit stellt sich und ihre Herkunft gleich zu Beginn mit einem Feuerwerk an Zitaten und Bildern aus der Mythologie der Antike vor, deren Auswahl an die „Adagia" erinnert.

Bei diesem leichtfüßigen Dahineilen der Gedanken und Argumente stößt man plötzlich auf eine Schlüsselstelle des Textes: „Was ist denn das menschliche Leben schon anders als ein Schauspiel, in dem die einen vor den anderen in Masken auftreten und ihre Rolle spielen, bis der Regisseur sie von der Bühne abruft?" Oft genug lasse er dabei den Schauspieler in verschiedenen Rollen auftreten, so dass er bald als König in Purpur, bald als Sklave in Lumpen erscheine: „Schein ist zwar alles, aber dieses Stück wird

---

[210] Vgl. Schoeck, Erasmus of Europe (1993), S. 86 ff.
[211] Schoeck, Erasmus of Europe (1993), S. 86–94.
[212] Ackroyd, The Life of Thomas More, S. 133–135.
[213] Moriae encomium id est stultitiae laus, ed. Clarence H. Miller (ASD IV, 3), Amsterdam 1975; CWE 27: Panegyricus, Moria, Julius exclusus, Institutio principis christiani, Querela pacis, hg. A. H. T. Levi, Toronto/Buffalo/London 1986; hier: S. 83–153; Morias enkomion sive laus Stultitiae. Dt. Übersetzung Alfred Hartmann, hg. Wendelin Schmidt-Dengler, in: AS 2 (1975), S. 1–211. – Bereits 1494 war in Basel Sebastian Brants „Narrenschiff" und 1497 in Straßburg eine lateinische Übersetzung von Jakob Locher unter dem Titel „Stultifera Navis" erschienen.

nicht anders gegeben."²¹⁴ Hier wird gleichsam die Soziologie der ständischen Gesellschaft in dem Bild des Schauspiels vorgeführt, aber sie wird zugleich in ihrem Rollenspiel relativiert. Das Bild nimmt gleichsam das Theater Shakespeares vorweg.

Verwundert beobachtet die Torheit überall in Europa das Entstehen einer neuen kollektiven Eigenliebe der einzelnen Nationen. Es handelt sich offensichtlich um die Anfänge des modernen europäischen Nationalismus.²¹⁵ Die Engländer sind stolz auf ihre Gestalt, ihre Musik und ihr Essen, die Schotten auf ihren Adel und dessen Verwandtschaft zu anderen Königshäusern, die Franzosen auf ihre guten Umgangsformen. Die Pariser erheben Anspruch auf die Meisterschaft in der Theologie und wehren alle anderen ab. Die Italiener behaupten für sich den Vorrang in der Bildung und Eloquenz und halten alle übrigen Völker für Barbaren. Das gelte besonders für die Römer, die immer noch von dem alten Rom träumen. Die Venezianer brüsten sich im Glauben an ihre Vornehmheit. Die Spanier halten sich im Kriegsruhm allen anderen überlegen, und die Deutschen berufen sich auf ihre körperliche Größe und in ihre Kenntnis in den Künsten der Magie.

Schließlich nimmt sich die Torheit verschiedene Gruppen der Gesellschaft vor, zunächst die Kaufleute, die Lehrer, die Grammatiker, die Philosophen, Schriftsteller und Juristen und die Theologen, dabei gesondert die Weltgeistlichen, die Ordensgeistlichen und die Prediger, aber auch die Könige, die Fürsten, die Bischöfe, die Kardinäle und die Päpste. Unter den Laien erscheinen die Händler und Kaufleute als die dümmste Gruppe, weil sie „lügen, trügen, stehlen, täuschen und schwindeln."²¹⁶ Daran ändere auch nichts, wenn jemand eine Pilgerfahrt nach Jerusalem, der andere eine nach Rom und der dritte eine zum heiligen Jakob nach Compostella unternehme, „wo er doch nichts zu schaffen hat und Weib und Kinder zurücklässt."²¹⁷

Die Torheit wendet sich den Theologen zu. Solle man, fragt sie, überhaupt in dieses Wespennetz stechen? Die Torheit konfrontiert die ursprüngliche Lehre Christi mit den Schulmeinungen der Scholastik, der „Realisten, Nominalisten, Thomisten, Albertisten, Occamisten und Scotisten". Ein besonderer Anstoß wird an dem Auftreten der Bettelmönche in den Städten genommen. „Alle Welt verwünscht sie", heißt es: „Manche von ihnen verstehen es, in den Kirchen ihren Schmutz und ihre Bettlerpose zur Schau zu stellen, und draußen auf den Straßen mit großen Geschrei Brot zu erbetteln. In keiner Herberge, auf keinem Wagen und auf keinem Schiff kann man ihnen entgehen, und das übrigens auch zum Schaden der übrigen Bettler."²¹⁸

---

[214] AS 2, S. 62 f.
[215] Vgl. Liah Greenfeld. Nationalism. Five Roads to Modernity, Cambridge, Mass. 1992.
[216] AS 2, S. 114 f.
[217] AS 2, S. 116 f.
[218] AS 2, S. 142–145.

Bissig heißt es über den Predigtstil der Bettelbrüder: „Wie gestikulieren sie, wie modulieren sie ihre Stimme, wie trillern sie, wie werfen sie sich in die Brust, welche Grimassen schneiden sie, wie übertönen sie alles mit ihrem Schreien."[219]

Aber auch den Fürsten hält die Torheit ihren Spiegel vor: „Sie glauben, die Rolle eines Fürsten gut zu spielen, wenn sie ständig auf die Jagd gehen, schöne Pferde halten, zu ihrem Vorteil Ämter und Stellen verkaufen.[220] Noch schärfer geht die Torheit mit den Höfen der Fürsten ins Gericht. Die Höflinge werden als „unterwürfig, servil, albern und verworfen" beschrieben. Sie wollen aber überall die ersten Plätze einnehmen.[221] Spöttisch heißt es über den Lebensstil am Hof: „Man schläft, bis die Sonne hoch am Himmel steht. Dann liest ein bezahlter Geistlicher die Messe am Bett. Man geht zum Frühstück. Kaum ist es beendet, wird man schon wieder zu Mittag gerufen. Dazwischen vertreibt man die Zeit mit Würfel-, Brett- und Kartenspiel, mit Narren, Possenreißern und Huren, macht Spiele und Späße. So gleiten ihnen die Stunden, Tage, Monate, Jahre und Jahrzehnte dahin, ohne dass sie unter Verdruss an ihrem Leben leiden."[222] Mit ähnlichen Formulierungen wird einige Jahre später Thomas More das Hofleben in der „Utopia" kritisieren.

Seit langem ahmten aber auch Päpste, Kardinäle und Bischöfe den Stil der Fürsten nach.[223] Aber weisen nicht die Insignien des Bischofs wie Stab und Mitra auf etwas ganz anderes hin? Der Titel des „Bischofs" bedeutet nichts anderes als Arbeit, Sorge und Aufsicht.[224] Wenn der Papst als Stellvertreter Christi das Leben Christi nachahme, bedeute das nicht „seinem Wandel nachzuleben, seiner Armut, seiner Mühsal, seinem Lehren, seinem Kreuz und seiner Todesbereitschaft"?[225]

Zum Schluss schlägt das „Lob der Torheit" einen ernsthafteren Ton an. Die Torheit führt zahlreiche Stellen aus dem Neuen Testament an, bei denen die „Torheit der Toren" der „Weisheit der Weisen" positiv gegenübergestellt wird, und sie zitiert Paulus: „Gott hat beschlossen, durch die Torheit die Welt zu retten." Die Torheit bricht ihre Rede ab. Sie erinnert daran, dass sie als Frau gesprochen hat. Sie entschuldigt für die Fülle an Wörtern, die sie über die Hörer ausgegossen hat: „Lebt wohl! Klatscht Beifall, lebt, trinkt, ihr berühmten Jünger der Torheit!"[226]

Erasmus hat später gesagt, er habe das Spiel mit der Torheit zunächst nur zum Zeitvertreib im Hause Mores aufgegriffen. Er zögerte die Veröffent-

---

[219] AS 2, S. 148 f.
[220] AS 2, S. 158–160.
[221] AS 2, S. 160 f.
[222] AS 2, S. 162.
[223] AS 2, S. 162 f.
[224] AS 2, S. 162–165.
[225] AS 2, S. 164 f.
[226] „Valete, plaudite, vivite, bibite, Moriae celeberrimi Mystae." (AS 2, S. 210 f.).

3. In Brabant, Paris, England, Italien und wieder in England

lichung der provokativen Schrift hinaus. Erst im Frühjahr 1511 brachte er sie bei Gilles de Gourmont in Paris heraus. Weitere Ausgaben folgten 1511 und 1514 bei Mathias Schürer in Straßburg, 1512 bei Bade in Paris und in den Jahren 1515, 1516, 1521, 1522 und 1532 bei Froben in Basel. Hans Holbein d. J. trug in ein Exemplar der Frobenausgabe von 1515 die bekannten Randzeichnungen ein. Es wurde in zahlreiche Sprachen übersetzt und ist neben den „Kolloquien" des Erasmus sein bekanntestes Buch geblieben. Noch heute wird es in den meisten Ländern der westlichen Welt überwiegend als Taschenbuch aufgelegt.[227]

Das „Lob der Torheit" löste Zustimmung und Kritik aus, und es teilte die Geister. Zustimmung kam vor allem von deutschen Humanisten, so von dem Straßburger Kreis um Jakob Wimpfeling[228] und von Ulrich von Hutten[229], aus Frankreich von dem Humanisten Guillaume Budé[230] und aus Italien von Giovanni de Medici, dem späteren Papst Leo X.

Kritik kam aus den Reihen der angegriffenen Theologen und Mönchen. Im September 1514 trug Maarten van Dorp als Sprecher der Theologen der Universität Löwen in einen Brief an Erasmus seine Kritik an dem „Lob der Torheit" vor.[231] Das Buch habe die Gemüter in Löwen sehr erregt. Warum stelle Erasmus das Ansehen der theologischen Fakultät in Frage? Erasmus antwortete Dorp ein halbes Jahr später aus Antwerpen. Er habe mit der „Moria" niemanden persönlich verletzen wollen, und er habe auch tatsächlich niemanden angegriffen. Im „Enchiridion" habe er versucht, eine einfache Form des christlichen Lebens weiterzugeben. „Im ‚Lob der Torheit' habe ich in spielerischer Form nichts anderes gesagt als zuvor in dem ‚Enchiridion'".[232]

Dorp antwortete Erasmus im August 1515 mit einem langen Brief.[233] Erasmus' Verteidigung übernahm Thomas More, der im Oktober 1515 einen langen Brief an Dorp aus Brügge schrieb, wo er sich damals aufhielt.[234] Es ist fraglich, ob sich Erasmus bewußt war, dass er mit der „Moria" einen Stein ins Rollen gebracht hatte, der nicht mehr aufzuhalten war.

Von April bis Juni 1511 hielt sich Erasmus in Paris auf, um den Druck der „Moria" vorzubereiten. Nach seiner Rückkehr nach England begab er sich im August von London an die Universität Cambridge, wo ihm vermutlich auf

---

[227] Erasmus von Rotterdam, Lob der Torheit, Frankfurt 2009; Desiderius Erasmus, Lof der zotheid, Amsterdam 2005; Erasmus, Praise of Folly and Letter to Martin Dorp, Harmondsworth 1971; Érasme, Éloge de la folie, Paris 2006; Erasmo da Rotterdam, Elogio della follia. A cura di Nicola Petruzzellis, Mailand 2007; D. Erasmo de Rotterdam, Elogio de la locura, Barcelona 1976.
[228] CWE 2, Ep. 224.
[229] CWE 5, Ep. 611.
[230] CWE 4, Ep. 583.
[231] CWE 3, Ep. 304.
[232] CWE 3, Ep. 337, Zeile 98–101. (Brief von Ende Mai 1415).
[233] CWE 3, Ep. 347 (Brief vom 27.8.1515).
[234] Rogers, Correspondence of Sir Thomas More, S. 27–74.

Vermittlung von John Fisher, Bischof von Rochester und späterem Kanzler der Universität[235], ein Lehrauftrag für Griechisch übertragen wurde. Am Queens' College verbrachte er die folgenden drei Jahre.

Als Gehilfen hatte er damals den jungen John Smith.[236] Unterbrochen wurde der Aufenthalt von gelegentlichen Abstechern nach London und in die Umgebung von Cambridge, so zu dem Marienwallfahrtsort Walsingham an der Küste von Norfolk[237], worüber er später in dem Kolloquium „Vom Wallfahren" („Peregrinatio") berichtete. Sein wichtigster Kontaktmann in London war zu dieser Zeit Andrea Ammonio, den er im Hause Mores kennengelernt hatte.[238] Ammonio war mit Silvestro Gigli aus Italien nach England gekommen, wo Gigli als königlicher Kaplan Aufgaben im diplomatischen Verkehr mit Rom übernommen hatte. Ammonio war Sekretär Mountjoys und wurde später Lateinsekretär Heinrichs VIII.

Im regen Briefkontakt mit Erasmus versorgte Ammonio seinen Freund mit Nachrichten aus London. So war Erasmus in Cambridge keineswegs von der Welt abgeschnitten. Er hat es immer verstanden, Netzwerke zu knüpfen. Zur Unterstützung Colets und seiner Schule in St. Pauls in London verfasste Erasmus das Handbuch zum lateinischen Wortschatz „De copia" und die Studienanleitung „De ratione studii", die er beide 1512 bei Josse Bade in Paris herausbrachte.[239] Er nutzte die Zeit, um eine Ausgabe der Werke des Hieronymus vorzubereiten, und er arbeitete bereits an seiner griechisch-lateinischen Ausgabe den Neuen Testaments, die 1516 erscheinen sollte.[240] Daneben brachte er kleinere Schriften zu Lukian, Seneca und Plutarch im Druck heraus. Warham versorgte Erasmus mit dem Benefiz der Pfarrei Aldington in Kent, das in eine Pension umgewandelt wurde, und Mountjoy verschaffte ihm eine weitere Pension, so dass Erasmus erstmals ein festes Einkommen hatte.

Ammonio berichtete Erasmus aus London auch über Vorgänge in Rom und über die Auseinandersetzungen um das Konzil von Pisa und das Laterankonzil.[241] Auch diese waren noch mit den italienischen Kriegen

---

[235] James K. McConica, John Fisher, in: BR 2, S. 36–39. Fisher war mit Robert Fisher verwandt, den Erasmus in Paris unterrichtet hatte.
[236] CWE 2. Epp. 241, 276, 277. – Franz Bierlaire, John Smith, in: BR 3. S. 261.
[237] CWE 2, Ep. 262.
[238] Andrea Ammonio, in: BR 1, S. 48–50.
[239] CWE 2, Ep. 260 (Widmung an Colet). – De copia verborum ac rerum, hg. Betty I. Knott, in: ASD I, 6 (1988); De ratione studii, hg. Jean-Claude Margolin, in: ASD I, 2 (1971), S. 79-151; CWE 24: Copia: Foundations of the Abundant Style – De duplici copia verborum ac rerum commentarii duo, translated and annotated by Betty I. Knott, S. 278-659; On the method of study – De ratione studii ac legendi interpretandique auctores, translated and annotated by Brian Mcgregor, S. 662-691, Toronto/Buffalo/London 1978.
[240] CWE 3, Ep. 305, Zeile 228–232. – Vgl. Schoeck, Erasmus of Europe (1993), S. 114.
[241] CWE 2, Ep. 236, 239.

3. In Brabant, Paris, England, Italien und wieder in England

verknüpft. Julius II. hatte 1511 die „Heilige Liga" mit Maximilian I., der Republik Venedig, den Schweizern und Aragon gegen den französischen König Ludwig XII. geschlossen. Auch Heinrich VIII. war ihr beigetreten. Im Sommer 1512 brach die englische Armee Heinrichs VIII. zum ersten Kriegszug nach Frankreich auf, und im Dezember führte Heinrich selbst eine englische Armee in die Picardie und die Normandie. Von dem jungen englischen König als Kriegshelden hatten allerdings die englischen Humanisten nicht geträumt.

John Colet hielt am Karfreitag 1513 vor dem königlichen Hof in Greenwich in Anwesenheit des Königs eine mutige Predigt, in der er die Christen daran erinnerte, den Bruder zu lieben statt ihn umzubringen. Das kriegerische Engagement Heinrichs VIII. ließ Erasmus allmählich zweifeln, ob England für ihn noch der richtige Aufenthaltsort war. Im Frühjahr 1514 schrieb er an Antoon van Bergen nach Saint-Omer. „Der Krieg, für den man hier rüstet, hat plötzlich den Geist dieser Insel verändert. Jeden Tag wird hier alles teurer und die Großzügigkeit lässt nach."[242]

Nach dem Erfolg der „Adagia"-Ausgabe von Venedig hatte Erasmus seit 1511 eine erweiterte Ausgabe der „Adagia" vorbereitet, die bei Josse Bade in Paris erscheinen sollte.[243] Aber es kam anders. Im Dezember 1513 berichtete Erasmus Ammonio aus Cambridge, dass ihm ein kompletter Nachdruck der Ausgabe der „Adagia" von Aldo Manutio aus dem Jahr 1508 vorliege, die „irgendein Drucker in Basel" herausgebracht habe.[244] Es war die Ausgabe, die im August 1513 bei Froben in Basel erschienen war.[245] Initiator dieser Ausgabe war der 28-jährige Beatus Rhenanus.[246] Beatus hatte in Paris studiert und eine Zeitlang als Korrektor bei dem Drucker Schürer in Straßburg gearbeitet. Er verehrte Erasmus. Als er als Korrektor zur Druckerei Froben nach Basel kam, brachte er ein Exemplar „Adagia" von 1508 mit, das als Vorlage für den Baseler Nachdruck der „Adagia" von 1513 diente. In der Titelinschrift wurde Erasmus dem Publikum als „decus Germaniae", als „Zierde Deutschlands" vorgestellt. Es war kaum zu übersehen, dass er ein berühmter Mann geworden war und auch in Deutschland umworben wurde.

Bis dahin hatte Erasmus Deutschland nur flüchtig bei seiner Rückreise aus Italien entlang des Rheins kennengelernt. Erasmus begann sich für Deutschland zu interessieren, das mit besseren Druckereien ausgestattet war als England. Über den Kölner Buchhändler Franz Birckmann wurde aus Straßburg und Basel an Erasmus der Wunsch herangetragen, weitere

---

[242] CWE 2, Ep. 288, Zeile 17–19.
[243] CWE 2, Ep. 219, 263. – Vgl. Mann Phillips, The „Adages" of Erasmus, S. 102 ff.
[244] CWE 2, Ep. 283, Zeile 186–189.
[245] Erasmi Roterodami Germaniae decoris Adagiorum Chiliades tres, ac centuriae fere totidem, Basel: Johannes Froben, August 1513.

Bücher von ihm zu drucken. Im Juli 1514 verließ Erasmus England, um sich nach Basel zu begeben. Vor seiner Abreise hatte er versucht, König Heinrich in Richmond einen Besuch abzustatten. Aber Heinrich war krank, so dass Erasmus nur Thomas Wolsey sprechen konnte, der kommende Mann am Hof, der im folgenden Jahr Nachfolger Warhams als Kanzler werden sollte.[247] Nach der Überfahrt über den Kanal hielt sich Erasmus für einige Tage bei seinem Freund Lord Mountjoy auf, der damals die Zitadelle von Hammes bei Calais befehligte, einen letzten Rest an englischem Besitz auf dem Kontinent aus der Zeit des Hundertjährigen Kriegs.

Vor der Weiterreise schrieb Erasmus am 8. Juli aus Hammes an Servatius Roger, den neuen Prior seines Klosters in Steyn bei Gouda. Er war jetzt 47 Jahre alt. Es handelte sich hier weniger um einen persönlich gehaltenen Brief an einen alten Bekannten, sondern eher um einen förmlichen Bericht, der zugleich eine Bilanz seines bisherigen Lebens zog. Der Brief sollte wohl auch als Rechtfertigung dafür dienen, warum er nicht in das Kloster zurückgekehrt war. Erasmus erinnerte noch einmal daran, dass er als Jugendlicher mehr unter Druck als freiwillig in das Kloster eingetreten sei. Das Fasten habe seiner Natur nie entsprochen. Sein Geist sei immer nur von der Literatur angezogen worden. Er habe schließlich erkannt, dass ihm die klösterliche Lebensform nicht liege. Er schrecke vor den Zeremonien zurück und er liebe die Freiheit.[248]

Erasmus hob auch die Anerkennung hervor, die er überall gefunden habe: „Es gibt kein Land, weder Spanien, noch Italien, noch Deutschland, noch Frankreich, noch England, noch Schottland, das mich nicht zu sich einlädt."[249] Zwei Universitäten in England wünschten, dass er bei ihnen lehre. Namentlich listete Erasmus seine Förderer in England auf, und er erwähnt die Zusammenarbeit mit John Colet in London. Zum Schluss seines Briefs warf Erasmus die Frage seiner Rückkehr nach Steyn auf: „Ich kann aber nicht sehen, was ich in Holland tun soll. Ich bin auf dem Weg nach Deutschland, genauer nach Basel. Dort will ich meine Arbeiten herausbringen. Vielleicht gehe ich im Winter noch nach Rom."[250] Das war Erasmus' letzter Brief an seinen Prior und Jugendfreund Servatius Roger. Er ahnte noch nicht, dass mit der Reise nach Deutschland das eigentliche Drama seines Lebens beginnen sollte.

---

[247] CWE 2, Ep. 287, 295.
[248] CWE 2, Ep. 296, Zeile 29–34.
[249] CWE 2, Ep. 296, Zeile 103–107.
[250] CWE 2, Ep. 296, Zeile 141–143.

4. Zwischen Löwen und Basel: Die Jahre 1514 bis 1521

Im Sommer 1514 unternahm Erasmus eine Reise nach Basel zu dem Drucker und Verleger Froben. Es war seine zweite Rheinreise nach der Rückreise aus Italien fünf Jahre zuvor. In den folgenden vier Jahren sollten fünf weitere Reisen rheinaufwärts und rheinabwärts folgen. Dabei lernte er das Heilige Römische Reich und dessen Städte entlang des Rheins kennen: Köln, Bonn, Koblenz, Boppard, Frankfurt, Mainz, Worms, Speyer, Straßburg und Basel. Basel hatte sich inzwischen der Schweizer Eidgenossenschaft angeschlossen. Später kamen noch Konstanz und Freiburg hinzu. Der Rhein war zu dieser Zeit die Hauptschlagader des Handels und Verkehrs in Europa und die wichtigste Verbindung von der Nordsee zu den Alpen und nach Italien.[251]

Vor der Abreise kümmerte sich Erasmus noch um seine Kontakte in den Niederlanden. Er besuchte Antoon van Bergen in Saint-Omer. In Gent kam er mit zwei Stadträten und dem Präsidenten des Rats von Flandern Jean le Sauvage[252] zusammen und in Löwen mit Jan de Neve, dem Regenten des Lilienkollegs, dem er ein kleines Buch widmete, das kurz darauf bei Martens in Löwen erschien.[253] Während der Reise rheinaufwärts hielt sich Erasmus in Mainz auf, und er erreichte im August Straßburg.

Der dritte Band der „Correspondence of Erasmus" (CWE 3) erfasst die Jahre 1514 bis 1516.[254]

Der dritte Band umfasst die Briefe vom August 1514 bis zum August 1516. Es war die Zeit, in der Erasmus die Höhe seines Ruhms erreicht. Bei dem Verleger Froben in Basel bringt er wichtige Werke heraus: eine durch längere Kommentare erweiterte Neuausgabe der „Adagia" 1515, eine Ausgabe der Briefe des Heiligen Hieronymus 1516, die Ausgabe des Neuen Testaments, das erstmals den griechischen Text enthält, 1516 und die „Fürstenerziehung" („Institutio principis christiani") 1516, die Karl von Burgund, dem späteren Kaiser Karl V. gewidmet ist. Das Jahr 1516 wurde das „annus mirabilis" in seiner Karriere. Aber auch kritische Einwände gegen seine Werke, so in

---

[251] Smith, Erasmus, S. 129–158 („The Rhine"). – Vgl. R. J. Schoeck, The Geography of Erasmus, in: F. Akkerman/A. J. Vanderjagt/A. H. van der Laan, Northern Humanism in European Context 1469–1625, Leiden/Boston/Köln 1999, S. 198–204.

[252] James D. Tracy, Jean Le Sauvage, in; BR 2, S. 325 f.

[253] CWE 3, Ep. 298, 301.

[254] CWE 3: The Correspondence of Erasmus. Letters 298 to 445–1514 to 1516, translated by R. A.B. Mynors and D.F.S. Thomson, annotated by James K. McConica, Toronto and Buffalo 1976.

4. Zwischen Löwen und Basel: Die Jahre 1514 bis 1521

Briefen des Jahres 1515 durch den Löwener Professor Maarten van Dorp gegen sein „Lob der Torheit" und seinen Plan, eine griechische Ausgabe des Neuen Testaments herauszubringen. In dieser Zeit gewinnt Erasmus viele neue Bekannte: so Jakob Wimpfeling, Beatus Rhenanus, Ulrich Zasius, Johann Froben, Willibald Pirckheimer, Bruno Amerbach, Johann Witz, Nikolaus Gerbel, Paul Volz, Johannes Caesarius, Hermann von Neuenahr, Johann Reuchlin, Ulrich von Hutten, Guillaume Budé.

In Straßburg hatte die Sodalität der dortigen Humanisten um den 64-jährigen Jacob Wimpfeling zusammen mit dem Rat der Stadt einen festlichen Empfang für Erasmus vorbereitet.[255] Erasmus war überrascht. Zum ersten Mal erlebte er hier den Bürgergeist einer deutschen Reichsstadt.[256] Am 21. September bedankte sich Erasmus aus Basel mit einem langen Brief bei Wimpfeling für die Aufnahme in Straßburg:[257] Er gratuliere „unserem Deutschland", das so viele ausgezeichnete Geister hervorgebracht habe. Er sei sich bewusst, was es bedeute, wenn der Große und der Kleine Rat der Stadt ihm einen solchen herzlichen Empfang bereitet haben.[258] Erasmus berichtete, dass er auch in Basel ebenso freundlich empfangen worden sei. Er fühlte sich dort schnell heimisch und fand neue Bekannte und Freunde im Umfeld der Druckerei Froben und der Universität, darunter den jungen Beatus Rhenanus. Er wurde Erasmus' engster Vertrauter in Basel. „Ich höre", schrieb Erasmus an Wimpfeling, „dass es an vielen Orten in Deutschland ausgezeichnet gebildete Menschen gibt. Ich fühle mich immer mehr von „meinem Deutschland" angeregt und angezogen. Es verdrießt und beschämt mich, dass ich es erst so spät kennengelernt habe."[259]

In Basel wohnte Erasmus im Haus „Zum Sessel" im Totengässlein in der Nähe der Offizin Frobens.[260] Erasmus erhielt zunehmend Briefe, die den Kontakt zu ihm suchten, so von dem Nürnberger Patrizier und Humanisten Willibald Pirckheimer.[261] Aber Erasmus erfuhr bald, dass die Humanisten am Oberrhein stärker national dachten als er selbst. Wimpfeling hatte in

---

[255] Miriam U. Chrisman, Matthias Schürer, in: BR 3, S. 233; Otto Herding, Wimpfelings Begegnung mit Erasmus. Ein Kapitel aus der Geschichte des oberrheinischen Humanismus, in: Klaus Heitmann (Hg.): Renatae litterae. Studien zum Nachleben der Antike und zur europäischen Renaissance. August Buck zum 60. Geburtstag, Frankfurt a. M. 1973, S. 131–155.

[256] Wilhelm Ribhegge, Stadt und Nation in Deutschland vom Mittelalter bis zur Gegenwart. Die Entstehung der Zivilgesellschaft aus der Tradition der Städte, Münster u. a. 2002, S. 25–30.

[257] CWE 3, Ep. 305.

[258] Vgl. Lewis W. Spitz, The Religious Renaissance of German Humanists, Cambridge. Mass. 1963, S. 197 f.

[259] CWE 3, Ep. 305, Zeile 216–222. – Vgl. J. D. Tracy, Erasmus becomes a German, in: Renaissance Quarterly 21 (1968), S. 281–188.

[260] Historisches Museum Basel, Erasmus von Rotterdam. Vorkämpfer für Frieden und Toleranz (Ausstellungskatalog), Basel 1986, S. 77.

[261] Barbara Konneker, Willibald Pirckheimer, in: BR 3, S. 90–94.

seiner „Germania" von 1501 versucht, die Herkunft der Deutschen aus der Zeit Karls des Großen abzuleiten, um sie von den Franzosen abzusetzen.[262] Unter Kaiser Maximilian hatte sich im Süden des Reichs bei den deutschen Humanisten ein Reichspatriotismus entwickelt, der einen starken Rückhalt in den Reichsstädten Nürnberg und Augsburg hatte.[263] In dem Kölner Reichstagsabschied von 1512 findet sich zum ersten Mal der Begriff vom „Heiligen Römischen Reich Deutscher Nation".

Während seines dreivierteljährigen Aufenthalts in Basel bereitete Erasmus die große Neuausgabe der „Adagia" vor, die im Frühjahr 1515 bei Froben erschien und die zahlreiche neue Kommentare erhielt. Diese Ausgabe wurde die „Standardausgabe", auch wenn sie in späteren Auflagen im Umfang noch erweitert wurde. Im März 1515 erschien auch eine Neuausgabe seiner „Moria" bei Froben. In Basel vereinbarte Erasmus mit Froben auch den Druck seiner Edition des griechischen Textes des Neuen Testaments, die er seit Jahren vorbereitete. Ebenso vereinbarte man eine Edition der Werke des Hieronymus, die die Druckerei Froben schon seit längerem geplant hatte. Erasmus' Entscheidung für die Druckerei Froben und für Basel als Druckort, wo seit 1515 bis zu seinem Lebensende fast alle Erstausgaben seiner Werke erscheinen sollten, bedeutete nicht nur einen gravierenden Einschnitt in seiner eigenen Biografie, sondern auch eine Zäsur für den europäischen Humanismus. Die Wiege des Humanismus war Italien gewesen. Erasmus gab dem Humanismus einen neuen Schwerpunkt im Norden Europas.

Bereits im April 1514 hatte Erasmus in England einen Brief von dem deutschen Humanisten Johannes Reuchlin aus Frankfurt erhalten, der versuchte, Erasmus zur Unterstützung in seinem Streit mit den Kölner Theologen zu gewinnen.[264] Ausgang des Streits waren die Aktionen des Kölner Juden Johann Pfefferkorn gewesen, der zum Christentum konvertiert war und den Auftrag erhalten hatte, in verschiedenen deutschen Städten jüdische Bücher einzusammeln, um sie zu verbrennen.[265] Es war zu Protesten gegen diese Aktion gekommen und ein Rechtsstreit war entstanden. Als Hebraist hatte Reuchlin 1510 ein Gutachten gegen die Bücherverbrennung erstellt.[266]

---

[262] Vgl, Caspar Hirschi, Wettkampf der Nationen. Konstruktionen einer deutschen Ehrgemeinschaft an der Wende vom Mittelalter zur Neuzeit, Göttingen 2005, S. 251–380 („Humanistischer Nationalismus in Deutschland"); Lewis W. Spitz, The Religious Renaissance of the Germen Humanists, Cambridge, Mass., 1963, S. 55 f.

[263] Hermann Wiesflecker, Kaiser Maximilian I., Bd. 5, München 1986, S. 340–362 („Kaiserliche Kulturpolitik in Elsaß, Vorderösterreich, Schwaben, Augsburg und Nürnberg").

[264] CWE 2, Ep. 290.

[265] Über das Verhältnis von Erasmus zu den Juden vgl: Cornelis Augustijn, Erasmus und die Juden, in: Ders., Erasmus. Der Humanist als Theologe und Kirchenreformer, Köln 1996, S. 94–110.

[266] Johannes Reuchlin, Ratschlag, ob man den Juden alle ihre Bücher nehmen, abtun und verbrennen soll: Frühneuhochdeutsch/Neuhochdeutsch, hg. und übersetzt

Daraufhin hatten die Kölner Dominikaner, die Pfefferkorn unterstützen, unter dem Inquisitor Jakob von Hoogstraten einen Prozess gegen Reuchlin angestrengt. Reuchlin war Ende März 1514 von dem Gericht des Bischofs von Speyer freigesprochen worden. Als Hoogstraten gegen das Urteil Einspruch bei dem römischen Gerichtshof erhob, wandte sich Reuchlin an Erasmus.[267]

In den Streit, der jetzt eskalierte, wurden Universitäten, Bischöfe und Erzbischöfe und schließlich auch der Kaiser und der Papst hineingezogen. Mit den Verteidigungsschriften für und gegen Reuchlin wurde ein nationaler Flugschriftenkrieg ausgelöst, bei dem sich Humanisten („poetae") und scholastische Theologen noch über Jahre bekämpfen sollten. Der Streit um Reuchlin bereitete den Streit um Luther wenige Jahre später vor, der schließlich den Reuchlin-Streit verdrängte.

Erasmus beantwortete den Brief Reuchlins Ende August 1514 aus Basel.[268] Er informierte Reuchlin, dass er bereits in England den Bischof von Rochester John Fisher und John Colet ins Vertrauen gezogen habe. Eine erste persönliche Begegnung zwischen Erasmus und Reuchlin fand im Frühjahr 1515 in Mainz statt, als Erasmus von Basel in die Niederlande zurückkehrte, um sich von dort nach England zu begeben. Bei dieser Gelegenheit lernte er auch Hermann Buschius[269] als Verteidiger Reuchlins sowie den 27-jährigen Ulrich von Hutten kennen.[270] Erasmus hatte damals zusammen mit Wolfgang Lachner, dem Partner Frobens, die Frühjahrsbuchmesse im benachbarten Frankfurt besucht.[271]

In den Niederlanden kam Erasmus mehrere Tage lang mit Le Sauvage zusammen. Im Januar 1515 war Karl, der Sohn Philipps des Schönen, mit 15 Jahren für volljährig erklärt worden, und er hatte die Herrschaft als Herzog von Burgund angetreten. Sein Regierungsantritt beendete die Regentschaft seiner Tante Margarete. Er wurde mit aufwendigen Festen gefeiert, für die Burgund berühmt war.[272] Die Regierung zog von Mechelen nach Brüssel. Es fand ein größeres Revirement unter den Räten statt. Le Sauvage, der bürgerlicher Herkunft war, wurde Kanzler.[273]

---

von Jan-Hendryk de Boer, Ditzingen 2022.
[267] Heinz Scheible, Johannes Reuchlin, in: BR 3, S. 145–150. – Zu dem Reuchlin-Sreit vgl. Hans Peterse, Jacobus Hoogstraeten gegen Johannes Reuchlin. Ein Beitrag zur Geschichte des Antijudaismus im 16. Jahrhundert, Mainz: 1995, passim.
[268] CWE 3, Ep. 300.
[269] Hermannus Buschius, in: BR 1, S. 233 f. – Vgl. James V. Mehl, Hermann von dem Busche's Vallum humanitatis (1518): A German Defense of the Renaissance Studia Humanitatis. In: Renaissance Quarterly (Autumn, 1989), S. 480–506.
[270] CWE 3, Ep. 326 B. (Brief an Jakob Wimpfeling aus Frankfurt vom März/April 1515).
[271] CWE 3, Ep. 326 B.
[272] Geoffrey Parker, Der Kaiser. Die vielen Gesichter Karls V., Darmstadt 2020, S. 71–78.
[273] CWE 3, Ep. 332.

Im Mai 1515 hielt sich Erasmus wieder in London auf. Er nahm Kontakt zu Wolsey auf. Der machtbewusste Wolsey, inzwischen Erzbischof von York, zählte zu den führenden Beratern Heinrichs VIII. Gegen Ende des Jahres 1515 sollte er zum Kardinal ernannt werden und die Nachfolge Warhams als Lord Chancellor antreten.

Während Erasmus in London war, hielt sich Thomas More mit einer englischen Delegation im Auftrag Heinrichs VIII. in Brügge auf, um einen Handelsvertrag mit den Niederlanden abzuschließen.[274] Die Verhandlungen zogen sich über sechs Monate hin. Zwischendurch war More Gast bei Erasmus' Freund Peter Gilles in Antwerpen. Bei seiner Rückreise von England nach Basel traf Erasmus More in Brügge oder Antwerpen. Zu dieser Zeit entwarf More in seinen freien Stunden bereits ein Konzept für die spätere „Utopia". Erasmus bereitete gleichzeitig eine politische Schrift über die „Erziehung des christlichen Fürsten" („Institutio principis christiani") für den neuen Herzog Karl von Burgund vor. Offensichtlich tauschten sich beide über ihre Texte aus, die im folgenden Jahr erscheinen sollten.

Aus Antwerpen schrieb Erasmus auch eine lange Antwort an Maarten van Dorp zu der Kritik der Löwener Theologen an der „Moria".[275] Zum Schluss dieses Briefs nahm er zu seinem eigenen Plan Stellung, ein Buch mit einer Korrektur des lateinischen Vulgata-Textes des Neuen Testament durch eine Vergleich mit der griechischen Fassung herauszubringen. Dorp hatte davon abgeraten.[276] Erasmus verteidigte sein Vorhaben. Durch viele korrupte und schlaftrunkene Schreiber seien Irrtümer beim Abschreiben des lateinischen Textes entstanden, die Erasmus mit dem Vergleich mit dem griechischen Text beheben wolle. Dorp habe gesagt, der Vulgata-Text sei von vielen Konzilien bestätigt worden und gehöre von daher zum Gemeingut der Kirche. Aber könne er nur eine Synode benennen, die den Vulgata-Text jemals anerkannt habe?[277] Erasmus zog auch More ins Vertrauen, der im Oktober aus Brügge gleichfalls seinen langen Brief an Dorp zur Verteidigung des Erasmus schrieb.[278]

Im August 1515 war Erasmus wieder zurück in Basel. Er trete wieder in die „Tretmühle" („pistrinum") der Druckarbeiten ein, schrieb er an Zasius nach Freiburg. Zasius hatte ihn bei seiner Rückkehr begeistert als den „ersten Gelehrten der lateinischen und griechischen Literatur in Deutschland" begrüßt.[279] Basel erstrahle in seinem Glanz. Seit über sechshundert Jahren habe Deutschland keinen so bedeutenden Gelehrten mehr gehabt.[280] Im

---

[274] Rogers, Correspondence of Sir Thomas More, S. 16–27.
[275] CWE 3, Ep. 337 (Aus Antwerpen Ende Mai 1515).
[276] CWE 3, Ep. 304, Zeile 98–101.
[277] CWE 3, Ep. 337, Zeile 750–828.
[278] Rogers, Correspondence of Sir Thomas More, S. 27–74.
[279] Hans Thieme/Steven Rowan, Udalricus Zasius, in: BR 3, S. 469–473.
[280] CWE 3, Ep. 344, Zeile 15–20.

Oktober schrieb Hutten, der gerade nach Italien aufbrach, aus Worms.[281] Er nannte Erasmus einen „deutschen Sokrates", in dessen Nähe er sich wie einst Alcibiades bei den Griechen ständig aufhalten möchte. Aber er müsse nach Italien aufbrechen und könne Erasmus nicht einmal in Basel besuchen.

Im Oktober 1515 wurde Erasmus eine Ausgabe der „Dunkelmännerbriefe" („Epistolae obscurorum virorum") zugeschickt, die in Hagenau im Elsass anonym erschienen waren.[282] Sie bezogen sich auf den Reuchlinstreit, der inzwischen in Rom verhandelt wurde. Bei den Dunkelmännerbriefen handelte es sich um eine Sammlung von 41 erfundenen Briefen, deren Schreiber sich als entschiedene Gegner Reuchlins und als Anhänger Pfefferkorns präsentierten. Im Stil eines Studentenulks persiflierten sie die Positionen der Reuchlin-Gegner, die sich um Pfefferkorn, den Kölner Inquisitor und Dominikaner Hoogstraten[283] und die Kölner Theologen scharten. Die Briefe waren in einem radebrechenden Küchenlatein verfasst, das die Unbildung ihrer Schreiber dokumentieren sollte, die als „Barbaren" entlarvt wurden. Die Briefe strotzten von Banalitäten und Obszönitäten und unterstrichen dadurch die Dürftigkeit und Plattheit der Argumentation der Schreiber.[284] Während die Namen der Absender der 41 Briefe offensichtlich alle erfunden waren, war der Adressat der Briefe eine reale Person: Ortwin Gratius, Magister an der Artistenfakultät der Universität Köln. Gratius hatte auch für die Kölner Druckerei Quentel gearbeitet und Texte Pfefferkorns ins Lateinische übersetzt und zum Druck gebracht. Gratius war einer der wenigen Artisten in Köln, die Reuchlin nicht unterstützten. Deshalb hatte man ihn zum Adressaten der „Dunkelmännerbriefe" ausgewählt, obwohl er in dem Reuchlinstreit nur eine untergeordnete Rolle spielte.[285]

Die Schreiber trugen verballhornte Namen wie Langschneyderius, Pellifex, Plumilegus, Centrifusoris, Straussfederius. Aber die Herkunftsorte der Briefe hatten einen realen Bezug: acht Briefe kamen aus Leipzig, fünf aus Mainz, drei aus Wittenberg, jeweils zwei aus Frankfurt a. M. usw.[286] Es waren nur deutsche Städte, d. h. Orte des damaligen Reichs. Die Dunkelmännerbriefe vermitteln einen, wenn auch durch die Form der Karikatur gebrochenen, Einblick in die akademische Landschaft Deutschlands, die Erasmus bis dahin kaum gekannt hatte.

---

[281] CWE 3, Ep. 365.
[282] CWE 3, Ep. 363 (Brief von Wolfgang Angst aus Hagenau vom 19. Okt. 1515). Aloys Bömer (Hg.), Epistolae obscurorum virorum, Bd. 1: Einführung; Bd. 2 Text, Heidelberg 1924. Vgl. Gerlinde Huber-Rebenich, Epistolae obscurorum virorum, in: Worstbrock, Deutscher Humanismus 1480–1520, Bd. 1, Sp. 646–658.
[283] Gilbert Tournoy, Jacob of Hoogstraten, in BR 2, S. 200–202.
[284] Eckhard Bernstein, Ulrich von Hutten in Selbstzeugnissen und Bilddokumenten, Reinbek bei Hamburg 1988, S. 58–61.
[285] Dieter Riesenberger, Ortwinus Gratius, in: BR 2, S. 124 f.
[286] Bömer, Epistolae Bd. 1, S. 24.

Im folgenden Jahr erschien eine Neuauflage der Dunkelmännerbriefe, die um sechs weitere Briefe ergänzt war. Einer der neuen Texte erwähnt diesmal auch Erasmus. Ein Arzt aus Heidelberg berichtet über einen Besuch in Straßburg. Dort habe sich der berühmte Erasmus aufgehalten. Der Arzt kannte Erasmus jedoch nicht. 1517 erschien ein zweiter Band der „Dunkelmännerbriefe", diesmal mit 62 Briefen. Auch hier wird Erasmus wieder erwähnt. Er sei, sagt dort ein Kaufmann, „ein Mensch für sich" („Erasmus est homo pro se"). Er halte sich von allen Parteiungen fern. Er habe aber Reuchlin verteidigt, „auch einen Brief an den Papst" geschrieben.[287] Als Autoren der „Dunkelmännerbriefe" gelten Crotus Rubeanus aus Erfurt überwiegend für den ersten Band von 1515/16 und Ulrich von Hutten überwiegend für den zweiten Band von 1517.

Erasmus distanzierte sich von den „Dunkelmännerbriefen". Im August 1517 schrieb er die Kölner Humanisten Johannes Caesarius und Hermann von Neuenahr, dass sie ihm von Anfang an sehr missfallen hätten.[288] Die Späße hätten unterhaltsam sein können, wenn sie nicht so verletzend gewesen wären. „Noch schwerer aber wog für mich, dass in der späteren Ausgabe auch mein Name erwähnt wurde, als ob der Unsinn nicht ausreiche, wenn ich nicht auch noch selbst in die Missgunst einbezogen würde. So wurde ein großer Teil der Früchte verdorben, die ich mir durch die Anstrengungen meiner eigenen Studien erworben hatte."[289]

Die Empörung war begründet. Das Jahr 1516, als dieser Spaß über den „kleinen Erasmus" in den „Dunkelmännerbriefen" erschien, war für Erasmus das Jahr seines bisher größten Triumphs.[290] Im Februar erschien seine Ausgabe des Neuen Testaments mit einer Widmung an Papst Leo X.[291] Es war ein Foliant von über tausend Seiten, der in 1200 Exemplaren gedruckt wurde. Innerhalb von sechs Monaten war der Druck bei Froben auf zwei Druckerpressen in großer Eile durchgezogen worden. Erasmus hatte noch während des Drucks Ergänzungen und Korrekturen eingebracht. Korrektoren waren Nikolaus Gerbel und Johannes Oekolampad.[292]

Diese Erstausgabe trug noch den Titel „Novum Instrumentum", erst spätere Ausgaben führten den Titel „Novum Testamentum". Auf die Widmung folgen zunächst drei Einführungstexte: „Paraclesis" („Aufruf"), „Methodus" („Methode"), und „Apologia" („Rechtfertigung"), die später auch separat

---

[287] Brief II, 59 (Bömer, Epistolae Bd. 2, S. 187).
[288] CWE 5, Ep. 622; CWE 5, Ep. 636.
[289] CWE 5, Ep. 622, Zeile 1–12.
[290] Schoeck, Erasmus of Europe (1993), S. 165–174 („1515, the Annus Mirabilis"); Halkin, Erasmus von Rotterdam (1989), S. 123–132 („Das Neue Testament").
[291] Novum instrumentum omne ab Erasmo Roterodamo recognitum et emendatum, Basileae: Joannes Frobenius 1516. – CWE 3, Ep. 384.
[292] CWE 3, 384 (Vorbemerkung), S. 216–222. – Augustijn (1986), S. 82–97 („Bibel und Kirchenväter").

nachgedruckt wurden.²⁹³ Der eigentliche Text des Neuen Testaments wird zweisprachig, griechisch und lateinisch, in zwei nebeneinander gedruckten Kolumnen wiedergegeben. Den griechischen Text hatte Erasmus in den vergangenen Jahren aus verschiedenen Textvorlagen zusammengestellt. Der lateinische Text war nicht der seit Jahrhunderten kirchlich anerkannte Text der „Vulgata", der auch in der Liturgie verwandt wurde, sondern eine neue Übersetzung durch Erasmus unter Verwendung des griechischen Textes. Die darauffolgenden Erläuterungen („annotationes") zum Textteil hatten fast den gleichen Umfang wie der Text selbst. Das „Novum Instrumentum" war vom Titel wie von seiner Anlage her eigentlich ein „Arbeitsbuch".²⁹⁴

Im Herbst 1516 lag auch die Ausgabe der Werke des Hieronymus gedruckt vor.²⁹⁵ Sie kam im November auf dem Markt. Es waren neun Folianten, von denen vier die Briefe des Hieronymus enthielten, die Erasmus selbst betreut hatte. Die übrigen fünf enthielten die Werke. Erasmus hatte die Edition dem Erzbischof von Canterbury William Warham gewidmet.²⁹⁶ Im ersten Band legte Erasmus eine Biografie des Hieronymus vor.²⁹⁷ Beide Editionen, die des Neuen Testaments und die des Hieronymus, stehen in einem engen Zusammenhang. Für Erasmus waren sie ein Programm. Von Hieronymus stammte auch die lateinische Übersetzung des Bibeltextes, der der Vulgata zugrunde lag. Hieronymus war für Erasmus das große historische Vorbild gewesen. Er bevorzugte ihn gegenüber anderen Kirchenvätern wie beispielsweise Augustinus, weil er seinem Ideal der Verbindung von christlicher Frömmigkeit und klassischer Bildung entsprach. Beide, Hieronymus wie Erasmus, waren ausgezeichnete lateinische Literaten.²⁹⁸

Erasmus hatte in den vorausgegangenen Jahren in seiner Korrespondenz unablässig die beiden Editionen angekündigt, und sie mit seinem Namen verbunden. Schließlich hatte er auch Leo X. als Adressaten der Widmung für das Neue Testament gewonnen. Er hatte, wie Cornelis Augustijn schreibt, eine „intensive Pressekampagne" betrieben. Die Eile, mit der man in Basel vorging, hing auch damit zusammen, dass bekannt war, dass an der spani-

---

²⁹³ In Novum Testamentum Praefationes/Vorreden zum Neuen Testament. Übersetzt, eingeleitet und mit Anmerkungen versehen von Gerhard B. Winkler, in: AS 3, Darmstadt 1990.

²⁹⁴ Henk Jan de Jonge, Novum Testamentum a nobis versum: The essence of Erasmus' edition of the New Testament, in: The Journal of Theological Studies (October 1984), S. 394–413.

²⁹⁵ Omnium operum divi Eusebii Hieronymi Stridonensis, Basileam: Officina Frobeniana [1516].

²⁹⁶ CWE 3, Ep. 396.

²⁹⁷ Hieronymi Stridonensi Vita. In: Erasmi Opuscula. A Supplement of the Opera Omnia, hg. Wallace K. Ferguson, Den Haag 1933, S. 125–190; CWE 61: Patristic scholarship: The edition of St Jerome, edited, translated and annotated by James F. Brady and John C. Olin, Toronto/Buffalo/London 1992, S. 15–62.

²⁹⁸ Mark Vessey, Erasmus' Jerome: The Publishing of a Christian Author, in: Erasmus of Rotterdam Society Yearbook 14 (1994), S. 62–99.

schen Universität Alcalá gleichfalls eine mehrsprachige Textedition – der gesamten Bibel – vorbereitet wurde, der man zuvorkommen wollte. Sofort nach dem Erscheinen der Erstausgabe, die eine Reihe von Fehlern enthielt, machte sich Erasmus an eine Überarbeitung. Sie kam bereits 1519 gleichfalls bei Froben heraus. Weitere verbesserte Auflagen folgten 1522 und 1527. Bis heute wird die zweisprachige Ausgabe des Neuen Testaments mit dem Namen des Erasmus in Verbindung gebracht. Luther nutzte die Ausgabe von 1519 für seine deutsche Übersetzung des Neuen Testaments von 1522.

In seinen Einführungen brachte Erasmus das Bibelstudium mit seiner Vorstellung einer christlichen Lebensführung in Verbindung. Die „Philosophie Christi" könne aus keinen anderen Quellen als aus den „Büchern der Evangelien" schöpfen.[299] In der „Apologia" begründet er, warum es notwendig gewesen sei, den griechischen Text wiederherzustellen: „Auf Grund von zahlreichen Argumenten ist es mir sehr wahrscheinlich, dass das ganze neue Testament griechisch abgefasst wurde, nicht lateinisch."[300] Das sei auch unter Theologen kaum umstritten. Erasmus warb für griechische und möglichst auch hebräische Sprachkenntnisse der Theologen. In seiner Widmung an Papst Leo X. sprach er von der „Hoffnung auf eine Erneuerung des christlichen Glaubens".[301] Er habe das ganze Neue Testament nach dem griechischen Originaltext sorgfältig bearbeitet, damit die „Heilslehre reiner und lebendiger in den Adern selbst gefunden und aus den Quellen selbst geschöpft werden kann als aus Tümpeln oder kleinen Bächen".[302]

Es gab eine breite Zustimmung zu der Ausgabe des Neuen Testaments. Die Exemplare würden in London begierig gekauft und gelesen, berichtete Colet, und Bischof Fisher schrieb aus Rochester an Erasmus, er schulde ihm großen Dank. Hermann von Neuenahr berichtete aus Köln, die Ausgabe werde von allen Menschen guten Willens geschätzt.[303] Begeistert war die Reaktion des Pariser Humanisten Guillaume Budé. Er schrieb schon am 1. Mai 1516 – in Griechisch und Latein – an Erasmus, das „Instrument der Erlösung" sei einen Tag zuvor bei ihm eingetroffen, und er habe sofort Seneca fallen gelassen. Er habe den halben Sonntag damit verbracht, um in den Einführungstexten der „Paraclesis" und der „Apologia" zu lesen.[304] Seit jener Zeit entstand ein ausgedehnter und spannungsgeladener Briefwechsel zwischen den beiden intellektuellen Rivalen Erasmus und Budé, der sich noch über viele Jahre hinziehen sollte und von dem über 50 Briefe erhalten sind.[305]

---

[299] Winkler, Vorreden zum Neuen Testament („Paraclesis"), S. 26 f.
[300] Winkler, Vorreden zum Neuen Testament („Apologia"), 100 f.
[301] „Spes restituendae et sarciendae Christianae religionis" (CWE 3, Ep. 384, Zeile 44 f.).
[302] CWE 3, Ep. 384, Zeile 51–55.
[303] CWE 3, Ep. 432, 442.
[304] CWE 3, Ep. 403, Zeile 25–28.
[305] Marie-Madeleine de La Garanderie, La correspondance d'Érasme et de Guillaume Budé. Traduction intégrale, annotations et index biographique, Paris 1967; Dies.

Es gab allerdings von Anfang an auch Kritik, wie sie schon Maarten van Dorp aus Löwen in seiner Kontroverse mit Erasmus und More geäußert hatte. Ihr schlossen sich 1519 in Löwen jetzt auch Jacques Masson (Latomus) und Edward Lee und in späteren Jahren in Rom der Spanier Diego Lopez Zúñiga an, ein Mitarbeiter an der Bibeledition von Alcalá, der sog. „Complutense". Die Kritik richtete sich zum Teil gegen einzelne Übersetzungen. So hatte Erasmus das griechische Wort „logos" mit „sermo" statt mit „verbum" übersetzt. Kritisiert wurden auch Änderungen an traditionellen liturgischen Texten wie dem „Vater unser" und dem „Magnifikat". Weitere Kritik wurde an einigen griechischen Textvorlagen geäußert, die oft nicht sehr alt waren. Hinzu kam schließlich die Kritik des scholastischen Traditionalismus, der jede Veränderung an überkommenen Texten der Vulgata ablehnte. Durch seine Ausgabe des Neuen Testaments war der Humanist Erasmus auch ein bekannter Theologe geworden. Damit wurde er zugleich eine Zielscheibe ständiger theologischer Kritik.

Im Frühjahr 1516 war bei Froben in Basel die politische Schrift des Erasmus über die „Erziehung des christlichen Fürsten" („Institutio principis christiani") erschienen, die einen Zugang zu seinem politischen Denken eröffnet.[306] Le Sauvage hatte sie angeregt und sie war dem jungen Herzog Karl, dem Neffen Kaiser Maximilians, gewidmet.[307] Er habe sie in seiner Eigenschaft als Rat am burgundischen Hof geschrieben, sagte Erasmus später.[308] Die „Institutio" ist im Zusammenhang mit der „Utopia" Thomas Mores zu sehen.[309] In beiden Schriften findet eine erstaunlich kritische Auseinandersetzung mit der Feudalität der bestehenden Gesellschaft Europas statt. Sie entstanden fast zur gleichen Zeit. Morus gestaltete die Ausgangsszene der „Utopia" als ein Gartengespräch im Haus von Peter Gilles, wo auch Erasmus bei seinen Besuchen in Antwerpen wohnte.

Die „Institutio" beginnt mit einem kritischen Hinweis auf die dynastische Struktur der europäischen Politik.[310] Erasmus' „Erziehungsprogramm" zielt

---

      Guillaume Budé, in: BR 1, S. 212–217; Charlier, Érasme et l'amitié, S. 205–208; David O. McNeil, Guillaume Budé and Humanism in the Reign of Francis I, Genf 1975, S. 61–76 („Budé and Erasmus").

[306] Institutio principis christiani, hg. O. Herding, in: ASD IV,1, S. 95–219; CWE 27: The Education of a Christian Prince/Institutio principis christiani, translated and annotated by Neil M. Cheshire and Michael J. Heath, S. 199–288; AS Bd. 5, S. 112–357. – Vgl. Wilhelm Ribhegge, Erasmus von Rotterdam und der burgundische Hof. Die „Institutio principis christiani" (1516), in: Chantal Grell/Werner Paravicini/Jürgen Voss, Les princes et l'histoire du XIVe au XVIIIe siècle, Bonn 1998, S. 373–401.

[307] CWE 3, Ep. 393 (To Prince Charles, Basel, about March 1516). S. 247–250. [„Illustrissimo Principi Carolo Invictissimi Caesaris Maximiliani Nepoti"].

[308] Brief an Botzheim 1523 (CWE 9, Ep. 1341A, S. 321).

[309] Vgl. Quentin Skinner, The Foundations of Modern Political Thought, vol. 1: The Renaissance, Cambridge 1978, S. 241–262.

[310] AS Bd. 5, S. 136 f.

darauf ab, den moralischen Bezugsrahmen der dynastischen und feudalen Struktur der Politik zu verändern, ohne sie grundsätzlich in Frage zu stellen.[311] Erasmus betont den Grundsatz des allgemeinen Christseins gegenüber dem Standesbewusstsein des Adels. „Glaube nicht, dass du dich um Christus genug verdient gemacht hast, wenn du eine Flotte gegen die Türken geschickt, wenn du ein Kapellchen oder Klösterlein erbaut hast", mahnt er den Fürsten. Auch der Fürst ist Christ. „Mit den übrigen Christen muss er wetteifern. Auch du musst dein Kreuz tragen, oder Christus wird dich nicht kennen."[312] Das könne heißen, auf Gewalttätigkeit, Plünderungen, Ämterverkauf und Entgegennahme von Bestechungen und damit auf Einkünfte zu verzichten. Das könne auch den Amtsverzicht bedeuten: „Kannst du endlich die Herrschaft nur durch Verletzung der Gerechtigkeit, durch Blutvergießen und durch unermesslichen Schaden für die Religion schützen, dann lege sie eher nieder und weiche den Zeitumständen."[313]

Hier wird die Politik zum Beruf.[314] Die Bürger sind keine Untertanen. Sowohl das Bild der Tyrannis wie das der Sklaverei werden zur Umschreibung des Herrschaftsverhältnisses abgelehnt. Gott habe die Menschen frei geschaffen, Knechtschaft widerspricht der Natur des Menschen und Gott habe ihm einen freien Willen gegeben. Deshalb bestehe die Hoheit des Fürsten in dem Schutz der Freiheit und Würde der Bürger.[315] Diese Vorstellungen kommen dem modernen Begriff der Zivilgesellschaft nah.[316]

Das Gemeinwesen wird nicht primär korporativ verstanden, wie das noch praktisch überall in Europa zu Beginn des 16. Jahrhunderts der Fall war. Die Politik wird bei Erasmus aber auch nicht als Machtverhältnis definiert wie beispielsweise bei Machiavelli, dessen „Il principe" fast zur gleichen Zeit wie die „Institutio" entstand: „Bedenke immer, dass Herrschaft, Reich, Königtum, Majestät und Macht heidnische Wörter sind, nicht christliche. Christliche Herrschaft ist nichts anders als Verwalten, Wohltätigkeit, Schutz."[317]

Der Fürst, seine Familie wie überhaupt der Adel müssen darauf achten, dass sie sich durch ihr Verhalten nicht den Hass der eigenen Bevölkerung zuziehen. Er weiß, dass Herrschaft nicht für immer gesichert ist. Kosten für den Staatsaufwand müssen knapp gehalten werden. Waren für den täglichen Bedarf wie Getreide, Brot, Bier, Wein und Tuch dürfen nicht übermäßig besteuert oder durch Zölle belastet werden. Erasmus warnt auch vor Fremdenfeindlichkeit. Gesetze müssen verständlich sein. Vorbeugende und heilende

---

[311] AS Bd. 5, S. 114 f.
[312] AS Bd. 5, S. 142 f.
[313] AS Bd. 5, S. 144 f.
[314] AS Bd. 5, S. 206 f.
[315] AS Bd. 5, S. 196 f.
[316] Ribhegge, Stadt und Nation in Deutschland, S. 21.
[317] AS Bd. 5, S. 178–179.

Maßnahmen sind besser als Strafen. Wie ein Arzt solle auch der Fürst Radikalkuren vermeiden. Die Todesstrafe solle vorsichtig angewandt werden.[318]

Wie More in der „Utopia" beklagt Erasmus, dass in vielen Ländern selbst Diebstahl mit dem Tode bestraft wird. Bettler sollen nicht ausgestoßen werden. In eigens dafür errichteten Häusern soll Vorsorge für Kranke, Alte und Verarmte getroffen werden, damit erst keine Bettelei entsteht. Eine Ursache vieler Übel und Untaten sei der Müßiggang. Erasmus nennt hier vor allem zwei Einrichtungen: die der Klöster und die des Militärs. Er rät, einige Klöster zu schließen. Kritisch sieht er das Delikt der „Majestätsbeleidigung". Staatliche Hoheit lasse sich nur begrenzt durch Zensur und Denunziation schützen. Werde zudem das Ansehen des Staates durch Majestätsbeleidigung wirklich gefährdet? „Der Staat wird immer Staat sein, auch wenn ein Herrscher fehlt."[319] Bei den Römern und Athenern habe es blühende Reiche auch ohne Fürsten gegeben.

Die letzten Kapitel der „Institutio" befassen sich mit der Außenpolitik. Die dynastischen Heiratsverbindungen als Instrumente fürstlicher Außenpolitik werden verworfen. Es wäre besser, wenn die Herrscher sich ihre Ehepartner im eigenen Land suchten. Die Ehe der Herrscher sei deren persönliche Angelegenheit. Der Krieg ist für Erasmus kein Mittel der Politik. Aktuell warnte er vor einem Krieg um Geldern.[320] Der Krieg ist unmenschlich und barbarisch. Wie bereits in dem Brief an den Abt Antoon van Bergen, den Adagien „Dulce bellum inexpertis"[321] und „Scarabaeus aquilam quaerit"[322] und später in der „Querela pacis" wird auch hier die Frage aufgeworfen, wie es möglich ist, dass Christen gegen Christen kämpfen. Vorsichtig geht Erasmus auf die kirchliche Lehre vom gerechten Krieg ein: „Augustinus billigte an der einen oder anderen Stelle den Krieg, aber die gesamte Lehre Christi ist gegen den Krieg gerichtet."[323] Ein Streit zwischen Fürsten lasse sich durch Schiedsrichter schlichten [324]

---

[318] „Zunächst sei der Fürst, damit er das Land, über das er herrscht, liebe, nicht anders gesinnt als ein guter Bauer gegenüber seinen von den Ahnen ererbten Grund oder wie ein guter Mann gegen seine Familie." (AS Bd. 5, S. 252 f.).

[319] AS Bd. 5, S. 306–307.

[320] „The Mystery of Our War with Guelders", in: Tracy, The Politics of Erasmus, S. 71–107.

[321] ASD II, 7: Adagia IV.i.1: Dulce bellum inexpertis, S. 11–44; CWE 35: Dulce bellum inexpertis – War is a treat for those who have not tried it, S. 399–440; Erasmus von Rotterdam, „Süß scheint der Krieg den Unerfahrenen". Übersetzt, kommentiert und herausgegeben von Brigitte Hannemann, München 1987.

[322] ASD II, 6: Adagia III.vii.1: Scarabeus aquilam quaerit, S. 394–424; CWE 35: Scarabaeus aquilam quaerit/A dung-beetle hunting an eagle, S. 178–214.

[323] AS Bd. 5, S. 344–345.

[324] „Es gibt so viele Bischöfe, so viele Äbte und Gelehrte, viele bedeutende Beamte, durch deren Urteil man die Angelegenheit eher erledigen könnte als durch Niedermetzeln, Raubzüge und viele Katastrophen für den gesamten Erdkreis." (AS Bd. 5, S. 346–347).

Wie bereits im „Lob der Torheit" registrierte Erasmus auch in dieser Schrift die Entstehung eines neuen Nationalbewusstseins überall in Europa. Er warnt, dass dies leicht in nationalen Hass umschlagen könne: „Nun hasst der Engländer den Franzosen, der Franzose den Engländer aus keinem anderen Grund, als weil er Engländer ist, der Schotte hasst den Briten, nur weil er Schotte ist, der Italiener den Deutschen, der Schwabe den Schweizer. Ein Land ist dem anderen verhasst, ein Staat dem anderen." Erasmus steht diesem neuen Phänomen fassungslos gegenüber: „Warum reißen uns die törichten Bezeichnungen mehr auseinander, als uns das allen gemeinsame Wort Christ verbindet?"[325] Die Kriegsbereitschaft müsse bekämpft werden: „Es wäre die Rolle der Prediger, die Leidenschaft der Zwietracht aus der Tiefe des Bewusstseins des Volkes herauszureißen."[326] Aber leider schämten sich selbst Bischöfe nicht, sich im Kriegslager aufzuhalten.

Im Mai 1516 verließ Erasmus Basel und kehrte über Kaiserberg im Elsass, Straßburg, Mainz und Köln in die Niederlande zurück. Er hielt sich in Antwerpen, Brüssel und Saint-Omer auf und nahm wieder Kontakt zu Jean Le Sauvage auf.[327] Der burgundische Hof hatte sich inzwischen verändert. Nach dem Tod Ferdinands von Aragon im Januar 1516 war der 16-jährige burgundische Herzog Karl auch der Erbe der spanischen Kronen geworden. Kastilische Adelige kamen in die Niederlande, um auf die Politik des burgundischen Hofs Einfluss zu nehmen.[328] Man wollte verhindern, dass in Brüssel Politik gegen spanische Interessen gemacht wurde. Das galt vor allem für das Verhältnis zu Frankreich. In dieser Zeit kamen Erasmus' erste Kontakte mit Spaniern zustande. Le Sauvage, inzwischen Großkanzler des Herzogtums Burgund, hatte Erasmus zum Rat ernannt, um ihn an den burgundischen Hof zu binden.[329] Der „Rat" war anscheinend mehr ein Titel, auch wenn damit unregelmäßige Einkünfte verbunden waren. Le Sauvage plante, Erasmus ein Kanonikat in Courtrai zu verschaffen.[330]

---

[325] AS Bd. 5, S. 350–351.
[326] AS Bd. 5, S. 350–351.
[327] CWE 3, Ep. 410 (Brief an Jean Le Sauvage aus Antwerpen vom 1. June 1516).
[328] Kohler, Karl V., S. 56 ff.
[329] Compendium vitae, in: CWE 4, S. 409, Zeile 146–148.
[330] CWE 3, Ep. 436, 443.

4. Zwischen Löwen und Basel: Die Jahre 1514 bis 1521

DER VIERTE BAND DER „CORRESPONDENCE OF ERASMUS" (CWE 4) UMFASST DIE ZEIT VOM AUGUST 1516 BIS JUNI 1517.[331]

Das Leben und die Politik in den Niederlanden bilden den Hintergrund dessen, was sich in dem Jahre 1516/17 abspielte.[332] Die Veröffentlichung der „Utopia" des Thomas More (1516). Im August 1516 einen Abstecher nach London, und anschießend wieder in den Niederlanden, so in Antwerpen, Brüssel und Gent, wobei er eine Zeitlang in dem Haus seines Freundes Pieter Gilles in Antwerpen wohnte. Die Briefsammlung des Erasmus „Epistolae aliquot illustrium virorum" durch Gilles 1516.

In seiner Einführung zu der englischen Korrespondenz des Erasmus schreibt Wallace K. Ferguson, dass die Jahre zwischen 1514 und 1519 die Phase markieren, „in der Erasmus seine Größe als anerkannter Fürst der Humanisten und als Führer derer erreichte, die auf eine liberale Reform der Kirche, der Theologie und der Volksfrömmigkeit gehofft hatten". Gerade seine Korrespondenz ermöglicht es uns auch nachzuvollziehen, wie sich von Stufe zu Stufe sein Reformprogramm entwickelte, seine Kontroversen mit den konservativen Theologen im Zuge seiner Publikation des griechischen Neuen Testaments und schließlich die allmähliche Wandlung seines Verhältnisses zu Luther von seinen frühen Versuchen, den Reformer zu schützen bis hin zu dem endgültigen irreparablen Bruch.[333]

Im August machte Erasmus erneut einen Abstecher nach England. Er hielt sich einige Tage bei Bischof Fisher in Rochester auf, um ihn im Griechischen zu unterweisen. Der eigentliche Grund für die Reise war aber ein Treffen mit Ammonio, der über Gigli, den Bischof von Worcester und englischen Gesandten in Rom, über gute Beziehungen zur römischen Kurie verfügte. Es ging darum, Erasmus einen endgültigen päpstlichen Dispens von seinen Ordensgelübden zu verschaffen. Der Vorgang wurde von beiden in London gründlich vorbereitet. Erasmus richtete am 9. August einen entsprechenden Brief an Papst Leo X., dem als Anlage ein langer fingierter Brief an einen gewissen „Lambert Grunnius" beigefügt war. Dieser enthielt eine detaillierte Beschreibung der Jugend des Erasmus, ohne dessen Namen zu nennen. Dabei wurde sein „erzwungener" Klostereintritt hervorgehoben.[334] Ein solcher Dispens war nötig, damit Erasmus das Kanonikat in Courtrai übertragen werden konnte.[335] Der erbetene päpstliche Dispens traf im Januar

---

[331] CWE 4: The Correspondence of Erasmus: Letters 446 to 593–1516 to 1517, translated by R.A.B. Mynors and D.F.S. Thomson annotated by James K. McConica, Toronto and Buffalo 1977.
[332] CWE 4, Preface, S. XI.
[333] Wallace K. Ferguson, Introduction, in: CWE 1, S. XII.
[334] CWE 4, Ep. 446, 447.
[335] Schoeck, Erasmus of Europe (1993), S. 381–383; CWE 4, Ep. 505.

ein³³⁶, doch musste Erasmus eigens noch einmal nach London kommen³³⁷, wo er am 9. April 1517 in der Kapelle von St. Stephen in Westminster förmlich von seinen Gelübden entbunden wurde.³³⁸ Erasmus kam vermutlich im August 1516 in London auch mit Thomas More zusammen, der ihm am 3. September 1516 sein Manuskript der „Utopia" zugesandt hatte, das Erasmus in Löwen herausbringen wollte.³³⁹

Nach der Rückkehr aus England im August 1516 hielt sich Erasmus im folgenden Jahr überwiegend in Brabant auf, vor allem in Antwerpen und in Brüssel in der Nähe des burgundischen Hofs. Erasmus hatte Kontakt zu Cuthbert Tunstall, dem englischen Gesandten in Brüssel, der mit ihm und More befreundet war. Nach längerem Zögern ließ sich Erasmus schließlich, auch auf das Drängen des Kanzlers Le Sauvage, im Juni 1517 in Löwen nieder. Er wohnte in dem Lilienkolleg bei Jan de Neve³⁴⁰, und er wurde in die theologische Fakultät aufgenommen.³⁴¹ Die Spannungen zwischen Erasmus und den Löwener Theologen waren vorerst abgeklungen. Hier blieb Erasmus in den folgenden vier Jahren, unterbrochen von Aufenthalten in benachbarten Orten und einer erneuten Reise nach Basel im Sommer 1518.

1518 gab Erasmus die Kaiserviten Suetons bei Froben heraus.³⁴² In dem Vorwort, einem Widmungsschreiben an die Fürsten Friedrich und Georg von Sachsen, das er im Juni 1517 in Antwerpen verfasst hatte, wirft Erasmus die Frage nach dem Nutzen historischer Bücher auf. Gerade Sueton, dessen Text Erasmus in einem Kloster in Tournai gefunden hatte, eigne sich dazu: Einige jener Kaiser hätten sich wie Bestien und Verbrecher benommen, obwohl sie sich noch zu ihren Lebzeiten den Namen eines Gottes zugelegt hätten.

Erasmus führte diese Verirrungen darauf zurück, dass das Römische Reich zu groß und damit unregierbar geworden sei. Schließlich habe die gesamte Macht in den Händen einiger weniger Militärs gelegen. So sei das römische Reich an sich selbst und an den Invasionen der Barbaren – gemeint ist die Völkerwanderung – zugrunde gegangen. Dann aber habe das Christentum eine große Wende gebracht: „Die Majestät des römischen Reichs verblasste allmählich vor dem Glanz des Lichts des Evangeliums wie der Mond vor den Strahlen der Sonne." Die Päpste hätten viele Jahrhunderte später das römische Reich wiederhergestellt, wenngleich nur dem Namen nach, nicht

---

[336] CWE 4, Ep. 517, 518, 519. (Drei Schreiben vom 26. Januar 1517 von Papst Leo X. an Andrea Ammonio und an Erasmus über den päpstlichen Dispens von Erasmus).
[337] Er hasse es, das Meer zu überqueren, schrieb Erasmus. (Brief aus Antwerpen an Ammonio vom 15. März 1517, CWE 4, Ep. 552).
[338] Schoeck, Erasmus of Europe (1993), S. 200.
[339] CWE 4, Ep. 461.
[340] CWE 5, Ep. 695.
[341] CWE 5, Ep. 597 (Brief an Thomas More aus Löwen vom 10. Juli 1517); CWE 5, Ep. 637.
[342] Scriptores historiae Augustae. Ex Recognitione Des. Erasmi Roterodami: C. Suetonius Tranquillus [u. a.], Basel 1518.

aber in Wirklichkeit.³⁴³ Aus diesem historischen Befund zog Erasmus den Schluss, dass die ganze Welt nicht von einem einzigen Monarchen regiert werden könne. Es folgte aber der für Erasmus bezeichnende Satz: „Der wahre und einzige Monarch der Welt ist Christus: Wenn unsere Fürsten seinen Gesetzen folgten, so würde alles unter diesem einem Fürsten gedeihen."³⁴⁴

Thomas More hatte Erasmus am 3. September 1516 sein Manuskript der „Utopia" zugesandt, das Erasmus in Löwen herausbringen wollte.³⁴⁵ Die erste Ausgabe erschien im Dezember 1516 bei Dirk Martens in Löwen, die zweite bei G. de Gourmont im Juli 1517 in Paris und die aufwendiger gestaltete dritte Ausgabe mit dem berühmten Holzschnitt der Insel Utopia von Ambrosius Holbein 1518 bei Froben in Basel.³⁴⁶

Der erste Entwurf der „Utopia" Thomas Mores war entstanden, als sich More 1515 sechs Monate lang mit einer englischen Gesandtschaft zu Verhandlungen in Brügge aufhielt. Sie verliefen schleppend, und nach vier Monaten legte man eine Pause ein. More verbrachte diese Zeit im nahen Antwerpen, damals eine der wichtigsten Handelsstädte Europas mit etwa 25000 Einwohnern. Die Hafenstadt war Umschlagplatz von Waren aus den neu entdeckten Überseeländern, die über Spanien nach Antwerpen kamen.³⁴⁷ More wohnte bei Peter Gilles in dessen Haus „De Spiegel" am Marktplatz. Gilles war seit 1512 Stadtsekretär von Antwerpen. Aus den Unterhaltungen zwischen More und Gilles entstand die Idee zur „Utopia". Die Beschreibung der Insel „Utopia" verfasste More noch in Antwerpen, den zweiten Teil, das einleitende „erste Buch", später in London. Erasmus übernahm die Aufgabe, das Buch drucken zu lassen.

„Heinrich VIII. sandte mich nach Flandern." So nüchtern beginnt More die Geschichte der „Utopia". Die Erzählung führt nach Antwerpen. More berichtet: „Eines Tages hatte ich in der Marienkirche an dem Gottesdienst teilgenommen und wollte gerade von dort in meine Wohnung zurückkehren, da sehe ich Peter [Gilles] zufällig im Gespräch mit einem Fremden, einem älteren Mann mit sonnengebräuntem Gesicht, langem Bart. Der Mantel hing nachlässig von der Schulter herunter. Seinem Aussehen und seiner Kleidung

---

[343] CWE 4, Ep. 586, Zeile 215–217.
[344] CWE 4, Ep. 586, Zeile 255–257.
[345] CWE 4, Ep. 461.
[346] Utopia, hg. v. E. Surtz S. J./J. H. Hexter (The Complete Works of St. Thomas More, Bd. 4), New Haven/London 1965; George M. Logan/Robert M. Adams (ed.), More: Utopia (Cambridge texts in the history of political thought), Cambridge 1989; Vgl. Wilhelm Ribhegge, Thomas More: Utopia (1516). Geschichte als Gespräch, in: Ders., Europa-Nation-Region. Perspektiven der Stadt- und Regionalgeschichte, Darmstadt 1991, S. 48–71.
[347] Vgl. Peter Burke, Antwerp. A Metropolis in comparative perspective, Antwerp 1993.

nach war er ein Seemann."[348] Peter Gilles macht More mit diesem Fremden bekannt. Er heißt Raphael Hydlodaeus. Er war einer der Begleiter Amerigo Vespuccis auf dessen Reisen nach Übersee. Hier schlägt die Erzählung ins Irreale um. Die geheimnisumwitterte Person des Raphael ist erfunden. Tatsache aber ist, dass Vespucci viermal den Atlantik überquerte und auf einer dieser Reisen eine Gruppe von 24 Männern zurückgelassen hatte, die die fremden Länder erforschen sollten. More kannte offensichtlich diese Reiseberichte.

More und Gilles ziehen sich mit Raphael in das Haus zurück, um sich im Garten auf einer Rasenbank niederzulassen. Raphael berichtet über die Gesellschaft der fernen Insel Utopia, die er auf seinen Reisen kennengelernt hat. Man ist beeindruckt, Gilles rät Raphael, in den Rat der Fürsten einzutreten. Aber Raphael winkt ab. Seine bisherige Erfahrung mit der europäischen Politik sei äußerst schlecht. Er verweist auf seine Informationen über die englische und europäische Politik, die er vor einigen Jahren im Haus des damaligen Erzbischofs von Canterbury und englischen Kanzlers John Morton erhalten habe. Er habe dort an Diskussionen über schwere politische und soziale Missstände teilgenommen. Diese Diskussionen werden im ersten Buch der „Utopia" wiedergegeben. More brachte in diesem Teil seines Textes eigene Erfahrungen ein, da er seine Jugend im Hause Mortons als Page verbracht hatte.

Dann erst folgt im zweiten Buch der eigentliche Bericht Raphaels über die Insel Utopia. Als More im September 1516 Erasmus den Text zuschickte, hatte die fiktive Insel noch den latinisierten Namen „Nusquam" („Nirgendwo").[349] Daraus wurde dann die gräzisierte Bezeichnung „Utopia" („Nicht-Ort"). In ihrer äußeren Gestalt hat die erfundene überseeische Insel „Utopia" erstaunliche Ähnlichkeit mit der Geographie Englands. Hier schlägt die lukianische Ironie durch, wobei sich Spiel und Ernst vermischen. Man ist bei der Lektüre nie ganz sicher, was wirklich gemeint ist. „Die Insel der Utopier dehnt sich in der Mitte, wo sie am breitesten ist, zweihundert Meilen weit aus, ist eine weite Strecke lang nicht viel schmaler und spitzt sich dann gegen die beiden Enden hin allmählich zu. Die Küsten bilden einen wie mit dem Zirkel gezogenen Kreisbogen von fünfhundert Meilen Umfang und geben der ganzen Insel die Gestalt des zunehmenden Mondes."[350] Die Hauptstadt der Insel Utopia „Amaurotum" ähnelt der englischen Hauptstadt

---

[348] Surtz/Hexter, Utopia, S. 48: „Hunc cum die quadam in templo divae Mariae ... rei divinae interfuissem, atque peracto sacro pararem inde in hospitium redire, Petrum forte colloquentem video cum hospite quodam, vergentis ad senium aetatis, vultu adusto, promissa barba, penula neglectim ab humero dependente qui mihi ex vultu atque nauclerus esse videbatur."
[349] CWE 4, Ep. 461.
[350] K. J. Heinisch (Hg), Der utopische Staat [Dt. Übersetzung], Reinbek bei Hamburg 1960, S. 48.

London und der Fluss „Anydros", der sie durchfließt, der Themse. Hier gibt es Ebbe und Flut und Amaurotum hat wie London eine steinerne Brücke über den Fluss. Amaurotum ist wie viele mittelalterliche Städte mit einer Mauer und einem Graben umgeben.

Die Insel zählt 54 Städte, „alle weiträumig und prächtig". Sprache, Sitten, Einrichtungen, Gesetze der Inselgesellschaft sind homogen. Es besteht kein sozialer Gegensatz zwischen Stadt und Land, sondern vielmehr eine enge Symbiose.

Das Kernstück von Utopia ist die Organisation des Lebensunterhalts, des wirtschaftlichen und gesellschaftlichen Lebens. Sämtliche Inselbewohner lernen zunächst einmal die Landwirtschaft. Hinzu kommt nach Wahl ein Handwerk: Tuchmacher, Leineweber, Schlosser, Schmiede, Zimmerleute. In einem Punkt sind die Utopier sehr empfindlich: es gibt bei ihnen keinen Müßiggang.[351] Sie lehnen es aber auch ab, sich von morgens bis abends wie ein Lasttier abzumühen. Für die Regelung der Arbeitszeit haben die Utopier eine verblüffend einfache Lösung gefunden: Man arbeitet nur sechs Stunden am Tag, sowohl Männer wie Frauen.

Utopier, die reisen, bedürfen dazu der Erlaubnis der städtischen Behörden, eine strenge Praxis. Sie reisen kostenlos. Denn sie werden in jeder anderen Stadt aufgenommen, müssen aber gegebenenfalls auch an ihrem Urlaubsort arbeiten. Müßiggang ist unerwünscht. Es gebe weder Weinstuben, Bierschenken noch Bordelle, berichtet Raphael. Man braucht kein Geld und hält auch wenig vom Geld, Gold und Silber. Größerer Privatbesitz wird nicht angestrebt. Man schätzt nicht einmal Perlen und Schmuck. Gold verwendet man für Herstellung von Nachttöpfen.

Die Utopier haben eine hedonistische Grundphilosophie. Glück, Lebensfreude und Vergnügen werden von ihnen bejaht. Voraussetzung dafür ist die Gesundheit. Liebevoll und mit großer Sorgfalt kümmern sich die Utopier um ihre Kranken. Mehr noch als physische Genüsse schätzen sie psychische und geistige. Wer in Utopia gebildet ist, liest. Der Buchdruck ist auch in Utopia bekannt. Und so lesen die Utopier Platon, Aristoteles, Theophrast, Plutarch und Aristophanes. Die Technik des Buchdrucks haben die Utopier ebenso wie die der Papierherstellung von den Europäern übernommen. In einem Punkt sind sie streng: ihre Sexualmoral schreibt die Einehe vor und duldet keine Abweichung und keinen Ehebruch.

Eingehend werden die religiösen Gebräuche der Utopier beschrieben. Sie erinnern, bei aller Fremdheit, an die kirchliche Liturgie Europas. In Utopia nehmen die Priester eine besonders abgehobene Stellung ein. Wie eine Stadt des 16. Jahrhunderts zählt auch jede utopische Stadt mehrere Kirchen und Kirchengemeinden. Die religiösen Lieder werden in der Landessprache gesungen. Sie sind besonders innig. Mit der Beschreibung der religiösen Le-

---

[351] Heinisch, Der utopische Staat, S. 54.

bensformen endet die „Utopia". Er halte, sagt Raphael, Utopia für das beste Gemeinwesen, das er kenne.[352] Es gebe keine Armen und Bettler. Über die Generationen hinweg hätten Staat und Gesellschaft für die einzelnen und ihre Familien Vorsorge getroffen.

Bereits seit der Entstehung der Schrift der „Utopia" wurde darüber gerätselt, ob der Text ernst gemeint ist oder ob es sich nur um ein gedankliches Spiel handelt. Nicht alles an Utopia ist anziehend oder sympathisch. Die streng regulierten Lebensweisen der Städte von Utopia ähneln der großer Klöster. So bleibt der Text ambivalent. Auch More als Autor lässt viele Fragen offen. Am Ende des Gesprächs sagt er, er habe Raphael noch in manchen Punkten widersprechen wollen, doch dann bemerkt, dass der Erzähler ermüdet gewesen sei. So habe er nicht gewusst, ob er ihm noch Widerspruch habe zumuten können. Doch sicherlich gebe es in diesem Staat der Utopier manches, das nachahmenswert sei. Damit endete das Antwerpener Nachmittagsgespräch.

More hatte das kleine Buch nach seiner Rückkehr nach London 1516 gleichsam nebenbei fertiggestellt. In einem Brief an Peter Gilles beklagte er sich, bei seinen täglichen Geschäften kaum Zeit zum Schreiben zu finden. So habe er sich die Zeit vom Schlaf nehmen müssen, der einem ja die Hälfte des Lebens raube.[353] Gegenüber Erasmus verhehlte More nicht seine Unsicherheit über den eigenen Text.[354] Er sei gespannt auf die ersten Reaktionen nach dem Erscheinen der „Utopia".[355]

More hatte Erasmus gebeten, dafür zu sorgen, dass das Buch mit einigen glänzenden Zuschriften eingerahmt werde, nicht nur von Literaten, sondern auch von bekannten Politikern.[356] Tatsächlich gelang es Erasmus und Gilles, die „Utopia" der Welt als ein Glanzstück der Rhetorik zu präsentieren. Die Baseler Ausgabe vom März 1518 enthielt außer dem Bild der Insel Utopia auf der Vorderseite zwei Einführungsschreiben von More selbst und von Peter Gilles und Vorworte von Erasmus, Busleyden aus Mechelen und Budé aus Paris. Der gesamte Text war mit Randglossen und mit weiteren Kommentaren und Nachträgen von Beatus Rhenanus und Willibald Pirckheimer ausgestattet. Es gab sogar eine Auflistung des angeblichen Alphabets der Utopier, um dem Ganzen etwas Realistisches zu verleihen.[357]

Als Zeichen ihrer Freundschaft mit More ließen Gilles und Erasmus im Sommer 1517 in Antwerpen ein Doppelporträt von ihnen beiden durch den

---

[352] John Guy, Thomas More, London 2000, S. 91 f.
[353] Rogers, Correspondence of Sir Thomas More, S. 76–81.
[354] CWE 4, Ep. 461.
[355] CWE 4, Ep. 481.
[356] CWE 4, Ep. 467.
[357] Wilhelm Ribhegge, Thomas More's „Utopia". The humanist view of city and court in the Renaissance, in: Wolfenbütteler Renaissance-Mitteilungen 29 (2005), S. 18–31.

Maler Quentin Metsys anfertigen.[358] More erhielt es im Oktober, als er sich in Calais aufhielt. Er war begeistert und bedankte sich mit einem Gedicht.[359]

Die Irritation über die Deutung der „Utopia" hat sich noch bis in den neueren Morus-Biographien gehalten.[360] Der dauerhafte Reiz der Utopie bestand und besteht darin, dass sie der Phantasie ein Gegenbild zu der bestehenden Gesellschaft anbot. 1887 kanonisierte der deutsche Marxist Karl Kautsky in seinem Buch "Thomas More und seine Utopie" More als einen sozialistischen Heiligen und als Prophet des Kommunismus.

Unter dem Titel „Epistolae aliquot illustrium virorum" brachte Peter Gilles im Oktober 1516 bei Dirk Martens in Löwen eine Sammlung von 20 Briefen an und von Erasmus heraus. Darin war ein Brief von Erasmus an Leo X. sowie ein Brief des Papstes an Erasmus enthalten, ferner Briefe von Erasmus an die römischen Kardinäle Grimani und Riario. Briefe aus England von Andrea Ammonio, Erzbischof Warham, Thomas More, Briefe aus Deutschland von Willibald Pirckheimer und Ulrich Zasius und Briefe ans Frankreich von Guillaume Budé und Jacques Lefèvre.[361] Bereits im April 1517 brachte Gilles wiederum bei Martens in Löwen eine weitere Sammlung von 35 Briefen unter dem Titel „Aliquot epistolae senequam elegantes" heraus.[362] Die Briefbände zeichneten ein bestimmtes Bild der Persönlichkeit des Erasmus für die europäische Öffentlichkeit. Lisa Jardine hat in ihrer Studie „Erasmus. Man of Letters" den Vorgang als „construction of charisma in print" beschrieben.[363] Die Briefbände hatten auch die Funktion, Erasmus vor seinen Kritikern zu schützen.

1518 folgte mit dem „Auctarium" eine weitere Briefsammlung mit 35 Briefen, die bei Froben in Basel erschien. Nach dem Erfolg dieser Ausgabe brachte Erasmus schon im folgenden Jahr 1519 wieder bei Froben die erste umfangreiche Edition seiner Briefe unter dem Titel „Farrago" heraus.[364] Das Buch umfasste jetzt 410 Seiten und 333 Briefe aus verschiedenen Lebensabschnitten des Erasmus. Darunter waren allein 106 Briefe aus der Zeit vor 1509. Der älteste davon war ein Brief an Cornelis Gerard von 1489, dem

---

[358] CWE 4, S. 584.
[359] CWE 5, Ep. 683, 684.
[360] Richard Marius, Thomas Morus. Eine Biographie, Zürich 1987, S. 204–248 („Der Aufbau von Utopia", „Die Religion in Utopia und der Glaube des Thomas Morus", „Utopia: Abschließendes Postscriptum") ; Guy, Thomas More, S. 84–105 ("Social reformer?"); Ackroyd, The Life of Thomas More, S. 161–175 („The best condition of a society"): Hans Peter Heinrich, Thomas Morus, Reinbek bei Hamburg 1984, S. 67–80.
[361] Léon E. Halkin, Erasmus ex Erasmo, Aubel 1983, S. 37–43. – Henry Heller, Jacques Lefèvre d'Etaples, in : BR 2, 315–318.
[362] Halkin, Erasmus ex Erasmo, S. 45–53.
[363] Lisa Jardine, Erasmus. Man of Letters. The Construction of Charisma in Print, Princeton 1993, S. 3–26 („Self-portait in pen and ink")
[364] Farrago nova epistolarum Des. Erasmi Roterodami, Basel (Froben) 1519.

vorsichtshalber die Bemerkung beigefügt war „scripsit puer". Erasmus hatte inzwischen begonnen, seine früheren Briefe zu sammeln und abschreiben zu lassen. Eine erweiterte Neuedition seiner Briefe unter dem Titel „Epistolae ad diversos", die auf den 31. August 1521 datiert war, kam erst zur Frankfurter Frühjahrsmesse 1522 nach Erasmus' Umzug von Löwen nach Basel heraus. Sie enthielt 621 Briefe, davon 158 neue.[365] Erasmus nutzte die jeweilige Auswahl der Briefe, um seine eigenen Vorstellungen zu propagieren.

Mit der Aufnahme in gedruckten Briefsammlungen verloren die Briefe ihren persönlichen Charakter. Sie wurden öffentlich. Das galt für die Briefe der Schreiber wie für die der Empfänger. Häufig wurden auch einzelne Briefe als Druckschriften veröffentlicht. Die Druckerpressen waren kommerzielle Unternehmen. Sie suchten Lesestoff, der sich drucken und verkaufen ließ. Mit der gedruckten Briefkultur entstand eine neue Form der Öffentlichkeit. „Der Brief ist ein Gespräch unter Abwesenden" („Epistola, quae colloquium est inter absentes"), heißt es bei Erasmus in der Schrift „Über das Briefeschreiben" („De conscribendis epistolis") von 1522.[366] Die ausgedehnte Korrespondenz zwischen Erasmus und Budé, die sich persönlich nie kennenlernten, ist ein eindrucksvolles Beispiel dieser neuen „literarischen Republik".[367] Sie umfasste nicht nur die jeweiligen Briefpartner, sondern auch deren Bekanntenkreise in Deutschland, den Niederlanden und in England für Erasmus und in Frankreich für Budé.[368]

Die neue „literarische Republik" ließ die Leser an den Diskussionen partizipieren, deren Themen anfangs noch stark religiös geprägt waren.[369] Erasmus' politischen Schriften zeigen, dass der Übergang zu weltlichen Themen fließend war. Die neue Öffentlichkeit entstand sowohl aus den Briefeditionen sowie aus den gedruckten Büchern, einschließlich der Pamphlete und Streitschriften. Religiöse, literarische und politische Streitpunkte ließen sich dabei nur schwer voneinander trennen. Das sollte sich bald in dem Streit um Luther zeigen. Er schien anfangs eine Fortsetzung der alten Kontroversen zwischen Humanisten und Theologen zu sein. Der Streit um Luther entwickelte aber schnell eine ungeahnte Dynamik, und er sprach nicht nur das gebildete Publikum an, sondern auch breitere Schichten des

---

[365] Halkin, Erasmus ex Erasmo, S. 69–117.
[366] De conscribendis epistolis, ed. Jean-Claude Margolin (ASD I, 2), Amsterdam 1971, S. 153–579; CWE 25: Literary and educational writings 3: De Conscribendis Epistolis, edited by J.K. Sowards, Toronto/Buffalo/London 1516, S. 1–254. – AS Bd. 8, S. 130f.
[367] Vgl. Constance M. Furey, Erasmus, Contarini, and the Religious Republic of Letters, Cambridge 2006, S. 141f.
[368] Charlier, Érasme et l'amitié, S. 208.
[369] Furey, Erasmus, Contarini, and the Religious Republic of Letters, S. 1–13.

Volkes. Die Bühne der deutschen und der europäischen Öffentlichkeit begann sich zu verändern.[370]

DER FÜNFTE BAND DER „CORRESPONDENCE OF ERASMUS" (CWE 5) UMFASST DIE ZEIT JULI 1517 BIS APRIL 1518.[371]

Die zehn Monate, die dieser Band umfasst, verbrachte Erasmus in Löwen. Es sind in diesem Band 243 Briefe verzeichnet. Konflikt mit Jacques Lefèvre d'Etaples. Die „Querela pacis" 1517. Erasmus' Briefpartner kommen aus den Niederlanden, aus Deutschland, der Schweiz, aus Frankreich, aus Italien und England. Die Zahl seiner Korrespondenten war erheblich angewachsen. Er arbeitete in dieser Zeit an der Vorbereitung der zweiten Edition des Neuen Testaments.

In Löwen wurde er in die Theologische Fakultät aufgenommen, aber ohne Verpflichtungen.[372] Tunstall schrieb er im September 1517, dass er den Kanzler der Universität Johannes Atensis (Jan Briart) ungewöhnlich zivilisiert fand.[373] Dem befreundeten Pierre Barbier teilte er im März 1518 mit, dass zwischen ihm und den Theologen in Löwen inzwischen „halkyonische Tage" ausgebrochen seien und eine überraschende Intimität. Sie würden sich für seine Hieronymus-Ausgabe bedanken und keine Klagen gegen das Neue Testament erheben.[374] Seine wichtigste Aufgabe zu dieser Zeit war die Vorbereitung seiner zweiten Ausgabe des Neuen Testaments.[375] Dafür konsultierte er überwiegend seine englischen Freunde Fisher, Colet, Latimer, Tunstall, Grocyn, Wentford und den Schweizer Humanisten Glareanus.[376] Als Mitarbeiter hatte er Maarten Lips gewonnen.[377] Auch mit dem Engländer Edward Lee, der seit 1516 in Löwen studierte, um Griechisch zu lernen, hatte Erasmus Kontakt aufgenommen.[378] Es stellte sich aber heraus, dass Lee einer der vehementesten Kritiker von Erasmus' Neuausgabe des Neuen Testaments werden sollte.[379]

Thomas More entschloss sich zu dieser Zeit, als Sekretär in den Dienst Heinrich VIII. einzutreten. Er hatte offensichtlich lange gezögert, aber

---

[370] Peter G. Bietenholz, Erasmus and the German Public, 1518–1520, in: The Sixteenth Century Journal, Vol. 8, No. 2, (Jul., 1977), S. 60–78.
[371] CWE 5: The Correspondence of Erasmus: Letters 594 to 841–1517 to 1518, translated by R. A.B. Mynors and D.F.S. Thomson, annotated by Peter G. Bietenholz, Toronto/Buffalo/London 1979.
[372] CWE 5, Ep. 597 (Brief an Thomas More); CWE 5, Ep. 637; CWE 5, Ep. 640.
[373] CWE 5, Ep. 675. – Jan Briart, in: BR 1, S. 195 f.
[374] CWE 5, Ep. 794, Zeile 34–36. – Pierre Barbier, in: BR 1, S. 93 f.
[375] CWE 5, Epp. 756–9.
[376] CWE 6, Ep. 864 (Introduction).
[377] CWE 5, Ep. 750. – J. IJsewijn, Maarten Lips, in: BR 2, S. 333 f.
[378] CWE 5, Epp. 765 (Brief an Edward Lee aus Louvain, Januar 1518)
[379] Marjorie O'Rourke Boyle, Edward Lee, in: BR 4, S. 311–314.

schließlich dem Werben Heinrichs VIII. nachgegeben. Sein Zögern hatte sich auch in den Dialogen der „Utopia" niedergeschlagen. Als Sekretär des englischen Königs war er ein wichtiger Verbindungsmann am Hof zwischen Heinrich und dessen Kanzler Wolsey. Erasmus war über die Entscheidung des Freundes nicht glücklich. Ende April 1518 schrieb er an More: „Daran, dass du dich an den Hof hast ziehen lassen, tröstet mich nur das eine, dass du unter einem ausgezeichneten König dienst. Für uns und für die Wissenschaften bist du mit Sicherheit verloren."[380]

Im Herbst 1517 hatte sich Herzog Karl von den Niederlanden nach Spanien begeben, um seine dortige Herrschaft als König anzutreten. Er hatte am 7. September 1517 mit seinem Hof in Vlissingen eine Flotte von 40 Schiffen bestiegen. Zehn Tage später kam man in Tazones an der Nordküste Spaniens an. Erasmus hatte es abgelehnt, Karl nach Spanien zu begleiten. In Spanien begegnete Karl zum ersten Mal seinem um drei Jahre jüngeren Bruder Ferdinand, der in Kastilien aufgewachsen war. Ferdinand kam im Frühjahr 1518 in die Niederlande. Anders als sein Bruder Karl scheint Ferdinand die „Institutio" des Erasmus tatsächlich gelesen zu haben. Als es darum ging, für den 16-jährigen Ferdinand einen Erzieher zu finden und an Erasmus dachte, empfahl Erasmus jedoch Juan Luis Vives.[381] Le Sauvage, der Kanzler und Förderer des Erasmus, starb im Juni 1518 in Spanien. Im Juni 1520 kehrte auch Karl in die Niederlande zurück, um sich nach seiner Wahl zum deutschen König in Aachen am 23. Oktober 1520 krönen zu lassen. Er nahm den Titel „Erwählter Römischen Kaiser" an.[382]

In dieser Zeit hatte Erasmus häufigen Kontakt mit Thomas More, und er bereitete die dritte Auflage der „Utopia" in Basel vor. Er informierte More auch über die Publikation eines mit ihm befreundeten Pariser Theologen, Jacques Lefèvre d'Etaples, den er vor Jahren kennengelernt hatte. Dieser hatte Erasmus' Ausgabe des Neuen Testaments kritisiert.[383] Er werde dagegen schreiben. Seine Schrift erschien unter den Titel „Apologia ad Jacobum Fabrum Stapulensem" im August 1517 in Löwen,[384] und im September schickte er die Schrift auch zu Lefèvre.[385] Erasmus war so erregt, dass er zahlreiche Freunde und Bekannte über seine Gegenschrift informierte.[386] Wie könne

---

[380] CWE 5, Ep. 829, Zeile 6–8 und a. a. O., Anm. 6.
[381] CWE 6, Ep. 917; CWE 6, Ep. 927 (Brief an Vives vom 17. März 1519 aus Mechelen).
[382] Vgl. Geoffrey Parker, Der Kaiser, S. 106–136 („Vom König von Spanien bis zum ‚Rex Romanorum' 1517–1519").
[383] CWE 5, Ep. 597.
[384] Apology against Jacques Lefevre d'Etaples – Apologia ad Jacobum Fabrum Stapulensem, in: CWE 8: S. 2–107. – Henry Heller, Jacques Lefèvre d'Etable (Jacobus Faber Stapulensis), in: BR 2, S. 315–318.
[385] CWE 5, Ep. 659.
[386] CWE 5, Epp. 597, 663, 665, 673, 675, 680 A, 703, 707, 721, 730, 731, 735, 742, 755, 766, 777.

man einem Freund so wild attackieren, fragte er Cuthbert Tunstall.[387] Erasmus initiierte drei Nachdrucke. Auch an seinen Pariser Freunden sandte er die „Apologia" zu. Mit Guillaume Budé hatte er seit 1516 einen intensiven Briefkontakt[388], und er wurde umworben, sich in Paris niederzulassen.[389] Man wollte ihn dafür gewinnen, nach dem Muster des „Collegium Trilingue", das Dreisprachenkolleg, das mit seiner Hilfe in Löwen errichtet wurde, etwas Ähnliches auch in Paris aufzubauen. Aber Erasmus hatte abgelehnt.[390]

Budé nahm im Februar 1518 zu der „Apologia" ausweichend Stellung. Bisher habe er sie nur „sporadisch" lesen können.[391] Offensichtlich war man in Paris von dem Konflikt mit Lefèvre nicht begeistert. In seinem langen Antwortschreiben verteidigte Erasmus seine „Apologia".[392]

Er höre wohl, dass vielen meine Schrift gegen Lefèvre nicht gefallen hat. Aber wenn Budé die „Apologia" gründlich und nicht nur „sporadisch" gelesen hätte, dann könne er verstehen, dass ihn Lefèvre gezwungen habe, sich zu verteidigen. Meine Budé etwa, dass Erasmus es ertragen müsse, wenn Lefèvre ihn bezichtige, ein Gotteslästerer gegen Christus zu sein?[393] Es gäbe auch keine Hoffnung, dass sich die Affäre künftig erledigen würde, da Lefèvres Bücher schon in Spanien, Frankreich, Italien, Deutschland und Britannien verbreitet würden.[394] Jahre später versöhnten sich Erasmus und Lefèvre wieder. Seit 1526 gerieten beide in die Kritik von Beda, dem Syndikus der theologischen Fakultät in Paris, der beiden vorwarf, Luther zu unterstützen.

1514 war der damals 24-jährige Albrecht von Brandenburg Erzbischof von Mainz und damit Kurfürst und Erzkanzler des Reiches geworden. Er hatte einen Kreis von Humanisten, darunter Wolfgang Capito, Ulrich von Hutten und den Arzt Heinrich Stromer, um sich versammelt.[395] Stromer hatte im April 1517 an Erasmus geschrieben, dass der Erzbischof Kontakt mit ihm zu

---

[387] CWE 5, Ep. 675.
[388] CWE 3, Ep. 403; CWE 3, Ep. 421; CWE 3, Ep. 435; CWE 3, Ep. 441; CWE 4, Ep. 480; CWE 4, Ep. 493; CWE 4, Ep. 522; CWE 4, Ep. 531;
[389] CWE 4, Ep. 523 (Brief von Wilhelm Cop aus Paris an Erasmus); CWE 4, Ep. 527 (Brief Budés aus Paris); CWE 4, Ep. 529 (Brief Erasmus an Etienne Poncher aus Antwerpen vom 14. Februar 1517); CWE 4, Ep. 533 (Erasmus an König Franz I. aus Antwerpen vom 21. Februar 1517). – Poncher war Bischof von Paris und Kanzler Universität von Paris. Er verhandelte 1517 mit Erasmus in Brüssel über die Einladung nach Paris. – Vgl. Marie-Madeleine de La Garanderie, Etienne Poncher, BR 3, S. 111 f.
[390] Im Oktober 1518 schrieb Erasmus an Warham, er habe keine Lust sich in Frankreich niederzulassen, obwohl er dazu häufig eingeladen worden sei. (CWE 6, Ep. 893).
[391] CWE 5, Ep. 744.
[392] CWE 5, Ep. 778.
[393] CWE 5, Ep. 778, Zeile 287 f.
[394] CWE 5, Ep. 778, Zeile 181–3.
[395] James M. Kittelson, Wolfgang Faber Capito, in: BR 1, S. 261–264; Barbara Könneker, Ulrich von Hutten, in: BR 2, S. 216–220; Heinrich Stromer, BR 3, S. 292 f.

haben wünschte.³⁹⁶ Im September schrieb Albrecht dann selbst. Er bewundere seine übermenschlichen Gaben, seine universale Bildung und seine Eloquenz. Er begrüße den Mann, der nicht nur für Deutschland, sondern für ganz Europa den ersten Platz in der Welt der Gebildeten erlangt hat. Er freue sich über eine Begegnung.³⁹⁷

Ende Dezember 1516 hatte Erasmus Ammonio über bevorstehende Friedensverhandlungen berichtet, zwischen dem Kaiser, dem französischen König und Herzog Karl in Cambrai.³⁹⁸ Sie führten am 17. März 1517 zum Abschluss des (ersten) „Friedens von Cambrai". Jean Le Sauvage, der an den Verhandlungen teilnahm³⁹⁹, hatte Erasmus beauftragt, zu diesem Anlass einen Traktat über den Frieden zu schreiben. Die „Klage des Friedens" („Querela pacis") kam im Dezember 1517 bei Froben heraus.⁴⁰⁰ In dieser pazifistischen Schrift verurteilte Erasmus das Aufkommen einer Eroberungs- und Machtpolitik in Europa, wie er es in den letzten zehn Jahren hatte beobachten können. Er appellierte an die christlichen Fürsten Europas, den Krieg als Mittel der Politik zu verwerfen.⁴⁰¹

Der vollständige Titel lautete: „Querela pacis undique gentium ejectae profligataeque" – „Die Klage des Friedens, der von allen Völkern verstoßen und vernichtet wurde". Ähnlich wie die „Moria" ist die „Querela" rhetorisch als eine „declamatio" gestaltet. Es ist die Klage einer Frau. Fassungslos beklagt die Gestalt des Friedens, dass sie von den Menschen, denen sie Glück und Wohlstand bringt, in Ketten gelegt wird. „Querela pacis" spricht die Fürsten Europas persönlich an: „Arbeitest du auf den Krieg hin? Dann sieh dir zunächst einmal an, wie der Friede beschaffen ist und wie der Krieg." Der Friede bringe Wohlstand, sichere Städte, gut bebaute Felder, Rechtssicherheit, das angesehenste Bildungswesen, gute zivile Umgangsformen. „Bedenke, dies Glück muss ich mir zerstören, wenn ich Krieg führe. Wenn du je die Ruinen der Städte gesehen hast, die niedergerissenen Dörfer, die ausgebrannten Kirchen, die verlassenen Felder und den traurigen Anblick erlebt hast, den der Krieg bietet, dann weißt du, was die Frucht des Krieges ist."⁴⁰²

---

³⁹⁶ CWE 4, Ep. 578.
³⁹⁷ CWE 5, Ep. 661.
³⁹⁸ CWE 4, Ep. 505.
³⁹⁹ CWE 4, Ep. 532.
⁴⁰⁰ Querela Pacis, hg. Otto Herding, in: ASD IV, 2 (Amsterdam 1977); CWE Bd. 27: Panegyricus, Moria, Julius exclusus, Institutio principis christiani, Querela pacis, hg. A. H. T. Levi, Toronto 1986); Dialogus Julius exclusus e coelis – Julius vor der verschlossenen Himmelstür. Ein Dialog/Institutio principis christiani – Die Erziehung des christlichen Fürsten/Querela Pacis – Die Klage des Friedens, hg. Gertraud Christian, in: AS Bd. 5 (1968). – Die „Querela Pacis" war Philipp von Burgund, dem Bischof von Utrecht gewidmet (CWE 5, Ep. 603).
⁴⁰¹ AS 5, S. 398 f.
⁴⁰² AS 5, S. 432–435.

Wer Krieg führt, müsse den „Abschaum verkommener Söldner" in sein Land holen, diese auf Kosten des Landes unterhalten und sich politisch in ihre Abhängigkeit begeben. Raub und Mord sind im Krieg normal. Leute, die man sonst an den Galgen hängt, bringe man im Krieg in die wichtigsten Stellungen, und zweifellos beherrschten Banditen, Einbrecher, Kirchenräuber, Brandstifter und Piraten das Kriegshandwerk besser als andere. Der Krieg stelle die Wertordnung der zivilen Gesellschaft geradezu auf den Kopf. Und dann die Kosten-Nutzen-Rechnung. Selbst wenn man völlig im Recht sei, müsse man sich fragen, ob sich ein Sieg lohne. Unvermeidlich werde das Blut der eigenen Landesbewohner fließen. Die öffentliche Moral werde sinken.

Der Krieg entleere die Staatskasse. Man müsse das Volk berauben und die wirtschaftlich Erfolgreichen mit ständig neuen Lasten belegen. Selbst nach dem Ende des Krieges seien dessen Folgen noch nicht beseitigt: Die Wissenschaften verlieren an Geltung, der Handel stockt. Um eine Sperre über den Feind zu verhängen, habe man sich selbst von anderen Ländern abschließen müssen. Vor dem Krieg ging der Warenverkehr in alle Länder, jetzt bewegt er sich nur noch im eigenen Land.[403] So fällt selbst bei einem Sieg die kulturelle und ökonomische Bilanz des Kriegs für das Land negativ aus.

Erasmus setzte auf die jungen Männer, die zu dieser Zeit in Europa regierten: König Franz I. von Frankreich, Karl von Burgund und König von Spanien, König Heinrich VIII. von England und Papst Leo X. Er hoffte, dass selbst der kriegserprobte, jetzt alternde Kaiser Maximilian kriegsmüde werde.[404] Er erinnerte die Fürsten an den christlichen Glauben, der allen Europäern gemeinsam sei. „Du willst als Engländer dem Franzosen übel, warum willst Du nicht lieber als Mensch dem Menschen wohl, als Christ dem Christen?"[405]

Es sei absurd, aus der politischen Geographie Kriege zu begründen: „Der Raum scheidet die Körper, nicht die Geister. Der Rhein trennte einst den Franzosen von dem Deutschen, aber er trennt doch nicht den Christen vom Christen. Die Berge der Pyrenäen trennen die Spanier von den Franzosen, aber sie durchschneiden nicht die Gemeinschaft der Kirche. Das Meer scheidet die Engländer von den Franzosen, aber es trennt nicht die Gemeinschaft des Glaubens."[406] Für Erasmus ist es ein unerhörtes Skandalon, dass Christen gegen Christen kämpfen, dass der Glauben gegen den Glauben aufgeboten wird: „Du trägst das Zeichen des Heils und eilst, die Brüder zu vernichten? Mit dem Kreuz vernichtest du den, der durch das Kreuz gerettet wurde? ... Ist das nicht ungeheuerlich? Das Kreuz kämpft mit dem Kreuz, Christus führt

---

[403] AS 5, S. 436 f.
[404] AS 5, S. 448 f.
[405] „Male vis Britannus Gallo. Cur non potius bene vis homo homini? Christianus Christiano? (AS 5, S. 428–430).
[406] CWE 27: Julius Excluded from Heaven: A Dialogue/Dialogus Julius exclusus e coelis, translated and annotated by Michael J. Heath, S. 155–199; AS 5, S. 428–431.

gegen Christus Krieg!" Die „Querela pacis" gilt als klassischer Friedensappellw, der bis heute in vielen Sprachen immer wieder nachgedruckt wird.[407] Anfang März 1517 schrieb Erasmus aus Antwerpen an More nach London: „Jener Dialog über Julius und Petrus, befindet sich, so viel ich weiß, bereits in den Händen des Kanzlers. Er gefällt ihm sehr."[408] Dabei handelt es sich um den Dialog „Julius exclusus e coelis" („Julius vor der verschlossenen Himmelstür"), der damals kursierte und der offensichtlich Le Sauvage großes Vergnügen bereitete. Erasmus hatte den Dialog bereits More zukommen lassen.[409] Bei diesem satirischen Dialog handelt es sich um ein Gespräch, das Petrus und Papst Julius II. miteinander führen, als sich der 1513 gestorbene Julius in Kriegsrüstung vor den Toren des Himmels einfindet und lautstark Einlass fordert.[410] Petrus will den Papst jedoch nicht hereinlassen.

Erstaunt fragt Petrus den Papst: „Warum bist du bewaffnet?" Julius klärt den offensichtlich unwissenden und weltfremden Petrus etwas auf, indem er auf die Kirchengeschichte anspielt: „Du dürftest nicht wissen, dass dem Papst beide Schwerter zukommen. Oder willst du unbewaffnet kämpfen?" Petrus: „Da ich dieses Amt verwalte, kenne ich kein Schwert außer dem Schwert des Geistes, das das Wort Gottes ist." Julius: „Aber Malchus sagte das nicht, dessen Ohr du, glaube ich mit dem Schwert abgehauen hast." Petrus: „Ich erinnere mich daran und bestreite es nicht. Aber damals kämpfte ich für den Meister Christus, nicht für mich, für das Leben des Herrn, nicht für Geld und weltliche Herrschaft. ... Und trotzdem wurde mir befohlen, das Schwert einzustecken." Am Ende des Dialogs ist Petrus über das Auftreten Julius' entsetzt: „Ich sehe einen höchst weltlichen Tyrannen, einen Feind Christi, das Verderben der Kirche."

Der Dialog wird Erasmus zugeschrieben, obwohl er die Autorschaft immer bestritten hat. Aber kaum jemand, auch spätere Historiker nicht, haben ihm das abgenommen.[411] Erasmus hatte damals bei seiner Ankunft in Bologna selbst erlebt, wie Julius II. als Kriegsherr in voller Rüstung in die Stadt einzog. Der Text scheint längere Zeit als Manuskript kursiert zu haben. 1518 kam eine gedruckte Ausgabe bei Dirk Martens in Löwen heraus.[412]

---

[407] Vgl. Wilhelm Ribhegge, Humanisten vor dem Ernstfall. Die „Klage des Friedens" von Erasmus von Rotterdam oder Wie Geschichte zurückgewonnen wurde, in: Frankfurter Allgemeine Zeitung (12.12.1998)
[408] CWE 4, Ep. 543, Zeile 12 f.
[409] CWE 4, Ep. 502.
[410] AS Bd. 5, S. 6–109.
[411] Schoeck, Erasmus of Europe (1993), S. 117 f.; CWE 4, S. 169–172.
[412] CWE 5, Ep. 785. In diesem Brief an More vom März 1518 erwähnt Erasmus ein Kölner Druck von „Julius". – Margaret Mann Phillips schreibt, dass der Krieger-Papst Julius II. Erasmus zum Pazifisten gemacht habe (Mann Phillips, The Adages of Erasmus, S. 105).

4. Zwischen Löwen und Basel: Die Jahre 1514 bis 1521

DER SECHSTE BAND DER „CORRESPONDENCE OF ERASMUS" (CWE 6) UMFASST DIE ZEIT VOM MAI 1518 BIS ZUM JUNI 1519.[413]

In dieser Zeit bereitete Erasmus den Druck der zweiten Edition des Neuen Testaments vor, die im März 1519 in Basel erschien. Über seine Rückkehr von Basel nach Löwen berichtet Erasmus im Herbst 1518 in einen langen Brief. Erasmus wird mit dem Streit mit den Löwener Theologen Briart und Latomus konfrontiert. Das aufregendste Ereignis ist jedoch das Auftreten Martin Luthers, der 1519 Erasmus anschreibt, und sein Brief wird von Erasmus beantwortet. Seitdem verfolgt der Konflikt mit Luther Erasmus bis zum Ende seines Lebens.

Im Frühjahr 1518 reiste Erasmus erneut von Löwen nach Basel[414], wo er von Mai bis September an der Neuausgabe des Neuen Testament arbeitete. Sie sollte mit einem Vorwort Papst Leos X. erscheinen. Erasmus hatte einige Anstrengungen unternommen, um das Schreiben des Papstes zu erlangen. Es gelang ihm schließlich mit Hilfe seines römischen Freundes Paolo Bombace.[415] Inzwischen hatte Erasmus den Text des Erstdrucks von 1516 gründlich überarbeitet, nachdem Lefèvre, Lee und Eck Kritik an der ersten Ausgabe geübt hatten.[416] Die zweite Edition kam mit einem Begleitschreiben von Papst Leo X.[417] in zwei Bänden von 565 Seiten (Textband) und von 579 Seiten (Annotationen) im Februar/März 1519 heraus.

In Juli 1518 brachte er in Basel auch eine Neuausgabe des „Enchiridion" heraus, die in dem erregten Klima des beginnenden Streits um Luther sofort ein Publikumserfolg wurde. In dem neuen Vorwort an Paul Volz warnte Erasmus an einer Stelle ausdrücklich vor „Philistern", die nicht für die „Ehre Christi", sondern für den eigenen Gewinn predigen und mit Ablässen, Dispensen und ähnlichen Waren handeln: „Das ist um so gefährlicher, weil sie ihre Gier hinter den Namen von angesehene Fürsten, Päpsten und selbst dem Namen Christi verstecken."[418]

Im September 1518 kehrte Erasmus von Basel nach Löwen zurück. Die Rückreise hielt er in einem langen Brief fest, den er im Oktober an Beatus Rhenanus nach Basel schickte.[419] Kopien davon schickte er gleich an weitere

---

[413] CWE 6: The Correspondence of Erasmus, letters 842 to 992–1518 to 1519, translated by R.A.B. Mynors and D.F.S. Thomson, annotated by Peter G. Bietenholz, Toronto/Buffalo/London 1982.
[414] CWE 6, Ep. 848 (Brief aus Basel an More vom 31. Mai 1518).
[415] CWE 6, Ep. 865, 905.
[416] CWE 5, Ep. 750; CWE 6, Ep. 843 (Briefe an Maarten Lips. Ep. 843 listet 95 „Irrtümern" in der Kritik Lees auf); CWE 6, Ep. 769 (Brief von Johann Eck vom 2. Februar 1518 aus Ingolstadt).
[417] CWE 6, Ep. 864. Das Schreiben Leos ist auf den 10. September 1518 datiert. – Vgl auch die Einführung zu Ep. 864.
[418] CWE 6, Ep. 858, Zeile 203–207 (Datiert auf den 14. August 1518).
[419] CWE 6, Ep. 867; Erasmus, Briefe, hg. Köhler, S. 207–219.

Freunde. „Hier hast du die Tragikomödie meiner ganzen Reise", beginnt der Brief.[420] Erasmus war am 3. September mit dem Schiff von Basel über Breisach nach Straßburg gefahren: „Wir landeten in Straßburg vor dem Frühstück etwa um 9 Uhr. ... Es gab einen angenehmen Empfang, ... Ein Teil des Gelehrtenkreises war da, bald kamen sie alle zur Begrüßung."[421] Der Verleger Schürer spendete Wein. Von dort ritt Erasmus auf seinem englischen Pferd bis Speyer. Hier verbrachte er zwei Tage in dem Haus des Domdekans, und er kam durch Zufall auch mit Hermann Buschius zusammen. Von Speyer ging es weiter in einer Kutsche über Worms nach Mainz. Auf der Fahrt lernte er den kaiserlichen Sekretär Varnbühler kennen, der dafür sorgte, dass Erasmus in Mainz die Nacht nicht in einer Herberge verbringen musste, sondern in dem Haus eines Kanonikers. Mit dem Schiff ging es weiter nach Boppard.

Als dort das Schiff auf Schmuggelware durchsucht wurde und die Passagiere in der Zwischenzeit am Rheinufer spazierten, erkannte der Zöllner Eschenfelder Erasmus.[422] „Es lässt sich kaum beschreiben, wie sich der Mann vor Freude aufführte." Er brachte Erasmus in sein Haus, wo auf einem Tisch dessen Bücher lagen, und rief Frau, Kinder und Freunde herbei. Als die Schiffer zur Abfahrt riefen, schickte er ihnen zwei Kannen Wein, damit sie sich gedulden.[423] Von Boppard aus ging es nach Koblenz, wo ihn der bischöfliche Offizial zum Essen einlud, und dann weiter mit dem Schiff über Bonn nach Köln, wohin der Diener mit dem Pferd vorausgeritten war. Man kam am Sonntagmorgen bei schlechtem Wetter noch vor 6 Uhr an. Erasmus besuchte die Messe. Er bemerkte, dass man ihn in der Stadt aufzuhalten versuchte. „Sofort lasse ich meine Pferde satteln ... und eile auf meinem lahmen Pferd zum Grafen von Neuenahr." Das war auf der Burg Bedburg fünf Stunden von Köln entfernt. Erasmus verbrachte hier fünf Tage bei dem mit ihm befreundeten Kölner Humanisten.[424]

Auf einem offenen Zweispänner reiste er in Wind und Regen weiter nach Aachen, von dort mit dem Pferd über Maastricht, Tongern, St. Truiden und Tienen nach Löwen. Bei seiner Ankunft am 21. September war er schwer krank. Er ging deswegen nicht in sein Kolleg „Zur Lilie", sondern begab sich zum Haus seines Verlegers Dirk Martens. Den Abschluss des Briefs bildet ein minutiöser Bericht über seine Krankheit, bei der die Löwener Ärzte zunächst irrtümlich annahmen, dass es sich um die Pest handelte. Der Brief endet nachdenklich: „Ich erinnere mich, wie ich, als ich noch jung war, bereits

---

[420] CWE 6, Ep. 867, Zeile 2.
[421] CWE 6, Ep. 867, Zeile 24 f.
[422] Hansgeorg Molitor, Christoph Eschenfelder, in BR 1, S. 443.
[423] CWE 6, Ep. 867, Zeile 50–60. – Vgl. CWE 6, Ep. 879 (Brief an Eschenfelder vom Oktober 1518).
[424] CWE 6, Ep. 867, Zeile 80. – In Köln standen die Humanisten in Oppsition zu den Theologen. Vgl. Charles G. Nauert, Jr. – Graf Hermann von Neuenahr and the Limits of Humanism in Cologne, Historical Reflections/Réflexions Historiques, Vol. 15, No. 1, (Spring 1988), S. 65–79.

erschrak, wenn ich nur den Namen des Todes hörte. Jetzt im fortgeschrittenen Alter fürchte ich den Tod kaum noch, und ich bemesse auch nicht das menschliche Glück nach der Länge des Alters. Ich bin bereits über fünfzig Jahre alt; und da ich sehe, dass nur wenige von vielen dieses Alter erreichen, kann ich mich nicht beklagen, dass mein Leben zu kurz gewesen sei."[425]

Kaum hatte sich Erasmus von seiner Krankheit erholt, trafen am 17. Oktober zwei Erfurter Humanisten, der Poetikprofessor Eoban Hessus[426] und dessen Schüler Johann Werter in Löwen ein. Sie brachten Erasmus ein Paket mit Briefen und Geschenken von Erfurter Humanisten und Theologen, die überwiegend Schüler von Mutianus Rufus waren.[427] Bei dieser Begegnung wurde Erasmus unmittelbar auch mit dem Streit um Martin Luther konfrontiert. Ein halbes Jahr zuvor, am 5. März 1518, hatte Erasmus an Thomas More „Thesen über die päpstlichen Ablässe" („conclusiones de veniis pontificum") gesandt, aber den Namen Luthers noch nicht erwähnt. Als er im Oktober Capito nach Basel von dem Besuch Helius Eobanus in Löwen berichtete, fügte er die Nachricht hinzu, dass Luther Gefahr drohe.[428] Durch die schnelle Verbreitung der 95 Thesen, auch in der deutschen Übersetzung, im Jahre 1518 war Luther inzwischen eine bekannte Figur der Öffentlichkeit geworden. Im April 1518 hatte Luther auf dem Ordenskapitel seines Ordens der Augustinereremiten in Heidelberg diskutiert.

Im Oktober 1518 fand im Augsburger Fuggerhaus das „Verhör" Cajetans mit Martin Luther statt.[429] Cajetan war als päpstlicher Legat zum Augsburger Reichstag gekommen, um für den von Papst Leo propagierten Kreuzzug gegen die Türken zu werben. Während des Reichstags, der im September zu Ende ging, hatte Cajetan mit Kurfürst Friedrich von Sachsen, Luthers Landesherrn, gesprochen und das Verhör mit Luther vereinbart. Als einer der sieben Elektoren bei der Königswahl hatte Friedrich eine starke Position, da auf dem Reichstag bereits über die Nachfolge Kaiser Maximilians verhandelt wurde. Zur Frankfurter Messe im Herbst 1518 hatte die Baseler Druckerei Froben eilig einen Sammelband mit den lateinischen Schriften Luthers herausgebracht, der starken Absatz fand und mehrfach nachgedruckt wurde.[430] Darin wurde Erasmus mit Luther in Verbindung gebracht. Ein Mitarbeiter Frobens, Lambert Hollonius, hatte Erasmus das Buch zugesandt.[431] Erasmus

---

[425] CWE 6, Ep. 867, Zeile 287–293.
[426] Erich Kleineidam, Helius Eobanus Hessus, in: BR 1, 434–436.
[427] Erich Kleineidam, Conradus Mutianus Rufus, in: BR 2, S. 473 f.; Eckhard Bernstein, Mutianus Rufus und sein humanistischer Freundeskreis in Gotha, Köln/Weimar/Wien 2014.
[428] CWE 6, Ep. 877.
[429] Brecht, Martin Luther, Bd. 1, S. 237–255.
[430] Ad Leonem X Pontificem Maximum, Resolutiones disputationum de virtute indulgentiarum reverendi Patris, ac Sacrae Theologiae doctoris Martini Luther Augustiniani Wittenbergensis. [Basel, Johann Froben] Oktober 1518 (488 Seiten).
[431] CWE 6, Epp. 904 (Brief von Lambert Hollonius vom 5. Dezember 1518 aus Basel).

hat später behauptet, das Buch nicht gelesen zu haben.[432] Er hat Froben abgeraten, weitere Bücher von Luther zu drucken, und Froben hielt sich daran.[433]

In seinen Antwortbriefen an die Erfurter Humanisten, die Erasmus noch im Oktober aus Löwen schrieb[434], lobte er die neuen Talente, die er überall in Deutschland sehe[435], und die Chancen für die Förderung der Wissenschaften.[436] An den Erfurter Augustinermönch Johann Lang, der mit Luther befreundet war, schrieb er: „Ich höre, dass Eleutherius [Luther] bei allen Guten Beifall findet, aber man sagt, er widerspreche sich in seinen Schriften. Ich glaube, jene Thesen haben allen gefallen, mit Ausnahme der paar Sätze über das Fegefeuer." [437] Aber er bezweifle, ob man das Papsttum so direkt angreifen solle. Das wäre Aufgabe der Fürsten.

Seit dem Besuch aus Erfurt in Löwen entwickelte sich ein freundschaftliches Verhältnis zwischen Erasmus und zwei Vertrauten Luthers, Justus Jonas und Philipp Melanchthon.[438] Mit beiden korrespondierte Erasmus seitdem häufiger. Ein Vertrauter Melanchthons war der Humanist Petrus Mosellanus an der Universität Leipzig, der auch an Erasmus schrieb.[439] Der 21-jährige Philipp Melanchthon, ein Neffe Reuchlins, war von Tübingen an die Universität Wittenberg gegangen und hatte im Herbst 1518 die neue Griechischprofessur angetreten.[440] Er war einer der ersten jungen Humanisten, die sich Luther anschlossen. Im Januar 1519 schrieb Melanchthon an Erasmus: „Martin Luther, der deinen Ruf eifrig unterstützt, wünscht, dass seine Meinungen von dir gebilligt werden."[441] Erasmus hatte bereits vor dem öffentlichen Auftreten Luthers Kontakte zu Kurfürst Friedrich und Herzog Georg von Sachen, denen er seine Ausgabe der Kaiserviten Suetons gewidmet hatte.[442] Schon 1516 hatte der Sekretär Kurfürst Friedrichs, Georg Spalatin, ein Freund Luthers, versucht, mit Erasmus Kontakt aufzunehmen.

---

[432] CWE 6, Epp. 961, 967 (Briefe an Lorenzo Campeggio und Thomas Wolsey).

[433] CWE 8, Ep. 1143, Zeile 23–25 (Erasmus an Leo X. von 13. September 1520), CWE 10, Ep. 1526, Zeile 34–40 (Erasmus an den Herzog von Sachsen am 12 Dezember 1524).

[434] CWE 6, Epp. 870–6. – Einige dieser Briefe wurden von Eobanus selbst veröffentlicht, in: Ad Des. Erasmum Roterodamum Hodoeporicon (Erfurt: M. Maler 1519), worin er über seine Reise nach Löwen in Hexametern berichtet.

[435] Briefe an Mutianus Rufus und an Eoban Hessus CWE 6, Epp. 870 und 874.

[436] So in dem Brief vom 17. Okt 1518 an Johannes Draconistes (Drach) in Erfurt (CWE 6, Ep. 871).

[437] Brief an Johann Lang vom 17. Okt. 1518 (CWE 6, Ep. 872, Zeile 1225).

[438] Erich Kleineidam, Justus Jonas, in: BR 2, S. 244–246; Heinz Scheible, Philippus Melanchthon, in: BR 2, S. 424–429.

[439] CWE 6, Ep. 911 (6. Januar 1519).

[440] Heinz Scheible, Melanchthon. Eine Biographie, München 1997, S. 31 f.; Philipp Melanchthon, Glaube und Bildung. Texte zum christlichen Humanismus. Lateinisch/Deutsch, Stuttgart 1989.

[441] CWE 6, Ep. 910.

[442] CWE 4, Ep. 586.

Inzwischen begann Erasmus in Löwen seine übliche Arbeit wiederaufzunehmen. Er arbeitete an einer Paraphase der Briefe des Paulus an die Korinther, die er dem Bischof von Lüttich Eberhard von der Mark widmen wollte.[443] Aber plötzlich wurde das Einvernehmen unter den Löwener Theologen gestört. Erasmus hatte 1518 in Löwen unter dem Titel „Declamationes aliquot" vier kleine Schriften herausgebracht, unter denen sich außer der „Querela pacis" auch die Schrift „De laude matrimonii" befand, eine Verteidigung der Ehe, die dem Zölibat gegenübergestellt wurde.[444] Der Vizekanzler der Universität Jan Briart (Ateniensis) hatte in einer Rede vor Studenten im Februar 1518 den Vergleich der Ehe mit dem Zölibat als häretisch bezeichnet. Obwohl der Name Erasmus nicht gefallen war, setzte Erasmus sofort zu Gegenwehr an. Am 1. März 1519 brachte er die kleine Schrift „Apologia pro declamatione matrimonii"[445] bei Martens in Löwen zusammen mit der Paraphase zum Korintherbrief heraus, die er von der Mark widmete.[446] In seinem Brief an Briart vom 22. April warf Erasmus die Frage auf, warum er ihn fälschlicherweise als Häretiker verdächtige.[447]

In Brabant hatte Erasmus schon seit Jahren Freundschaft mit Hieronymus Busleyden geschlossen, der übrigens einen Begleittext für Mores Utopia geschrieben hatte. Gemeinsam hatten sie Pläne für die Schaffung eines Dreisprachenkollegs („Collegium Trilingue": Latein, Griechisch und Hebräisch) an der Universität Löwen entwickelt. Busleyden war auf der Reise nach Spanien, wohin er Karl und Sauvage begleitet hatte, im August 1517 zu Tode gekommen. In seinem Testament hatte er verfügt, dass sein Vermögen zur Schaffung eines „Collegium trilingue" eingesetzt werden sollte.[448] Erasmus verhandelte bereits mit dem Bruder Busleydens, um die Pläne zu verwirklichen. Aber nicht alle Theologen in Löwen waren von dieser Idee wie Erasmus begeistert.

Zur gleichen Zeit hatte ein anderer Löwener Theologe, Jacobus Latomus, in Antwerpen die Schrift „De trium linguarum & studii theologici ratione di-

---

[443] CWE 5, Ep. 738 (Brief von Erasmus an von der Mark). – Léon-E. Halkin, Erard de la Mark, in: BR 2, S. 382–385.

[444] Declamationes aliquot Erasmi Roterodami. Querimonia pacis vndi[que] profligatæ. Consolatoria de morte filii. Exhortatoria ad matrimonium. Encomium artis medicæ cum cæteris adiectis, Löwen 1518; Gernot Krapfinger (Hg.), Erasmus von Rotterdam – Encomium matrimonii/Lob der Ehe. Lateinisch/Deutsch, Ditzingen 2015.

[445] CWE 71: The defence of the declamation on marriage/Apologia pro declamatione matrimonii, translated and annotated by Charles Fantazzi, Toronto/Buffalo/London 1993, S. 85–95.

[446] CWE 6, Epp. 916, 918.

[447] CWE 6, Ep. 946 (Brief vom 13. April 1519).

[448] Zur Errichtung des Dreisprachenkollegs an der Universität Löwen aus den Stiftungsmitteln von Hieronymus Busleydens: H. de Vocht, History of the Foundation and the Rise of the Collegium Trilingue Lovaniense, 1517–1550, 4 Bde., Löwen 1951–5, hier: Bd. 1, S. 19–50.

alogus" veröffentlicht.[449] Erasmus hatte den Eindruck, dass diese Schrift eine Reaktion auf seine Schrift „Ratio verae theologicae" war, die er im November 1518 bei Martens in Löwen veröffentlicht hatte. Er hatte darin das Dreisprachenkolleg in Löwen und den Namen Busleyden ausdrücklich erwähnt.[450] Erasmus fühlte sich verpflichtet zu reagieren. Seine „Apologia contra Latomi dialogum" erschien im März 1519 bei Thibault in Antwerpen.[451] Darin griff er Latomus namentlich an, obwohl dieser ihn nicht namentlich genannt hatte. Am Schluss seiner „Apologia" tauchte der Verdacht auf, dass Latomus eigentlich Luther gemeint habe.[452] In einem Brief an Fisher nach Rochester bemerkte er dazu, dass Latomus ohne Namensnennung die Grundzüge seiner eigenen Schrift angriffen habe, offensichtlich um einen Vergleich mit Luther herzustellen.[453]

Am 28. März 1519 schrieb Luther selbst an Erasmus aus Wittenberg. Zu dieser Zeit wurde bereits die Leipziger Disputation vorbereitet, die im Juni und Juli stattfand. Luthers Brief wurde von Jonas nach Löwen überbracht. Als „fraterculus in Christo", als kleiner Bruder, wie er sich nannte, warb Luther im bescheidenen Ton und etwas gekünstelt um die Gunst des Erasmus[454]: „Sooft unterhalte ich mich mit dir und du dich mit mir, Erasmus, unsere Zierde und unsere Hoffnung, obwohl wir uns nicht kennen. ... Denn wen gibt es, dessen Herz nicht Erasmus im Innersten besetzt, den Erasmus nicht lehrt, den Erasmus nicht regiert? Ich spreche von denen, die die Bildung lieben. Ich zähle auch das gerne zu den Geschenken Christi, dass du vielen missfällst. Denn das ist der Grund, nach dem ich die Gaben des gütigen von denen des zornigen Gottes zu unterscheiden pflege."[455] Luther stellte sich als ein Kämpfer für die Bildung gegen deren Verächter vor. Er bezog sich auf das Vorwort zur jüngsten Neuausgabe des „Enchiridion", dem er entnommen habe, dass Erasmus mit dem übereinstimme, was er, Luther, geschrieben habe. Wolfgang Capito habe ihm berichtet, dass Erasmus den Thesen Luthers über die Ablässe zustimme.[456]

---

[449] Jacobus Latomus, De trium linguarum & studii theologici ratione dialogus, Antwerpen 1519.

[450] Desiderii Erasmi Opera Omnia, hg. Johannes Clericus [Jean Leclerc], 10 Bde., Lugduni Batavorum (Leiden) 1703–1706. (Nachdruck: Hildesheim 1961–1962. Abkürzung: LB), hier: Bd 5, Sp. 77–78.

[451] CWE 71: Apology against the Dialogue of Latomus/Apologia contra Latomi dialogum, translated and annotated by Martin Lowry, Toronto/Buffalo/London 1993, S. 31–84.

[452] CWE 71, S. 84.

[453] CWE 6, Ep. 936 (Brief vom 2. April 1519 aus Antwerpen).

[454] CWE 6, Ep. 933. Zu Auseinandersetzung mit und um Luther in der Korrespondenz des Erasmus während seines Aufenthalts in Löwen: Augustin Renaudet, Erasme. Sa pensée religieuse et son action d'après sa correspondance (15181521), Genf 1970 (Nachdruck).

[455] CWE 6, Ep. 933, Zeile 2–12.

[456] CWE 6, Ep. 933, Zeile 22–25.

Erasmus antwortete Luther am 30. Mai aus Löwen, nachdem er bereits zuvor Briefe an den Herzog Friedrich von Sachsen und dessen Sekretär Georg Spalatin geschrieben hatte. Er war sich bewußt, dass die Angriffe auf Luther auch seinem Werk galten. Er schrieb an Luther: „Mit Worten könnte ich nicht sagen, welchen Sturm Deine Bücher hier hervorgerufen haben. Noch immer lässt sich der vollkommen falsche Verdacht nicht ausrotten, dass man meint, Deine Schriften seien mit meiner Hilfe geschrieben, ich sei der Bannerträger dieser Partei, wie sie sagen."[457] Drastisch malte Erasmus die antilutherische Stimmung unter den Theologen der Universität Löwen aus: Ein großer Teil von ihnen sei von dieser „nicht seltenen Krankheit" angesteckt worden. Man habe sofort einen Anlass gesehen, die humanistischen Studien, die „bonae literae", zu unterdrücken.[458] Sie gefährdeten, so werde argumentiert, die Theologie, „die von diesen Leuten höher eingeschätzt wird als Christus selbst". In England habe Luther starke Befürworter, auch in den Niederlanden, so bei dem Bischof von Lüttich, behauptete er. Er selbst halte sich zurück, weil er glaube, damit den Wissenschaften einen besseren Dienst erweisen zu können.

Dann aber ging Erasmus zu Luther vorsichtig auf Distanz. „Ich habe bezeugt, dass Du mir völlig unbekannt bist, ich Deine Bücher noch nicht gelesen habe; infolgedessen missbillige und billige ich nichts."[459] Er habe gemahnt, „man solle nicht, ohne Deine Bücher gelesen zu haben, so gehässig vor dem Volke schreien." Dann riet Erasmus Luther: „Meines Erachtens kommt man mit bescheidenem Anstand weiter als mit Sturm und Drang. Auf diese Weise hat Christus sich die Welt unterworfen. ... Es empfiehlt sich mehr, laut gegen die aufzutreten, die die päpstliche Autorität missbrauchen, als gegen die Päpste selbst. ... Giftige Streitereien gewisser Leute sollte man mehr verachten als widerlegen. Immer muss man sich davor hüten, anmaßend oder parteiisch zu reden oder zu handeln. So, glaube ich, ist es dem Geiste Christi angenehm."[460] Aber es stehe ihm nicht an, Luther zu belehren. Er habe einen Blick in dessen PsalmenKommentar geworfen. Der habe ihm sehr gut gefallen. Erasmus' Antwort war freundlich, entgegenkommend, deutlich im Urteil und zugleich reserviert.

Bereits am 14. April 1519 hatte Erasmus an Luthers Landesherrn Kurfürst Friedrich geschrieben. Er hielt Distanz zu Luther, verteidigte ihn aber vor einer theologischen Kampagne, die ihn mit dem Verdacht der Häresie belastete: „Luther ist mir vollkommen unbekannt." Er komme also nicht in Verdacht ihn zu begünstigen. Seine Lebensführung werde von allen gebilligt. Wie könne man gegen den Namen und den Ruf eines rechtschaffenen Mannes vorgehen, ohne auch nur ein Buch von ihm gelesen zu haben, und

---

[457] CWE 6, Ep. 980, Zeile 4–7.
[458] Gemeint war die Einrichtung des „Collegium trilingue", des Dreisprachenkollegs.
[459] CWE 6, Ep. 980, Zeile 19–21.
[460] CWE 6, Ep. 980; Köhler (Hg.), Erasmus, Briefe, S. 245–247.

das vor einer unerfahrenen Menge, die gar kein Urteil besitzt. Dabei habe Luther seine Sätze selbst zur Disputation gestellt. „Niemand hat ihn ermahnt, niemand belehrt, niemand widerlegt. Nur einen Ketzer nennen sie ihn und schreiben das mit tobendem Lärm an die Steine hin. Man möchte sagen, sie dürsten nach Menschenblut, nicht nach Seelenheil."[461] Erasmus informierte Melanchthon über seinen Brief an den Kurfürsten und fügte hinzu: „Martin Luthers Leben billigt bei uns jeder, über seine Lehre gehen die Meinungen auseinander. Ich selbst habe seine Bücher noch nicht gelesen. An gewisse Dinge mahnt er mit Recht."[462]

Im Sommer 1519 lud Friedrichs Vetter, Herzog Georg von Sachsen, den Theologen und Luther-Gegner Johannes Eck von der Universität Ingolstadt sowie Karlstadt und Luther von der Universität Wittenberg zu einem Streitgespräch nach Leipzig ein, das auf der Pleißenburg stattfand und sich über drei Wochen hinzog. Herzog Georg hatte das Streitgespräch gegen den Widerstand der Leipziger Universität und der Bischöfe von Meißen und Merseburg durchgesetzt. Nachdem sich aber Luther in der Diskussion mit Eck „hussitischen Lehren", d. h. der Häresie, wie es Herzog Georg sah, angenähert hatte, rückte Georg von Luther ab. Georg schrieb gelegentlich eigene Schriften gegen Luther. Im Briefwechsel mit seinem lutherischen Schwiegersohn Landgraf Philipp von Hessen setzte er sich mit der Lehre Luthers auseinander.[463] Georg wurde von seinem Hofkaplan Hieronymus Emser unterstützt, der gleichfalls zunächst mit Luther sympathisiert hatte, aber inzwischen dessen Gegner geworden war.[464] Erasmus war über die Vorbereitungen der Leipziger Disputation von Mosellanus unterrichtet worden.[465] In dieser Disputation wurde ein Modell entwickelt, das in dem folgenden Jahrzehnt in vielen deutschen Städten nachgeahmt wurde, als die Räte vor der Frage standen, sich für oder gegen die lutherische Reform zu entscheiden.

---

[461] CWE 6, Ep. 939; Köhler (Hg.), Erasmus, Briefe, S. 231 f.
[462] Brief an Melanchton aus Löwen vom 22.4.1519 (CWE 6, Ep. 947; Köhler (Hg.), Erasmus, Briefe, S. 235).
[463] Brief Georgs an Philipp vom 27. Febr. 1525 aus Dresden (Akten und Briefe zur Kirchenpolitik Herzog Georgs von Sachsen, hg. Felician Gess, Bd. 2: 1525–1527, Leipzig 1917 [Nachdruck 1985], S. 52–57. – Antwort Philipps an Georg vom 11. März 1525 aus Kassel (A. a. O., S. 67–75).
[464] Ilse Guenter, Hieronymus Emser, in: BR 1, S. 429 f. – Vgl. Heribert Smolinsky, Aspekte geistigen Lebens zur Zeit Herzog Georgs des Bärtigen (1500–1539), in: Glaube und Macht. Sachsen im Europa der Reformationszeit. Aufsätze, hg. Harald Marx und Cecilie Hollberg, Dresden 2004, S. 61–69; Heribert Smolinsky, Augustin von Alveldt und Hieronymus Emser. Eine Untersuchung zur Kontroverstheologie der frühen Reformationszeit im Herzogtum Sachsen, Münster 1984.
[465] CWE 6, Ep. 911. – Antwort des Erasmus: CWE 6, Ep. 948. – Vgl. Michael Erbe, Mosellanus, in: BR 2, S. 466 f.

DER SIEBTE BAND DER „CORRESPONDENCE OF ERASMUS" (CWE 7) UM-
FASST DIE ZEIT VOM JULI 1519 BIS JULI 1520.[466]

In dieser Zeit wurde der zwanzigjährige Karl zum Kaiser gewählt. An der Universität Löwen wird das „Collegium trilingue" errichtet. Aber alles wird vom dem Beginn der „Lutherischen Tragödie" – eine erasmische Formulierung – überschattet.[467] *Hinzukamen Erasmus' Auseinandersetzungen mit Edward Lee, bei denen es um die Korrekturen zur zweiten Ausgabe des Neuen Testaments geht. Die Briefedition „Farrago" wird veröffentlicht.*

Durch die Vermittlung Marcus Laurins hatte Erasmus im Sommer 1519 in Löwen Lieven Algoet aus Gent kennen gelernt. Er hatte ihn als seinen Gehilfen eingestellt, „nicht als Diener, sondern als Sohn", wie Erasmus bemerkte[468], und nahm ihn später nach Basel mit, wo er ihn gelegentlich als Kurier einsetzte, um Briefe in die Niederlande und nach England zu senden.[469]

Erasmus begann, Paraphrasen, d. h. Erläuterungen zum Neuen Testament, zu schreiben, beginnend mit den Paulusbriefen. Er widmete sie Philipp von Burgund, dem Bischof von Utrecht, Thomas Wolsey, dem Erzbischof von York und Kanzler von England, und den päpstlichen Legaten Kardinal Lorenzo Campeggio, den Erasmus 1519 in Brügge getroffen hatte.[470] Eine Ausgabe Cyprians, des karthagischen Bischofs aus dem dritten Jahrhundert, die 1520 bei Froben erschien, widmete er Kardinal Pucci.

Auf Erasmus' Wunsch hatte Edward Lee begonnen, die fehlerhafte Erstausgabe des Neuen Testaments von 1516 zu überprüfen. Er hatte zahlreiche Notizen gemacht, die allerdings Erasmus alle verworfen hatte. Erasmus war zu einigen der Notizen gelangt, weil sein Mitarbeiter Maarten Lips heimlich Kopien gemacht hatte. Als Erasmus diese 95 Kopien im August 1518 in Basel in der Briefsammlung „Auctuarium" druckte, wurde der Streit öffentlich.[471] Lee brach die Beziehungen ab, aber er machte weiter kritische Notizen, die er an Freunde versandte. Als Erasmus von seiner Reise nach Basel zurückkam, hörte er von Gerüchten, dass Lee weitere zweihundert Notizen gemacht habe. Im Oktober trafen sich die beiden in der St. Peters Kirche in

---

[466] CWE 7: The Correspondence of Erasmus. Letters 993 to 1121–1519 to 1520, translated by R.A.B. Mynors, annotated by Peter G. Bietenholz, Toronto/Buffalo/London 1987.
[467] CWE 7, Preface.
[468] CWE 7, Ep. 1091, Zeile 32. – Franz Bierlaire, Lieven Algoet, in: BR 1, S. 35 f.; J. IJsenwijn, Marcus Laurinus, BR 2, S. 307.
[469] CWE 10, Epp.1366, 1373, 1383 (1523), 1430, 1434, 1437, 1452, 1457, 1438, 1463, 1467, 1470, 1478 (April 1524), 1486, 1488, 1489, 1491, 1494, 1531 (September 1524).
[470] CWE 7, Epp. 1043, 1062, 1112,
[471] CWE 6, Ep. 843. – Auctuarium aliquot epistolarum Erasmi Roterdami, Basel (August) 1518.

Löwen[472] und verständigten sich darauf, den Vizekanzler Briart als Schlichter in dem Streit anzurufen. Im Nachhinen war aber Erasmus damit nicht einverstanden, da er Briart mißtraute. Auch ein Versuch, Fisher, den Bischof von Rochester als Schlichter zu berufen, scheiterte. Erasmus warf Lee vor, sich vom Freund zum Feind gewandelt zu haben.[473] In einem langen Brief an Lees Landsmann Lupset schilderte Erasmus den Konflikt.[474]

Nachdem Lee seine Notizen als Buch bei niederländischen Verlegern nicht unterbringen konnte, veröffentlichte er das Buch im Februar 1520 unter dem Titel „Annotationes libri duo" in einem Pariser Verlag.[475] Sofort brachte Erasmus eine Gegenschrift „Apologia qua respondet invectivis Lei" heraus und einige Monate später die Schrift „Responsio ad annotationes Lei" heraus.[476] Zudem bot er Freunde wie More, Lupset, Pace, Rhenanus, Buschius und andere gegen Lee in dem Buch „Epistolae aliquot virorum" auf, das er im Mai bei Hillen in Antwerpen und im August bei Froben veröffentlichte.[477]

Keiner der Kontrahenten sei schadlos aus den Streit hervorgegangen, meint Erika Rummel: Lee erscheine reizbar und selbstgerecht, Erasmus manipulativ und nicht aufrichtig gegenüber Lee.[478] Lee verließ Löwen 1520 und kehrte nach England zurück, wo er von Heinrich VIII. mit diplomatischen Missionen beauftragt wurde. 1531 wurde er Erzbischof von York.

Am 28. Juni 1519 wurde Karl V. von den Kurfürsten zum Kaiser gewählt. Im August berichtete Erasmus an Spalatin, dass die Nachricht von seiner Wahl in den Niederlanden grösstest Entzücken ausgelöst habe.[479] Sein Freund Pace, der als Gesandter Heinrichs VIII. bei der Wahl in Frankfurt anwesend war, berichtete Erasmus, als sie sich auf seiner Rückreise nach England in Antwerpen trafen.

Erasmus' Brief an Papst Leo X. vom August erinnerte an die päpstliche Bestätigung, die seine zweite Ausgabe des Neuen Testament gefunden hatte. Offensichtlich war Erasmus besorgt um weitere Kritiken wie die von Lee. So sorgte er dafür, dass der Brief sofort in „Farrago" gedruckt wurde, die im Oktober 1519 herauskam.

[472] CWE 7, Ep. 1053, Zeile 82 f.
[473] CWE 7, Ep. 998 (Brief von Erasmus an Lee vom 15. Juli 1519 aus Löwen).
[474] CWE 7, Ep. 1053 (Brief vom 13. Dezember 1519). – Vgl. auch den Erasmus-Brief an Capito vom Februar 1520: CWE 7, Ep. 1074).
[475] Annotationes libri duo ... in annotationes Novi Testament Deisderii Erasmi, Paris (Gilles de Goumont) 1520. Der letzte Absatz des Buchs findet sich in: CWE 7, Ep. 1061. – Das Vorwort des Buchs, das sich an die Studenten in Löwen wendet, in: CWE 7, Ep. 1037.
[476] CWE 72: Apologia qua respondet invectivis Lei / Responsio ad annotationes Lei, edited by Jane E. Phillips, translated by Erika Rummel, annotated by István Bejczy, Jane E. Phillips, and Erika Rummel, Toronto/Buffalo/London 2005.
[477] Erasmus, Epistolae aliquot eruditorum virorum ex quibus perspicuum quanta sit Eduardi Lei virulentia. Basileae 1520.
[478] CWE 7, Introduction.
[479] CWE 7, Ep. 1001.

Am 15. August 1519 schrieb Erasmus an den Erzbischof von Mainz, Kardinal Albrecht von Brandenburg.[480] Als einer der sieben Kurfürsten hatte Albrecht einen entscheidenden Anteil bei der Wahl Karls zum Kaiser, wie Erasmus bei seinem Gespräch mit Pace erfahren hatte.[481] „Unser Karl" könne dem Reich zu mehr Ansehen verhelfen, denn Jahrhunderte lang sei der Kaiser nur ein Titel ohne reale Macht gewesen. Karl werde das Reich zu Führung der Welt führen und die christliche Welt werde blühen und die barbarischen Feinde der Christenheit werden erschrecken.[482] Erasmus brachte sein „kleines Buch" über die Erziehung des Fürsten ins Spiel und erinnerte an den Grundsatz: „Herrschaft ist ein Auftrag, kein Kaufgeschäft." Er wisse, dass „unser Ferdinand", Karls Bruder, beständig darin lese.[483] Jetzt hoffe er, dass das Buch der ganzem Welt zu Nutzen sei werde.

Inzwischen befand sich Ulrich von Hutten, der nach seinem Studium in Italien nach Deutschland zurückgekehrt war, am Hof Albrechts von Brandenburg in Mainz.[484] Erasmus schickte ihm im Juli eine imposante Lebensbeschreibung Thomas Mores, die noch heute lesenswert ist.[485]

Am 19. Oktober 1519 schrieb Erasmus einen weiteren Brief an Albrecht. Darin bezog er Position in dem Streit um Luther. Da sein Brief an Luther von dessen Anhängern veröffentlicht worden war, wurde Erasmus von Gegnern Luthers, so von Theologen in Löwen und in Köln, vorgehalten, Luther zu unterstützen. Er sah sich gezwungen, sich zu verteidigen. Er betonte: „Luther ist mir vollkommen unbekannt. Seine Bücher konnte ich noch nicht lesen, nur stückweise. ... Hat er gut geschrieben, so gebührt mir kein Lob; im andern Fall kann man mich nicht verantwortlich machen."[486] Dennoch halte man ihm vor, die Bücher Luthers stammten von ihm und seien in Löwen entstanden. Auf die Frage, wie es zu all diesen Verirrungen gekommen sei, gab Erasmus die Antwort: „Die Welt ist belastet mit allzu menschlichen Einrichtungen. Sie ist beschwert von scholastischen Meinungen und Dogmen, ist beschwert von der Tyrannei der Bettelorden. Sie sind Trabanten des römischen Stuhls, haben aber so an Macht und Anzahl gewonnen, dass sie selbst dem römischen Papst und manchen Königen furchtbar sind."[487] Mit den „Trabanten" („satelites") waren vor allem die Orden der Dominikaner und Karmeliter gemeint. Der Brief wurde in der Briefsammlung „Epistolae ad diversos" 1522 abgedruckt.

---

[480] CWE 7, Ep. 1009.
[481] CWE 7, Ep. 1009, Zeile 63–69.
[482] CWE 7, Ep. 1009, Zeile 20–34.
[483] CWE 7, Ep. 1009, Zeile 57 f.
[484] CWE 7, Ep. 1009, Zeile 78 f.
[485] Brief aus Antwerpen an Ulrich von Hutten vom 23. Juli 1919 (CWE 7, Ep. 999, Zeile 1–35; Köhler (Hg.), Erasmus, Briefe, S. 249–257).
[486] CWE 7, Ep. 1033; Köhler (Hg.), Erasmus, Briefe, S. 260 f.
[487] CWE 7, Ep. 1033; Köhler (Hg.), Erasmus, Briefe, S. 263 f.

Bei seiner Rückkehr aus Spanien nach Brüssel im Sommer 1520 wurde Karl V. von einem spanischen Gefolge begleitet. Der aus den Niederlanden stammende Kanzler Jean Le Sauvage war 1518 in Spanien gestorben.[488] Sein Nachfolger wurde der aus Savoyen stammende Mercurino Gattinara.[489] Er war wie Le Sauvage ein „Erasmianer", so dass Erasmus auch weiterhin einen Rückhalt im Hof Karls V. hatte. Es war allerdings die Zeit, in der sich die drei jungen Fürsten Europas Karl V., Franz I. und Heinrich VIII. als Renaissancefürsten zu profilieren begannen. Auf der Rückreise von Spanien in die Niederlande machte Karl einen Abstecher nach England. Heinrich VIII. erwartete ihn in Dover, und beide Fürsten ritten gemeinsam nach Canterbury. Dort beging man ein dreitägiges Versöhnungstreffen, an dem auch More beteiligt war[490], und am 27. Mai feierte man in der Kathedrale gemeinsam das Pfingstfest.[491] Karl begegnete hier zum ersten Mal seiner Tante Katharina, der Königin und Frau Heinrichs.

Während Karl in die Niederlande segelte, begab sich Heinrich am 31. Mai mit großem Gefolge von Dover nach Calais, wo seit Wochen ein spektakuläres Versöhnungsfest zwischen Heinrich VIII. und Franz I. vorbereitet wurde, das im Juni stattfand.[492] Die Großinszenierung des „Field of the Golden Cloth" („Le Camp du Drap d'Or", 7.–24. Juni) wurde von Zeitgenossen als „achtes Weltwunder" bestaunt. Warham hatte Erasmus aufgefordert, an dem Fest in Calais teilzunehmen, doch ist es wohl nicht dazu gekommen.[493] Der Versöhnungsgeist hielt jedoch nicht lange an. Vierzehn Tage nach dem Fest mit Franz I. trafen sich erneut Heinrich und Karl, zunächst bei Gravelines und anschließend am 12. Juli in Calais. Die Verständigung zwischen Karl und Heinrich sollte ein Jahr später zur Wiederaufnahme des Kriegs gegen Frankreich, auch in Italien, führen.[494] Nach drei Jahren war der erasmische Traum von einem Frieden in Europa, der 1517 begonnen hatte, bereits beendet.

1520 brachte Luther seine drei berühmten Schriften „An den christlichen Adel deutscher Nation" in deutscher Sprache, „Von der babylonischen Gefangenschaft der Kirche" in lateinischer Sprache und „Von der Freiheit eines Christenmenschen" in deutscher und lateinischer Sprache heraus. Bewußt wandte er sich jetzt an seine Deutschen. Er ging zunehmend dazu über,

---

[488] CWE 6, Ep. 893.
[489] John M. Headley, The emperor and his chancellor. A study of the imperial chancellery under Gattinara, Cambridge 1983; Wilhelm Ribhegge, Erasmus und Karl V.: Der Intellektuelle und die Politik, in: Christoph Strosetzki (Hg.), Aspectos históricos y culturales bajo Carlos V/Aspekte der Geschichte und Kultur unter Karl V., Frankfurt a. M./Madrid 2000, S. 159–187.
[490] Brief Mores an Erasmus aus Canterbury vom 26.5.1520 (CWE 7, Ep. 1106).
[491] Scarisbrick, Henry VIII, S. 76.
[492] CWE 7, 1106 (Introduction).
[493] CWE 7, Ep. 1102.
[494] Scarisbrick, Henry VIII, S. 76–88.

seine Schriften in der deutschen Sprache herauszubringen. Sein religiöses Reformprogramm erhielt dadurch ein betont nationales Moment. Es trug zweifellos entscheidend zu seiner Popularität bei, vor allem in den Städten, wie beispielsweise in der Stadt Nürnberg, die sich als erste Reichsstadt für die Reformation entschied. Erasmus dagegen war und blieb, nicht nur durch die lateinische Sprache seiner Bücher und auch durch seine Korrespondenz, ein Europäer. Seine Auslegungen der vier Evangelien, die „Paraphrasen", widmete er in den kommenden Jahren den vier bedeutendsten Fürsten Europas: Kaiser Karl V., dessen Bruder Erzherzog Ferdinand von Österreich, dem englischen König Heinrich VIII., dem französischen König Franz I. Eine Paraphrase zu der Apostelgeschichte widmete er Papst Clemens VII.[495]

Im Herbst 1520 kam Aleander, der frühere Freund des Erasmus aus der italienischen Zeit, als päpstlicher Gesandter nach Deutschland und in die Niederlande, um die Bulle „Exsurge Domine" gegen Luther durchzusetzen. Erasmus fühlte sich von Aleander als ein Sympathisant Luthers verdächtigt, und er betrachtete Aleander mit größtem Misstrauen. Die Theologen der Universitäten Löwen und Köln hatten Luther verurteilt. Seine Bücher wurden öffentlich verbrannt.[496] Der Name Luthers taucht seit 1518 immer häufiger in der erasmischen Korrespondenz auf.[497]

Der achte Band der „Correspondence of Erasmus" (CWE 8) umfasst die Zeit vom Juli 1520 bis Dezember 1521.[498]

In dieser Zeit wurde Karl in Aachen gekrönt und fand sein erster Reichstag in Worms mit dem Auftritt Luthers statt. In dem Schreiben an den Papst Leo X. versuchte Erasmus Luther zu verteidigen. Aber gleichzeitig verdächtigen ihn der päpstliche Gesandte Aleander und einige Theologen der Universitäten Löwen und Köln auf Seiten Luthers zu stehen. Neben seinen Löwener Kritikern musste er sich jetzt auch noch seinen spanischen Kritiker Diego López Zúñiga erwehren. Die „Epistolae ad diversos" werden

---

[495] CWE 9, Epp. 1255, 1333; CWE 10, Epp. 1381, 1400, 1414. – Vgl. Hilmar Pabel und Mark Vessey (Hg.), Holy Scripture Speaks. The Production and Reception of Erasmus' Paraphrases on the New Testament (Erasmus Studies), Toronto Buffalo London 2002.

[496] Brief an Justus Jonas vom 11.11.1520 aus Köln (CWE 8, Ep. 1157).

[497] Peter Bietenholz, Erasme et le public allemand, 1518–1520: Examen de sa correspondance selon les critères de la publicité intentionnelle ou involontaire, in: L'humanisme allemand (1480–1540). XVIIIe colloque international de Tours, München/Paris 1979, S. 81–98; Augustin Renaudet, Erasme, Sa pensée religieuse et son action d'après sa correspondance (1518–1521), Genf ²1970 (1. Auflage: Paris 1926).

[498] CWE 8: The correspondence of Erasmus: Letters 1122 to 1251–1520 to 1521, translated by R.A.B. Mynors, annotated by Peter G. Bietenholz, Toronto/Buffalo/London 1988.

veröffentlicht. Erasmus wird mit Juan Luis Vives bekannt. Erasmus zog von Löwen nach Basel um. Die Kontroverse Heinrichs VIII. mit Martin Luther.

Erasmus bemühte sich, eine Verurteilung Luthers als Ketzer zu verhindern. Er hat Luther in den Jahren 1519 bis 1521, bis zum Reichstag von Worms, mehr geschützt, als dies Luther selbst bewußt war und bis heute anscheinend auch vielen Historikern nicht bewußt ist, die jene historischen Verhältnisse beschreiben. Die Korrespondenz, die Erasmus mit zahlreichen Persönlichkeiten in Europa über Luther führte, spricht eine deutliche Sprache. Im November 1520 hielt sich Erasmus drei Wochen lang in Köln auf, wo er in der Stadtwohnung Hermanns von Neuenahr wohnte.[499] Zu dieser Zeit hielt sich der Hof Karls V. im Anschluss an die Aachener Krönungsfeier vom 23. Oktober auch in Köln auf. Am 5. November kam Erasmus zu einem Gespräch mit Kurfürst Friedrich zusammen. Spalatin dolmetschte. Friedrich forderte Erasmus zu einer klaren Stellungnahme zu Luther auf. Nach dem Bericht Spalatins erklärte Erasmus, der Fehler Luthers sei es gewesen, dem Papst an die Krone und den Mönchen an den Bauch gegriffen zu haben.[500]

Spalatin begleitete Erasmus anschließend zurück in das Haus Neuenahrs, wo Erasmus seine Vorstellungen auf einem Blatt niederschrieb, das Spalatin Friedrich überbrachte.[501] Am folgenden Tag lehnte der Kurfürst einen Antrag Aleanders ab, Luther nach Rom auszuliefern.[502] In Köln wurde auch ein Plan für eine schiedsrichterliche Lösung des Kirchenstreits („consilium cujusdam") vorgelegt, den Erasmus gemeinsam mit dem Augsburger Dominikanerprior Johannes Faber in Löwen für den kommenden Wormser Reichstag ausgearbeitet hatte.[503] Faber hatte sich damals zusammen mit dem Stadtsekretär von Augsburg Konrad Peutinger am Hof Karls V. in Brügge aufgehalten. Nachdem aber Luther am 10. Dezember die Bannandrohungsbulle „Exsurge domine" verbrannt hatte, bestand für eine friedliche Lösung des Konflikts keine Chance mehr.

---

[499] Briefe an Okolampad vom 8.11. und an Konrad Peutinger vom 9.12.1520 aus Köln (CWE 8, Epp. 1155, 1156).

[500] „Lutherus peccavit in duobus, nempe quod tetigut coronam Pontificis, et ventres monachorum." (In: Erasmi Opuscula. A Supplement of the Opera Omnia, hg. Wallace K. Ferguson, Den Haag 1933 [Nachdruck: Hildesheim 1978], S. 332. – Vgl. Brecht, Martin Luther, Bd. 1, S. 398; Schoeck, Erasmus of Europe, Bd. 2, S. 225.

[501] Axiomata Erasmi Roterodami pro causa Martini Lutheri Theologi, in: Ferguson, Erasmi Opuscula, S. 336 f. – Vgl. A. a.O., S. 329–335.

[502] CWE 8, Ep. 1155 (Introduction).

[503] „Consilium cuiusdam ex animo cupientis esse consultum et Romanis Pontificis dignitati et christianae religionis tranquilitati" (Ferguson, Erasmi Opuscula, S. 352–361). (Rainer Vinke, Johannes Faber, in: BR 2, S. 5 f.) – Vgl. CWE 8, Epp. 1149, 1156.

In einem Brief vom 13. September 1520 aus Löwen an Papst Leo X. führte Erasmus eine offene Sprache: „Ich sah, dass die Sache aus Hass gegen die Sprachen und die sogenannten guten Wissenschaften entstanden war. Ich sah, dass man sie mit bissigem Hass und mit aufrührerischem Geschrei vor dem Volk führte. Damit erreichte man nicht anderes, als dass man die Werke Luthers berühmt machte und die Masse begierig sie zu lesen". Wenn man ihn aus den Herzen der Menschen hätte entfernen wollen, hätte man ihn widerlegen müssen. Es folgte ein beeindruckender Satz: „Libera ac generosa ingenia doceri gaudent, cogi nolunt," – „Freie und vornehme Geister lassen sich gerne belehren, aber sie wollen nicht gezwungen werden".[504]

Offensichtlich sah Erasmus auch jetzt noch Luther auf der Linie seiner eigenen Kirchenkritik. Dennoch ging er inzwischen zunehmend zu Luther auf Distanz, verteidigte aber zugleich die Ehrlichkeit von dessen Absichten und verlangte, dass Luther fair behandelt werden solle.

Luthers radikale Kritik an der kirchlichen Sakramentenlehre und damit verbunden an den Institutionen der Kirche in seiner Schrift über die „Babylonische Gefangenschaft der Kirche" vom Oktober 1520 ließ aber allmählich Erasmus zu der Einsicht kommen, dass Luther ganz andere Ziele verfolgte als er selbst und dass sich die Anhänger Luthers inzwischen zu einer eigenen kirchlichen Partei formierten. Luthers „De captivitate Babylonica" entfremde viele von ihm, schrieb er im Februar 1521 aus Löwen an Nikolaas Everaerts, den Präsidenten des Rats von Holland. Luther bringe jeden Tag etwas Schrecklicheres heraus. Er selbst verstehe nicht, worauf Luther hinauswolle, es sei denn er wolle sich den Böhmen, d. h. den Hussiten, annähern. „Ich selbst befürchte, dass wir der Scylla Luthers nur entfliehen werden, um in eine noch schlimmere Charybdis zu fallen."[505] Erasmus hat bewußt und sensibel die Veränderungen registriert, die das Auftreten Luthers in Europa bewirkte. Man drängte Erasmus in Löwen, sich öffentlich von Luther zu distanzieren. Aber er hielt sich zurück.

Karl V. hatte Luther für seinen Auftritt auf dem Reichstag in Worms am 17. und 18. April 1521 freies Geleit zugesichert und sich an seine Zusage gehalten. Erasmus war nicht in Worms, weil er nicht, wie er später sagte, mit Luther in Verbindung gebracht werden wollte.[506] Ulrich von Hutten, der sich inzwischen zum Wortführer einer antirömischen Opposition aufgeschwungen hatte, hielt sich knapp 50 Kilometer entfernt auf der Ebernburg auf.[507] Die beiden sächsischen Herzöge, Kurfürst Friedrich und Herzog Georg, nah-

---

[504] CWE 8, Ep. 1143, Zeile 81–82 (Brief vom 13. September 1520). Der Brief wurde in „Epistolae ad diversos" (Basel 1522, S. 535–536) abgedruckt. – Papst Leo X. antwortete mit einem Brief vom 15. Januar 1521. Er war im Ton freundlich gehalten. Leo riet Erasmus, im Kampf gegen Luther Partei zu ergreifen. (CWE 8, Ep. 1180).

[505] Brief an Nicolaas Everaerts aus Löwen vom 25 Februar 1521 (CWE 8, Ep. 1186).

[506] CWE 9, Ep. 1342, Zeile 55–61. (Brief an Marcus Laurinus vom 1. Februar 1523).

[507] Bernstein, Ulrich von Hutten, S. 107–115.

men an dem Wormser Reichstag teil. Herzog Georg unterstützte in Worms die sog. „Gravamina" gegen die römische Kurie, so dass der päpstliche Legat Aleander annahm, dass er auf Seiten Luthers stand. Georg gehörte in Worms auch einer Kommission an, die nach Luthers öffentlichen Auftritt versuchte – allerdings vergeblich -, mit Luther zu verhandeln, um den Konflikt um seine Person sich nicht weiter zuspitzen zu lassen.[508]

Luther war mit seiner Begleitung über Leipzig, Naumburg, Weimar, Erfurt, Gotha, Eisenach und Frankfurt nach Worms angereist. Die Reise hatte sich als ein Triumphzug gestaltet. In einigen Städten wie in Erfurt wurde ihm ein großer Empfang bereitet. Er predigte in Erfurt, Gotha und Eisenach.[509] In Worms sucht man ihn in seiner Unterkunft auf, um mit ihm zu sprechen. Luther war in Worms kein einsamer Mensch, wenngleich sein Auftritt vor den Reichsständen am 17. und 18. April von ihm durchgestanden werden musste.[510] Luther verweigerte vor dem Reichstag den Widerruf und berief sich dabei auf sein Gewissen: „Wenn ich nicht durch Zeugnisse der Schrift oder einsichtige Vernunftgründe widerlegt werde – denn ich glaube weder dem Papst noch den Konzilien allein, da es feststeht, dass sie öfter geirrt haben und sich widersprochen haben – , bin ich durch die von mir angeführten Schriftworte bezwungen. Und solange mein Gewissen in Gottes Worten gefangen ist, kann und will ich nichts widerrufen, weil es unsicher ist und die Seligkeit bedroht, etwas gegen das Gewissen zu tun. Gott helfe mir. Amen"[511].

In seiner Rede vor den Ständen des Reichs hatte Luther auch seine Schriften gegen das Papsttum erläutert, zu denen er sich bekannte. Sie bezeugten, sagte er, „wie durch die Gesetze des Papstes und die Menschenlehren die Gewissen der Gläubigen in unglaublicher Tyrannei ganz elend verstrickt, gequält und gefoltert wurden, und das vor allem in der berühmten deutschen Nation." So identifizierte Luther bei seinem Auftritt in Worms sein eigenes religiöses Gewissen mit den Gewissen der Deutschen, der Gläubigen seiner eigenen Nation. Seit Worms war Luther ein nationaler Held. Seine Rede, in der er den Widerruf ablehnte und sich dabei auf sein Gewissen berief, hielt er zunächst in deutscher und anschließend in lateinischer Sprache.[512]

Der einundzwanzigjährige Kaiser Karl V. verfasste in der folgenden Nacht seine Antwort in französischer Sprache und ließ sie dem Reichstag am 19. April vortragen. Luther habe ihn nicht überzeugt, erklärte er. Ein

---

[508] Brecht, Martin Luther, Bd. 1, S. 442–447.
[509] Brecht, Martin Luther, Bd. 1, S. 427 f.
[510] Rainer Wohlfeil, Der Wormser Reichstag von 1521, in: Der Reichstag zu Worms von 1521. Reichspolitik und Luthersache, hg. Fritz Reuter, Köln-Wien 1981, S. 59–154.
[511] Zitiert nach: Brecht, Martin Luther. Bd. 1, S. 438 f.
[512] Deutsche Reichstagsakten unter Karl V., Bd. 2, bearbeitet von Adolf Wrede, Göttingen 1962 (Nachdruck), S. 540–586. Vgl. Kurt-Victor Selge, „Capta conscientia in verbis Dei". Luthers Widerrufsverweigerung in Worms, in: Der Reichstag zu Worms von 1521, S. 180–207.

einzelner Bruder müsse irren, wenn er gegen den Glauben antrete, zu dem sich die Christenheit seit über tausend Jahren bekannt habe: „So bin ich entschlossen, an allem festzuhalten, woran meine Vorgänger und ich seit dem Konstanzer Konzil bis heute festgehalten haben. Denn es ist sicher, dass ein einzelner Bruder irrt, wenn er gegen die Meinung der ganzen Christenheit steht, da sonst die ganze Christenheit tausend Jahre oder mehr geirrt haben müsste und noch immer irren würde."[513] Der Text des „Wormser Edikts" wurde von Aleander am 8. Mai vorgelegt, und es wurde am 26. Mai von Karl V. unterzeichnet.[514]

Kurfürst Friedrich verstand es, Luther zu schützen. Nachdem der Reichsbann über Luther ausgesprochen worden war, ließ er ihn auf die landeseigene Wartburg bringen. Luther konnte seitdem Sachsen nicht mehr verlassen. Auf dem Augsburger Reichstag 1530, als die Lutheraner ihr Bekenntnis der „Confessio Augustana" vorlegten, führte Philipp Melanchthon für die protestantische Seite die Verhandlungen. Luther konnte nur aus der Ferne von der sächsischen Coburg aus das Geschehen in Augsburg verfolgen und kommentieren.

Noch unmittelbar vor dem Wormser Reichstag hatte Erasmus Briefe an Personen aus der Umgebung des Kaisers geschrieben, unter anderem an den Kanzler Gattinara.[515] Gattinara antwortete am 5. April aus Worms. Erasmus schrieb noch am 15. April aus Antwerpen an den politisch einflussreichen Arzt Karls, den Italiener Luigi Marliano, nach Worms und versuchte, wenn auch vorsichtig, vor einer endgültigen Verurteilung Luthers zu warnen.[516] Die Bannandrohungsbulle, die spätere Bulle sowie die Reichsacht von Worms hielt Erasmus für den falschen Weg.

Aus der Vielzahl der Briefe, auch an einige Kardinäle, spricht eine klare Sprache. Aber Erasmus verteidigte nicht das Anliegen Luthers selbst, zu

---

[513] Deutsche Reichstagsakten unter Karl V., Bd. 2, S. 595, Vgl. Hans Wolter, Das Bekenntnis des Kaisers, in: Der Reichstag zu Worms von 1521, S. 227. – Vgl. Karl Brandi, Kaiser Karl V. Werden und Schicksal einer Persönlichkeit und eines Weltreichs, Frankfurt ⁷1979, S.108; Ferdinand Seibt, Karl V. Der Kaiser und die Reformation, Berlin 1990, S. 61–76.

[514] Deutsche Reichstagsakten unter Karl V., Bd. 2, S. 643–661.

[515] CWE 8, Ep. 1197. Ferner an Luigi Marliano, ein einflussreiches Mitglied im Rat Karls, am 25. März 1521 (CWE 8, Ep. 1195). Marliano hatte seit 1520 die Propaganda gegen Luther in den Niederlanden unterstützt und war ein wichtiger Ansprechpartner für Aleander geworden. In Worms infizierte sich Marliano an der Pest. Er starb im Mai 1521 (Vgl. Peer Krendl, Luigi Marliano, in: BR. 2, S. 392 f). Marliano antwortete Erasmus aus Worms am 7. April 1521 (CWE 8, Ep. 1198). Er beklagte, dass die „fatalis ista Lutheriana calamitas" zunehme und dass es kaum noch welche gebe, die von ihr nicht „infiziert" seien. Er stimmte Erasmus zu, dass man gegen Luther falsch vorgegangen sei und ihn dadurch erst recht in seine „Raserei" getrieben habe. Man hätte ihn besser auf einen anderen Weg angehen sollen. (CWE 8, Ep. 1198.).

[516] CWE 8, Ep. 1199.

dem er seit dem Erscheinen von dessen Schrift über die „Babylonische Gefangenschaft der Kirche" 1520 entschieden auf Distanz ging. Dadurch habe sich Luther von vielen entfremdet, schrieb er. Auch mißtraute er der populistischen Neigung der Anhänger Luthers. „Die Deutschen müssen immer alles ins Volk hineintragen", schrieb er im Februar 1521, „und in törichter Weise geben sie die preis, die ihnen hätten helfen können. Ich hätte niemals geglaubt, dass sie so wenig Urteilsfähigkeit besitzen."[517] Erasmus verteidigte die Einheit der kirchlichen Gemeinschaft und auch, für Erasmus unlöslich damit verbunden, die europäische Einheit der Wissenschaften[518], die er gefährdet sah. Im Zuge der Reformation und Gegenreformation sollte sie ja auch tatsächlich auseinanderbrechen und die europäischen Universitäten in nationale, regionale und konfessionelle Einrichtungen verwandeln. Erasmus war sensibel genug, die Spaltung Europas früh zu erkennen. „Niemand aber mag es glauben", schrieb er im März 1521, „wie tief Luther bei vielen Völkern Wurzel gefasst hat, wie tief er durch seine in allen Sprachen überall verbreiteten Bücher sich festgesetzt hat."[519]

In dem Drama um Luther zerbrachen humanistische Freundschaften. Zu Erasmus' engsten Freunden in Deutschland zählte Ulrich von Hutten, der sich längere Zeit am Hof Albrechts von Mainz aufhielt und dem Erasmus im Juli 1519 seine berühmt gewordene Lebensbeschreibung Thomas Mores schickte. Hutten hatte sich nicht nur die Sache Luthers zu eigen gemacht, sondern ihr darüber hinaus eine betont nationale und politische Deutung gegeben. Erasmus warf er vor, sich nicht eindeutig für Luther zu entscheiden. So entfremdete er sich sowohl von Luther wie von Erasmus. Der Bruch mit Erasmus geschah in zunehmend persönlich verletzender Form bis zum Tod Huttens 1523. Die Differenzen lagen nicht nur im Persönlichen begründet, sondern in der Unvereinbarkeit der jeweiligen Haltungen. Huttens antirömische Militanz nahm nationalistische Formen an. An der Gemeinschaft der europäischen Gebildeten war ihm nicht gelegen.

Andere Freundschaften und Bekanntschaften blieben erhalten, so die mit dem Nürnberger Ratsherrn und Humanisten Willibald Pirckheimer, der zeitweilig mit Luther sympathisierte und gegen Eck schrieb, sich aber nicht von der katholischen Kirche trennte. Auch der Kontakt zu Melanchthon, über dessen Gesundheit sich Luther wie Erasmus gleicherweise in ihren ersten Briefen besorgt gezeigt hatten, der aber beide überlebte, brach nicht ab. Nach den Attacken Edward Lees gegen seine Edition des Neuen Testaments

---

[517] Brief an Nicolaas Everaerts vom 25. 2 1521 (CWE 8, Ep. 1186).
[518] Vgl. Bainton, Erasmus (1972), S. 113: „Im Grunde genommen fühlte er sich nur zwei Gemeinschaften zugehörig, die beide ganz Europa umfaßten. Die erste war das Reich der Wissenschaft. Die andere Gemeinschaft war die christliche Kirche."
[519] Brief aus Löwen am 13. März 1521 an Alexander Schweiss. (CWE 8, Ep. 1192). – Vgl. Robert G. Kleinhans, Luther and Erasmus. Another Perspective, in: Church History 39 (Dec. 1970), S. 459–469.

spürte Erasmus, dass sein Rückhalt in England, den er dort bisher gehabt hatte, nachließ.

Erasmus musste sich eingestehen, dass der Konflikt um Luther andere Dimensionen angenommen hatte als die des alten Kampfes zwischen Humanisten und Scholastikern. Hieronymus Aleander, war ein alter Freund aus der Zeit seines Italienaufenthalts, mit dem er gemeinsam Griechisch gelernt hatte und der ihn in Venedig bei der Zusammenstellung der Sammlung der „Adagia" unterstützt hatte. Aleander kam 1520 kam nach Deutschland und in die Niederlande, um die Bullen gegen Luther zu propagieren. Aleander veranlasste die Verbrennung von Büchern Luthers in den Niederlanden, auch in Löwen.

Mit zunehmendem Misstrauen beobachte Erasmus die Umtriebe Aleanders. Es kam zu einer längeren Aussprache zwischen beiden in Löwen, bei der Aleander versicherte, seine Aktivitäten richteten sich nicht gegen Erasmus. Aber für Erasmus dürfte das kaum nachvollziehbar gewesen sein. Erasmus äußerte sich kritisch über den Charakter Aleanders. Er glaubte, dass Aleander gegenüber Luther erfolgreicher hätte sein können, wenn er seinen, Erasmus', Ratschlägen gefolgt wäre.[520]

Schließlich wurde auch Erasmus' Stellung in Löwen immer schwieriger. Der Dominikanerprior Jakob von Hoogstraten, der aus der Nähe von Antwerpen stammte und als Theologe an der Universität Köln wirkte, hatte eine Verurteilung Luthers durch die Kölner Theologen herbeigeführt. Die Kölner und Löwener Theologen waren sich einig. Ein Brief, den Erasmus 1520 an Thomas More schrieb, zeichnete ein äußerst plastisches Bild von seinem Streit mit dem Löwener Theologen, dem Karmelitermönch Nikolaus Baechem (Egmondanus), der Erasmus in Predigten in der Löwener Peterskirche offen angegriffen hatte, um die Stimmung des Volkes gegen ihn zu mobilisieren. Erasmus beschrieb seinen Gegner als „einen großen Esel".[521]

Inzwischen hatte Erasmus außer den Löwener Kritikern auch noch einen spanischen Kritiker bekommen. 1520 hatte Diego López de Zúñiga, genannt Stunica, eine Schrift unter dem Titel „Annotationes contra Erasmum Roterodamum", veröffentlicht.[522] Er hatte seit Jahren an der Bibel der Complutense gearbeitet und konnte Griechisch. Er hatte eine Besprechung des erasmischen NT vorbereitet, sobald das Buch in Alcala seit 1516 vorlag, Aber Kardinal Jiménes hatte eine Veröffentlichung verhindert.[523] Nach des-

[520] Brief an Luigi Marliano vom 25.3.1521 (CWE 8, Ep. 1195).
[521] CWE 8, Ep. 1162 (Brief aus Löwen vom November 1520). – Vgl. Marjorie O'Rourke Boyle, Nikolaus Baechem, in: BR 1, S. 81–83; Rummel, Erasmus and his Catholic critics, Bd. 1, S. 135–143.
[522] Diego López Zúñiga, Annotationes contra Erasmum Roterodamum indefensionem tralationis Novi Testamenti, Toledo (Brocario) 1520. – William B. Jones, Diego López Zúñiga, in: BR 2, S. 348 f.; Rummel, Erasmus and his Catholic critics, Bd. 1, S. 145–177 („Jakobus Stunica and the Homo Batavus").
[523] Felipe Fernandez-Armesto, Francisco Jiménes de Cisneros, in: BR 2, S. 235–237.

sen Tod hatte Stunica sein Buch herausgebracht. Sobald 1521 diese Schrift Erasmus vorlag, veröffentlichte er seine Gegenschrift „Apologia respondens ad ea quae Jacobus Stunica taxaverat" bei Dirk Martens in Löwen.[524] In dieser Auseinandersetzung wurden erstmals auch nationale Vorurteile vorgetragen.

Erasmus spürte deutlich die merklich populistische Tendenz, die der konfessionelle Streit überall annahm. Das war kein Streit mehr zwischen Humanisten und Theologen. Irritiert stellte er fest, dass ebenso wie sich die Lutheraner in Deutschland zunehmend über ihre Pamphlete im Volk zu verankern suchten, in den Niederlanden die Antilutheraner das gleiche betrieben. In einem Schreiben an die Theologische Fakultät in Löwen betonte Erasmus, nie ein Parteimann Reuchlins oder Luther gewesen zu sein.[525] An Richard Pace schrieb er am 5. Juli aus Brüssel, er selbst wäre nicht bereit gewesen, „für die Wahrheit den Kopf zu riskieren. Nicht alle haben die Kraft zum Martyrium. Ich befürchte nämlich, dass ich mich, wenn es zum Ausbruch von Gewalt gekommen wäre, wie Petrus verhalten hätte. Ich folge den Päpsten und Kaisern, wenn sie gut entscheiden, weil es vernünftig ist. Ich ertrage es, wenn sie schlecht entscheiden, weil es sicher ist."[526]

Im Sommer 1521 zog sich Erasmus aus Löwen zur ungestörten Arbeit in das ruhigere und abgelegene Anderlecht zurück. Er beschrieb gleichsam mit pastellartigen Farben in seinen Briefen die Ruhe und die Abgeschiedenheit des Sommers im ländlichen Anderlecht. Hier verbrachte er seine letzten Monate in den Niederlanden. Am 18. Oktober 1521 verließ Erasmus Löwen, um sich in Basel niederzulassen.[527]

Kurz vor seiner Abreise schrieb er im September an Budé von seinem Aufenthalt in Brügge, wo sich im August Karl mit seiner englischen Delegation unter dem Kanzler Wolsey trafen. Bei dieser Gelegenheit konnte Erasmus alte Freunde wiedersehen, nämlich Mountjoy, Tunstall und More. Erasmus kam zum letzten Mal in seinem Leben mit More persönlich zusammen. Bei den Verhandlungen in Brügge ging es um die Vorbereitung eines Krieges zwischen Karl V. und Franz I. Erasmus war nicht so naiv, dass er das nicht kommen sah. „Hier werden grosse Vorbereitungen zu einem Krieg gegen die Franzosen getroffen", schrieb er an Erzbischof Warham.[528] Den künftigen Krieg kommentierte er so: „Aber die Umwälzungen der Könige werden nicht Bande zerstören, die von den Musen gemacht sind."[529]

---

[524] ASD IX, 2: Apologia rspondens ad ea quae Iacobus Lapis Stunica taxaverat in prima duntaxat Novi Testamenti aeditione, ed. H. J. de Jonge, Amsterdam-Oxford 1983, S. 59–267
[525] CWE 8, Ep. 1217.
[526] CWE 8, Ep. 1218, Zeile 35–40.
[527] CWE 8, Ep. 1242. Vgl. CWE 8. S. 320 f.
[528] CWE 8, Ep 1228, Zeile 57–60.
[529] CWE 8, Ep. 1233 („Sed hi regum motus non dirimunt Musarum foedera." Brief an Budé vom September aus Anderlecht).

In Brügge war er Gast im Haus von Marcus Laurin gewesen, dem Stiftherrn von St. Donat. Er machte More mit dem jungen spanischen Humanisten Juan Luis Vives bekannt, der später nach England gehen sollte.[530] Am Abend vor seiner Abreise sei er, schrieb Erasmus später in seinem Bericht an Marcus Laurin, in der Herberge zum „Wilden Mann" („Homme Sauvage") in Löwen durch Zufall auf seinen jetzigen Gegner und früheren Freund Aleander gestoßen: „Ich verbrachte einen angenehmen Abend mit ihm, und wir setzten unsere Unterhaltung über literarische Fragen bis Mitternacht fort."[531]

---

[530] Marc'hadour, L'Univers de Thomas More, S. 313; Juan Luis Vives (1492–1540), in: BR 3, S. 409–413.
[531] CWE 9, Ep. 1342, Zeile 117–125 (Brief aus Basel an Marcus Laurin in Brügge vom 1.2.1523); CWE 8, Ep. 1244 (Brief an Pirckheimer vom 28.11.1521); CWE 8, Ep. 1241A (Brief von Girolamo Aleandro [Louvain? c 20–5 October 1521?].

5. Die Jahre in Basel: 1521 bis 1529

Während seines zweijährigen Aufenthalts in den Niederlanden hatte Karl V. mit seinem Bruder Ferdinand und seiner Tante Margarete von Österreich die dynastische Zukunft seiner Familie besprochen. Er war dabei von seinem Kanzler Gattinara beraten worden. Sein früherer Erzieher und enger Berater Chièvres war im Mai 1521 in Worms bei einem Reitunfall ums Leben gekommen. Man vereinbarte, dass Ferdinand die Erbschaft der österreichischen Herzogtümer antreten sollte. Margarete von Österreich sollte, wie schon zur Zeit der Minderjährigkeit Karls, in der Abwesenheit Karls wieder die Regentschaft in den Niederlanden übernehmen.[532] Im Mai 1521 wurden in Linz der 18-jährige Ferdinand und die 17-jährige Anna, die Schwester des jungen Ludwig von Ungarn und Böhmen von Kardinal Matthäus Lang getraut.[533] Der Jagiellone Ludwig, der nach der Erlangung der Volljährigkeit 1522 mit sechzehn Jahren die Herrschaft in Böhmen und Ungarn antrat, war seit 1515 mit der um ein Jahr älteren Maria verheiratet, der Schwester Karls V. und Ferdinands.

Das waren dynastische Eheverbindungen, wie sie Erasmus immer verurteilt hatte. Im Juli 1522 kehrte Karl V. nach Spanien zurück, wo er sich bis 1529 aufhielt. Auch zur Zeit des Bauernkriegs 1524/25 hielt er sich als deutscher König nicht im Reich, sondern in Spanien auf. Karl hatte mit Ferdinand vereinbart, dass Ferdinand bei seiner Abwesenheit in einer Art Statthalterschaft die Vertretung Karls in Deutschland übernehmen sollte. Damit sollte Ferdinand auch die Verantwortung für die Verhandlungen mit den protestantischen und katholischen Ständen im Reich zufallen. Ferdinand residierte in Innsbruck. Hier war er noch relativ geschützt vor den Türken, die inzwischen über den Balkan nach Ungarn vordrangen.

Erasmus war dem Titel nach weiter Rat am burgundischen Hof. Insofern blieb er in die habsburgische Politik eingebunden. Seine Außenkontakte von Basel zu den Niederlanden vollzogen sich vor allem über Briefe. Mit der Übersiedlung nach Basel nahm die Korrespondenz des Erasmus erheblich an Umfang zu. Durch seine Korrespondenz war Erasmus nahezu mit ganz Europa vernetzt. Paradoxerweise wird seine Korrespondenz seit den 1520er Jahren immer europäischer, während zur gleichen Zeit in der Politik der einzelnen Länder Europas deren nationaler bzw. territorialer Charakter immer ausgeprägter wird.

---

[532] Geoffrey Parker, Der Kaiser. Die vielen Gesichter Karls V., Darmstadt 2020, S. 177.
[533] Alfred Kohler, Ferdinand I. 1503–1564. Fürst, König, Kaiser, München 2003, S. 96.

Im Dezember 1521 erhielt Erasmus in Basel ein Buch Heinrichs VIII. gegen Luther aus Richmond zugeschickt. Es trug den Titel „Verteidigung der sieben Sakramente" („Assertio septem sacramentorum").[534] Heinrich VIII. sah allerdings auch die Chance, durch seine Aktion einen kirchlichen Ehrentitel zu erwerben, nachdem die Könige von Frankreich seit langem den Titel des „rex christianissimus" führten. Ein besonders aufwendig ausgestattetes Widmungsexemplar der „Assertio" hatte Heinrich Papst Leo X. überreichen lassen.[535] Tatsächlich wurde dem englischen König kurz nach der Übergabe der Schrift vom Papst in einem feierlichen Konsistorium der Titel des „Defensor fidei" verliehen, den die englischen Könige seitdem bis heute tragen.

Derart angegriffen und fast dem Gespött preisgegeben musste Luther reagieren. Seine Antwort erschien 1522 in zwei Versionen. Die lateinische trug den Titel „Contra Henricum Regem Angliae"[536], die deutsche den Titel „Antwort deutsch auf König Heinrichs von England Buch"[537] Selbst Luthers Freunde waren über die Schärfe seiner Sprache, besonders in der deutschen Fassung, bestürzt. Luther hatte mit Heinrich einen Fürsten angegriffen. Es war und blieb nicht der einzige Fürst, den Luther kritisierte. Die Aufgabe der Rechtfertigung des Königs wurde dem theologisch und rhetorisch versierten Laien Thomas More übertragen. Seine „Antwort an Luther" („Responsio ad Lutherum") erschien 1523 unter dem Pseudonym Baravellus.[538] More brachte ausführliche Zitate aus Luthers Schriften vor allem aus dessen Schrift von der „Babylonischen Gefangenschaft der Kirche". More reagierte völlig anders als Erasmus. Luther wurde als Gegner und Rebell stilisiert, sein Anliegen gar nicht erst gewürdigt. More warnte vor den politisch-sozialen Konsequenzen der lutherischen Gedanken.

Stärker als Heinrich VIII. sah More in seiner Schrift die lutherische Bewegung als eine „deutsche" Bewegung. Ähnlich, aber nicht abwertend, sondern

---

[534] CWE 8, Ep. 1246. Das Exemplar war ihm auf Wunsch Heinrich VIII, von William Tate zugesandt worden. (Mordechai Feingold, William Tate of York, in: BR 3, S. 311 f.). – Vgl. J. J. Scarisbrick, Henry VIII., London 1968 (rpr. 1981), S. 110–113; Erwin Doernberg, Henry VIII and Luther. An Account of their Personal Relations, Stanford 1960.

[535] Abbildung des vatikanischen Exemplars der „Assertio septem sacramentorum" in: Hochrenaissance im Vatikan. Kunst und Kultur im Rom der Päpste 1503–1534 [Ausstellungskatalog], Ostfildern-Ruit 1998, S. 123.

[536] D. Martin Luthers Werke, Kritische Gesamtausgabe, Reihe 1, 10. Band, 2. Abteilung, Weimar 1907, S. 175–222.

[537] A. a. O., S. 223–262.

[538] The Yale Edition of the Complete Works of St. Thomas More (New Haven/London), Bd. 5, Teile I u. II: Responsio ad Lutherum, hg. John Headley (1969). – Vgl. John. M. Headley, Introduction, in: Responsio ad Lutherum, S. 723; R. R. MacCutcheon, The Responsio ad Lutherum: Thomas More's Inchoate Dialogue With Heresy, in: Sixteenth Century Journal 22 (1991), S. 77–90; Eduard Baumann, Thomas More und der Konsens. Eine theologiegeschichtliche Analyse der ‚Responsio ad Lutherum', Paderborn 1993.

5. Die Jahre in Basel: 1521 bis 1529

positiv, sah dies auch der junge Ritter und Poet Ulrich von Hutten. Anders als Erasmus war sein Freund Hutten wie auch andere deutsche Humanisten ein Reichspatriot. Zur Zeit Maximilians hatte Hutten zeitweilig als Söldner im Heer des Kaisers in Italien gedient, um sein Studium zu finanzieren. Maximilian hatte ihn 1517 zum „poeta laureatus" gekrönt. Als Reaktion auf den Kampf Roms gegen Luther verband Hutten seine antirömische Grundhaltung mit einem scharfen Antipapismus. Luther war für Hutten ein deutscher Befreier, wie er ihn in seinem Arminius-Dialog beschrieb, der jedoch erst nach seinem Tod veröffentlicht wurde, der im 19. Jahrhundert den deutschen Mythos von „Hermann dem Cherusker" begründen sollte.[539]

Ulrich von Hutten sah in der lutherischen Bewegung eine deutsche Befreiungsbewegung. „Deutschland soll frei sein", schrieb er am 13. November 1520 aus der Ebernburg bei Kreuznach an Erasmus.[540] In Huttens politischem Programm wurden Humanismus und Luthertum zu einer deutsch-nationalen Bewegung zusammengeführt. Er deklamierte: „Es gibt kein klareres Ziel als für die gemeinsame Freiheit zu sterben. Steht auf, ihr vornehmen und ihr einfachen Bürger. Lasst uns die ruchlosen Despoten aus Deutschland vertreiben, die Fesseln der Sklaverei zerreißen und das schändliche Joch abwerfen! Erinnern wir uns daran, dass wir Deutsche sind und dass keiner von uns sich des Lebens erfreuen kann, wenn er nicht frei lebt."[541] Pathetisch forderte er Erasmus auf: „Wir wollen keine Sklaven sein. Und es ist ebenso unerträglich zu sehen, wie andere in Deutschland Sklaven sind. Vielleicht sollten wir sie gegen ihren Willen befreien."[542] Erasmus solle Löwen und das Land der „Gallogermanen", also Burgund verlassen, wo „unsere Partei" nur der Befehlsgewalt der Nr. 10, d. h. Papst Leo X., unterstellt sei und wo Bücher verbrannt würden. Erasmus solle sich dorthin begeben, wo man die Freiheit genieße und deutsch spreche.[543]

Das war ein ganz anderer Hutten als jener, den Erasmus einige Jahre zuvor kennengelernt hatte, als sich Hutten begeistert als sein Schüler bekannt hatte. Erasmus hatte Hutten Albrecht von Mainz empfohlen. Der Sprach- und Kulturnationalismus, den Hutten jetzt propagierte, war mit dem erasmischen Humanismus unvereinbar. Der Bruch zwischen den beiden Freunden war unvermeidbar.

---

[539] Vgl. Eckhard Bernstein, Ulrich von Hutten. Mit Selbstzeugnissen und Bilddokumenten, Reinbek bei Hamburg 1988; Hajo Holborn, Ulrich von Hutten, Göttingen 1968.
[540] CWE 8, Ep. 1161 („ut libera sit Germania").
[541] CWE 8, Ep. 1161, Zeile 67–70.
[542] CWE 8, Ep. 1161, Zeile 96–100.
[543] Vgl. Volker Reinhardt, Der Primat der Innerlichkeit und die Probleme des Reichs. Zum deutschen Nationalgefühl der frühen Neuzeit, In: Deutschland in Europa. Ein historischer Überblick, hg. Bernd Martin, München 1992, S. 88–104.

Der neunte Band der „Correspondence of Erasmus" (CWE 9) umfasst die Zeit von Januar 1522 bis März 1523.[544]

In dieser Zeit wurde Adrian von Utrecht als Papst Hadrian VI. gewählt. Erasmus brachte 1522 die dritte Edition des Neuen Testaments heraus. Kaiser Karl V. hatte er die Paraphase des Matthäus-Evangeliums und seinem Bruder Erzherzog Ferdinand die Paraphrase des Johannes-Evangeliums gewidmet. Hinzukamen die erweiterte Ausgabe der „Kolloquien" und seine Ausgabe des Kirchenlehrers „Hilarius von Poitiers". 1522 veröffentlichte Erasmus die Schrift über das Briefeschreiben („De conscribendis epistolis"). In dieser Baseler Zeit fällt der Bruch mit Ulrich von Hutten.

Als Erasmus sich in Basel niedergelassen hatte, kam der schwer erkrankte Hutten im November 1522 in die Stadt, um ihn zu besuchen. Erasmus weigerte sich, Hutten zu empfangen. Hutten verließ Basel und ging in das nahe Mühlhausen.[545] In dem gedruckten Bericht, den Erasmus an Marcus Laurin über seinen letzten Aufenthalt in den Niederlanden und seine Abreise nach Basel geschrieben hatte, stieß Hutten auf Erasmus' Behauptung, Hutten hätte sich wohl in Basel aufgehalten, doch beide hätten sich nicht getroffen. Er wäre aber bereit gewesen, seinen alten Freund zu empfangen.[546]

Empört über diese Entstellung verfasste Hutten seine „Expostulatio" („Herausforderung"), die im Juni 1523 bei Schott in Straßburg erschien.[547] Darin warf er Erasmus vor, seine Freunde zu verraten. Er bestritt Erasmus das Recht, ein Deutscher zu sein: „Ich glaube, durch gemeinsamen Beschluss aller Deutschen solltest du gebeten, ja aufgefordert werden, woandershin auszuwandern, so dass du nicht länger durch dein Beispiel unsere Jugend mit deiner Charakterlosigkeit und deinen schwankenden Grundsätzen befleckst, Laster, die unserem Volke fremd sind."[548] Erasmus antwortete ebenso empört mit der Gegenschrift „Spongia" („Schwamm"), die die Anwürfe Huttens „auswischen" sollte.[549] Das gelang ihm nur begrenzt. Denn Huttens Fluch über Erasmus sollte noch über Jahrhunderte hinweg das deutsche Erasmusbild

---

[544] CWE 9: The Correspondence of Erasmus: Letters 1252 to 1355–1522 to 1523, translated by R.A.B. Mynors, annotated by James M. Estes, Toronto/Buffalo/London 1989.
[545] CWE 9, S. 1331, Zeile 63.
[546] CWE 9, S. 1342, Zeile 760–763.
[547] Eduard Böcking (Hg.), Ulrichi Hutteni, equitis Germani, opera quae reperiri potuerant omnia, Leipzig 1859–1861 (Nachdruck: Aalen 1963), Bd. 2, S. 180–241.
[548] Böcking (Hg.), Ulrichi Hutteni ... opera omnia, S. 239 (Übersetzung Bernstein).
[549] Spongia adversus aspergines Hutteni, in: ASD 9, 1 (1982), S. 93–113; CWE 78: The Sponge of Erasmus against the Aspersions of Hutten – Spongia adversus aspergines Hutteni, Introduction and translation by James D. Tracy, Annotation by Manfred Hoffmann, S. 1–145.

prägen.⁵⁵⁰ Das war das traurige Ende einer berühmten Freundschaft. Hutten hat die Schrift der „Spongia" nicht mehr gesehen. Er starb am 29. August 1523 auf der Insel Ufenau im Zürichsee im Alter von nur 35 Jahren.

Der Spanier Stunica brachte inzwischen weitere Bücher gegen Erasmus heraus, zunächst 1522 in Rom die Schrift „Erasmi Roterodami blasphemiae et impietates", gegen die Erasmus noch im selben Jahr mit der Gegenschrift „Apologia adversus libellum Stunicae cui titulum fecit Blasphemiae et impietates Erasmi" reagierte⁵⁵¹ und 1523 gleichfalls in Rom die Schrift „Conclusiones principaliter suspecte et scandalose que reperiuntur in libris Erasmi Roterodami" auf die Erasmus die Gegenschrift „Apologia ad Stunicae Conclusiones" 1524 veröffentlichte.⁵⁵²

In einem Brief vom 17. Februar 1523 übermittelte der Nürnberger Patrizier und Humanist Willibald Pirckheimer Erasmus ein politisches Stimmungsbild vom Reichstag, der vom November 1522 bis zum Februar 1523 in Nürnberg tagte.⁵⁵³ Ferdinand war als Erzherzog von Österreich nach Nürnberg gekommen und er vertrat dort seinen Bruder Karl V., der inzwischen in Spanien war. Pirckheimer berichtete über die Verhandlungen des Reichstags. Dabei zeichnete er ein ungünstiges Bild von der Rolle des päpstlichen Legaten Francesco Chierigati auf dem Reichstag. Er habe darauf gedrängt, das Wormser Edikt sofort umzusetzen. Aber das war praktisch nicht mehr möglich. Der Reichstag vertagte die Entscheidung bis zu einem künftigen Konzil.

Die Stadt Nürnberg tendierte inzwischen zum Luthertum. Einige Kirchen der Stadt wie die St. Lorenz-Kirche, wo Andreas Osiander⁵⁵⁴ predigte, hatten bereits lutherische Prediger eingesetzt. Durch die Berichte Pirckheimers war Erasmus über die Vorgänge im Reich gut informiert. Weitere Informationen über die Situation im Reich erhielt er von Konrad Peutinger, dem Stadtsekretär der Reichsstadt Augsburg, den er 1520 in Brügge kennengelernt hatte. Beide hatten sich über den Streit um Luther ausgetauscht.⁵⁵⁵ Peutinger war

---

⁵⁵⁰ Wilhelm Ribhegge, German or European Identity? Luther and Erasmus in Nineteenth- and Twentieth-Century German Cultural History and Historiography, in: Christian Emden/David Midgley (Hg.), Cultural Memory and Historical Consciousness in the German Speaking World Since 1500, Bd. 1: Papers from the Conference „The Fragile Tradition", Cambridge 2002, Oxford u. a. 2004, S.139–163.
⁵⁵¹ Stunica, Erasmi Roterodami blasphemiae et impietates nunc primum propalatae ac proprio volumine alias redargutae, Rom 1522 ; Erasmus, Apologia adversus libellum Stunicae cui titulum fecit Blasphemiae ᵗt impietates Erasmi, Basel 1522.
⁵⁵² Stunica, Conclusiones principaliter suspecte et scandalose que reperiuntur in libris Erasmi Roterodami, Rom 1523; Erasmus, Apologia ad Stunicae conclusiones, Basel 1524.
⁵⁵³ CWE 9, Ep. 1344, Zeile 42–53.
⁵⁵⁴ Rainer Vinke, Andreas Osiander, in: BR 3, S. 35 f.
⁵⁵⁵ CWE 8, Ep. 1156. (Brief an Konrad Peutinger, Köln 9. November 1520).

wie Pirckheimer ein deutscher Humanist, der in Italien studiert hatte. Wie Pirckheimer hatte auch Peutinger zunächst mit Luther sympathisiert, den er persönlich kennengelernt hatte. Er hatte an dem Wormser Reichstag teilgenommen. Aber später war auch er zu den Lutheranern auf Distanz gegangen, als die Stadt Augsburg protestantisch wurde. So fand sich Peutinger in seiner Heimatstadt in die Opposition gedrängt.

Nürnberg war eine der ersten Reichsstädte, die lutherisch wurde. Pirckheimer stand der lutherischen Bewegung zunehmend kritischer gegenüber, und er zählte in Nürnberg schließlich zur Opposition. Seine Schwester Caritas, die Oberin des Klarissenklosters protestierte gegen den Beschluss des Rats, die Klöster in der Stadt aufzulösen und erreichte, dass ihr Kloster vorerst bestehen blieb.[556] Die Mehrheit der deutschen Reichsstädte schloss sich nach anfänglichem Zögern der Räte – mit Ausnahme Kölns – schließlich der Reformation an, auch die Stadt Straßburg am Oberrhein.[557] Damit verlor Erasmus den Rückhalt, den er anfangs in den Reichsstädten gehabt hatte. Ein jubelnder Empfang, wie ihm die Stadt Straßburg 1514 bereitet hatte, als man ihn als „Zierde Deutschlands" begrüßte, war in den 1520er Jahren nicht mehr möglich. Sogar in Basel verlor Erasmus allmählich an Rückhalt, so dass er 1529 die Stadt verließ, um sich in die katholische habsburgische Stadt Freiburg zu begeben.

Der neue Papst Hadrian VI. war im Januar 1522 als Nachfolger Leos X. gewählt worden. Hadrian war 1454 in Utrecht als Sohn eine Zimmermanns geboren worden. Er hatte an der Universität Löwen studiert und dort seit 1491 als Theologieprofessor gelehrt.[558] Hier hatte ihn Erasmus kennengelernt. Später war Adrian zum Erzieher des jungen Herzogs Karl bestellt worden. 1515 entsandte ihn der burgundische Hof nach Spanien, um die spanische Thronfolge Karls vorzubereiten. Er wurde Bischof von Tortosa und kurz darauf Kardinal. Zeitweise war er Statthalter Karls in Spanien. Adrian war in seiner Abwesenheit zum Papst gewählt worden. Er traf erst im August 1522 in Rom ein.[559] Als Hadrian VI. behielt er seinen Taufnamen bei. Pierre Barbier, der Kaplan und Sekretär Le Sauvages, mit dem Erasmus in ständi-

---

[556] Paula S. Datsko Barker, Caritas Pirckheimer: A Female Humanist confronts the Reformation, in: Sixteenth Century Journal 26 (1995), S. 259–272; Martin Schieber, Nürnberg. Eine illustrierte Geschichte der Stadt, München 2000, S. 48–51.

[557] Bernd Moeller, Reichsstadt und Reformation (Neuausgabe), Berlin 1987; Thomas A. Brady, Turning Swiss: Cities and Empire, 1450–1550, Cambridge 1985; Ders. Protestant politics: Jacob Sturm (1489–1553) and the German Reformation. New Jersey 1995.

[558] Vgl. Rudolf Branko Hein,„Gewissen" bei Adrian von Utrecht (Hadrian VI.), Erasmus von Rotterdam und Thomas More. Ein Beitrag zur systematischen Analyse des Gewissensbegriffs in der katholischen nordeuropäischen Renaissance, Münster u. a. 2000, S. 175–260 u. S. 473–478.

[559] K.H. Ducke, Pope Adrian VI, in: BR 1, S. 59; CWE 9, Ep. 1304 (Brief an Papst Adrian VI., Basel 1. August 1522).

gen Kontakt stand, war nach dem Tod Le Sauvages in Spanien in den Dienst Hadrians eingetreten, und er hatte Hadrian auch nach Rom begleitet.[560]

Erasmus widmete Hadrian im August 1522 die Edition eines Psalmenkommentars des frühchristlichen Autors Arnobius. Er beglückwünschte Hadrian zu seinem neuen Amt und erinnerte an ihre alte Bekanntschaft. Erasmus beklagte den Krieg, der inzwischen zwischen Karl V. und Franz I. ausgebrochen war, bei dem sich „die beiden führenden Monarchen der Welt" bekämpften. Zudem werde die Christenheit Europas, die sich einst über die ganze Welt ausgebreitet habe, in ihren eigenen Grenzen „von Sekten und Schismen auseinandergerissen".[561] Hadrian antwortete Erasmus am 1. Dezember mit einem freundlich gehaltenen Brief. Er forderte ihn auf, gegen Luther zu schreiben: Er habe die geistige Kraft, das breite Wissen und eine Gewandtheit des Schreibens.[562] Hadrian lud Erasmus ein, nach Rom zu kommen. Er werde in Rom eine Vielzahl guter Bücher und ausgezeichnete Gesprächspartner finden.[563]

Erasmus antwortete am 22. März 1523, also nach dem Nürnberger Reichstag. Die Einladung, nach Rom zu kommen, wehrte er mit dem Hinweis auf sein Steinleiden ab. Es sei für ihn zu beschwerlich, die schneebedeckten Alpen zu überqueren, den schlechten Gerüchen der ofenbeheizten schmutzigen Gasthäuser ausgesetzt zu sein und den bitteren Wein trinken zu müssen. Man hatte vereinbart, dass Erasmus in einem vertraulichen Brief Vorschläge für eine Lösung der innerkirchlichen Krise mache. Hadrian hatte zugestimmt.[564] Glaube Hadrian wirklich, dass eine Schrift von Erasmus etwas bewirken könne? Welche Autorität solle der Name des Erasmus noch für Leute haben, die sogar die Autorität so vieler Universitäten und Fürsten und sogar die des Papstes verworfen hätten? Wenn er selbst je Ansehen gehabt habe, so sei dies längst zusammengeschmolzen. Die Zeiten, wo man ihn in hunderten von Briefen als „Fürst der Wissenschaften", „Stern Deutschlands", „Sonne der Studien" und „Bollwerk der wahren Theologie"[565] gepriesen habe, seien vergangen: „Jetzt beschweigt man mich oder beschreibt mich in ganz anderen Farben."[566]

Erasmus verwies auf die Breite der lutherischen Bewegung: „Deutschland ist ein großes Land und es hat viele tüchtige Leute. Aber nicht nur hier

---

[560] Pierre Barbier, in: BR 1, S. 93 f.
[561] CWE 9, Ep. 1304, Zeile 365–368, 360–370.
[562] CWE 9, Ep. 1324, Zeile 24–34.
[563] CWE 9, Ep. 1324.
[564] CWE 9, Epp. 1329, 1338. „Kein sterblicher Mann wird diesen Brief lesen außer wir beiden." (CWE 9, Ep. 1352, Zeile 22 f.). Die geheimen Partien dieses Briefs wurden nicht in die Briefedition des Erasmus von 1529 aufgenommen, in der der Brief publiziert wurde.
[565] „Princeps literarum", „sydus Germaniae", „sol studiorum", „vindex syncerae theologiae".
[566] CWE 9, Ep. 1352, Zeile 29–43.

herrscht Erregung. Ich wage nicht zu schreiben, in wie vielen Ländern die Zuneigung zu Luther in breiten Schichten der Bevölkerung bereits verankert und wie das Papsttum dort verhasst ist."[567] Auch viele Gebildete – gemeint waren die Humanisten – würden sich von der Bewegung angezogen fühlen.

Er selbst habe Briefe und Schriften veröffentlicht, „in denen ich bezeugt habe, dass ich dem lutherischen Bund völlig fremd gegenüberstehe." Er habe die Lutheraner öffentlich vor aufrührerischen Aktionen gewarnt. „Privat konnte ich einzelne zurückhalten, zurückrufen oder zumindest mäßigen."[568] Aber während er sich so in Deutschland engagiert habe, beklagte sich Erasmus bei Hadrian, werde er in Rom mit Schmähschriften (wie beispielsweise von dem Spanier Stunica) angegriffen und in Brabant in Predigten als Häretiker verdächtigt. Seine Heiligkeit möge sich überlegen, ob man diesen Geistern weiter freien Lauf lassen solle. Wenn man die Häretiker zur Orthodoxie zurückgewinnen wolle, müsse man klug und im christlichen Geist vorgehen. „Aber diese Atlas-Gestalten, die meinen, auf ihren Schultern die brüchigen Säulen der Religion und der Kirche zu tragen, stoßen die Schwankenden nur ab, entfremden die Freunde, treiben die Rechtgläubigen in die Häresie und verderben alles, was an Gutem gesagt wurde."[569]

Als Heilmittel empfehle ihm nun der Papst, nach Rom zu kommen, „ganz gehässig gegen Luther zu schreiben" und allen Lutheranern den Krieg zu erklären. Aber welchen Wert werde das, was er schreibe, noch haben, wenn er sich in der Umgebung des Papstes aufhalte? Man werde ihm nur vorwerfen, er habe sich korrumpieren lassen.[570] Erasmus führt in diesem vertraulichen Brief an Hadrian eine ungewöhnlich offene Sprache. Eine Antwort oder eine Reaktion Hadrians auf Erasmus' Brief ist nicht bekannt.[571] Hadrian VI. starb bereits am 14. September 1523.

Nach der Aussprache, die Erasmus im November 1520 mit Luthers Landesherrn Kurfürst Friedrich in Köln gehabt hatte, war der Kontakt zu dem Kurfürsten abgebrochen. Dagegen hatte sein Vetter Herzog Georg von Sachsen den Kontakt fortgesetzt und Erasmus 1520 ein Geschenk überbringen lassen. Am Hof Georgs in Dresden und an der Universität Leipzig hatte sich ein Kreis von Humanisten zusammengefunden, zu denen der Gräzist Petrus Mosellanus, der Mediziner Heinrich Stromer und die Juristen Simon Pistoris und Georg von Breitenbach zählten.[572] Die meisten von ihnen hatten zeitweilig italienische Universitäten besucht. Der Erasmianer Simon Pistoris

---

[567] CWE 9, Ep. 1352, Zeile 72–79.
[568] CWE 9, Ep. 1352, Zeile 78–79.
[569] CWE 9, Ep. 1352, Zeile 127–132.
[570] CWE 9, Ep. 1352, Zeile 149–159.
[571] Schoeck, Erasmus of Europe (1993), S. 275 f.
[572] CWE 8, Ep. 1125. (Brief aus Löwen an Herzog Georg von Sachsen vom 31 Juli 1520). – Vgl. Günther Wartenberg, Zum „Erasmianismus" am Dresdener Hof Georgs des Bärtigen, in: Nederlands Archief voor kerkgeschiedenis 66 (1986), S. 2–16.

wurde 1523 Kanzler am Hof Georgs, und er hatte dieses Amt auch noch unter dessen Nachfolge Moritz bis 1549 inne.[573] Von dem Briefwechsel zwischen Georg und Erasmus bis 1531 sind zwölf Briefe von Erasmus und zehn Briefe von Georg erhalten, von denen sich die meisten im sächsischen Staatsarchiv Dresden befinden.[574]

Von Basel aus nahm Erasmus am 25. Mai 1522 erneut den Kontakt zu Herzog Georg auf.[575] Georg antwortete am 9. Juli aus Dresden.[576] Er sprach das Buch König Heinrichs VIII. gegen Luther an, und er fügte zwei Schriften Luthers in deutscher Sprache bei. Auch Georg drängte Erasmus, gegen Luther zu schreiben: „Steh auf, gelehrter Erasmus, und um der Liebe Jesu Christi willen biete die ganze Kraft deiner Gaben auf, um dieser Herausforderung nachzukommen."[577] Erasmus antwortete Georg am 3. September aus Basel. Zum Streit um Luther bemerkte er: „Luther, das lässt sich nicht leugnen, hatte die beste Sache angefangen und begonnen, sich unter dem Beifall der Welt für Christus einzusetzen, der schon vergessen war. Hätte er nur eine so wichtige Sache ernster und ruhiger, gemäßigter in Stimmung und Sprache geführt!"[578]

Die beiden deutschen Bücher von Luther, die ihm Georg geschickt habe, könne er leider nicht lesen, da er das Deutsche nicht genügend beherrsche. Man müsse auch nicht auf alles entgegnen: „Ich halte es für sehr töricht, die herauszufordern, die man nicht bezwingen kann." Auch die Bischöfe müssten sich sorgfältig überlegen, wie sie auf die lutherische Herausforderung reagieren wollten.[579] Erasmus hatte auch gegenüber Georg deutlich gemacht, dass er nicht bereit war, sich in den religiösen Parteienstreit hineinziehen zu lassen. Georg respektierte den Wunsch, jedenfalls vorläufig.[580]

In seiner Ablehnung Luthers und der lutherischen Bewegung unterschied sich Georg von seinen Vettern Friedrich und Johann im ernestinischen Teil Sachsens, aber auch von seinem eigenen Bruder Heinrich, der später, nach Georgs Tod 1539 als dessen Nachfolger die Reformation auch im albertinischen Teil Sachsens einführte. Die Heiligsprechung des mittelalterlichen Bischofs Benno von Meißen, die Georg mit erheblichem finanziellen Aufwand im Jahre 1523 in Rom erreicht hatte[581], um ihn als Landesheiligen Sachsens zu proklamieren, wurde in Wittenberg als Affront gegen die Refor-

---

[573] Michael Erbe, Simon Pistoris, in: BR 3, 96 f.
[574] Erasmus' letzter Brief an Georg (vom 15. Mai 1531 aus Freiburg) enthält eine Würdigung seines Nürnberger Freundes und Humanisten Willibald Pirckheimer, der am 22. Dezember 1530 gestorben war (CWE 18, Ep. 2493).
[575] CWE 9, Ep. 1283.
[576] CWE 9, Ep. 1298.
[577] CWE 9, Ep. 1298.
[578] CWE 9, Ep. 1313; Köhler, Erasmus: Briefe, S. 307 f.
[579] CWE 9, Ep. 1313; Köhler, Erasmus: Briefe, S. 310.
[580] Brief Georgs an Erasmus aus Dresden vom 25.1.1523 (CWE 9, Ep. 1340).
[581] Vgl. Reichel, Herzog Georg der Bärtige und Erasmus von Rotterdam, S. 40 f.

mation verstanden.[582] Noch vor der feierlichen Erhebung Bennos im Meißener Dom im folgenden Jahr hatte Luther seine Flugschrift „Wider den neuen Abgott und alten Teufel, der zu Meißen soll erhoben werden" verbreiten lassen.[583] Die Auseinandersetzungen zwischen sächsischen Katholiken und sächsischen Lutheranern nahmen Züge eines religiösen Kleinkriegs an.[584]

Nach seiner Ankunft in Basel hatte Erasmus zunächst im Haus Johann Frobens „Zum Sessel" am Totengäßlein gewohnt und später von Froben das etwas höher gelegene Haus „Zur alten Treu" am Nadelberg gemietet. Das geräumige Haus befand sich in der Nähe der Peterskirche und war nicht weit von der Druckerei Frobens entfernt. Hier wohnte er von 1522 bis 1529.[585] Erstmals lebte Erasmus im Wohlstand, was auch sein Testament von 1527 belegt. Den Haushalt führte die resolute Margarete Büsslin, die Erasmus auch 1529 nach Freiburg begleitete. Er hatte Diener, Gehilfen und Boten, die alle zusammen eine „familia" bildeten, und er konnte Besucher von auswärts empfangen, die häufig bei ihm eintrafen.[586] 1522 besuchte Erasmus den mit ihm befreundeten Konstanzer Domherren Johann Botzheim. In einem Bericht über diesen Besuch in einem Brief an Laurin zeichnete er ein malerisches Bild von der Landschaft am Bodensee.[587] Er vereinbarte mit Botzheim, diesem einen kommentierten Katalog seiner Publikationen zu übersenden. Er wurde 1523 als eine Art Autobiografie gedruckt und im folgenden Jahr ergänzt.[588]

1522 bot Ulrich Zwingli Erasmus das Bürgerrecht der Stadt Zürich an. Zwingli hatte inzwischen als Leutpriester am Großmünsters zusammen mit dem Rat eine Kirchenreform eingeleitet. Erasmus lehnte ab: „Ich danke dir sehr für deine Zuneigung und die deiner Stadt. Ich wünsche ein Bürger der Welt zu sein, allen gemeinsam, oder besser, für alle ein Fremder."[589] Erasmus spürte, dass er in die Züricher Kirchenreform eingebunden werden sollte.[590]

Kaiser Karl V. hatte er die Paraphrase des Matthäus-Evangeliums und seinem Bruder Erzherzog Ferdinand die Paraphrase des Johannes-Evangeliums

---

[582] Christoph Volkmar, Die Heiligenerhebung Bennos von Meißen (1524/24). Spätmittelalterliche Frömmigkeit, landesherrliche Kirchenpolitik und reformatorische Kritik im albertinischen Sachsen in der frühen Reformationszeit, Münster 2002.

[583] Martin Luther, Wider den neuen Abgott und alten Teufel, der zu Meißen soll erhoben werden (1524) in: D. Martin Luthers Werke. Kritische Gesamtausgabe, Bd. 15 (1899), S. 183–198.

[584] Volkmar, Die Heiligenerhebung Bennos von Meißen (1524/24), S. 161–180.

[585] Erasmus von Rotterdam (Ausstellungskatalog, Basel 1986, S. 130 f.

[586] Vgl. Franz Bierlaire, La familia d'Érasme, Paris 1968; Schoeck, Erasmus of Europe (1993), S. 283–287.

[587] CWE 9, Ep. 1342, Zeile 419–448. (13.2.1523).

[588] Catalogus omnium Erasmi lucubrationum (CWE 9, Ep. 1341A [S. 291–364]).

[589] CWE 9, Ep. 1314, Zeile 1 f.

[590] Brief vom September 1522 (CWE 9, Ep. 1314).

gewidmete.[591] Hinzukamen die erweiterte Ausgabe der „Kolloquien" und seine Ausgabe des Kirchenlehrers „Hilarius von Poitiers".

Erasmus begann, eine Bilanz seines bisherigen Lebens zu ziehen und seine älteren, noch unveröffentlichten Texte herauszubringen. Dazu zählte die Schrift „Über das Schreiben von Briefen" („De conscribendis epistolis"), die er bereits in den Pariser Jahren entworfen hatte. Sie erschien 1522.[592] Solche Handbücher waren nicht neu, sondern sie hatten eine lange Tradition in der Rhetorik und Epistolographie seit der Antike.[593] Aber Erasmus entdeckte in dem Brief eine neue Möglichkeit, die Persönlichkeit zu artikulieren, die in der mittelalterlichen Briefkunst, den „artes dictaminis", verloren gegangen und erst von Petrarca durch das Studium der Briefe Ciceros gleichsam wiederentdeckt worden war. Seitdem war das Schreiben von Briefen charakteristisch für den Stil des Umgangs unter den Humanisten geworden.[594]

Den überkommenen drei Gattungen der Epistolographie, dem *genus deliberativum seu suasorium*, dem *genus demonstrativum* und dem *genus judiciale* aus der klassischen Einteilung der Rhetorik des Herennius (1. Jh. vor Chr.) fügte Erasmus eine neue Gattung hinzu, das *genus familiare*, den persönlichen Brief. Er durchbricht die überkommenen Muster und erlaubt es dem Schreiber, unterschiedlichste Stilmittel einzubringen, um den Adressaten zu erreichen.[595]

Der Brief unter den Gelehrten stiftet eine Gemeinschaft der Humanisten über die regionalen und nationalen Grenzen hinweg. Fremde können sich durch Briefe miteinander bekannt machen. So entsteht eine Sodalität der Gebildeten, die die Landesgrenzen übergreift: „Von solchen Überlegungen lassen sich Gelehrte leiten, wenn sie von weit voneinander entfernten Gebieten aus miteinander korrespondieren und sich zu einer literarischen Gesellschaft und zu Bündnissen der schönen Künste zusammenfinden."[596] Erasmus war sich allerdings durchaus bewußt, dass diese literarische Republik der

---

[591] CWE 9, Ep. 1255 (Brief an Karl V. vom 13. Januar 1522; CWE 9, Ep. 1333 (Brief an den Erzherzog Ferdinand vom 5. Januar 1523).

[592] De conscribendis epistolis, hg. J.-C. Margolin, in: ASD I, 2 (1971), S. 157–579; De conscribendis epistolis Anleitung zum Briefschreiben [Auswahl]. Übersetzt, eingeleitet von Kurt Smolak, in: AS, Bd. 8 (1980); On the Writing of Letters (De conscribendis epistolis), hg. Charles Fantazzi, in: CWE Bd. 25 (1985), S. 1–254. – „De conscrbendis epistolis" enthält auch als Beispielbrief den Brief von Erasmus an seinen Pariser Schüler Christian Northoff aus Lübeck (CWE 1, Ep. 56).

[593] Vgl. Brian Vickers, In Defence of Rbetoric, Oxford 1988, S. 254293. Vickers nennt „De conscribendis epistolis" neben den in der erasmischen Tradition stehenden Werken von Jan Luis Vives „De Epistolis conscribendis" (1533) und von Justus Lipsius „Epistolica Institutio" (1587) das berühmteste Werk der Epistolographie des 16. Jahrhunderts. Erasmus' „Handbuch" erzielte bis 1540 55 Auflagen.

[594] Vgl. Franz Worstbrock, Der Brief im Zeitalter der Renaissance, Weinheim 1983, S. 5 f.

[595] Vgl. Chomarat, Grammaire et Rhétorique chez Érasme, Bd. II, S. 1003–1038.

[596] AS 8, S. 288.

europäischen Humanisten im Widerspruch zur politischen Wirklichkeit des damaligen Europa stand.

So geht Erasmus in dem Widmungsschreiben vom 25. Mai 1522 an den französischen Juristen und Humanisten Nicolas Bérault[597], den er aus Orléans kannte, auf den aktuellen Krieg zwischen Karl V. und Franz I. ein: „Zu meinem größten Leid muss ich sehen, wie der Krieg zwischen Deutschen und Franzosen von Tag zu Tag grausamer wütet. Welch ein Unheil für die ganze Christenheit, dass die zwei mächtigsten Herrscher der Welt in so tödlichem Zwist aneinandergeraten!".[598] Wäre es nicht erträglicher, wenn die beiden Fürsten ihren Streit im Zweikampf austrügen? „Was müssen Bürger und Bauern ertragen, wenn man ihnen den Besitz raubt, sie vertreibt, gefangen nimmt und bestialisch mordet?"[599]

Das verbindende Element der Republik der Gebildeten ist für Erasmus die Gemeinsamkeit der lateinischen Sprache. Für Erasmus hat die Latinität nicht nur die Bildung des antiken Rom überliefert, sondern auch das Christentum.[600] Sein Kampf für die lateinische Bildung führt Erasmus allerdings dazu, die Volkssprachen zu ignorieren. Er hält sie für nicht literaturfähig. Die Volkssprachen seiner Gegenwart, meint er, leisten keinen Beitrag zur Literatur: Erasmus rät, Namen besser aus den Volkssprachen ins Lateinische zu übertragen. [601]

Bezeichnenderweise findet sich in den Schriften und der Korrespondenz des Erasmus kein Name von Autoren der mittelalterlichen nationalsprachlichen Literatur wie Walter von der Vogelweide, Wolfram von Eschenbach oder Chaucer und Villon. Der junge Rabelais wandte sich 1532 in einem Brief an Erasmus und nannte ihn darin sein Vorbild.[602] Im gleichen Jahr erschien unter einem Pseudonym Rabelais' „Pantagruel". Aber Erasmus hat Rabelais anscheinend nicht wahrgenommen, der sich von der Latinität abwandte, um die französische Sprache zu entdecken.[603] Als Thomas More sich entschloss, die Schriften der englischen Protestanten mit seinen eigenen Büchern zu bekämpfen, schrieb er nicht mehr in Latein, sondern ganz selbstverständlich

---

[597] Marie-Madeleine de la Garanderie, Nicolas Bérault (1470–1545), in: BR 1, S. 126–128.
[598] De conscribendis epistolis, AS Bd. 8, S. 47.
[599] AS 8, S. 6 f.
[600] Vgl. Alois Gerlo, The opus de conscribendis epistolis of Erasmus and the Tradition of the Ars Epistolica, in E.E. Bolgar (Hg.), Classical Influences on European Culture A.D. 5001500, Cambridge 1971, S. 103114.
[601] AS 8, S. 136 f.
[602] CWE 19, Ep. 2743.
[603] Harry R. Secor, Rabelais, in: BR 3, S. 128–131. Vgl. W. A. Coupé, „The Beginnings of European Nationalism", in: A. J. Krailsheimer, The Continental Renaissance 15001600, London 1971, S. 99104.

in der englischen Sprache, so beispielsweise in dem „Dialogue Concerning Heresies".[604]

Erasmus' Werbung für die Latinität in „De conscribendis epistolis" fällt in das gleiche Jahr, in dem Luthers deutsche Übersetzung des Neuen Testaments erschien.[605] Auch Erasmus hatte die Übersetzung der Bibel in die Volkssprachen empfohlen. In der „Paraclesis", der Einleitung zur Ausgabe des Neuen Testaments von 1516, heißt es: „Leidenschaftlich rücke ich von denen ab, die nicht wollen, dass die heiligen Schriften in die Volkssprache übertragen und auch von Laien gelesen werden." Er wünsche sich, dass alle Frauen „das Evangelium lesen, auch, dass sie die paulinischen Briefe lesen. .... Wenn doch der Bauer mit der Hand an dem Pflug etwas davon vor sich hin sänge, der Weber etwas davon mit seinem Schiffchen im Takte vor sich hin summte und der Wanderer mit Erzählungen dieser Art seinen Weg verkürzte!"[606]

Unter den frühen Schriften, die Erasmus noch nicht veröffentlicht hatte, befanden sich auch „Antibarbari" und „De contemptu mundi", die 1520 und 1521 gedruckt wurden, sowie die „Colloquia familiaria" („Vertraute Gespräche"). Die Kolloquien waren als lateinische Schülergespräche entstanden, die Erasmus in Paris als Übungstexte benutzt hatte. Beatus Rhenanus hatte ein Manuskript davon aufgetrieben und 1518 bei Froben veröffentlicht. Im folgenden Jahr brachte Erasmus selbst eine korrigierte Fassung bei Martens in Löwen heraus.[607] Die einfachen witzigen Dialoge erwiesen sich schnell als populär.[608] So entstand die Idee, neue Dialoge für ein breiteres Publikum zu schreiben, nicht mehr für Jugendliche, sondern auch für Erwachsene. Die überarbeiteten neuen Ausgaben der Kolloquien erschienen seit 1522 bei Froben. Sie wurden ständig erweitert und immer wieder neu aufgelegt.

---

[604] The Yale Edition of the Complete Works of St. Thomas More, New Haven/London, Bd. 6: A Dialogue Concerning Heresies, hg. Thomas M. C. Lawler, Germain Marc'hadour, Richard C. Marius (1981); Bd. 7: Letter to Bugenhagen, Supplicaton of Souls, Letter Against Frith, hg. Frank Manley, Germain Mar'hadour, Richard Marius, Clarence H. Miller (1990); Bd. 8: The Confutation of Tyndale's Answer, hg. L. A. Schuster, R. C. Marius, J. P. Lusardi, R. J. Schoeck (1973); Bd. 9: The Apology, hg. J. B. Trapp (1979); Bd. 10: The Debellation of Salem and Bizance, hg. John Guy, Ralph Keen, Clarence Miller und Ruth McGugan (1988); Bd. 11 The Answer to a Poisoned Book, hg. Clarence H. Miller/Stephen M. Foley (1985). Vgl. Richard Marius, Thomas Morus. Eine Biographie, Zürich 1987, S. 394–439.

[605] Vgl. Wilhelm Ribhegge, Latein und die nationalen Sprachen bei Erasmus von Rotterdam, Martin Luther und Thomas More, in: Bodo Guthmüller (Hg.), Latein und Nationalsprachen in der Renaissance, Wiesbaden 1998, S. 151–180.

[606] In Novum Testamentum Praefationes. Vorreden zum Neuen Testament, übersetzt, eingeleitet und mit Anmerkungen versehen von Gerhard B. Winkler, in: AS 3 (1967), S. 14–17.

[607] CWE 6, Ep. 909 (Vorwort, Januar 1519).

[608] Erasmus von Rotterdam, Familiarium colloquiorum formulae/Schülergespräche. Lateinisch/deutsch, hg. Lore Wirth Poelchau, Stuttgart 1982.

Die Kolloquien wurden von Anfang an in die Landessprachen übersetzt und über die Jahrhunderte hinweg bis heute nachgedruckt.[609] Indem diese Dialoge die Soziologie Europas zur Zeit der Renaissance, des Humanismus, der Reformation und der Gegenreformation gleichsam als Hintergrundfolie mit abbildeten, wurden die Kolloquien zur „Chronik einer Epoche" (Halkin).[610] In ihnen spiegelt sich der Transformationsprozess, der die europäische Gesellschaft im 16. Jahrhundert erfasste.[611]

Die Welt der Kolloquien besteht nicht nur aus Männern. In dem Dialog „Die Ehe" („Conjugium") beklagt sich eine junge Ehefrau in der Unterhaltung mit ihrer älteren Freundin mit drastischen Worten über das rüpelhafte Verhalten ihres Mannes und sucht bei ihr Rat.[612] In dem Dialog „Der Freier und das Mädchen" („Proci et puellae") führt ein verliebtes Paar einen sophistischen Dialog, bei dem der junge Mann die Freundin mit seinen Argumenten geradezu zur Heirat zwingen will. Sie aber hält ihn mit ebenso scharfsinnigen Argumenten auf Distanz. Ein zentraler Streitpunkt zwischen der alten Kirche und den Lutheranern waren die Klöster und religiösen Orden. Luther hatte 1522 die Schrift „De votis monasticis iudicium" herausgebacht,[613] eine radikale Absage an jede Form des monastischen Lebens. Erasmus war vorsichtiger. Die beiden Dialoge der Kolloquien „Das ehescheue Mädchen" („Virgo misogamos") und „Das reuige Mädchen" („Virgo poenitens") behandeln diese Frage. Dabei betonte Erasmus die individuelle Freiheit der Frau, sich für oder gegen das Kloster zu entscheiden.[614] Es fällt

---

[609] Colloquia, hg. L.-E. Halkin, F. Bierlaire, R. Hoven, in: ASD 1, 3 (1972); Colloquies. Translated and annotated by Craig R. Thompson (CWE Bd. 39 u. 40), Toronto/Buffalo/London 1997; Colloquia Familiaria/Vertraute Gespräche, hg. Werner Welzig, In: AS 6, (1967); Erasmus von Rotterdam, Vertraute Gespräche (Colloquia Familiaria), Übertragen und eingeleitet von Hubert Schiel, Köln 1947. – Vgl. Elsbeth Gutmann, Die Colloquia Familiaria des Erasmus von Rotterdam, Basel/Stuttgart 1967; Craig R. Thompson, Introduction, in: CWE 39, S. XVIII-XLIX; Franz Bierlaire, Érasme et ses Colloques, le livvre d'une vie, Genf 1977; Preserved Smith, A key to the colloquies of Erasmus, New York 1969 (Repr. d. Ausg. von 1927); Schoeck, Erasmus of Europe (1993), S. 236–246 („The Colloquies").

[610] „Die ‚Colloquia'. Chronik einer Epoche" (Halkin, Erasmus von Rotterdam (1989), S. 209-233). – Vgl. Brenda Dunn-Lardeau, Érasme, pédagogue du bonheur, dans les „Colloques", in: Renaissance and Reformation/Renaissance et Réforme, Winter/Hiver 2006, S. 103–118.

[611] Vgl. John Hale, Die Kultur der Renaissance in Europa, München 1994.

[612] Zur Rolle der Frau in den Schriften des Erasmus: Erika Rummel (Hg.), Erasmus on Women, Toronto Buffalo London 1996.

[613] WA 8, S. 573–669.

[614] Vgl. Reinier Leushuis, The Mimesis of Marriage: Dialogue and Intimacy in Erasmus's Matrimonial Writings, in: Renaissance Quarterly, (Winter 2004), S. 1278–1307; Alan W. Reese, Learning virginity: Erasmus' ideal of christian marriage, Bibliothèque d'Humanisme et Renaissance (1995), S. 551–567.

auf, dass sich der unverheiratete Erasmus häufig mit Fragen des ehelichen Lebens beschäftigte.⁶¹⁵

In dem Dialog „Gasthäuser" werden sehr plastisch deutsche und französische Herbergen miteinander verglichen. Das Kolloquium „Convivium poeticum" ist als ein Gastmahl zwischen humanistischen Freunden gestaltet, bei dem auch Erasmus' schlagfertige Haushälterin Margarete eine Rolle spielte, die sich von den Gästen nicht einschüchtern lässt. An anderer Stelle bezeichnet er sie einmal als „meine Xanthippe".⁶¹⁶ Erasmus entdeckte, dass ihm die Popularität der Kolloquien eine ausgezeichnete Möglichkeit bot, zu aktuellen Zeit- und Streitfragen Stellung zu nehmen. In den beiden Dialogen „Soldatenbeichte" und „Der Soldat und der Kartäuser" setzte er sich kritisch mit dem Alltag des Söldnerwesens auseinander.

In den Kolloquien entwickelte Erasmus auch eine zeitgenössische Antwort auf den Streit zwischen Reformation und Gegenreformation. Einer der stärksten Dialoge ist der Dialog „Schiffbruch". Er erschien im August 1523.⁶¹⁷ Bei dem nächtlichen Sturm, der anschaulich beschrieben wird, gerät das Schiff in Seenot und wird steuerlos an die Küste getrieben, wo es strandet und leck geschlagen wird. Als man in der Ferne einen Kirchturm entdeckte, ließ man das Rettungsboot herunter. Dreißig Passagiere sprangen sofort hinein, aber das überladene Boot kentert und alle kommen um. Außer dem Erzähler wurden nur ein älterer Priester und eine Frau mit ihrem Kind gerettet. Man hatte sie auf eine Planke gebunden, und sie hatte sich mit einem Brett an Land gerudert. Die Heldin der Geschichte ist diese tapfere Frau.

Um Kritik an abergläubischen Tendenzen in der Heiligenverehrung geht es auch in dem Dialog „Wallfahren" („Peregrinatio"), der im Februar 1526 erschien. Hier werden Szenen aus Wallfahrsorten wie Walsingham und Canterbury in England und Maria Stein bei Basel geschildert, die Erasmus

---

⁶¹⁵ Erasmus hatte 1518 das „Lob des der Ehe" geschrieben (Erasmus von Rotterdam, Encomium matrimonii/Lob der Ehe (Lateinisch/Deutsch), Ditzingen 2015), das sofort von Löwener Theologen kritisiert wurde, worauf Erasmus mit seiner „Apologia pro declamatione de laude matrimonij" 1519 anwortete (CWE 71, S. 85–95). 1526 schrieb er für Katharina von Aragon auf Bitten William Blounts, ihres Betreuers, die „Christianae matrimonii institutio" (A.G. Weiler (Hg.), ASD V, 6, S. 1–252; CWE 69: The Institution of Christian Matrimony/Institutio christiani matrimonii, translated and annotated by Michael J. Heath, S. 203–438). 1529 veröffentlichte Erasmu die „Vidua Christiana", die Maria von Ungarn, der Schwester Karls V. gewidmet war (Ed. M. Cytowska, ASD V- 6, S. 235–332; CWE 66: On the Christian Widow/De vidua Christiana, translated by Jennifer Tolbert Roberts, annotated by John W. O'Malley and Jennifer Tolbert Roberts, S. 177–257).

⁶¹⁶ „Convivium poeticum", in: Craig R. Thompson, Colloquies (CWE Bd. 39, S. 390–418; CWE 15, Ep. 2202.

⁶¹⁷ Der Dialog bezieht sich vermutlich auf den Schiffbruch eines schottischen Handelschiffs im Januar 1516 vor der Küste Frieslands, bei dem die Mannschaft gerettet wurde. Das Schiff wurde später in den Hafen von Veere gebracht. (Craig R. Thompson, in CWE 39, S. 351–367 („The Shipwreck"); hier: S. 351.

selbst besucht hatte. In dem Dialog „Das Glaubensgericht" („Inquisitio de fide"), der im März 1524 erschien, diskutiert der Katholik Aulus mit dem Lutheraner Barbatius über das Glaubenbenntnis.[618] Zu dieser Zeit arbeitete Erasmus bereits an seiner Schrift über den „freien Willen", seine erste Schrift, in der er sich öffentlich kritisch mit Luther auseinandersetzte.

Das „Glaubensgericht" ist irenisch angelegt. Aulus befragt Barbatius Punkt für Punkt über die Artikel des Apostolischen Glaubensbekenntnisses, um dessen Rechtgläubigkeit zu überprüfen. Am Schluss des Dialogs besteht für ihn kein Zweifel an der Rechtgläubigkeit des Lutheraners: „Als ich in Rom war, habe ich nicht überall einen so reinen Glauben gefunden", erklärt Aulus. Erasmus kam den Lutheranern mit diesem Versuch zu einem Brückenschlag weit entgegen. Eine Abwandlung des „Glaubensgerichts" stellt der lange Dialog „Das Fischessen" in der Ausgabe der Kolloquien vom Februar 1526 dar, der leicht burleske Züge trägt. Hier werden alle aktuellen Streitfragen zwischen Katholiken und Lutheranern von einem Fischhändler und einem Metzger mit Witz und gesundem Menschenverstand durchdiskutiert.[619]

Das Kolloquium „Der Abt und die gebildete Frau" zeigt, wie es Erasmus in den Kolloquien verstand, die großen Streitfragen der Zeit in Rollenspiele aufzulösen, um ihnen dadurch ihre Schärfe zu nehmen. In der Bibliothek begegnet Magdalia dem Abt Antronius. Das Gespräch endet mit dem Ausspruch Magdalias: „Wenn Ihr nicht auf der Hut seid, wird es noch so weit kommen, dass wir in den theologischen Schulen den Vorsitz führen, in den Kirchen predigen und Eure Mitren in Beschlag nehmen."[620] Um den zahlreichen kritischen Äußerungen, besonders von konservativen Theologen, an den Kolloquien zu begegnen, fügte Erasmus seit den Ausgaben von 1526 einen Nachsatz „De utilitate Colloquiorum" („Über den Nutzen der Kolloquien") bei.[621] Auch in Briefen an John Longland, dem Bischof von Lincoln, und Cuthbert Tunstall, inzwischen Bischof von London, verteidigte Erasmus die Kolloquien.[622]

---

[618] Schiel, Erasmus: Vertraute Gespräche, S. 316–332.
[619] AS 6, S. 314–455; Schiel, Erasmus: Vertraute Gespräche, S. 545–617.
[620] AS 6, S. 252–265.
[621] De utilitate Colloquiorum (ASD I-3), S. 735–752; The usefulness of the Colloquies/De utilitate Colloquiorum (CWE 40), S. 1095–1117. – Michele Margetts, Erasmus' „Colloquia": Dramatic Elements Real and Metaphorical, in: Renaissance and Reformation/Renaissance et Réforme, (February/Février 1984), S. 1–18.
[622] CWE 14, 2037 (Brief an Longland vom 1. September 1528); Brief Tunstalls vom 24. October 1529 (CWE 16, Ep., 2226) und Antwort des Erasmus vom 31. Januar 1530 (CWE 16. 2263).

DER ZEHNTE BAND DER „CORRESPONDENCE OF ERASMUS" (CWE 10) UMFASST DIE ZEIT VON APRIL 1523 BIS ZUM DEZEMBER 1524.[623]

Im November 1523 wurde Clemens VII. zum Papst gewählt. Erasmus übersendet ihm die Paraphrase der Apostelgeschichte. In dem Brief an Johann von Botzheim, den Froben im April 1523 unter dem Titel „Catalogus omnium Erasmi Roterdami lucubrationum" druckt, listet Erasmus seine bisherigen Publikationen auf. In Erasmus' Briefwechsel ist Luther das dominierende Thema. Es kommt zum Bruch zwischen Erasmus und Capito. In der Schrift „De libero arbitrio" bezieht Erasmus im September 1524 gegen Luther Stellung.

Im April 1523 brachte Johann Froben einen langen Brief von Erasmus an Johann von Botzheim unter dem Titel „Catalogus omnium Erasmi Roterdami lucubrationum" heraus.[624] Darin listet Erasmus seine bisherigen Publikationen auf. Zugleich regelt er, wie seine Werke nach seinem Tod in zehn Bänden veröffentlicht werden sollen. Zuvor hatte Froben schon 1519 einen kurz gefassten „Lucubrationum index" von wenigen Seiten herausgebracht.

Nach der Wahl Clemens VII. zum Papst übersandte ihm Erasmus im Februar 1524 die Paraphrase der Apostelgeschichte.[625] Zuvor hatte er die Paraphrase des Lukas-Evangeliums an Heinrich VIII. nach England und die Paraphrase des Markus-Evangeliums an Franz I. nach Frankreich gesandt.[626] Sein Freund Tunstall, der inzwischen Bischof von London geworden war, forderte ihn auf, gegen Luther zu schreiben. An Luther löste sich auch die Freundschaft mit Capito auf, der sich von Albrecht von Brandenburg getrennt hatte und nach Straßburg gegangen war, wo er als Propst des St. Thomasstifts bald ein führender Kopf der Straßburger Reformation werden sollte.[627]

Im April 1524 schrieb Luther aus Wittenberg an Erasmus, nachdem bekannt geworden war, dass er ein Buch gegen Luther herausbringen wollte. Luther bat Erasmus, ein „Zuschauer unserer Tragödie" („spectator sis tantum tragoediae nostrae") zu bleiben und nicht gegen ihn zu schreiben. Auch er wolle sich daranhalten. Es habe schon genug an gegenseitigen Beissereien gegeben. Man solle sich nicht gegenseitig vernichten.[628] Fast zur gleichen Zeit hatte Papst Clemens VII. an Erasmus geschrieben, der sich bei ihm für die Übersendung der Paraphrasen der Apostelgeschichte bedankte, die

---

[623] CWE 10: The Correspondence of Erasmus: Letters 1356 to 1534–1523 to 1524, translated by R.A.B. Mynors and Alexander Dalzel, annotated by James M. Estes, Toronto/Buffalo/London 1992.
[624] CWE 9, Ep. 1341 A; Allen 1, S. 1–46.
[625] CWE 10, Ep. 1418.
[626] CWE 10, Ep. 138; CWE 10, Ep. 1403.
[627] Vgl die beiden Briefe von Juni und Juli 1523: CWE 10, Epp. 1368 und 1379.
[628] CWE 10, Ep. 1443.

Erasmus Clemens gewidmet hatte. Er lud wie zuvor schon sein Vorgänger Papst Hadrian VI. Erasmus ein, nach Rom zu kommen. Er habe sich gefreut zu erfahren, dass Erasmus an einem Buch arbeite, dass „die Irrtümer vieler Leute offenlegen" werde.[629] Aus Dresden brachte sich im Mai auch Herzog Georg in Erinnerung. Er beklagte, dass er nicht schon vor zwei Jahren Erasmus habe bewegen können, sich von Luther deutlich zu distanzieren. Seine Unentschiedenheit habe dazu geführt, dass die Öffentlichkeit nicht wisse, was sie von Erasmus zu halten habe.[630]

Am 8. Mai beantwortete Erasmus Luthers Brief in betont kühlem Ton. Es gebe manche Stellen in Luthers Schriften, bei denen er meine, dass Luther dabei vom Satan irregeleitet worden sei, andere wiederum, die ihm gut gefielen. Leider müsse er beobachten, wie unter denen, die sich jetzt auf den Namen des Evangeliums stürzten, auch einige heruntergekommene und aufrührerische Gestalten seien. Sie trieben die Wissenschaften in den Ruin. Er sehe, wie alte Freundschaften zerbrächen und befürchte, dass ein blutiger Konflikt ausbrechen werde. Warum rege sich Luther darüber auf, wenn jemand mit ihm diskutieren wolle?[631]

Das lang erwartete Buch von Erasmus gegen Luther erschien im September 1524 bei Froben unter dem Titel „Über den freien Willen" („De libero arbitrio").[632] Es fiel etwas anders aus, als viele erwartet hatten. Erasmus spielte die Kontroverse bewußt herunter, die er verharmlosend „conflictatiuncula" nannte. Er verstand die Schrift als „Diatribe", als eine Abhandlung. Es war diesmal kein Dialog. Schon durch die Auswahl des alten Streitthemas „Freiheit und Gnade" aus der theologisch-philosophischen Tradition unterschied sich die Schrift merklich von den bisherigen katholischen Kampfschriften gegen Luther. Sie unterschied sich auch von dem Stil der Streitschriften Luthers, deren Titel oft bewußt zugespitzt waren. Ironisch bemerkte Erasmus, dass Luther nicht empört sein könne, wenn sich einer von ihm distanziert, da er selbst nicht nur Entscheidungen der Kirchenlehrer, sondern auch der Universitäten, Konzilien und Päpste bestreite.[633] Beiläufig erwähnte er, dass er Luther persönlich nicht kenne.

Die Frage nach dem Verhältnis von göttlicher Gnade und menschlicher Willensfreiheit war seit Jahrhunderten eine zentrale Frage christlicher Theologie gewesen. Erasmus wog die Fragestellung am Beispiel zahlreicher Autoren und unter Auslegung vieler Bibelstellen aus dem Alten und dem

---

[629] CWE 10, Ep. 1443B.
[630] CWE 10, Ep. 1448.
[631] CWE 10, Ep. 1445.
[632] „De libero arbitrio DIATRIBE sive collatio", hg. Winfried Lesowsky, in: AS 4 (1969), S. 1–195; hier: S. 4; CWE 76: A Discussion of Free Will/De libero arbitrio Diatribe sive collation, translated by Peter Macardle, annotated by Peter Macardle, Clarence H. Miller, and Charles Trinkaus, Toronto/Buffalo/London 1999, S. 1–89.
[633] AS 4, S. 5.

Neuen Testament ab. Er kam zu dem Ergebnis, dass Gott dem Menschen ein Moment von Freiheit gelassen habe: „Pelagius scheint dem freien Willen mehr als nötig zuzuschreiben, Scotus schreibt ihm reichlich viel zu. Luther verstümmelte ihn zunächst nur, indem er ihm den rechten Arm abschnitt, und dann nicht einmal damit zufrieden, brachte er den freien Willen um und beseitigte ihn völlig. Ich billige die Meinung jener, die dem freien Willen einiges zuschreiben, aber der Gnade das meiste."[634] Denn wozu sei der Mensch gut, wenn Gott ihn nur bearbeite wie der Töpfer den Ton oder der Bildhauer einen Stein?[635] Die Bibelstellen, fügte er hinzu, seien oft dunkel und widersprüchlich und er werde sich deshalb hüten, feste Behauptungen („assertiones") aufzustellen. Das war die Antwort des christlichen Bibelhumanisten an den Reformator Luther.[636]

Erasmus versandte die Schrift sogleich an Freunde in Rom, England und Polen, übrigens auch an Melanchthon nach Wittenberg. Am 6. September 1524 informierte er Herzog Georg in Dresden, dass er auch von Heinrich VIII. und Papst Clemens VII. dazu aufgefordert worden sei, gegen Luther zu schreiben. Den entscheidenden Anstoß für ihn habe aber das abstoßende Verhalten einiger der Neuerer gegeben, gegenüber deren Pharisäertum er dann doch die Päpste und Bischöfe vorziehe.[637] Offensichtlich dachte er dabei an die zunehmende Radikalisierung eines Teils der Lutheraner und auch an seinen jüngsten Konflikt mit Ulrich von Hutten, den er auch in seinem Antwortbrief an Luther erwähnt hatte. Kritisch beobachtete Erasmus inzwischen die reformatorische Entwicklung in den Städten Zürich, Straßburg und auch in Basel.[638] Radikalere Reformer in diesen Städten wie Capito, Hedio, Oekolampad und Zwingli, schrieb Erasmus im September an Spalatin, würden ihn schon allein deswegen angreifen, weil er sich nicht zu Luther bekenne.[639]

Ähnliche Klagen trug Erasmus in einem längeren Brief an Melanchthon vom 6. September vor. Er schätzte Melanchthon offensichtlich als vertrauenswürdig ein. Ausführlich beschrieb Erasmus ihm sein schwieriges Verhältnis

---

[634] AS 4, S. 188 f.
[635] AS 4, S. S. 191.
[636] Vgl. Volker Leppin, Martin Luther, Darmstadt 2006, S. 246–257 („Der Streit mit Erasmus"); Augustijn (1986), S. 121–130 („Der Streit über die Willensfreiheit"); Marjorie O'Rourke Boyle, Rhetoric and Reform: Erasmus' Civil Dispute with Luther, Cambridge, Mass. / London 1983; Peter Walter, Theologie aus dem Geist der Rhetorik. Zur Schriftauslegung des Erasmus von Rotterdam, Mainz 1991, S. 94 f.
[637] CWE 10, Ep. 1495.
[638] CWE 10, Ep. 1379 (Brief an Tunstall), 1429, 1477 (Briefe an den Stadtrat von Straßburg vom 13. März 1524 und 23. August 1524) und an den Stadtrat von Basel vom August 1524 (CWE 10, Ep. 1477 A).
[639] CWE 10, Ep. 1497.

zur katholischen Seite.⁶⁴⁰ Melanchthon hatte das Signal verstanden. Er antwortete am 30. September. Erasmus könne sich darauf verlassen, dass er seine Informationen streng vertraulich behandeln werde. Er zeigte Verständnis für Erasmus' schwierige Lage zwischen den Fronten. Seine „Diatribe" sei in Wittenberg „gelassen" („aequissimis animis") aufgenommen worden. Sie enthalte einige Spitzen gegen Luther. Er nehme aber an, dass Luther das ertragen könne. Er könne ihm auch sagen, dass Luther nicht mit den radikalen Reformatoren sympathisiere.⁶⁴¹

In seinem Antwortbrief an Melanchthon vom 10. Dezember zeigte sich Erasmus erleichtert über die ruhige Aufnahme seiner Schrift in Wittenberg. Aber er klagte erneut über jene, die „im Namen des Evangeliums" Unruhe erzeugen.⁶⁴² Selbst wenn man einmal annehmen kann, dass Luther mit seinen Lehren recht habe, „aber was ist unnützer für den christlichen Glauben, als wenn man dem ungebildeten Volk einredet und es den Jugendlichen in die Ohren trommelt, dass der Papst ein Antichrist, die Bischöfe und Priester Gespenster und menschliche Satzungen häretisch sind; dass die Beichte verderblich, Werke, Verdienste und menschliche Anstrengungen häretische Vorstellungen sind und dass es keinen freien Willen gibt, sondern alles nur durch die Notwendigkeit bestimmt wird?"⁶⁴³

Der elfte Band der „Correspondence of Erasmus" (CWE 11) erfasst das Jahr 1925.⁶⁴⁴

Luthers Gegenschrift gegen Erasmus „De servo arbitrio" (1525). Erasmus' „Hyperaspistes" (1526). Der Bauernkrieg. Das Auftreten Noël Bédas in Paris. Die Gefangennahme Franz' I. 1525.

Der Eindruck der freundlichen Aufnahme der Diatribe in Wittenberg, den Melanchthon nach Basel übermittelte und den Erasmus gleich weitergab, war allerdings etwas einseitig.⁶⁴⁵ Denn auf Luther traf das keineswegs zu. Er schrieb am 12. November 1524 an Spalatin: „Es ist nicht zu beschreiben, was für einen Ekel ich an dem Büchlein vom freien Willen habe."⁶⁴⁶ Luthers

---

⁶⁴⁰ CWE 10, Ep. 1496.
⁶⁴¹ CWE 10, Ep. 1500.
⁶⁴² CWE 10, Ep. 1523, Zeile 27–31. – Vgl. Karl Heinz Oelrich, Der späte Erasmus, Münster 1961, S. 40 ff.
⁶⁴³ CWE 10, Ep. 1523, Zeile 67–75.
⁶⁴⁴ CWE 11: The Correspondence of Erasmus: Letters 1535 to 1657 – January-December 1525, translated by Alexander Dalzell, annotated by Charles G. Nauert jr, Toronto/Buffalo/London 1994.
⁶⁴⁵ Vgl. Brecht, Martin Luther, Bd. 2, S. 220.- Über Erasmus' Verhältnis zu Melanchthon als „dem zweiten führenden Kopf der Reformation in Wittenberg" vgl. Oelrich, Der späte Erasmus und die Reformation, S. 46 ff.
⁶⁴⁶ Luther Deutsch, hg. Kurt Aland, Bd. 10: Die Briefe, Stuttgart 1959, S. 146.

Antwort verzögerte sich, weil er durch die Herausforderung des Bauernkriegs, der im Sommer 1525 einsetzte, in Anspruch genommen war. Luthers Gegenschrift „De servo arbitrio" („Über den unfreien Willen") erschien erst Ende 1525 im Druck.[647]

Wie stark Luther die Kritik getroffen hatte, zeigte sich daran, dass sich fast ein Drittel seines Textes mit der Persönlichkeit des Erasmus befasste. Gleich zu Beginn erinnerte Luther Erasmus an ihre ersten Kontakte in den Jahren 1519 und 1520. Er hielt Erasmus vor, dass „du meinen Geist und meine Angriffskraft gehemmt und mich bereits vor Beginn des Kampfes müde gemacht hast".[648] Luther habe, formuliert Martin Brecht, „von Anfang an keinen Zweifel" daran gelassen, dass er eine „theologische Disqualifikation des Erasmus" beabsichtige.[649] Luther kritisierte Erasmus' Weigerung, „feste Behauptungen" („assertiones") aufzustellen.[650] Erasmus' Bemühen, biblische Textstellen und theologische Meinungen zu vergleichen und zu überprüfen, um zu einem abschließenden Urteil zu kommen, bedeutet für Luther nichts anderes, als „dass Du in Deinem Herzen eine Gesinnung nährst, die selbst durchaus nicht glaubt, dass ein Gott sei, und heimlich alle verlachst, die das glauben und bekennen. Lass uns Menschen sein, die feste Meinungen haben, sich darum bemühen und an ihnen Freude haben. Du magst es mit Deinen Skeptikern halten, bis Christus Dich auch wird berufen haben. Der Heilige Geist ist kein Skeptiker, er hat nichts Zweifelhaftes oder unsichere Meinungen in unsere Herzen geschrieben, sondern feste Gewissheiten, die gewisser und fester sind als das Leben selbst und alle Erfahrung."[651]

Luther argumentierte persönlich und verletzend und zweifelte selbst die Frömmigkeit und Gläubigkeit des Erasmus an. In der Sache verwarf Luther die Theologie der Willensfreiheit. Luther veranschaulicht seine Vorstellung in dem berühmt gewordenen Bild vom Menschen als „Reittier Gottes": „So ist der menschliche Wille in die Mitte gestellt [zwischen Gott und Satan] wie ein Zugtier. Wenn Gott sich darauf gesetzt hat, will er und geht, wohin Gott will, wie der Psalm [73, 22 f.] sagt ‚Ich bin wie ein Tier geworden und ich bin immer bei dir.'"[652]

---

[647] Martin Luther, De servo arbitrio, hg. A. Freitag, in: D. Martin Luthers Werke. Kritische Gesamtausgabe (WA) Bd. 18, Weimar 1908, S. 551–787; Vom unfreien Willen, in: Luther Deutsch, hg. Kurt Aland, Bd. 3, Stuttgart/Göttingen 1961, S. 1953–2270.
[648] Luther Deutsch, Bd. 3, S. 2239 (WA 18, S. 600).
[649] Brecht, Martin Luther, Bd. 2, S. 222.
[650] Luther Deutsch 3, S. 2239 (WA 18, 787).
[651] Luther Deutsch 3, S. 1968 (WA 18, 605).
[652] Luther Deutsch 3, S. 2024 (WA 18, 635). – Vgl. Heiko A. Oberman, Luther. Mensch zwischen Gott und Teufel, München 1986, S. 232; Anthony Levy, Renaissance and Reformation. The Intellectual Genesis, New Haven/London 2002, S. 285–305 („Protestantism: The Defeat of Erasmus"); Bruce Mansfield, Erasmus in the Twentieth Century: Interpretations c 1920–2000, Toronto/Buffalo/London 2004, S.

Als Erasmus Ende 1525 Luthers „Der servo arbitrio" erhielt, war er über die beleidigende und persönlich verletzende Art, in der Luther geschrieben hatte, äußerst empört. Innerhalb von zehn Tagen verfasste er eine Gegenschrift, die unter dem Titel „Hyperaspistes" („Schildträger") noch rechtzeitig zur Frankfurter Frühjahrsmesse erscheinen konnte.[653] Als sich Luther schließlich auch noch mit einem Brief direkt an Erasmus wandte, schrieb Erasmus ihm sofort zurück.[654] Warum habe Luther nicht zuvor schon mit der gleichen Heftigkeit auf die Angriffe anderer wie Fisher und Cochläus auf ihn reagiert? Wie komme Luther dazu, ihn als Atheisten, Epikureer und Skeptiker zu bezeichnen und ihm sogar das Christsein abzusprechen?[655] In Anspielung an den jüngsten Bauernkrieg hielt Erasmus Luther vor, er bringe alles in Verwirrung, das Geistliche wie das Profane.

Ebenso scharf schrieb Erasmus am 2. März 1526 an Luthers Landesherrn Kurfürst Johann von Sachsen, der inzwischen die Nachfolge seines verstorbenen Bruders Friedrich angetreten hatte.[656] Dem lateinischen Brief an Johann war gleich eine deutsche Übersetzung beigefügt. Er habe, schrieb Erasmus, sich große Mühe gegeben, in seinem Buch über den „Freien Willen" jeden persönlichen Angriff auf Luther zu vermeiden.[657] Dennoch habe Luther darauf mit einem großen Buch voller Schmähungen geantwortet. Luther mache aus ihm einen gottlosen Lukian, ein Mastschwein aus der Schar Epikurs, einen Verächter der Heiligen Schrift und einen Zerstörer und Feind des christlichen Glaubens. Er hänge ihm Lästerungen an, die man nicht einem Türken oder Mohammedaner zuweisen würde. In 12 000 Exemplaren werde nun durch Luthers Buch in alle Welt verbreitet, dass Erasmus nicht an Gott glaube und die Heilige Schrift lächerlich mache.

Erasmus' Appell an den Kurfürsten Johann blieb wirkungslos. Offensichtlich schätzte er die Haltung des kurfürstlichen Hofes gegenüber Luther

---

120–130; Jean Boisset, Erasme et Luther: Libre ou serf arbitre?, Paris 1962; John O'Malley, Erasmus and Luther. Continuity and Discontinuity as Key to Their Conflict, in: Sixteenth Century Journal 5 (1974), S. 47–65; Richard Marius, Martin Luther. The Christian Betweeen God and Death, Cambridge (Mass.) 1999, S. XII und S. 442–468 („The Attack on Erasmus").

[653] CWE 12, Ep. 1667 (Vorwort). – CWE 76: A Warrior Shielding A Discussion of Free Will against The Enslaved Will by Martin Luther, book one/Hyperaspistes liber unus, translated by Clarence H. Miller, annotated by Clarence H. Miller and Charles Trinkaus, Toronto/Buffalo/London 1999, S. 91–297.

[654] CWE 12, Ep. 1688 (Brief an Luther vom 11. April 1526).

[655] CWE 12, Ep. 1688, Zeile 32–40.

[656] CWE 12, Ep. 1670.

[657] CWE 12, Ep. 1670. – In der beigegebenen deutschen Übersetzung des Briefs, die die Edition von Allen wiedergibt, heißt wörtlich: „Aber gegenn sollicher miner bescheidenheit hat doctor Luther lassen vszgan [ausgehen] ein buch allenthalb also vol gespeysz, schmutzwort, nachred, tröwung vnnd lesterung, das inn allen sinen bucherenn vormals vszgangen nit als vil boszhafftiger schmutzred vnnd schimpffierung ist als inn dem eynigen."

völlig falsch ein. Der Kurfürst legte Luther und Melanchthon Erasmus' Brief vor und bat sie um eine Stellungnahme. Zugleich untersagte er eine Veröffentlichung des Erasmus-Briefs.[658] In seiner Antwort riet Luther Johann, er solle sich von der „Viper" Erasmus nicht in diese Angelegenheit hineinziehen lassen.[659] Anscheinend hat Johann Erasmus' Brief nie beantwortet.[660] Dagegen drängte Johanns Vetter Herzog Georg Erasmus, den Kampf gegen Luther fortzusetzen.[661] Nach dem Erscheinen des „Hyperaspistes" rieten auch Georgs Sekretär Hieronymus Emser und dessen Kanzler Simon Pistoris Erasmus, weiter zu kämpfen. Aber Erasmus wehrte ab. Er schrieb an Emser, bereits seine Diatribe habe die Lutheraner nur zu größerem Wahnsinn getrieben[662], und in Briefen an Georg und Pistoris bezweifelte er, ob eine Fortsetzung dieser Art der Auseinandersetzung mit Luther zu irgendetwas führe.[663] Zur gleichen Zeit musste sich Erasmus auch noch gegen seine katholischen Kritiker in Frankreich und Spanien wehren.

Auch aus England drängten ihn die Freunde Cuthbert Tunstall, inzwischen Bischof von London, und Thomas More, den Kampf gegen Luther fortzusetzen. Am 18. Dezember 1526 forderte ihn More zu weiteren scharfen Angriffen auf Luther auf.[664] Aber Erasmus dachte nicht daran, sich, wie More mit dessen Schriften gegen die englischen Protestanten in das Schlachtengetümmel zwischen Häretikern und Anti-Häretikern einzureihen.[665] Er antwortete More im März 1527: „Ihr beide [Tunstall und More] überredet Euch gegenseitig, ein Generalangriff von mir gegen Luther zeitige großartigen Wirkungen. Aber ich bin mir fast sicher, dass ich nur in ein Wespennest stäche."[666] Nachdenklich fügte Erasmus hinzu: „Obwohl ich irgendeinen früheren Zustand der jetzigen chaotischen Lage vorzöge, musste doch die Welt aus ihrem leblosen Ritual, in dem sie schlummerte, erweckt werden. ... Gott

---

[658] Brief Kurfürst Johanns an Luther vom 21. April 1526 (D. Martin Luthers Werke. Kritische Gesamtausgabe: Briefwechsel Bd. 4, Weimar 1933, S. 57 f.).
[659] Brief Luthers an Kurfürst Johann vom 23. April 1526 (Luthers Werke: Briefwechsel Bd. 4, S. 61 f.).
[660] Vgl. Brecht, Martin Luther, Bd. 2, S. 232.
[661] Brief vom 16. April 1526 aus Leipzig (CWE 12, Ep. 1691).und Brief vom 1. Januar 1527 aus Dresden (CWE 12, Ep. 1776).
[662] Brief an Emser vom 19. März 1526 (CWE 12, Ep. 1683).
[663] Briefe an Georg von Sachsen und Simon Pistoris vom 2. September 1526 (CWE 12, Epp. 1743, 1744). – Vgl. Akten und Briefe zur Kirchenpolitik Herzog Georgs von Sachsen, hg. Felician Gess, Bd. 2: 1525–1527, Leipzig 1917.
[664] CWE 12, Ep. 1770.
[665] Marius, Thomas Morus, S. 408–439 („Der öffentliche Verteidiger des Glaubens").
[666] Thomas Morus, Briefe der Freundschaft mit Erasmus. Übersetzt, eingeleitet und kommentiert von Hubertus Schulte Herbrüggen, München 1985, S. 261; CWE 13, Ep. 1804.

sei der Chorführer dieser stürmischen Komödie. Er ist es, der uns mit diesen Grashüpfern, Fliegen und Heuschrecken so plagt, wie wir es verdienen."[667]

Schärfer als andere erkannte Erasmus offensichtlich schon sehr früh, dass die Politisierung der religiösen Auseinandersetzung, wie sie inzwischen von beiden konfessionellen Lagern aus betrieben wurde, zu einer gefährlichen Ideologisierung der Politik führen musste. In den folgenden Jahren warnte Erasmus davor, dass der Krieg der Flugschriften leicht in einen Krieg der Waffen umschlagen könne.[668]

Der Streit um den „freien Willen" und den „unfreien Willen" fiel zeitlich mit dem Bauernkrieg zusammen. In Sachsen wurde Luther mit dem Auftreten Thomas Müntzers konfrontiert, der bald eine führende Rolle als Prediger des Bauernaufstands in Thüringen spielen sollte. Müntzer kritisierte offen Luther. Er nannte ihn das „sanftlebende Fleisch von Wittenberg". Im August 1524 warnte Luther in einem Brief an die sächsischen Fürsten vor dem „aufrührerischen Geist" Müntzers.[669] Im Juli 1524 kam es zu den ersten Aufständen am Bodensee und in Oberschwaben, die sich später auf das Elsass, Franken und Thüringen und schließlich auch auf die Alpengebiete in Österreich ausweiteten.

Als Luther vom Auftreten Thomas Müntzers in Thüringen erfuhr, warnte er in einem Sendbrief die Bürgermeister und den Rat der Stadt Mühlhausen vor, „diesem falschen Geist und Propheten", der in Schafskleidern daher gehe und inwendig ein reißender Wolf sei.[670] Das Tischtuch unter den Evangelischen war zerschnitten. Müntzer betitelte Luther seitdem nur noch als „Vater Leisentritt", „wittenbergischen Papst" und „Dr. Lügner". Die schwäbischen Bauern hatten inzwischen in den „Zwölf Artikeln" ihre Forderungen als reformatorisches Programm aufgestellt und diese auch aus der Heiligen Schrift begründet. Luther antwortete darauf im Mai 1525 mit dem Sendbrief „Ermahnung zum Frieden auf die Zwölf Artikel."[671]

Der katholische Herzog Georg von Sachsen und sein lutherischer Schwiegersohn Landgraf Philipp von Hessen stellten Truppen zusammen, um den Aufstand der Bauern in Thüringen niederzuwerfen. Nach dem Ausbruch der Kämpfe in Thüringen brachte Luther die Schrift „Wider die räuberischen und mörderischen Rotten der Bauern" heraus.[672] Darin rief er die Fürsten

---

[667] Morus, Briefe der Freundschaft mit Erasmus, S. 269 f.; CWE 13, Ep. 1804, Zeile 127–130 und 142–146 (Brief vom 30. März 1527).
[668] CWE 15, Ep. 2133. (Brief an Johannes Vergara in Spanien vom 24. März 1529).
[669] Martinus Luther, Eyn brieff an die Fürsten zu Sachsen von dem auffrurerischen geyst, Wittenberg 1524, in: Die lutherischen Pamphlete gegen Thomas Müntzer, hg. Ludwig Fischer, München 1976, S. 1–12.
[670] Die lutherischen Pamphlete gegen Thomas Müntzer, S. 14 f.
[671] Ermahnung zum Frieden auf die zwölf Artikel der Bauernschaft in Schwaben 1525, in: Otto Clemen, Luthers Werke in Auswahl, Bd. 3, Berlin 1934, S. 47–68.
[672] Wider die räuberischen und mörderischen Rotten der Bauern, 1525, in: Clemen, Luthers Werke in Auswahl, Bd 3, S. 69–93.

auf, den Aufstand niederzuschlagen. Vor die Wahl gestellt, für die Fürsten oder für den gemeinen Mann Partei zu ergreifen, entschied sich Luther für die Fürsten.[673]

Am 15. Mai 1525 wurde der thüringische Aufstand in der Schlacht von Frankenhausen niedergeworfen. Angeführt von dem 35-jährigen Thomas Müntzer hatten die Aufständischen in ihrer Wagenburg den Pfingsthymnus „Komm Heiliger Geist" angestimmt. Sie wurden von den mit Kanonen ausgestatteten fürstlichen Truppen regelrecht niedergemetzelt. Müntzer wurde gefangen genommen, verhört und am 27. Mai hingerichtet. Bis zum Ende des Jahres 1525 waren in den meisten Gebieten des Reichs die Bauernaufstände entweder niedergeschlagen oder durch Verhandlungen beendet. Der Bauernkrieg hat lange Spuren der historischen Erinnerung bis hin zu dem Geschichtspanorama in dem Museum von Frankenhausen hinterlassen.[674]

Auf dem Höhepunkt des Bauernkriegs berichtete Botzheim an Erasmus am 5. Mai 1525: „Hier bei uns gibt es nur Kämpfe und Blutvergießen. Die gerüsteten Fürsten wüten und die Bauern werden wild und sie sind wie verrückt, obwohl viele von ihnen sich auf Verhandlungen eingelassen und sich beruhigt haben."[675] Aus Württemberg habe er erfahren, dass dort die Bauern gegen den Adel gewütet hätten. Im Oktober 1525 erwähnte Erasmus in einem Brief, dass in dieser Katastrophe ungefähr 100 000 Bauern „in den Orkus" geschickt worden seien.[676] Erasmus sah in dem blutigen Abschlachten der Bauern eine Barbarei. Am 1. Juli 1525 schrieb er an Adrian Barland nach Löwen: „Ich sehe unsere Gesellschaft in eine Barbarei nach der Art der Türken versinken. Und vielleicht sind es gerade die Fürsten, denen dieser Zustand gar nicht missfällt. Hier in unserer Gegend hat sich eine blutige Tragödie bei den Bauern abgespielt. Ich weiß nicht welche Katastrophe noch kommen wird."[677]

In der Korrespondenz des Erasmus nahm die Abwehr seiner katholischen Kritiker seit den 1520er Jahren einen immer breiter werdenden Raum ein.[678] In Frankreich hatte Erasmus durch den Einfluss Budés auf den französischen König Franz I. einen Rückhalt am königlichen Hof, der ihn vor Angriffen aus den Reihen konservativer Theologen schützte.[679] Der Kreis der französischen Humanisten hatte versucht, Erasmus dafür zu gewinnen, sich in Frankreich

---

[673] Marius, Martin Luther. S. 414–435 („The Peasants' Rebellion").
[674] Peter Blickle, Der Bauernkrieg. Die Revolution des Gemeinen Mannes, München 1998.
[675] CWE 11, Ep. 1574, Zeile 30–36.
[676] CWE 11, Ep. 1633, Zeile 20 f.
[677] CWE 11, Ep. 1584, Zeile 21–27. – C.G. van Leijenhorst, Adrianus Cornelli Barlandus, in: BR 1, S. 95 f.
[678] Rummel, Erasmus and his Catholic critics, Bd.1 und Bd. 2.
[679] Robert J. Knecht, Un prince de la Renaissance. François Ier et son royaume, Paris 1998, S. 154 f. u. S. 162–164.

niederzulassen.[680] Eine neue Situation trat ein, als Franz I. im Frühjahr 1525 in Oberitalien die Schlacht von Pavia gegen die Truppen Kaiser Karls V. verlor. Franz wurde gefangen genommen, und Karl veranlasste, dass er nach Spanien gebracht wurde, wo er ein Jahr lang in Madrid gefangen gehalten wurde. Die Gegner des Erasmus in Paris erkannten das Machtvakuum, das jetzt entstanden war, und sie nutzten es.

1525 erschien in Paris die Schrift „De tralatione Bibliae" des Kartäusers Pierre Cousturier (Sutor). Darin wurde Erasmus' Übersetzung des Neuen Testaments heftig kritisiert.[681] Von dem Pariser Drucker Resch, der einen Druck der Paraphrase des Erasmus zum Lukas-Evangelium vorbereitete[682], hatte Erasmus außerdem erfahren, dass Noël Béda, der Syndikus der Pariser theologischen Fakultät, eine Liste von Irrtümern in der Lukas-Paraphrase des Erasmus zusammengestellt hatte.[683] Für den Druck der Schrift wurde die Druckerlaubnis des Pariser Parlaments benötigt, das in solchen Fällen zuvor ein Votum der Pariser theologischen Fakultät einholte. In diesem Zusammenhang hatte Béda die Liste von rund 50 Irrtümern in der Paraphrase des Lukas-Evangeliums zusammengestellt, und die Fakultät hatte ihre Zustimmung zu dem Druck verweigert.[684] Francois Deloynes, Mitglied des Pariser Parlaments, ein Humanist und Anhänger des Erasmus, hatte Erasmus die Irrtumsliste Bédas zugesandt.[685] Im April 1525 schrieb Erasmus an Béda und sprach ihn direkt darauf an.[686] Béda antwortete Erasmus bereits am 31. Mai aus Paris mit einem langen Brief, in dem er seine theologischen Bedenken gegenüber verschiedenen Aussagen in den Schriften des Erasmus an einer Reihe von Einzelbeispielen darlegte.[687]

Inzwischen waren verschiedene lateinische Schriften des Erasmus ins Französische übersetzt worden, darunter auch das Kolloquium „Das Glau-

---

[680] Charlier, Érasme et l'amitié, S. 214–217.
[681] James K. Farge, Pierre Cousturier, in: BR 1, S. 352 f. Erasmus antwortete auf die Kritik Cousturiers (Sutor) mit der Schrift „Apologia adversus debacchationes Petri Sutoris". (LB IX (Leiden 1706, Nachdruck: Hildesheim 1962), S. 739–804. Vgl. Rummel, Erasmus and his Catholic critics, Bd. 2: 1523–1536, Nieukoop 1989, S. 61–79 („Pierre Cousturier and Josse Clichtove").
[682] Vgl. Friedhelm Krüger, Humanistische Evangelienauslegung. Desiderius Erasmus von Rotterdam als Ausleger der Evangelien in seinen Paraphrasen, Tübingen 1988, S. 23–28 („Die Paraphrasierung der Schrift").
[683] James K. Farge, Noël Béda (1470–1537), in BR 1, S. 116–118; Rummel, Erasmus and His Catholic Critics, Bd. 2, S. 29–59 („Noël Béda and the Paris faculty of theology").
[684] Erika Rummel, Why Noel Beda did not like Erasmus' paraphrases, in: Hilmar Pabel und Mark Vessey (Hg.), Holy Scripture Speaks. The Production and Reception of Erasmus' Paraphrases on the New Testament (Erasmus Studies), Toronto/Buffalo/London 2002. S. 265–278.
[685] Marie-Madeleine de la Garanderie, François Deloynes, in: BR 1, S. 1385 f.
[686] CWE 11, Ep. 1571.
[687] CWE 11, Ep. 1579. – Vgl. Charlier, Érasme et l'amitié, S. 268 f.

bensgericht" („Inquisitio de fide"). Der bekannteste Übersetzer war Louis de Berquin.[688] Es scheint, dass gerade die Übersetzungen den eigentlichen Stein des Anstoßes für die Theologen der Sorbonne bildeten, weil dadurch das einfache Volk in der Landessprache angesprochen wurde. Es sei gefährlich, argumentierte Béda, das ungebildete Volk so direkt anzusprechen. Béda wies auf das Beispiel in der Diözese von Meaux hin, wo der Bischof Guillaume Briçonnet dem Reformtheologen Jacques Lefèvre d'Etaples erlaubt hatte, die Bibel ins Französische zu übersetzen. Dessen Übersetzung des Neuen Testaments war 1524 erschienen und die der Psalmen im folgenden Jahr. Béda spielte darauf an, dass es in demselben Bistum Meaux zu sozialen Unruhen gekommen sei, was schließlich auch den Bischof erschreckt habe.[689] Es ging also bei den Bedenken der Pariser Theologen nicht nur um theologische Streitfragen.

Als weiteres abschreckendes Beispiel nannte Béda die aufständischen Bauern in Deutschland. „Du weißt viel besser als wir darüber Bescheid, ob die Übersetzung der Heiligen Schrift ins Deutsche die Männer und Frauen unter den Bauern wirklich zu größerer Frömmigkeit gebracht hat."[690] Erasmus irre auch, wenn er meine, dass das „Hohe Lied" und Ezekiel in die Landessprachen übersetzt werden solle. Béda informierte Erasmus, dass der zuständigen Kommission der Fakultät soeben die Genehmigung der Druckerlaubnis der Übersetzung einiger Texte von Erasmus ins Französische vorgelegen habe. Darunter befand sich auch der Dialog „Das Glaubensgericht" („Inquisitio de fide"), dessen lateinischer Text im März 1524 erschienen war. Die inkriminierten Stellen der Texte seien in der Kommission laut vorgelesen worden, und alle seien empört gewesen.[691] Offensichtlich wurde die Druckerlaubnis für die Übersetzung verweigert.

Erasmus antwortete Béda in einem noch längeren Brief am 15. Juni 1525 und in einem weiteren Brief am 24. August.[692] Zur Frage der Übersetzung in die Landessprachen bemerkte er: „Mir war bisher kein Dekret der Kirche bekannt, das die Übersetzung der Schrift in die Volkssprache verbietet. Sollte es sie geben, so ist diese Regel überall gebrochen worden, und sie wird bis heute gebrochen. Als Kind las man mir die Heilige Schrift auf Französisch und auf Deutsch [Flämisch?] vor. Außerdem meine ich, dass solche Vorschriften wie medizinische Heilmittel den geänderten Bedürfnissen der Zeiten anzupassen sind."[693]

---

[688] Gordon Griffiths, Louis de Berquin, in: BR 1, S. 135–140.
[689] Vgl. Henry Heller, Meaux, in: The Oxford Encyclopedia of the Reformation, Bd. 3, S. 36–38.
[690] CWE 11, Ep. 1579, Zeile 182–184.
[691] CWE 11, Ep. 1579, Zeile 208–221.
[692] CWE 11, Epp. 1581, 1596.
[693] CWE 11, Ep. 1581, Zeile 819–828.

Zu Bédas Argumentation über die Ursachen des Bauernkriegs bemerkte Erasmus: „Was deine Meinung betrifft, dass der Aufstand der Bauern durch Bücher dieser Art veranlasst wurde, so sprechen hier die Tatsachen, mein Béda, für meine Ansicht. Es haben wohl einige radikale Prediger eine Rolle gespielt, aber ganz überwiegend sind die Aufstände von bestimmten Aufrührern angefacht worden, die zum Aufstand aufriefen. Außerdem gibt es auch noch ganz andere, schwerwiegendere Gründe, die man besser in einem Brief nicht erwähnt."[694]

In den folgenden Monaten spitzte sich der Briefwechsel zwischen Béda und Erasmus weiter zu. Béda antwortete am 12. September[695], worauf Erasmus mit seinem Brief vom 2. Oktober reagierte. Er wies Béda darauf hin, dass die Abwegigkeit der Vorwürfe, die in Paris gegen ihn erhoben würden, dem Ansehen der Sorbonne schade. Auch seien sie ihm in der Auseinandersetzung, die er mit den Schweizer Reformatoren Zwingli und Oekolampad zu führen habe, wenig hilfreich. Diese seien für ihr rhetorisches Geschick bekannt. Die Pariser Theologen schwächten auch seine eigene katholische Position in Basel, wo die Dinge noch schwebend seien.[696] Zu Erasmus' Opponenten in Basel in dem Streit um die Eucharistielehre zählte inzwischen auch der frühere Franziskaner und Gelehrte Konrad Pellican, mit dem früher Erasmus befreundet gewesen war.[697]

Béda antwortete am 21. Oktober, Erasmus möge sich über das Ansehen und den künftigen Ruf der Sorbonne keine Sorgen machen. Die Fakultät werde sowohl Erasmus wie ihn selbst, Béda, überleben. Die Angriffe der Sakramentarier auf die Kirche, die Erasmus erwähnt habe, hätten inzwischen einen solchen Wahnsinn erreicht, dass sie sogar Christus, wie er sich in dem Sakrament darstelle, von seiner Braut der Kirche entfernten und seinen Leib kirchenschänderisch zerstörten: „Nichts, was du dagegen unternimmst, kann eine freundlichere Aufnahme bei den Katholiken finden."[698]

Im August 1525 hatte Erasmus die Schrift „De lingua usu ac abusu" herausgebracht.[699] Das war eine seiner ungewöhnlichsten Schriften, indem sie sich mit dem Missbrauch der Sprache auseinandersetzte. Bis zu seinem fünfzigsten Lebensjahr war Erasmus nie der Kritik ausgesetzt worden. Das

---

[694] CWE 11, Ep. 1581, Zeile 827–832.
[695] CWE 11, Epp. 1581, 1609.
[696] CWE 11, Ep. 1620.
[697] Briefwechsel mit Pellican 1525 (CWE 11, Epp. 1637, 1638, 1639, CWE 12, Ep. 1792A); Hans R. Gugggisberg, Conradus Pellicanus (1478–1556), in: BR 3, S. 65 f.
[698] CWE 11, Ep. 1642.
[699] ASD IV–1a: Lingua, ed.]. H. Waszink, Amsterdam u. a. 1989; CWE 29: The tongue – Lingua, translated and annotated by Elaine Fantham, Toronto/Buffalo/London 1989. – Zum historischen Hintergrund der Schrift „Lingua": Margaret Mann Phillips, Erasmus on the Tongue, in: Erasmus of Rotterdam Society Yearbook One (1981), S. 113–125; Laurel Carrington, Erasmus' Lingua: the double-edged Tongue, Erasmus of Rotterdam Society Yearbook, Book nine (1989), S. 106–118.

hatte sich aber schlagartig verändert. Ausgerechnet im Jahr seines größten Erfolges, dem Erscheinen des Neuen Testaments, erfuhr er Kritik, wie er sie noch nie erlebt hatte. Seine innerkatholischen Kritiker waren Latomus, Stunica, Sutor und Béda. Dazu kamen auch noch Luther und die Lutheraner. Nur drei Monate nach „Lingua" würde Luther sein bitteres „De servo arbitrio" herausbringen. Das war ein Umbruch in Erasmus' Leben. Die Schrift „Lingua" bezeugt, dass das nicht einfach zu verkraften war.

Erasmus betont, dass die Zunge ein Stück Fleisch ist, und von daher sowohl zum Guten wie Schlechten und zur Sünde benutzt werden kann. Wahrheit und Lüge liegen oft dicht beieinander. Die Passagen über die Übel der undisziplinierten Zunge und die Übel der boshaften und vergifteten Zunge nehmen einen breiten Raum ein. Man kann vermuten, dass sich Erasmus, als er „Lingua" schrieb, sich im Zustand einer Depression befand.

Der zwölfte Band der „Correspondence of Erasmus" (CWE 12) umfasst die Zeit vom Januar 1526 bis zum März 1527.[700]

Die Kontroverse mit der Theologischen Fakultät in Paris und mit Béda. Erasmus' Briefe an das Parlament von Paris und an Franz I. Die Intervention Karls V. und Gattinaras in Löwen. Erasmus' Kontakte zu Juan de Vergara, Alfonso de Valdés und Erzbischof von Toledo, Fonseca, in Spanien. Konferenz von Valladolid. Kontakt mit Jacopo Sadoleto. Kontakte mit den Brüdern Laski und nach Polen.

Inzwischen hatte sich Erasmus entschlossen, zum Angriff überzugehen. Am 6. Februar 1526 wandte er sich in einem Schreiben direkt an die theologische Fakultät von Paris. Er forderte sie auf, Bédas Versuch, seine Schriften zu zensieren, zu unterbinden.[701] Er stellte Béda als einen gutmeinenden Mann dar, der aber von einem tödlichen Hass gegen die alten Sprachen und die klassische Literatur inspiriert sei.[702] Von daher eigne er sich nicht als fairer Kritiker seiner Schriften. Wenn nun er, Erasmus, in allgemeiner Form das Verhalten von Bischöfen und Mönchen kritisiere, so sei das noch nicht häretisch. Ebenso wenig sei es unmoralisch, wenn er abergläubisches Verhalten in der Kirche kritisiere. Schließlich warb Erasmus bei den Pariser Theologen dafür, dass sie sich den humanistischen Studien öffnen sollten.

Gleichzeitig schlug Erasmus in einem Brief an Béda vom 13. März 1526 einen schärferen Ton an.[703] Bédas Formulierungen wären mehr von Herrschsucht als von der Milde eines Theologen geprägt. Seinem Brief fügte

---

[700] CWE 12: The Correspondence of Erasmus: Letters 1658 to 1801–January 1526-March 1527, translated by Alexander Dalzell, annotated by Charles G. Nauert jr., Toronto/Buffalo/London 2003.
[701] CWE 12, Ep. 1664.
[702] CWE 12, Ep. 1664, Zeile 33-35.
[703] CWE 12, Ep. 1679.

Erasmus ein Exemplar des „Hyperaspistes" bei, seine Antwort auf Luthers „De servo arbitrio". Béda antwortete am 29. März ebenso scharf. Er kannte inzwischen Erasmus' Brief an die Fakultät, der dort am 15. März verlesen worden war. Béda hatte sicherlich Gelegenheit gehabt, dazu Stellung zu nehmen.[704] Anscheinend halte Erasmus nur den für einen guten Theologen, bemerkte er spitz, der einen Eid auf Erasmus schwöre. Béda erwähnte, dass er ein Buch vorbereitet habe, das Irrtümer aus den Schriften des französischen Humanisten Lefèvre und aus denen des Erasmus zusammenstelle. Diese Schrift erschien mit der Billigung der Fakultät im Mai in Paris.[705] Ebenfalls im Mai 1526 verurteilte die Fakultät die Kolloquien des Erasmus. Vor diesem Hintergrund fügte Erasmus seiner Neuausgabe der Kolloquien, die im Juni in Basel erschien, im Anhang den Aufsatz „Über den Nutzen der Kolloquien" („De utilitate colloquiorum") bei[706], der sich mit der Kritik an den Kolloquien auseinandersetzte. Dieser Aufsatz erschien seitdem in allen weiteren Auflagen.

Am 23. Juni 1526 wandte sich Erasmus erneut mit einem Protestbrief an die theologische Fakultät. Unter der Anrede „Magnifici doctores et fratres honorandi" schrieb er, er habe immer gehofft in seinem Kampf gegen Luther bei der Fakultät Unterstützung und für den Fall, dass er aus Deutschland vertrieben werde, sogar eine Zuflucht zu finden. „Jetzt aber kommen hier Bücher von euch gegen mich an, die bitterer sind als diejenigen, die jemals einer von euch gegen Luther geschrieben hat."[707] Offensichtlich könnten sich die Pariser Theologen nicht vorstellen, schrieb Erasmus, dass er sowohl gegen Lutheraner wie Zwinglianer zu kämpfen habe. Er sei der meistgehasste Mann in Deutschland geworden.

Erasmus fügte seinem Brief ein Exemplar von Luthers „De servo arbitrio" und seinen eigenen Brief bei, den er kurz zuvor an die Schweizer Eidgenossen zum Anlass ihrer Zusammenkunft in Baden gerichtet hatte.[708] Darin hatte er sich gegen die Eucharistielehre der Zwinglianer ausgesprochen. Sein Brief, berichtet Erasmus, sei dort in einer deutschen Übersetzung verlesen worden. Statt ihn, Erasmus, zu unterstützen, falle man ihm in Paris in den Rücken. Offensichtlich treibe persönliche Missgunst Theologen wie Cousturier und Béda an, ihn zu zensieren. Immerhin habe seine Edition des Neuen Testaments inzwischen eine Auflage von über 100 000 erreicht. Es gehe dabei um mehr als um seine eigene Person. Béda träume, wenn er

---

[704] Rummel, Erasmus and His Catholic Critics, Bd. 2, S. 33.
[705] „Annotationes Natalis Bédae ... in Jacobum Fabrum Stapulensem libri duo, et in Desiderium Erasmum Roterodamum liber unus", (Paris (Josse Bade) 15. Mai 1526.
[706] ASD I, 3, S. 741–752; Thomson, Erasmus: Colloquies , in: CWE 40, S. 1095–1117 („The usefulness of the colloquies").
[707] CWE 12, Ep. 1723.
[708] CWE 12, Ep. 1708

meine, die Partei der Lutheraner liege bereits am Boden: „Wir sehen erst den Anfang, und wenn wir so weiter machen wie bisher, weiss ich nicht, wie das alles enden soll."[709]

Da sich die Pariser Theologen offensichtlich unzugänglich zeigten, schrieb Erasmus schließlich gleichfalls im Juni 1526 auch an das Parlament von Paris und an König Franz I.[710] Franz I. war inzwischen von Karl V. wieder freigelassen worden und nach Frankreich zurückgekehrt. Gegenüber dem Pariser Parlament beklagte sich Erasmus, dass Béda und Cousturier mit ihren „wütenden Schriften" ihm im Kampf gegen die Lutheraner in den Rücken fielen.[711] Erasmus wusste, dass Franz I. und seine Schwester Marguerite[712] schon früher Angriffe aus dem Parlament und aus der Fakultät auf Erasmus abgewehrt hatten. Gemeinsam mit Budé hatte Franz versucht, Erasmus für das neugegründete „Collège de France" zu gewinnen. Franz' Abwesenheit von Frankreich nach seiner Gefangennahme in Pavia 1525 hatte die Anti-Erasmianer begünstigt. In seinem Brief an Franz I. vom 16. Juni ging Erasmus zunächst auf die jüngsten Auseinandersetzungen zwischen Karl V. und Franz I. ein, und er beglückwünschte Franz zu seiner Rückkehr nach Frankreich. „Es hat mich bedrückt, als ich zwei Monarchen der Christenheit miteinander im Streit sah, weil die ganze Welt davon in Mitleidenschaft gezogen wird."

Dann kam er zu Sache: „Es gibt in Paris einige unglückliche Geister, denen der Hass auf die Bildung und die öffentliche Ruhe eingeboren ist, die wichtigsten unter ihnen sind Noël Béda und Pierre Cousturier."[713] Sie legten es darauf an, seinen und Lefèvres Ruf herabzusetzen. Dabei sei Bédas Kritik so grobschlächtig, dass, wenn seine Zensuren in der Volkssprache veröffentlicht würden, Gärtner und Schuster beurteilen könnten, dass der Mann nicht klar bei Verstand sei. Wenn diese Männer ihr beleidigendes Verhalten ungestraft fortsetzen könnten, dann könne kein rechtschaffener Mann künftig mehr sicher sein. Selbst ein Fürst, der sich nicht allen ihren Wünschen füge, könne von ihnen als Förderer der Häretiker bezeichnet werden, und er könne von der Kirche verlassen werden, wenn man die Kirche lediglich als eine Verschwörung von einigen Mönchen und Theologen verstehe.[714] Doch müsse er betonen, nicht alle Theologen und Mönche dächten so.

Ausdrücklich nahm Erasmus in dem Brief an den König Louis de Berquin in Schutz, der seine Schriften ins Französische übersetzt hatte und der gleichfalls von den Pariser Theologen angegriffen wurde. Er habe, be-

---

[709] CWE 12, Ep. 1723, Zeile 64–66.
[710] CWE 12, Epp. 1721, 1722. – Zur Haltung der Universität und des Parlaments von Paris: James K. Farge, Le parti conservateur au XVIe siècle. Université et Parlement de Paris à l'époque de la Renaissance et de la Réforme. Préface de Marc Fumaroli, Paris 1992.
[711] CWE 12, Ep. 1721.
[712] Henry Heller, Margaret of Angouleme, in: BR 2, S. 386–388.
[713] CWE 12, Ep. 1722, Zeile 31–36.
[714] CWE 12, Ep. 1722, Zeile 52–57.

merkte Erasmus am Schluss, sehr offen geschrieben, weil man ihm gesagt habe, dass Franz die offene und unverhüllte Sprache liebe. Erasmus' Appell an Franz I. hatte zunächst Erfolg. Berquin, der bereits mehrfach wegen Häresieverdachts gefangen genommen worden war, wurde wieder freigelassen. Der König veranlasste, dass der weitere Druck von Bédas „Annotationes" untersagt wurde.[715] Das Parlament fügte sich. Als sich Béda vor dem Parlament rechtfertigen sollte, erklärte er, dass Erasmus und Lefèvre versuchten, das Luthertum in Frankreich einzuführen. Die Fakultät arbeitete weiter gegen Erasmus, Lefèvre und andere Humanisten.[716]

Die Auseinandersetzung zwischen Erasmus und den Pariser Theologen setzte sich in den folgenden Jahren fort. Im August 1527 schrieb Erasmus an Marguerite, die inzwischen mit Heinrich von Navarra verheiratet war, um sie in ihrer Schutzrolle gegenüber den „bonae literae" und den Menschen, „die Christus wahrhaft lieben", zu bestärken.[717] In die Ausgabe der Kolloquien von 1529 nahm Erasmus den Dialog „Synodus Grammaticorum" auf, dessen Ziel es offensichtlich war, seine Pariser Gegner Béda und Cousturier der Lächerlichkeit preiszugeben.[718] Aber für solche Späße war man in Paris wenig empfänglich. Bereits im Dezember 1527 hatte die Sorbonne eine Reihe von Aussagen aus den Schriften des Erasmus verurteilt, insbesondere aus den Kolloquien.[719] Die Verurteilungen wurden zunächst geheim gehalten und erst 1531 veröffentlicht. Erasmus protestierte im März 1532 mit seiner Schrift gegen die „Verurteilungen der Pariser theologischen Fakultät".[720] 1529 wurde sein Übersetzer Berquin erneut wegen des Verdachts der Häresie in Paris angeklagt und diesmal verurteilt. Er wurde gehängt und anschließend verbrannt.[721] Erasmus scheint den blutigen Ernst seiner Gegner unterschätzt zu haben. Er hat offensichtlich auch die starken nationalen Triebkräfte, die hinter dem französischen Anti-Lutheranismus und Anti-Erasmianismus standen, nie wirklich verstanden, wie ihm auch das starke nationale Moment in den religiösen Bewegungen in Deutschland, England, Spanien und der Schweiz immer fremd geblieben ist.

---

[715] Das Verbot verhindert aber nicht, dass die „Annotationes" in Köln bei Quentel weiter gedruckt wurden.

[716] Robert Knecht, Un prince de la Renaissance. François Ier et son royaume, Paris 1998, S. 260 f.

[717] CWE 13, Ep. 1854.

[718] Thompson, Erasmus: Colloquies (CWE 40), S. 831–841.

[719] Rummel, Erasmus and His Catholic Critics, Bd. 2, S. 46–51.

[720] Die „Declarationes ad censuras Lutetiae sub nomine facultatis theologiae Parisiensis vulgatas" erschienen bei bei Froben in Basel 1532; CWE 82: Clarifications Concerning the Censures Published at Paris in the Name of the Theology Faculty There – Declarationes ad censuras Lutetiae vulgatas sub nomine facultatis theologiae Parisiensis. Edited, translated, and annotated by Clarence H. Miller. Introduction by Clarence H. Miller and James K. Farge, Toronto/Buffalo/London 2012. – Vgl. Rummel, Erasmus and His Catholic Critics, Bd. 2, S. 51–55.

[721] Gordon Griffiths, Louis de Berquin, in: BR 1, S. 135–40.

In Frankreich und in der Umgebung des Königs hatte Erasmus weiterhin einen Kreis von Anhängern und Vertrauten. 1526 und Anfang 1527 korrespondierte er außer mit Louis de Berquin[722] mit François Dubois[723], Jacques Toussaint[724], Germain de Brie[725] und Guillaume Budé[726], dem führenden Kopf der französischen Humanisten, der im Dienst Franz' I. stand.[727] Zu seinen französischen Korrespondenten zählten auch der Bischof von Langres Michel Boudet[728], der Prior der Kartause bei Grenoble Willem Bibaut[729], der designierte Bischof von Condom François DuMoulin[730] und der Abt der Zisterzienserabtei bei Chambéry (in Savoyen) Pierre de Mornieu.[731] Erasmus erlebte es noch, dass Béda wegen seiner Opposition gegen die Politik Franz I. 1534 gefangen gesetzt wurde.[732] Béda hatte 1533 versucht, bei der Sorbonne eine Verurteilung der Schrift der Schwester des Königs Marguerite durchzusetzen, die 1531 unter dem Titel „Miroir de l'âme pecheresse" in Alençon war. 1534 wurde Béda degradiert, und er musste sich ins Exil auf den Mont Saint-Michel zurückziehen, wo er im Januar 1537 starb.

Auch viele oberdeutsche und die Schweizer Städte wurden von der Reformation ergriffen. Auch in Basel konnte das Erasmus spüren. Johannes Oekolampad, der ein Mitarbeiter bei der Edition des Neuen Testaments von 1516 gewesen war, den er selbst in seinem Vorwort erwähnt hatte und der dazu den Epilog geschrieben hatte, hatte sich der Reformation genähert. Inzwischen war er der führende Kopf der Reformierten in Basel geworden. In Straßburg hatte Oekolampad ein Buch über die Abendmahlslehre veröffentlicht, das sich der Position von Zwingli in Zürich angenähert hatte.[733]

Der Stadtrat von Basel hatte einige Gelehrte angefragt, darunter auch Erasmus, ob das Buch in der Stadt verbreitet werden könne. Zwar hatte Eras-

---

[722] CWE 12, Ep. 1692.
[723] CWE 12, Ep. 1677. – Marie-Madeleine de La Garanderie, François Dubois, in: BR 1, S. 408.
[724] CWE 12, Ep. 1713. – Peter G. Bietenholz, Jacques Toussaint, in: BR 3, S. 336 f.
[725] CWE 12, Epp. 1733, 1736. – Marie-Madeleine de La Garanderie, Germain de Brie, in: BR 1, S. 200–203.
[726] CWE 12, Ep. 1794.
[727] Vgl. Marie-Madeleine de La Garanderie, La correspondance d'Érasme et de Guillaume Budé. Traduction intégrale, Paris 1967; Marie-Madeleine de la Garanderie, Christianisme et lettres profanes (1515–1535). Essai sur les mentalités des milieus intellectuels parisiens et sur la pensée de Guillaume Budé, Lille – Paris 1976.
[728] CWE 12, Ep. 1678. – Peter G. Bietenholz, Michel Boudet, in: BR 1, S. 178 f.
[729] CWE 12, Ep. 1687. – Jan de Grauwe, Willem Bibaut, in: BR 1, S. 145.
[730] CWE 12, Ep. 1711. – François du Moulin de Rochefort, in: BR 1, S. 411.
[731] CWE 12, Ep. 1777. – Peter G. Bietenholz, Pierre de Mornieu, in: BR 2, S. 164.
[732] CWE 21, Ep. 2961, Zeile 133–136 (Erasmus' Brief aus Freiburg an Justus Decius nach Krakau vom 22. 8.1534).
[733] Oecolampadius. Johannes – De genuina verborum Domini ‚Hoc est corpus meum'. [Straßburg] [1525].

mus lobende Worte über das Buch gefunden, aber weil es vom Konsens der Kirche abweiche, es gefährlich sei. Im Mai 1526 fand ein Glaubensgespräch der eidgenössischen Orte statt in Baden (Aargau), bei den sich die katholischen und die reformierten Städte gegenüberstanden. Da Zwingli für Zürich nicht teilnahm, musste Oekolampad die Sache der Reformierten vertreten. Auch Erasmus war eingeladen worden. Aber er sagte ab. Stattdessen antwortete er in einem Brief, worin er sich wieder auf den allgemeinen Konsens („magno consensu") der Kirche berief, von dem er nicht abweichen werde. Bei dieser Besprechung siegten die Katholiken, aber die Auseinandersetzung unter den Schweizern setzte sich fort.

Kurz vor der Aussprache in Baden war in Zürich ein deutsches Buch anonym erschienen, in dem behauptet wurde, dass die Abendmahlslehre von Erasmus, Luther und Zwingli übereinstimme. Der Autor war, wie sich später herausstellte, der Pfarrer Leo Jud, ein enger Mitarbeiter von Zwingli.[734] In seinem Brief an die Eidgenossen in Baden empörte sich Erasmus über diese Schrift, und kündigt an, sofort eine Gegenschrift vorzulegen. Sie erschien noch im Juni 1526 bei Froben in Basel.[735] Dabei setzte er sich noch einmal von der Abendmahlslehre ab, wie sie die Reformierten und Oekolampad vertraten und betonte seine katholische Orthodoxie. Leo Jud reagierte daraufhin mit einer weiteren deutschen Schrift, indem er sich als Autor der Schriften bekannte.[736]

Zur katholischen Opposition gegen Erasmus zählten immer noch Theologen der Universität Löwen, während er unter den Nicht-Theologen der Universität, darunter Conrad Gockeln und Adrian Barland, überzeugte Anhänger hatte. In Briefen nach Spanien an den Kanzler Karls V. Mercurino Gattinara vom April und September 1526 beklagte sich Erasmus, dass man sein Lebenswerk, die Erneuerung der Bildung, zerstöre und ihm bei seinem Kampf gegen die Lutheraner in den Rücken falle.[737] Karl V. und Gattinara intervenierten in Löwen, und im August 1526 sicherte Karl V. Erasmus in einem Schreiben aus Granada ausdrücklich seine Unterstützung zu.[738] Im

---

[734] Leo Jud, Des Hochgelerten Erasmi von Roterdam und Doctor Luthers maynung vom Nachtmal unsers Herren Jesu Christi. [Zürich] [Froschauer] 1526.- Peter G. Bietenholz, Leo Jud, in: BR 2, S. 248–250. Jud hatte Schriften von Erasmus aus dem Lateinischen ins Deutsche übersetzt, so „Querela pacis", „Enchridion" und „Iinstitutio prinicipis christiani".

[735] CWE 78: The Uncovering of Deceptions – Detectio praestigiarum, Introduction and annotation by John B. Payne, Translation by Garth Tissol, Toronto-Buffalo-London 2011, S. 147–205; ASD IX, 1: Detectio Praestigiarum, hg. C. Augustijn, Amsterdam-Oxford, S. 211–262.

[736] Leo Jud, Uf entdeckung Doctor Erasmi von Roterdam der dückischen arglisten eynes tütschen buechlins antwurt und entschuldigung. [Zürich] [Christoph Froschauer] 1526.

[737] CWE 12, Epp. 1700, 1747.

[738] CWE 12, Ep. 1731.

Oktober antworte Gattinara gleichfalls aus Granada.[739] Er bekannte sich als Erasmianer und versuchte, die Situation in Europa zu analysieren: Zur Zeit sei das christliche Gemeinwesen („Christiana respublica") in drei Lager geteilt. Das eine folge blindlings und mit „gestopften Ohren" dem Papst, gleich was er zum Guten oder zum Schlechten befehle. Das andere Lager ergreife ebenso verbissen für Luther Partei. Offensichtlich habe Erasmus in beiden Lagern Feinde. Aber es gebe noch eine dritte Partei, die sich von beiden unterscheide und von beiden distanziere: „Soweit es überhaupt noch möglich ist, versuchen sie die Wahrheit zu lehren, und sie entfliehen der bissigen Sprache ihrer Verächter."[740] Dieser dritten Partei rechnete sich Gattinara selbst zu. Er sah Erasmus als deren Wortführer an.

Um seine Haltung zu bekräftigen, richtete Gattinara im Februar 1527 ein scharf gehaltenes Schreiben an die Universität Löwen. Er berief sich dabei auf die Autorität des Kaisers. Er forderte die Universität auf, die ständigen Feindseligkeiten gegen Erasmus zu beenden. „Hier in Spanien, in diesem entfernten Flecken der Welt, hat niemand einen Namen, der überall so gefeiert wird wie der des Erasmus." Auch die Löwener sollten ihren Landsmann in höchsten Ehren halten. Eine Kopie des Schreibens leitete Gattinara an Erasmus nach Basel weiter.[741]

Gattinara umwarb Erasmus, um ihn für den Plan der von ihm propagierten „Universalmonarchie" Karls V. zu gewinnen. Erasmus lehnte solche Pläne, die sich gegen Frankreich und den Papst richteten, entschieden ab. Sie mussten zwangsläufig zu neuen Kriegen führen. Die kaiserliche Kanzlei lancierte 1527 den Sammelband „Pro Divo Carolo", der gleichzeitig in Alcalá, Antwerpen, Köln, Basel und Mainz gedruckt wurde.[742] Gattinara versuchte, Erasmus in diesen Propagandafeldzug einzubinden. In einem Brief aus Valladolid vom März 1527 machte er Erasmus auf Dantes Schrift „Monarchia" aufmerksam. Er habe darin gelesen und sei zutiefst beeindruckt. Er wünsche eine Veröffentlichung des Buchs, weil es der Sache des Kaisers nützlich sei. Er kenne niemanden, der „in unseren stürmischen Zeiten" dafür besser geeignet sei.[743] Erasmus möge selbst entscheiden, ob er das Buch herausbringen oder es lieber unterlassen wolle. Doch Erasmus, der Autor der „Querela pacis" und der „Institutio principis christiani", die noch an den jungen Karl gerichtet gewesen war, ließ sich nicht in den Propagandafeldzug der Kanzlei Karls V. einspannen. Bereits in dem Kolloquium „Puerpera" („Die junge Mutter"), das in der Ausgabe der Kolloquien vom Februar 1526 bei Froben

---

[739] CWE 12, Ep. 1757.
[740] CWE 12, Ep. 1757, Zeile 19–26.
[741] CWE 12, Epp. 1784 A und 1785.
[742] Vgl. John M. Headley, The emperor and his chancellor. A study of the imperial chancellery under Gattinara, Cambridge 1983, S. 86–113.
[743] John M. Headley, Gattinara, Erasmus, and the Imperial Configurations of Humanism, in: ARG 71 (1980), S. 64–98, hier: S. 80 f.

erschienen war, hatte er sich deutlich von den Plänen einer Universalmonarchie distanziert.[744]

Der Aufenthalt Karls V. in Spanien von 1522 bis 1529 und der Einfluss seines Hofs auf das spanische Leben hatten dazu geführt, dass zunehmend Werke des Erasmus ins Spanische übersetzt wurden. „Fast zwei Jahrzehnte lang war kein anderer ausländischer Zeitgenosse in Spanien so einflussreich, so begeistert aufgenommen, aber auch so heftig umstritten wie Erasmus von Rotterdam."[745] Zu Erasmus' engsten Vertrauten und Förderern in Spanien zählte der Humanist und Theologe Juan de Vergara, Sekretär des Erzbischofs von Toledo, Alonso de Fonseca, und zeitweilig Kaplan am Hof Karls V.[746] Erasmus hatte Vergara 1520 in den Niederlanden kennengelernt. 1521 hatte Vergara den Reichstag von Worms besucht. Eine spanische Übersetzung von Erasmus' „Enchiridion militis christiani" wurde 1526 mit dem Namen des Großinquisitors Alonso Manrique[747] auf dem Titelblatt gedruckt. Zur gleichen Zeit wurden die Schriften Luthers in Spanien verboten. Die Zahl der Anhänger des Erasmus in Spanien wuchs.[748] Erasmus hat Spanien nie besucht, und er war mit den inneren Verhältnissen des Landes wenig vertraut. Im September 1526 nahm Erasmus den Kontakt zu dem Erzbischof von Toledo Alonso de Fonseca auf, von dem er wusste, dass er wie dessen Sekretär de Vergara zu dem Kreis der Erasmus-Anhänger in der Umgebung Gattinaras zählte.[749]

Zur dieser Zeit erhielt Erasmus einen Brief von Juan Maldonato aus Burgos, der ihn ausführlich über die positive Aufnahme seiner Schriften, vor allem des „Enchiridion" und der Kolloquien in Spanien unterrichtete, aber auch über die feindselige Einstellung einiger Mönche und Theologen.[750] Zu den spanischen Bewunderern des Erasmus zählte der Benediktiner Alonso Ruiz de Virués, der mehrere Dialoge aus den Kolloquien ins Spanische übersetzt hatte.[751] Er versuchte bereits seit längerem, mit Erasmus brieflichen Kontakt aufzunehmen, allerdings bis dahin vergeblich. Erasmus antwortete nicht, offensichtlich weil er aus der Ferne nicht einschätzen konnte, mit wem er es hier zu tun hatte. Es war ausgerechnet der Mönch Virués, der Erasmus

---

[744] Erasmus, Colloquies. Translated and annotated by Craig Thompson, Bd. 2, Toronto – Buffalo – London 1997, S. 590–618; vgl. Headley, S. 81.

[745] Dietrich Briesemeister, Erasmus und Spanien, in: August Buck [Hg.], Erasmus und Europa, Wiesbaden 1988, S. 75–90; hier: S. 75.

[746] CWE 12, Ep. 1684. – Vgl. Milagros Ribera, Juan de Vergara of Toledo, in: BR 3, S. 384–387.

[747] John F. D'Amico, Alonso Manrique de Lara, in BR 2, S. 373–375.

[748] Marcel Bataillon, Erasme et l'Espagne. Nouvelle édition en trois volumes. Text établi par Daniel Devoto, Genf 1991, S. 179–242 („L'illumisme et l'érasmisme: L'enchiridion").

[749] CWE 12, Ep. 1748. – Arsenic Pacheco, Alonso De Fonseca, in: BR 2, S. 42 f.

[750] CWE 12, Ep. 1742.

[751] Paul J. Donnelly, Alonso Ruiz de Virues, BR 3, S. 400 f.

im Februar 1527 vor dem negativen Einfluss der Mönche warnte: Der einzelne werde sterben, die Mönchsorden aber würden immer überleben.[752] Tatsächlich spitzte sich die Kritik der Mönche an den Übersetzungen der erasmischen Schriften ins Spanische zu. Das löste einen ähnlichen Widerstand aus wie in Frankreich, vor allem bei Dominikanern und Franziskanern. Die Benediktiner sympathisierten eher mit Erasmus. Schließlich kam es zu der Einberufung einer Konferenz nach Valladolid, auf der die Bedenken überprüft werden sollten.[753]

Im März 1527 hatte Pedro Juan Olivar, ein Vertrauter Gattinaras, Erasmus über die innerspanischen Umtriebe gegen ihn unterrichtet.[754] Erasmus und Olivar kannten sich seit 1520, als Olivar Karl V. von Spanien aus in die Niederlande begleitet hatte. Olivar machte Erasmus darauf aufmerksam, dass auch Baldassare Castiglione, der damalige päpstliche Nuntius am Hof Karls V., sich abfällig über Erasmus äußere. Aber hier handele es sich lediglich um die bekannten italienischen Vorurteile gegenüber Erasmus. Italiener könnten den Gedanken nicht ertragen, dass ein einzelner Deutscher ihren Stolz verletzt habe: „Dein Freund Erasmus", sagen sie zu mir, „hat sich von einem Lateiner in einen Barbaren verwandelt."[755]

Als Juan Vergara und Alfonso Valdés Erasmus im Juli 1520 am Hof Karls V. in Brügge kennengelernt hatten, hatte Vergara Erasmus bereits über die Streitschrift des spanischen Gelehrten Lopez Zúniga informiert, der kritische Einwände gegen Erasmus' lateinisch-griechische Ausgabe des Neuen Testaments von 1516 erhoben hatte.[756] Am burgundischen Hof in Brüssel war damals der Kreis der spanischen Freunde des Erasmus entstanden, die 1522 den jungen Karl nach Spanien begleiteten. Mit Karl zog gewissermaßen auch Erasmus in Spanien ein, ohne Spanien je zu betreten. Dafür waren hier seine Schriften und deren spanische Übersetzungen präsent.

Erasmus und Karl V. verband die gemeinsame Herkunft und die Prägung durch die burgundische Welt der Niederlande, in der beide ihre Kindheit und Jugend verbracht hatten. Beide hatten die Niederlande verlassen, um sich ebenso sicher wie selbstverständlich auf der europäischen Bühne zu bewegen, ohne dabei ihre Herkunft zu vergessen.[757] Aber ganz anders als bei ihren Mit- und Gegenspielern auf der europäischen Bühne, also bei Luther,

---

[752] CWE 12, Ep. 1786.
[753] Bataillon, S. 243–299; Rummel, Erasmus and his Catholic Critics, Bd. 2, S. 81–105 („The Spanish religious orders"); hier: S. 89–91.
[754] CWE 12, Ep. 1791. – Milagros Rivera, Pedro Juan Olivar, in: BR 3, S. 31 f.
[755] Der innerspanische Meinungskampf und die Bemühungen der erasmianischen Partei am Hof Karls V., Erasmus zu verteidigen, spiegeln sich auch in dem im Anhang des Bandes 12 der CWE beigegebenen Briefwechsel zwischen Vergara und Vivés wie dem zwischen Vergara und Virués wider (CWE 12, S. 521–535).
[756] Erika Rummel, Erasmus and his Catholic Critics, Bd. 1, S. 145–177 („Pride and prejudice: Jacobus Stunica and the homo Batavus").
[757] Vgl. Carolus. Charles Quint 1500–1558 (Ausstellungskatalog), Gent 1999.

Heinrich VIII. und Franz I.[758] bildete für Erasmus wie für Karl V. das Milieu des Landes ihrer Herkunft nicht den einzigen Bezugsrahmen, der ihre Biographie definitiv begrenzte. Sie alle waren zentrale Figuren in dem Drama, das sich in der ersten Hälfte des 16. Jahrhunderts in Europa abspielte.[759] In dem Rollenspiel dieses Dramas identifizierten sich Erasmus und Karl V. mit der überkommenen christlichen Gesellschaft Europas, dagegen übernahmen Luther, Heinrich VIII. und Franz I. den Part der neu aufkommenden Nationen. Für Erasmus wie für Karl V. stand Rom bei aller Kritik immer noch im Mittelpunkt Europas, während andere Rom zunehmend nur noch aus der provinziellen Perspektive ihrer eigenen Nation wahrnahmen und entsprechend einschätzten.

Anders als Heinrich VIII. und Franz I., die sich in ihren Schlössern an der Themse und an der Loire einrichteten, hatte Karl V. keinen festen fürstlichen Wohnsitz, ähnlich wie Erasmus, der sich zeit seines Lebens zwischen den Niederlanden, Frankreich, Deutschland, der Schweiz und Italien bewegte. Doch war für sie Europa weniger ein geographischer Begriff als eine gesellschaftliche, politische und religiöse Einheit.

Das Reich Karls V. war kein europäischer Zentralstaat, sondern ein dynastisches Konglomerat, das durch ein feingesponnenes Netzwerk familiärer Beziehungen zusammengehalten wurde. Europäische Politik war für Karl V. dynastische Politik. Seine Familie, nicht seine Bürokratie beherrschte Europa.[760] Aber auch für Erasmus, der die dynastische Politik scharf kritisierte, war Europa, wenngleich auf einer anderen Ebene, so etwas wie eine Familie. Dabei dachte er vor allem an die Welt, in der er sich selbst bewegte, an die „respublica literaria", an jene Humanisten in den Städten, Schulen, Klöstern und Höfen, mit denen er durch das Netz seiner weitverzweigten Korrespondenz verbunden war. Im gewissen Sinn entstand dieses literarische Europa überhaupt erst durch die erasmische Korrespondenz, wie es Erasmus in „De conscribendis epistolis" beschrieben hatte. Mit Erasmus und Karl V. stehen sich der Intellektuelle und der Politiker einander gegenüber.[761]

Mit der „Institutio" von 1516 und der „Querela Pacis" von 1517 hatte Erasmus die Erwartung verbunden, dass die jungen christlichen Fürsten

---

[758] Heiko A. Oberman, Luther. Mensch zwischen Gott und Teufel, München 1986; J. J. Scarisbrick, HenryVIII, London 1968 (rpr. 1981); Robert Knecht, Un prince de la Renaissance. François Ier et son royaume, Paris 1998.
[759] Vgl. Heinz Schilling, Erasmus und die politischen Kräfte seines Zeitalters, in: Dieter Hein/Klaus Hildebrand/Andreas Schulz, Historie und Leben. Der Historiker als Wissenschaftler und Zeitgenosse, München 2006, S. 379–390.
[760] J. M. Roberts, History of Europe, London 1997, S. 277 f. – Vgl. Geoffrey Parker, Der Kaiser, S. 592–626 („Epilog: Die Bilanz einer Herrschaft").
[761] Vgl. Wilhelm Ribhegge, Erasmus und Karl V.: Der Intellektuelle und die Politik, in: Christoph Strosetzki (Hg.), Aspectos históricos y culturales bajo Carlos V/ Aspekte der Geschichte und Kultur unter Karl V. (Studia Hispanica 9), Frankfurt a. M./Madrid 2000, S. 159–187.

Europas, die soeben die Herrschaft angetreten hatten, eine neue friedliche Politik im Verhältnis der Staaten untereinander einleiten würden. Um sie daran zu erinnern, hatte er ihnen seine Kommentare (Paraphrasen) zu den vier Evangelien und zur Apostelgeschichte gewidmet, die zwischen 1522 und 1524 erschienen.

Die erasmische Utopie von einem christlichen Europa, das im Inneren und im Äußeren in Frieden miteinander lebt, erfüllte sich leider nicht.[762] Schon bei seinem Besuch in Italien 1506 hatte Erasmus die Wirklichkeit der italienischen Kriege erfahren, die in den folgenden Jahrzehnten mehrfach erneuert werden sollten. In ihnen begannen sich allmählich die künftigen europäischen Nationalstaaten zu formieren, wobei alle Beteiligten immer wieder schwere Verluste erlitten.[763]

Außer Spanien geriet in den 1520er Jahren zunehmend Polen in das Blickfeld des Erasmus. Der polnische Adel und das Bürgertum der Städte Polens hatten Westeuropa und Italien entdeckt. Im 16. Jahrhundert zogen polnische Adelige „zu Tausenden" an die Universitäten von Padua, Paris und Bologna, wobei Padua gleichsam die „Alma Mater" der polnischen Jugend wurde.[764] Krakau, rund 450 Kilometer von Wien entfernt, Sitz der königlichen Residenz und der Universität, war der Mittelpunkt der polnischen Renaissance geworden, die unter dem Einfluss der italienischen Renaissance stand. Man konnte das an der Architektur der Stadt erkennen wie beispielsweise an den Arkaden am Marktplatz und der Sigismund-Kapelle mit ihrer goldenen Kuppel an der Kathedrale auf dem Wawel. 1518 hatte König Zygmunt die Mailänder Fürstin Bona Sforza geheiratet. Erasmus' Werke wurden in Krakau nachgedruckt. Er war eine Leitfigur geworden, an der sich die polnischen Humanisten orientierten.[765]

Die erste Verbindung zwischen Erasmus und Polen hatte Justus Decius hergestellt, der 1522 Erasmus in Basel besucht hatte und seitdem mit ihm im ständigen Kontakt stand.[766] Decius (Dietz) stammte aus dem elsässischen Weissenburg. Er hatte seine Heimat schon früh verlassen und sich in Mähren, Ungarn und Tirol mit dem Bergbau und dem Kupferhandel befasst. Schließlich war er als Sekretär in den Dienst der Familie Boner in Krakau getreten, die wie die Fugger in Augsburg eine führende Rolle in den polnischen Bankgeschäften spielte. Er war für die Boners in zahlreichen Auslands-

---

[762] Vgl. Krüger, Humanistische Evangelienauslegung, S. 205–208.
[763] J. M. Roberts, History of Europe, London 1996, S. 278 f.
[764] Norman Davies, Im Herzen Europas. Geschichte Polens, München 2002, S. 290; Antoni Maczak, Poland, in: Roy Porter/Mikulas Teich (Hg.), The Renaissance in National Context, Cambridge 1994, S.180–196; hier: S. 191.
[765] Claude Backvis, La fortune d'Érasme en Pologne, in: Colloquium Erasmianum. Actes du Colloque International réuni à Mons du 26. au 29. octobre 1967 à l'occasion du cinquième centenaire de la naissance d'Érasme, Mons 1968, S. 173–202.
[766] Maria Cytowska, Justus Ludovicus Decius, in: BR 1, S. 380–382.

geschäften unterwegs. 1520 trat er als Sekretär in den Dienst König Zygmunts. Auch hier war er häufiger in Auslandsaufträgen unterwegs.

Decius verfügte über gute Kontakte zu den Krakauern Verlegern und zu den dortigen Humanistenkreisen. 1521 brachte er drei kleinere Werke zur polnischen Geschichte heraus. Später folgten Schriften zum Münzwesen. 1523 veranlasste er, dass in Krakau ein Druck der Erasmus-Schrift „De conscribendis epistolis" herauskam. In ihren Briefen informierten sich Decius und Erasmus gegenseitig über Vorgänge in Polen und Europa. Decius leitete Briefe aus Polen an Erasmus weiter.[767] Er sorgte auch dafür, dass Erasmus von Polen aus großzügig mit Geschenksendungen und finanziellen Zuwendungen bedacht wurde, so unter anderen von König Zygmunt I., Kanzler Szydlowiecki, von Johannes Dantiscus, von dem Bankkaufmann Seweryn Boner und in späteren Jahren von dem Woiwoden Piotr Kmita.

Es war Decius offensichtlich gelungen, die Vorstellungswelt des Erasmus für Polen zu öffnen. Im Vorwort zu seiner Schrift „Precatio Dominica" vom Oktober 1523, um die ihn Decius gebeten hatte und die Erasmus ihm gewidmet hatte, bemerkte Erasmus: „Ich gratuliere den Polen, die in früheren Jahrhunderten als Barbaren galten, dass sie sich heute durch die Blüte ihrer Literatur und ihres Rechts ebenso auszeichnen wie in ihrem zivilen Verhalten und in der Religion, so dass sie mit den besten und anerkanntesten Nationen wetteifern können. Ganz zu schweigen von der großen Weite des polnischen Landes."[768] Das Reich Zygmunts umfasse Weißrussland und Litauen und reiche von der Weichsel bis zum taurischen Chersonnes, von der Ostsee bis zu den Karpaten.

Der Diplomat, Humanist und Geistliche Johannes Dantiscus, Sohn eines Kaufmanns aus Danzig, hatte in Greifswald und Krakau studiert. Er war ein vielgereister und welterfahrener Mann. Anfang der 1520er Jahre hatte ihn der polnische Hof als Botschafter an den Hof Karls V. zunächst in die Niederlande und später nach Spanien geschickt. Am Hof Karls V. wurde Dantiscus mit Erasmus vertraut.[769] In späteren Jahren trat er mit Erasmus in brieflichen Kontakt.[770] Seit 1529 Kanoniker in Krakau begann Dantiscus eine kirchliche Laufbahn. Er wurde 1530 Bischof von Kulm und war von 1537 bis

---

[767] CWE 10, Ep. 1393, CWE 14 Epp. 1958, 2031, CWE 15, Ep. 2175, CWE 20, Ep. 2874, CWE 21, Epp. 2960, 2961.

[768] CWE 10, Ep. 1393, Zeile 22–37. – CWE 69: The Lord's Prayer/Precatio dominica, translated and annotated by John N. Grant, Toronto/Buffalo/London 1999, S. 55–77.

[769] Ilse Guenter, Johannes Dantiscus, in: BR 1, S. 376; B. Segel, Renaissance Culture in Poland. The Rise of Humanism 1470–1543, Ithaca, New York, 1989, S. 161–190; Henry de Vocht, John Dantiscus and his Netherlandish Friends, Löwen 1961.

[770] Erasmus' Brief an Johannes Dantiscus aus Freiburg vom 30. April 1532 (Widmungsschreiben zu der Herausgabe der Schrift „De Spiritu Sancto" des Basilius), CWE 19, Ep. 2643.

zu seinem Tode 1548 Bischof von Ermland. In seiner Studierstube in Lidzark (Heilsberg) hing ein Holbein-Porträt von Erasmus.

Im Frühjahr 1524 erhielt Erasmus in Basel Besuch von drei jungen polnischen Adeligen, den Brüdern Hieronim, Stanislaw und Jan Laski, alle drei Neffen des Erzbischofs von Gnesen und Primas von Polen Jan Laski. Hieronim, der älteste der drei, war im Auftrag des polnischen Königs Zygmunt zum Hof Franz' I. nach Frankreich unterwegs. Erasmus hatte ihn bereits 1521 in Brüssel kennengelernt. Bei den Gesprächen in Basel interessierte sich Hieronim vor allem für die Haltung, die Erasmus gegenüber Luther einnahm. In seinem Bericht an Botzheim erwähnt Erasmus, dass Hieronim versucht habe, einen Brief, den Luther an Erasmus geschrieben hatte und der offen auf dem Tisch lag, heimlich zu entwenden. Von Erasmus zur Rede gestellt, habe er sich damit verteidigt, dass er den Brief dem polnischen König habe zeigen wollen, um Erasmus' kritische Haltung gegenüber Luther in Polen beweisen zu können.[771] Erasmus gab sich versöhnlich. Er gab Laski eine Abschrift des Luther-Briefes mit. Offensichtlich war ihm daran gelegen, dass auch in Polen seine kritische Einstellung gegenüber Luther bekannt wurde. Der Vorfall ereignete sich kurz vor dem Erscheinen der Schrift „De libero arbitrio". Im Oktober 1524 übersandte Erasmus den Brüdern Laski die Schrift „Modus orandi Deum", um die Hieronim ihn bei seinem Besuch in Basel gebeten hatte.[772] Sie enthielt kritische Anmerkungen zu Luther und war Hieronim Laski gewidmet.[773]

Von Basel aus begaben sich die Brüder Laski an den Hof Franz' I. von Frankreich nach Blois. Hieronim kehrte von dort nach Polen zurück, wo er bald eine aktive politische Rolle spielen sollte. Stanislaw blieb am französischen Hof, begleitete Franz I. auf seinem Feldzug nach Italien und er folgte dem König nach dessen Gefangennahme bei Pavia 1525 nach Spanien. Der jüngste der Brüder, Jan Laski, ging zunächst ein Jahr lang zu Studien nach Paris und besuchte danach erneut Erasmus 1525 in Basel. Der damals 26-jährige verbrachte sechs Monate im Haus des Erasmus am Nadelberg in Basel, und er bestritt dabei großzügig die Kosten für den Haushalt.

In Basel erwarb Jan Laski für 400 Gulden die Bibliothek der Erasmus, wobei vertraglich vereinbart wurde, dass der Bestand der Bibliothek erst nach Erasmus' Tod an Laski übergeben werden sollte, was dann auch tatsächlich geschah. Die Bücher wurden Ende 1536 nach dem Tod des Erasmus in drei Fässer verpackt und nach Krakau gesandt. Der „Index Librorum Erasmi wie

---

[771] CWE 9, Ep. 1341A (Brief von Erasmus an Johann von Botzheim vom 30. Januar 1523), Zeile 1216–1269.
[772] ASD V, 1: Modus orandi Deum, ed. J. N. Bakhuizen van den Brink, Amsterdam – Oxford 1977, S. 111–176; CWE 70: On Praying to God/Modus orandi Deum, translated and annotated by John N. Grant, Toronto/Buffalo/London 1998, S. 141–230.
[773] CWE 10, Ep. 1502.

die dem Herrn Laski zugeschickt", der in der Universitätsbibliothek Basel erhalten ist, weist 413 Einträge auf.[774] So mochte es scheinen, als habe Polen gleichsam auf diesem Wege das „Erbe" des Erasmus antreten wollen.

Karl Harst, Erasmus' Sekretär und Kurier, begleitete Jan Laski nach dessen Besuch in Basel nach Italien, wo er in Padua seine Studien fortsetzte. Zu Jan Laskis Bekanntschaften in Padua zählte Erasmus' Korrespondenzpartner Reginald Pole, der spätere Kardinal, ein Cousin Heinrichs VIII. von England. Kurz darauf wurde Laski von seinem Onkel, dem Erzbischof, der die Studien des Neffen finanzierte, nach Polen zurückgerufen, damit er die Stellung eines Sekretärs bei dem polnischen König Zygmunt übernehme. Für Jan Laski war damals eine kirchliche Karriere in Polen geplant.

Außer Decius und Jan Laski war es schließlich noch der junge aus Ungarn stammender Arzt und Humanist Jan Antonin gewesen, der Erasmus geraten hatte, Kontakte zu Persönlichkeiten in den osteuropäischen Ländern, vor allem in Ungarn und Polen aufzunehmen. Antonin hatte sich nach dem Studium in Padua im Jahre 1524 mehrere Monate in Basel aufgehalten und Freundschaften mit dem dortigen Humanisten geschlossen. Als Arzt hatte er Erasmus erfolgreich behandelt. Aus der Baseler Begegnung der beiden entstand eine dauerhafte persönliche Freundschaft. Von Basel aus ging Antonin zunächst nach Ungarn und schließlich nach Krakau.[775]

In Krakau wurde Jan Antonin ein angesehener Arzt mit guten Kontakten zu den führenden Persönlichkeiten des Hofs, der Kirche und den Kreisen der Humanisten. Die Briefe, die Antonin in den folgenden Jahren kontinuierlich von Krakau aus an Erasmus richtete[776], sind bezeichnend für die Zielstrebigkeit, mit der die Kontakte unter den europäischen Humanisten geknüpft wurden. Sie illustrieren aber auch die Entstehung eines humanistischen Personenkults in Europa, in dessen Mittelpunkt Erasmus stand. Antonin informierte Erasmus über führende Erasmianer in Ungarn und Polen und riet ihm dringend, mit diesen Kontakt aufzunehmen.

Die Brüder Laski hatten sich vor allem für Erasmus' Haltung in dem Streit um Luther interessiert. In einem Brief an Jan Laski vom 8. März 1526 bemerkte Erasmus zu seiner eigenen Haltung, er habe von Natur aus keine Veranlagung, sich in einer Kampfarena zu bewegen, und er habe niemals die Rolle eines Gladiators angestrebt.[777] Aber inzwischen habe ihm das Schicksal den Kampf gegen die „wilden Tiere" geradezu aufgezwungen. Zunächst die Angriffe der Pariser Theologen und dann der Luthers, der sich in seiner Kritik an Erasmus' Diatribe über den „Freien Willen" an Frechheit selbst

---

[774] Henning P Jürgens, Johannes a Lasco in Ostfriesland. Der Werdegang eines europäischen Reformators, Tübingen 2002), S. 46–91 („A Lasco und Erasmus – Der polnische Humanismus").
[775] Vgl. Halina Kowalska, Jan Antonin, in: BR 1, S. 63 f.
[776] CWE 12, Ep. 1660, CWE 13, Ep. 1810.
[777] CWE 12, Ep. 1674.

noch überboten habe. Erasmus betonte gegenüber Laski auch seine Distanz zu dem Schweizer Reformator Pellican, seinem früheren Mitarbeiter in Basel, wie zu den beiden anderen Reformatoren Zwingli in Zürich und Oekolampad in Basel, die Laski bei seinem Besuch in der Schweiz kennengelernt hatte. Erasmus hob hervor, dass er sich entschieden von der Eucharistielehre der Schweizer Reformatoren distanziert habe.[778] Offensichtlich legte Erasmus großen Wert darauf, seinen polnischen Anhängern deutlich zu machen, dass er in dem Kirchenstreit auf der katholischen Seite stand.

Den Anregungen Jan Laskis und Jan Antonins folgend intensivierte Erasmus seinen Kontakt zu führenden Persönlichkeiten in Polen. Im September 1526 ging ein Paket von Briefen nach Polen. Darunter war auch ein Brief an Hieronim Laski, dem er ein Exemplar seiner Schrift über die christliche Ehe („Institutio christiani matrimonii")[779] mit der ironischen Bemerkung übersandte, dass er sie ihm, dem verheirateten Laien übersende, weil er sie schlecht dessen Bruder Jan übergeben könne, der für den Zölibat vorgesehen sei.[780] Natürlich wolle er einen Ehemann nicht über die Ehe belehren, aber vielleicht könne Hieronim ihm aus seiner eigenen Lebenserfahrung Hinweise geben, ob er Wichtiges ausgelassen habe: „Aber vielleicht denkst du auch, dass ich mich bei der Aufstellung von Regeln über die Ehe ebenso töricht verhalte wie jener berühmte Philosoph, den Hannibal für verrückt hielt, weil er sich über den Krieg ausließ, den er selbst nie persönlich erfahren hatte."

Ein weiterer Brief ging an Krzysztof Szydlowiecki, den Kanzler des polnischen Königs Zygmunt.[781] Der Kanzler führte einen glänzenden Hof in Krakau und bemühte sich um gute Beziehungen zu den Höfen der Könige von England und Frankreich und dem des Kaisers.[782] Erasmus bedankte sich bei Szydlowiecki für Geschenke, die er ihm übersandt hatte. Es waren Goldschmiedearbeiten, darunter ein goldenes Stundenglas, das später auch in Erasmus' Testament aufgeführt wurde. Szydlowiecki hatte sich damit für die Schrift „Lingua" bedankt, die Erasmus ihm ein Jahr zuvor gewidmet hatte. Noch dankbarer aber sei er, fügte Erasmus in seiner Antwort hinzu, dass Szydlowiecki ihn vor verleumderischen Anklagen der Kritiker schütze.

Erasmus' dritter Brief nach Polen war ein Antwortbrief an Andrzej Krzyski[783], den Bischof von Przemysl, der sich mit lateinischen Schriften und

---

[778] CWE 12, Ep. 1674.
[779] Christiani Matrimonii Institutio, ed. A.G. Weiler (ASD V, 6), 2008, S. 1–248; CWE 69: The Institution of Christian Matrimony, Institutio christiani matrimonii, translated and annotated by Michael J. Heath, Toronto/Buffalo/London 1999, S. 203–438.
[780] CWE 12, Ep. 1751.
[781] CWE 12, Ep. 1752.
[782] Halina Kowalska, Krzysztof Szydlowiecki, in: BR, Bd. 3, S. 304 f.
[783] CWE 12, Ep. 1753.

Gedichten als der bekannteste humanistische Autor Polens profiliert hatte.[784] Krzyski führte gelegentlich in seinen Gedichten eine scharfe satirische Feder selbst gegen Mitglieder des polnischen Hofs, so wenn er beispielsweise die Raffgier des Kanzlers Szydlowieckis verspottete. Als begeisterter Anhänger des Erasmus verfasste er ein Gedicht zu dessen Ehren („Andreas Cricius episcopus Desiderio Erasmo Rotterdamo"). Jan Laski hatte Erasmus auf verschieden Schriften Krzyckis aufmerksam gemacht, darunter eine Schrift gegen Luther. Auf einen Brief des Erasmus vom Oktober 1525[785] hatte Krzyckis aus Krakau mit einem euphorisch gestimmten Brief vom Dezember 1525 geantwortet.[786]

Er habe, schrieb Krzycki, anfangs durchaus mit Luther sympathisiert, sei aber dann von dessen beleidigender Sprache abgestoßen worden. Krzyski hatte Erasmus eingeladen, nach Krakau zu kommen, um den Stürmen in Deutschland zu entgehen. Er werde hier alles finden, was er brauche, sogar eine gute Druckerei. Erasmus lehnte die Einladung freundlich ab. Er befürchte, auch Polen werde für ihn kein ruhiger Hafen sein, nachdem er einmal als „Gladiator" die Kampfarena betreten habe. Erasmus lobte den Humanisten in dem Bischof. Die heutige Christenheit brauche solche Persönlichkeiten, die ihre philosophischen Studien nur ungern aufgäben, wenn sie zu öffentlichen Aufgaben berufen würden. „Ich selbst habe hart daran gearbeitet, dass die rauhen Sitten meiner Heimat Holland durch den Umgang mit den alten Literaturen gemildert werden."[787] Hier intonierte Erasmus seine neue Doppelstrategie, die sich gleicherweise gegen die deutschen Lutheraner wie später gegen die italienischen Ciceronianer richtete, die die restlichen zehn Jahre seines Lebens bestimmen sollte.[788]

Jan Laski hatte Erasmus auf den jungen aus Krakau stammenden Humanisten Stanislaus Hosius aufmerksam gemacht, den späteren polnischen Gegenreformator und Kardinal, der eine führende Rolle auf dem Konzil von Trient spielen sollte.[789] Hosius war damals mit Laski, Krzyski, und dem zeitweilig in Krakau lehrenden englischen Humanisten Leonard Cox befreundet. Er war zunächst Lehrer am Hof der Krakauer Bischöfe Konarski

---

[784] Halina Kowalska, Andrzej Krzycki, in: BR 2, S. 275–278; Harold B. Segel, Renaissance Culture in Poland. The Rise of Humanism 1470–1543, Ithaca, New York, 1989, S. 191–226 („The Hell-Raiser Who Became Primate of Poland"); Kazimierz Morawski (Hg), Andreae Cricii carmina (Corpus antiquissimorum poetarum Poloniae Latinorum usque ad Joannem Cochanovium, vol. 3), Krakau 1888.
[785] CWE 11, Ep. 1629.
[786] Brief vom Dezember 1525 (CWE 11, Ep. 1652).
[787] CWE 12, Ep.1753, Zeile 20–28 (Brief an Andrzej Krzycki, Basel, den 9. September 1526).
[788] Vgl. Bejczy, Erasmus and the Middle Ages.
[789] CWE 13, Ep. 1915. – Vgl. Halina Kowalska, Stanislaus Hosius, in: BR 2, S. 206–207; Henry Damien Wojtyska, Cardinal Hosius Legate to the Council of Trent, Rom 1967.

und dessen Nachfolger Tomicki gewesen und hatte Werken des Erasmus wie „De copia" und „Hyperaspistes", die in Krakau nachgedruckt wurden, Lobgedichte auf Erasmus beigefügt. In späteren Jahren ging Hosius zum Studium nach Padua und Bologna.[790]

DER DREIZEHNTE BAND DER „CORRESPONDENCE OF ERASMUS" (CWE 13) UMFASST DIE ZEIT VOM MÄRZ 1527 BIS ZUM DEZEMBER 1527.[791]

Der dreizehnte Band befasst sich mit dem Briefwechsel mit Polen und Erasmus' Brief an König Zygmunt. 1527 kam die vierte Auflage des Neuen Testaments heraus. Im Mittepunkt des Briefwechsels mit Deutschland stehen Pirckheimer und Bucer, mit den Niederlanden Schets, Vives, Lips, Laurinus und Frans van Cranevelt. In Spanien fand die Konferenz von Valladolid statt, gegen die sich Erasmus' Schrift „Apologia adversus monachos quosdam Hispanos" richtete. Im Mai 1527 fand der „Sacco di Roma" statt.

Jan Laski hatte Erasmus gedrängt, auch Kontakt zu dem polnischen König Zygmunt aufzunehmen. Doch Erasmus zögerte.[792] Als Erasmus schließlich im Mai 1527 einen längeren Brief an Zygmunt schrieb, brachte der damals 23-jährige Hosius den Brief noch im gleichen Jahr in Krakau bei Hieronim Wietor im Druck heraus.[793] Der Titel lautete: „Des. Erasmi Roterodami Epistola ad inclytum Sigismundum regem Poloniae". Das Buch war im Innern mit Erasmus' Porträt als Holzschnitt und am Schluss mit Versen verschiedener Autoren zum Lob des Erasmus ausgestattet. Hosius schrieb ein Vorwort und widmete das Buch seinem Förderer, dem Krakauer Bischof und Vizekanzler Polens Piotr Tomicki.[794] Er hatte in das Buch noch einen weiteren Brief des Erasmus aufgenommen, der an Konrad Pellican gerichtet war, der sich den Zwinglianern angeschlossen hatte.[795] Darin hatte Erasmus den Schweizer Reformatoren vorgehalten, dass sie sich immer mehr von den überkommenen Lehren der Kirche, vor allem der über die Eucharistie, entfernten. In seiner Tomicki gewidmeten längeren Vorrede führte Hosius zur Begründung der Aufnahme des zweiten Erasmus-Briefs in das Buch an, dass er damit den Lutheranern entgegentreten wolle, die „durch ihre Schriften ihre Schmähungen auch auf unser Vaterland und unseren Vater des Vaterlands König

---

[790] Zur Biografie von Jan Laski vgl.: Henning P. Jürgens, Johannes a Lasco in Ostfriesland. Der Werdegang eines europäischen Reformators, Tübingen 2002.
[791] CWE 13: The Correspondence of Erasmus: Letters 1802 to 1925–March–December 1527, translated by Charles Fantazzi, annotated by James K. Farge, Toronto/Buffalo/London 2010.
[792] CWE 13, Ep.1674.
[793] CWE 13, Ep. 1819.
[794] Kasimir von Miaskowski, Jugend- und Studienjahre des ermländischen Bischofs und Kardinals Stanislaus Hosius, in: Zschr. f. Gesch. u. Altertumskunde Ermlands 19 (1914–16), S. 329–394.
[795] CWE 11, Ep. 1637.

Zygmunt ausspucken".[796] Offensichtlich wurde Erasmus hier für die polnische Politik instrumentalisiert.

Erasmus thematisierte in seinem Brief an König Zygmunt wie so oft in seinen an die Fürsten gerichteten politischen Schriften die Frage des Friedens.[797] Wie der greise Simeon, der gerne das Leben verlassen wollte, nachdem er Christus begegnet sei, so werde auch er, Erasmus, gerne diese Welt verlassen, wenn er sehe, dass durch die Güte Gottes und die Übereinkünfte der Fürsten der Zustand der öffentlichen Unordnung beendet würde.[798] Er wolle hier nicht über die Macht sprechen, die das Königtum verleihe und auch nicht über die militärischen Siege, die Zygmunt errungen habe, sondern über die Eigenschaften, die ein Fürst vor allem brauche, um Frieden zu stiften: Frömmigkeit, Seelengröße und Weisheit („pietas, excelsus animus et prudentia"). Erasmus erinnerte an den bekannten Satz aus seinen „Adagia" „Dulce bellum inexpertis". Der Streit unter den christlichen Fürsten Europas habe dazu geführt, dass die Türken zunächst Rhodos und jetzt auch Ungarn erobert hätten.[799]

Damit spielte Erasmus auf die Schlacht von Mohács 1526 an, die der junge König von Ungarn und Böhmen, Ludwig II., im Kampf gegen die Türken verloren hatte. Ludwig selbst war in der Schlacht ums Leben gekommen. Ein Teil Ungarns war von den Türken eingenommen worden. Um das Erbe Ludwigs und um die ungarische Krone stritten sich seitdem Erzherzog Ferdinand von Habsburg, der Bruder Karls V., und der Woiwode von Siebenbürgen, Johann Zapolya, der von Teilen des polnischen Adels, darunter Hieronim Laski unterstützt wurde. Erasmus lobte ausdrücklich den polnischen Kanzler Szydlowiecki, der kurz zuvor in Prag versucht hatte, zwischen den beiden streitenden Parteien zu vermitteln.

Erasmus war von Jan Laski, der die Politik seines Bruders in dem ungarischen Konflikt unterstützte[800], über diese Vorgänge unterrichtet worden, allerdings etwas einseitig, wie sich bald herausstellte, und worüber sich Erasmus gegenüber Johann Antonin beklagte.[801] In seinem Brief an Zygmunt war Erasmus der Fehler unterlaufen, dass er den Thronprätendenten Zapolya bereits als König („Ungariae regem") titulierte. So hatte sich Erasmus trotz seines Appells an den friedensstiftenden Auftrag der Fürsten in einen akuten politischen Streit hineinziehen lassen, der noch Jahre andauern sollte.

---

[796] „Qui lingua sua virulente, versibus insanis et unsulsis et in patriam hanc nostram et patriae parentem Sigismundum Regem nostrum convicia quaedam evomere." (Miaskowski, Jugend- und Studienjahre des ermländischen Bischofs und Kardinals Stanislaus Hosius, a. a. O., S. 456 f.)

[797] Renaudet, Études érasmiennes, S. 65.

[798] CWE 13, Ep. 1819.

[799] Vgl. Howard Louthan, A Model for Christendom? Erasmus, Poland, and the Reformation, in: Church History 83 (March 2014), S. 18–37.

[800] Jürgens, Johannes a Lasco, S. 92–125.

[801] CWE 13, Ep. 1916.

Er bekam das sofort zu spüren. Hosius' Druck des Briefs an Zygmunt wurde natürlich auch am Habsburger Hof gelesen, mit dem Erasmus seit Jahren durch gute Beziehungen verbunden war. Am 10. Dezember schrieb Caspar Velius, der an der Universität Wien Rhetorik lehrte, an Erasmus aus Ungarn. Velius und Erasmus waren seit Jahren miteinander bekannt. Als Hofhistoriker hatte Velius Ferdinand bei dessen Kriegszügen in Ungarn gegen Zapolya begleitet. Er wundere sich sehr, hieß es in Velius' Brief, wie Erasmus in seinem Brief an den polnischen König Ferdinand die Bezeichnung „König" verweigert habe, dagegen den Grafen Zapolya, diesen „Mörder und Vaterlandsverräter", mit der Bezeichnung „König" geschmückt habe. Erasmus habe sich mit seinem Brief am Wiener Hof viel Ärger eingeholt.[802]

Ferdinand hatte sich übrigens inzwischen – am 3. November – in Stuhlweissenburg zum König von Ungarn krönen lassen. Gegenüber Antonin beklagte sich Erasmus, man vermute in Wien, dass er sich für den politischen Freundschaftsdienst habe gut belohnen lassen.[803] Tatsächlich übersandte Justus Decius im Februar 1528, wie es Laski Erasmus zuvor ankündigte, auf Veranlassung des Kanzlers sowie Krzyckis und des Königs selbst 10 ungarische Golddukaten an Erasmus.[804] Allerdings kam es nicht zu einem Bruch der guten Beziehungen zwischen Erasmus und den Habsburgern. Als Erasmus 1529 Basel verließ, nachdem sich die Stadt den Zwinglianern angeschlossen hatte, war dafür gesorgt, dass er sich im habsburgischen Freiburg niederlassen konnte.

Nach diesem Vorgang kühlten sich die Beziehungen zwischen Jan Laski und Erasmus merklich ab. Aber erst nach dem Tod des Erasmus 1536 brach Jan Laski mit der alten Kirche. Er suchte den Kontakt zu Melanchthon und zur Reformation. Seine Pläne für eine kirchliche Karriere in Polen hatten sich zerschlagen. Laski begann ein Wanderleben, das ihn zunächst nach Frankfurt am Main und dann in die Niederlande nach Löwen führte, wo er heiratete. Er begab sich in das friesische Emden, nachdem er sich für die Reformation entschieden hatte. Von 1542 bis 1549 übte er das Amt eines Superintendenten für Ostfriesland aus. Spannungen mit den lutherischen Geistlichen brachten Laski dazu, Ostfriesland wieder zu verlassen. Vorübergehend ließ er sich mit seiner Familie in London nieder, wo ihm die Leitung der ausländischen reformierten Gemeinde übertragen wurde. Schließlich kehrte er nach Polen zurück, wo er 1560 starb. In den letzten zehn Jahren seines Lebens gewann er einen starken Einfluss auf die Kalvinisten in Polen, die einen Rückhalt im niederen Adel hatten.[805]

---

[802] CWE 13, Ep. 1917.
[803] CWE 13, Ep. 1916.
[804] CWE 14, Ep. 1954.
[805] Vgl. Jürgens, Johannes a Lasco, a. a. O.; Gottfried Schramm, Der polnische Adel und die Reformation 1548–1607, Wiesbaden 1965, S. 46 f. u. S. 204 f.

Der Lebensweg des Adeligen Jan Laski (1499–1560) steht in einem eigenartigen Kontrast zu dem seines humanistischen Jugendfreunds, des bürgerlichen Stanislaus Hosius (1505–1579). Hosius wurde später Bischof von Ermland und Kardinal, und er war päpstlicher Legat auf dem Konzil von Trient. Beide waren in ihrer Jugend Anhänger und Verehrer des Erasmus. Sie schlugen sehr unterschiedliche Lebenswege ein: Laski wurde ein führender Kopf der protestantischen Reformation in Polen und Europa. Hosius wurde ein führender Kopf der katholischen Gegenreformation in Polen und Europa.[806]

König Zygmunt hatte sich im Februar 1528 in seiner Antwort an Erasmus dafür bedankt, dass Erasmus ihm durch seinen Brief „bei allen Menschen einen Gewinn an Ehre" verschafft habe.[807] Seit dem Brief an Zygmunt wurde Erasmus zu einer Art Kultfigur der polnischen Renaissance.[808] „Es gibt hier praktisch niemanden, der dich nicht verehrt", schrieb Laski im Februar 1528 an Erasmus, „ein solches Gewicht hat dein Brief an unseren Fürsten."[809] Zu den Korrespondenten des Erasmus in Polen zählte auch der Engländer Leonard Cox,[810] der von Decius gefördert eine Zeitlang in Krakau lehrte und später wieder nach England zurückkehrte.[811]

Dem Erzbischof von Gnesen Jan (I) Laski, dem Onkel Jan (II) Laskis, widmete Erasmus im August 1527 seine Edition des Heiligen Ambrosius in vier Bänden.[812]

Seit dem Besuch der Laski-Brüder bei Erasmus in Basel war es zur Mode geworden, dass junge Polen auf dem Weg zum Studium nach Italien oder bei ihrer Rückkehr Erasmus einen Besuch abstatteten. Auch der junge Hosius hatte einen Besuch bei seiner Rückkehr vom Studium in Bologna beabsichtigt, war aber das Opfer eines Raubüberfalls geworden und es fehlte ihm an Geld. Zu den Besuchern aus Polen zählten die Söhne der reichen Krakauer

---

[806] Vgl. Davies, Im Herzen Europas, S. 306; Ronnie Po-chia Hsia, Gegenreformation. Die Welt der katholischen Erneuerung 1540–1770, Frankfurt a. M. 1998, S. 21 f., 82; James Michael Weiss, Stanislaus Hosius, in: The Oxford Encyclopedia of the Reformation, hg. Hans J. Hillerbrand (Hg.), Bd. 2, New York/Oxford 1996, S. 256; Waclaw Urban, Jan Laski, in: The Oxford Encyclopedia of the Reformation, Bd. 2, S.196; Ambroise Jobert, De Luther a Mohila. La Pologne dans la crise de la Chrétienté 1517–1648, Paris 1974; Bernhard Stasiewski, Reformation und Gegenreformation in Polen. Neue Forschungsergebnisse, Münster 1960.

[807] „Quanto tu nos literis tuis fecisti apud omnes homines commendaciores." (CWE 14, Ep. 1952, Brief Zygmunts an Erasmus vom 19. Februar 1528).

[808] Vgl. Maria Cytowska, Korespondencja Eraszma z Rotterdamu z Polakami, Warschau 1965 (Panstwowy Instytut Wydawniczy). – Eine ältere Studie: Kasimir v. Miaskowski, Die Korrespondenz des Erasmus von Rotterdam mit Polen (Diss. Breslau), Posen 1901(Sonderdruck: Paderborn: Schöningh 1901).

[809] CWE 14, Ep. 1954.

[810] CWE 13, Epp. 1803, 1824; Leonard Cox, in: BR 1, S. 353 f.

[811] Dickens/Whitney, Erasmus, S. 258 f.

[812] CWE 13, Ep. 1855.

Familie Boner und deren Begleiter. 1528 wohnte Andrzej Zebrzydowski, ein Neffe Krzyckis, einige Zeit bei Erasmus. In späteren Jahren sollte Zebrzydowski Bischof von Krakau und Kanzler der Universität Krakau werden. Er veranlasste, dass nach seinem Tode im Jahre 1560 auf seinem Grabmal eine Inschrift angebracht wurde, die ihn als Schüler des Erasmus auswies.[813]

Im Februar 1527 brachte Erasmus die vierte Auflage des Neuen Testaments heraus, wobei er außer dem griechischen und seiner lateinischen Übersetzung auch den Vulgata-Text hinzufügte. Im August 1527 hatte Erasmus die Fortsetzung des „Hyperaspistes" gegen Luther fertiggestellt.[814] Im September teilte er Georg, dem Herzog von Sachsen, mit, dass er das zweite Buch gegen Luther nun geschafft habe und er es ihm übersandt habe. Aber gleichzeitig distanzierte er sich von den fanatischen Lutheranern wie Antilutheranern.[815] Mit den Mitarbeitern Herzog Georgs, den Antilutheranern Cochläus und Emser, hatte Erasmus auch Kontakt.[816]

1527 versuchte Martin Bucer, der den Dominikanerorden verlassen hatte und in Straßburg Pastor und einer der Führer der Reformierten geworden war, Erasmus in seine Bewegung herüberzuziehen. In dem Brief vom 11. November erteilte Erasmus aber Bucer eine klare Absage: „Du fragst mich, warum ich eurer Kirche nicht beitrete? Zuallererst ist es mein Gewissen, das mich davor abhält." Er würde längst das Lager gewechselt haben, wenn diese Bewegung von Gott käme. Aber er beobachte, dass viele, die sich von der neuen Herde angezogen fühlen, sich von der Lauterkeit des Evangeliums entfernt haben. Was besonders abschreckt, ist die Spaltung unter den Führern der Bewegung. Zwingli, Luther und Osiander schreiben kleine hässliche Bücher. Luther müsse den König von England beleidigen, nur um Gefallen zu finden. Wie die Dinge heute stünden, würde das Stundengebet verworfen, und man wisse nicht einmal, ob überhaupt noch gebetet werde. Die Mönche legten ihre Kleider ab, die Verordnungen der Bischöfe würden nicht mehr befolgt, auch nicht die Regeln des Fastens und der Abstinenz. Wegen des Missbrauchs möchten manche auch die Messe abschaffen, und das gelte auch für die Predigten, von der Heiligenverehrung und den Heiligenbildern ganz zu schweigen.[817] Das war noch ein höflicher Brief. Die späteren Briefe zwischen Erasmus und Bucer bekamen eine ganz andere Schärfe.

---

[813] Die Formulierung lautete: „Magni illius Erasmi Roterodami discipulus et auditor." (Oskar Bartel, Johannes a Lasco und Erasmus von Rotterdam, in: Luther-Jahrbuch 32 (1965), S. 48–66).

[814] CWE 13, Ep. 1853 (Vorwort). – CWE 77: A Warrior Shielding A Discussion of Free Will, book two – Hyperaspistes liber secundus, translated by Clarence H. Miller, annotated by Clarence H. Miller and Charles Trinkaus, Toronto/Buffalo/London 2000, S. 333–749.

[815] CWE 13, Epp. 1869, 1924.

[816] CWE 13, Epp. 1863, 1923.

[817] CWE 13, Ep. 1901.

Erasmus' treuester deutscher Korrespondent blieb der Nürnberger Pirckheimer, mit dem ihn ein wachsendes Misstrauen gegen die Reformierten verband. Über die Zustände im Reich wurde er auch durch Johann von Vlatten informiert, der im Dienst der Herzöge von Jülich-Kleve-Berg stand und in Köln, Orléans und Bologna studiert hatte.[818]

Da Erasmus ständig gesundheitliche Probleme hatte, nahm er die Gelegenheit wahr, als Johann Froben erkrankt war und sich von dem bekannten Schweizer Arzt Paracelsus behandeln ließ, auch den Rat von Paracelsus wegen seines Leberleidens einzuholen.[819] Froben starb 1527 an seiner Krankheit und sein Sohn Hieronymus folgte ihm nach. 1528 traten auch Hieronymus' Stiefvater Johann Herwagen und sein Schwager Nikolaus Epicopius in die Firma ein.

In den Niederlanden hatte Erasmus zu dieser Zeit brieflichen Kontakt mit Erasmus Schets, Nicolas Wary, Juan Luis Vives, Maarten Lips, Marcus Laurinus und Frans van Cranevelt. Die Freundschaft mit dem Antwerpener Banker Schets hatte 1525 begonnen und sie dauerte bis Erasmus' Tod. Erasmus übertrug ihm seine finanziellen Angelegenheiten, die bisher Pieter Gillis verwaltet hatte. Schets hatte Erasmus gedrängt, ein Buch dem jungen König von Portugal, Johannes III., zu widmen, da er Förderer der humanistischen Studien sei.[820] Nach einigem Zögern hatte Erasmus der Bitte entsprochen, indem er seine Ausgabe der Werke des Johannes Chrysostomos, die im März bei Froben erschien, dem portugiesischen König widmete.[821] Der Spanier Juan Luis Vives, der sich damals in Brügge aufhielt, informierte Erasmus vor allem über innerspanische Vorgänge, über die er gut informiert war. Er war auch an der Augustinus-Ausgabe („De civitate dei") beteiligt, die Erasmus bei Froben herausbrachte. Erasmus' Vertrauensmann an der Universität Löwen war Konrad Goclenius.[822]

In dieser Zeit versandte Erasmus drei Briefe an Erzbischof Warham, die sich überwiegend mit seinen Konflikten mit den französischen und spanischen Theologen beschäftigten.[823] Sie wurden vom seinem Gehilfen Nikolaus Kan überbracht. In einem langen und sehr offenen Brief an seinen Freund Thomas More nahm er zu vielen Problemen Stellung, die ihn bedrückten. Darin erwähnte er auch seine Schrift über die „Christliche Ehe", die er 1526 auf Wunsch Mountjoys, seines Förderers, Katharina von Aragon, der Frau König Heinrichs VIII. gewidmet hatte. Mountjoy war damals ihr Betreuer. Erasmus hatte inzwischen erfahren, dass Heinrich die Ehe auflösen wollte.

---

[818] CWE 13, Ep. 1912 (Brief von Vlatten aus Speyer vom 30. November 1527). – Anton J. Gail, Johann von Vlatten, in: BR 3, S. 414–416.
[819] CWE 13, Epp. 1808, 1809.
[820] CWE 13, Epp. 1848, 1866.
[821] CWE 12, Ep. 1800.
[822] CWE 13, Ep. 1899.
[823] CWE 13, Epp. 1828, 1831, 1861.

Deswegen bedauerte er es, dass er in seiner Schrift auch Worte über die Auflösung der Ehe gefunden habe. Im May 1527 bestätigte Mountjoy allerdings, dass die Königin von der Schrift erfreut sei.[824] Allerdings lud Heinrich VIII. Erasmus im September 1527 nochmals ein, nach England zu kommen, was Erasmus im Juni 1528 ablehnte.[825]

Im November 1527 wandte sich Erasmus noch einmal an die Pariser Theologische Fakultät und das Parlament von Paris,[826] und er schrieb einen letzten bitteren Brief an Béda.[827] Aber das konnte nicht verhindern, dass im Dezember 1527 114 Propositionen seiner Paraphasen von der Fakultät verurteilt wurden. Die Briefe, die Erasmus mit anderen französischen Korrespondenten wechselte, so mit Germain de Brie, Guillaume Budé, Jacques Toussaint und dem Kardinal Jean de Guise, dem er die Übersetzung der Werke des Johannes Chysostomus widmete, waren erheblich freundlicher gehalten.[828]

Mitte November 1527 traf in Burgos, der damaligen Residenz Karls V. in Spanien, ein Bündel von Briefen des Erasmus ein, die dieser bereits zweieinhalb Monate zuvor aus Basel abgesandt hatte. Empfänger war Alfonso de Valdés, der Sekretär der Kanzlei Karls V. und Vertrauensmann des Erasmus am kaiserlichen Hof. Einige Briefe waren an Freunde in Spanien gerichtet.[829] Weitere Adressaten waren der Großinquisitor und Erzbischof von Sevilla Alonso Manrique[830], der Erzbischof von Toledo Alfonso Fonseca[831] und dessen Kaplan Juan Vergara, ferner der kaiserliche Kanzler Mercurino Gattinara[832] und schließlich Karl V. selbst.[833]

In seinem Brief an Vergara beschrieb Erasmus im bissigen Ton die „Pariser Tragödie", die wegen der Übersetzung seiner Schriften ins Französische entstanden war. Er warnte, dass sie sich jetzt in Spanien wiederholen könne: „Auf den Kanzeln, bei Gastmählern, in Unterhaltungen, auf den Schiffen, in den Kutschen, in den Schusterwerkstätten, in den Webstuben und in der Beichte pflegen sie Erasmus als einen Häretiker herabzusetzen, der weitaus verpesteter ist als Luther. ... Denn was würde geschehen, wenn Erasmus auch

---

[824] CWE 13, Ep. 1816.
[825] CWE 13, Ep. 1878; CWE 14, Ep. 1998.
[826] CWE 13, Epp. 1902, 1905.
[827] CWE 13, Ep. 1906.
[828] CWE 13, Epp. 1817, 1835, 1840, 1842, 1910, 1911.
[829] Valdés bestätigte den Eingang der Briefsendung in seinem Brief an Erasmus vom 23. Nov. 1527 (CWE 13, Ep. 1907).- Zu den Freunden, denen Erasmus schrieb, gehörten Juan de Vergara, damals Sekretär des Erzbischofs von Toledo, und dessen Bruder Francisco de Vergara (CWE 13, Epp. 1875 u. 1876).
[830] CWE 13, Epp. 1864, 1877 (Briefe vom 26. Aug. 1527 und ca. 2. Sept. 1527).
[831] CWE 13, Ep. 1874 (Brief vom 2. Sept. 1527).
[832] CWE 13, Ep. 1872 (Brief vom 1. Sept. 1527).
[833] CWE 13, Ep. 1873 (Brief vom 2. Sept. 1527).

noch beginne, in der Volkssprache zu reden und die boshafte Eitelkeit seiner Gegner aufdeckte? ... Kein Zweifel, dahin fließen ihre Tränen."[834]

Der inzwischen 60-jährige Erasmus schrieb an Karl V.: „Ich habe im Vertrauen auf den Schutz der Päpste und Fürsten, aber vor allem auf den Deiner Majestät die ganze Partei der Lutheraner ... gegen mich aufgebracht, und dies unter großer Lebensgefahr." Erasmus nannte Luthers Schrift „De servo arbitrio", die er „mehr als feindselig gegen mich geschrieben hat". Erasmus beschwerte sich: „Jetzt, wo die Luthersache eine andere Wendung zu nehmen beginnt, und zwar zum Teil durch mich und auf mein Risiko, brechen bei Euch in Spanien gewisse Leute los, die unter dem Vorwand, es handle sich um die Religion, die Sache ihres Bauches und ihrer Tyrannei führen ... und die das sonst von Wirren verschonte glückliche Spanien in Unruhe versetzen."

Durch Briefe von den Spaniern Maldonado, Olivar, Vives, Ruiz de Virués und Alfonso de Valdés[835] war Erasmus davor gewarnt worden, dass in Kreisen der Mönche Widerstand gegen Erasmus entstanden sei, die sich auch gegen die Übersetzung seiner Schriften ins Spanische richtete. So war der Anlass für seine Beschwerde die Konferenz von Valladolid, die im Juni einberufen worden war, um unter dem Vorsitz des Großinquisitors Manrique de Lara die Schriften des Erasmus auf ihre Rechtgläubigkeit hin zu überprüfen.[836] Ein Schreiben Papst Clemens' VII. hatte die Konferenz veranlasst, wobei allerdings der Papst ausdrücklich darauf hingewiesen hatte, er wisse, wie berühmt durch sein Wissen und seine Eloquenz Erasmus sei. Die Konferenz dauerte von 27. Juni bis zum 13. August 1527.[837] Sie wurde wegen des Ausbruchs der Pest abgebrochen, sodass kein abschließendes Ergebnis zustande kam. Goclenius beglückwünschte Erasmus, dass nach seinem Sieg in Spanien die Moral seiner Gegner vernichtet sei.[838] Auch Maldonado beglückwünschte ihn zu seinem Sieg.[839] Aber Erasmus war damit nicht zufrieden. Entgegen dem Rat seiner Freunde und selbst dem Rat Manriques wollte er eine förmliche Widerlegung der Vorwürfe der Mönche.

---

[834] CWE 13, Ep. 1875, Zeile 55–67.
[835] CWE 12, Epp. 1742, 1791, CWE 13, Epp. 1836, 1838, 1839.
[836] Bataillon, Érasme et l'Espagne, S. 260–299; Rummel, Erasmus and his Catholic critics, Bd. 2, S. 81–105 („The Spanish Religious Orders"); Lu-Ann Homza, Erasmus as Hero, or Heretic? Spanish Humanism and the Valladolid Assembly of 1527, in: Renaissance Quarterly 50 (1997). S. 78–118; Miguel de Avilés, Erasmo y la Inquisición. El libelo de Valladolid y la apología de Erasmo contra los frailes españoles, Madrid 1980.
[837] CWE 13, Ep.1846 (Schreiben von Clemens VII. an Alonso Manrique de Lara).
[838] CWE 13, Ep.1899, Zeile 95–96.
[839] CWE 13, Ep. 1908.

Erasmus ließ seine Antwort als „Apologia adversus monachos quosdam Hispanos"[840] 1527 lediglich für seine Freunde drucken, die übrigen Exemplare ließ jedoch er bei Froben noch aufbewahren, wie in einem Begleitschreiben an Manrique darlegte.[841] Da aber der Verleger, Johann Froben, zu selber Zeit starb, wurde das Buch doch verbreitet. Regulär kam es im März 1528 heraus.[842]

In seiner „Apologia" beantwortete er die Valladolid-Artikel in 80 Punkten. Seine Ankläger hatten seine Aussagen über die Trinität, über die Göttlichkeit Christi, über die Sakramente, die Autorität der Apostel, der Väter und der scholastischen Exegeten, über die Zeremonien, über den Zölibat und die Ablässe in Frage gestellt. Das Material hatten sie aus seinen Schriften, vor allem aus den Annotationen, seinen Paraphrasen, den Kolloquien, dem Enchiridion und der Ratio zusammengestellt. In der zweiten Auflage der „Apologia" von 1529 brachte er nur einige Ergänzungen heraus.

Karl V. hatte auf Erasmus' Beschwerden am 13. Dezember 1527 aus Burgos geantwortet. Der Brief war von Valdés verfasst und im Auftrag des Kaisers unterzeichnet.[843] „Honorabilis, devote, dilecte!", lautete die Anrede. Erasmus' Brief habe ihm eine doppelte Freude bereitet, einmal, weil er von Erasmus selbst komme, zum anderen, weil er von dem Rückgang des Wahnsinns der Lutheraner berichte. Erasmus verdiene nicht nur das einzigartige Wohlwollen des Kaisers. Vielmehr stehe die ganze Christenheit („universa respublica Christiana") in seiner Schuld. „Denn einzig durch deine Leistung konnte das erreicht werden, was bis heute weder den Kaisern, den Päpsten, den Fürsten, den Universitäten noch so vielen der besten Gelehrten gelungen ist."[844]

Zu der spanischen Debatte um die Werke des Erasmus bemerkte Karl, es habe ihn bedrückt, was Erasmus dazu geschrieben habe. Denn er habe den Eindruck, dass Erasmus kein volles Vertrauen zu ihm habe. „Bei der Untersuchung deiner Bücher, die wir zugelassen haben, besteht für dich keinerlei Gefahr, auch nicht, wenn darin ein menschlicher Irrtum gefunden werden sollte, auf den du liebevoll aufmerksam gemacht würdest, damit du ihn entweder korrigierst oder dich so erklärst, dass die Kleinmütigen daran keinen Anstoß mehr nehmen können. Auf diese Weise sorgst du für die Un-

---

[840] CWE 75: An Apologia of Desiderius Erasmus of Rotterdam Against Several Articles Presented by Certain Monks in Spain Des. Erasmi Roterodami, edited and translated by Charles Fantazzi – Apologia adversus articulos aliquos per monachos quosdam in Hispaniis exhibito, Toronto/Buffalo/London 2019, S. 1–179; ASD IX, 9, hg. Charles Fantazzi, Leiden 2018.

[841] CWE 13, Ep. 1888 (Brief an Alonso Manrique de Lara vom 15. Oktober 1527 aus Basel).

[842] CWE 14, Ep. 1967.

[843] CWE 13, Ep. 1920. (Allen gibt die lateinische Fassung und zugleich die spanische Übersetzung wieder).

[844] CWE 13, Ep. 1920, Zeile 1–9.

sterblichkeit deiner Schriften und verschließt du den Mund derer, die dich herabsetzen. Wenn aber nichts gefunden wird, an dem Anstoß zu nehmen ist, dann wirst du sehen, welcher Ruhm dadurch deinen Werken zuteilwird." [845]

Beide Briefe, der von Erasmus an Karl V. und der von Karl V. an Erasmus, hatte Valdés sofort ins Spanische übertragen lassen. Sie wurden seit 1528 in fast allen spanischen Ausgaben der Kolloquien und des Enchiridions mit abgedruckt. Die Verbreitung der erasmischen Schriften nahm sprunghaft zu. Bataillon spricht von einer „Generalstabsarbeit" der spanischen Erasmianer am Hof Karls V. Indem sie dafür sorgten, dass die beiden Briefe von Erasmus und Karl in Spanien in der Landessprache verbreitet wurden, nahmen sie das Ergebnis der Überprüfung der Schriften des Erasmus durch die Konferenz von Valladolid bereits vorweg. Die Konferenz wurde schließlich abgebrochen, ohne zu einem Ergebnis gekommen zu sein. Für seine spanischen Anhänger war Erasmus mehr als ein beliebter Autor, er war ein Programm. In „Érasme en Espagne" beschreibt Bataillon die Jahre von 1527 bis 1532 in einem eigenen Kapitel als „L'invasion érasmienne".[846] Erst in den 1530er Jahren erlangten konservative Theologen in Spanien wieder die Überhand und prominente Erasmianer kamen in Bedrängnis.

Nach ihren ersten freundschaftlichen Begegnungen im Jahre 1520 hatten die drei jungen Fürsten Europas, Karl V., Franz I. und Heinrich VIII. in wechselnden Bündnissen jahrelang Krieg mit- und gegeneinander geführt und auch Papst Clemens VII. in dieses Kriegsspiel mit hineingezogen. Der Hauptkriegsschauplatz blieb Italien. Nach der Niederlage Franz' I. bei Pavia 1525 und seiner einjährigen Gefangenschaft in Spanien hatte Karl V. ihm im Vertrag von Madrid weitgehende Zugeständnisse abringen können, die Franz I. nach seiner Rückkehr nach Frankreich 1526 wieder aufkündigte. In der Liga von Cognac wurde ein neues Kriegsbündnis zwischen Franz I., Clemens VII., dem Herzog von Mailand und der Republik von Venedig, dem schließlich auch Heinrich VIII. beitrat, gegen Karl V. geschlossen. Die Kämpfe in Italien zwischen dem Kaiser und der Liga wurden mit Söldnertruppen geführt, die von Plünderungen lebten. Nachdem die deutschen und spanischen kaiserlichen Truppen vergeblich Florenz belagert hatten, hatten sie sich selbständig gemacht und waren ohne Befehl nach Rom gezogen. Sie besetzten die Stadt am 6. Mai 1527. Kirchen, Klöster, Paläste und Bibliotheken wurden geplündert und in Brand gesteckt. Adelige wurden festgesetzt und nur gegen Lösegeld wieder freigelassen. Papst Clemens VII. flüchtete in die Engelsburg, wurde dort aber gefangen gehalten und erst am 7. Dezember gegen ein Lösegeld freigelassen. Es konnte so scheinen, als sei der „Sacco di

---

[845] CWE 13, Ep. 1920, Zeile 19–25.
[846] Bataillon, Érasme et l'Espagne, S. 301.

Roma" gleichsam die selbsterfüllte Prophetie der „Klage des Friedens", die Erasmus zehn Jahre zuvor ausgesprochen hatte.[847]

Da es kaiserliche Truppen waren, die in Rom eingefallen waren und die Stadt verwüstet und geplündert hatten, wurde die Verantwortung für den „Sacco di Roma" dem Kaiser angelastet. Der kaiserliche Hof in Spanien bemühte sich, die Vorwürfe abzuwehren. Alfonso Valdés entwarf ein Schreiben Karls V. an die Fürsten Europas, in dem er jede Verantwortung ablehnte und die Schuld allein dem Papst zuschrieb.[848] Der Hof versuchte, Erasmus für seine propagandistischen Zwecke einzuspannen. Valdés berichtete Erasmus im Mai 1529 über seinen Dialog, den er zu den Ereignissen in Rom verfasst hatte. Er entlaste den Kaiser und schiebe die ganze Verantwortung dem Papst und seinen Beratern zu.[849] Dabei habe er zahlreiche Exzerpte aus den Schriften des Erasmus in den Text eingeflochten.[850] Der Dialog trug den Namen „Dialogo de las cosas ocurridas en Roma".[851] Valdés zitierte fast wörtlich aus der „Querela pacis". Wie könne der Papst als Stellvertreter Christi Krieg führen? Habe es nicht bei der Geburt Christi geheißen „Gloria in excelsis deo et in terra pax hominibus bonae voluntatis"? Die römische Katastrophe sei die Strafe Gottes für die Korruption des römischen Hofs. Nicht nur Luther, sondern die ganze deutsche Nation habe immer wieder ihre „Gravamina" gegenüber Rom erhoben. Indem Rom für alle religiösen Dienste Geldleistungen verlange, sei die Stadt selbst zum Skandalon geworden. Das waren starke Worte, und prompt beschwerte sich der päpstliche Nuntius Castiglione bei Karl V. Dort abgewiesen wandte er sich an den Großinquisitor. Er solle eingreifen, damit nicht auch noch Spanien lutherisch werde. Manrique antwortete, er habe nichts Verwerfliches in dem Dialog entdecken können, dafür aber manche fromme und gelehrte Stellen.[852]

Erasmus teilte dieses einseitige Urteil über den „Sacco di Roma" nicht. Im Oktober 1528 schrieb er an Jacopo Sadoleto[853], den langjährigen Sekretär Clemens' VII. und Bischof von Carpentras, der durch Zufall der Katastrophe entgangen war, weil er 20 Tage zuvor Rom verlassen hatte, um nach Carpentras zu gehen: „Die Katastrophe, die auf Rom niedergegangen ist, ist auch auf alle anderen Nationen niedergegangen, denn die Stadt ist nicht nur die Zitadelle der christlichen Religion, die Ernährerin der Wissenschaften und der Künste und deren ruhigster Aufenthaltsort, sondern sie ist zugleich die Mutter aller Völker ... Für wie viele Menschen war sie nicht eine Heimat

---

[847] Renaudet, Erasme et l'Italie, S. 323–342 („Paix Chrétienne et sac de Rome").
[848] Bataillon, Érasme et l'Espagne, S. 398.
[849] Brief aus Barcelona vom 15. Mai 1529 (CWE 15, Ep. 2163).
[850] CWE 15, Ep. 2163.
[851] Alfonso de Valdés, Diálogo de las cosas ocurridas en Roma. Ed., introd. y notas de José F. Montesinos (Clasicos castellanos 89), Madrid 1969.
[852] Bataillon, Érasme et l'Espagne, S. 399–419.
[853] Richard M. Douglas, Paolo Sadoleto, in: BR 3, S. 187 f.

(„patria") in der Fremde, viel geliebter, süßer und sogar glücklicher als die eigene?"[854] Dann folgt der Satz: „Es war nicht nur der Untergang der Stadt, sondern der Untergang der Welt."[855] „Die Klage des Friedens" war die „Klage Europas" geworden, „das von allen Völkern verstoßen und vernichtet wurde".

Der „Sacco di Roma" hatte zur Ernüchterung geführt. Karl V. und Papst Clemens VII. näherten sich in dem Vertrag von Barcelona vom Juni 1529 einander an. Der Papst war jetzt allerdings vom Kaiser abhängig. In dem „Damenfrieden von Cambrai" (dem zweiten Frieden von Cambrai) vom August 1529 beendeten Karl V. und Franz I. ihren Krieg.[856] In England führte der Sieg der kaiserlichen Partei in Italien zum Sturz Kardinal Wolseys als Lordkanzler. Damit waren auch Wolseys Bemühungen gescheitert, für König Heinrich VIII. die päpstliche Zustimmung zur Scheidung Heinrichs von Katharina, der Tante Karls V., zu erreichen. Nachfolger Wolseys als Lordkanzler wurde Thomas More.

DER VIERZEHNTE BAND DER „CORRESPONDENCE OF ERASMUS"
(CWE 14) UMFASST DIE ZEIT VOM JANUAR 1528 BIS DEZEMBER 1528
UND DER FÜNFZEHNTE BAND (CWE 15) DIE ZEIT
VOM JANUAR BIS AUGUST 1529.[857]

Der vierzehnte und der fünfzehnte Band erfassen die Zeit vom Januar 1528 bis August 1529. Auf dem Reichstag in Speyer 1529 trennten sich die Protestanten von den Katholiken und nehmen den Namen „Protestanten" an. Erasmus bringt den „Ciceronianus" heraus. Charon und der Krieg. Der Konflikt mit Alberto Pio. Erasmus verlässt Basel wegen des Siegs der Reformation und geht nach Freiburg. Im August bringt er sein „Opus epistolarum" heraus. In Paris wird im April Louis de Berquin hingerichtet.

Seit seinem Umzug nach Basel 1521 unternahm Erasmus nur noch wenige Reisen. Gelegentlich wurde er aber auch in Basel an die Explosivität der Außenwelt erinnert. Am 20. September 1526 hatte sich Erasmus in Frobens Gartenlaube begeben, so berichtete er Nikolaus Varius[858], dem Leiter des Dreisprachenkollegs in Löwen, und gerade begonnen, Chrysostomus zu übersetzen, als ein Blitz die Fenster erhellte. „Er war nicht sehr hell und es gab kein Geräusch. Ich dachte erst, meine Augen hätten mich getäuscht, aber als es sich zwei oder drei Mal wiederholte, wunderte ich mich und ich

---

[854] CWE 14, Ep. 2059, Zeile 35–46.
[855] CWE 14, Ep. 2059, Zeile 48 f.
[856] Geoffrey Parker, Der Kaiser, S. 238 f.
[857] CWE 14: The Correspondence of Erasmus: Letters 1926 to 2081–1528, translated by Charles Fantazzi, annotated by James M. Estes, Toronto/Buffalo/London 2011; CWE 15: The Correspondence of Erasmus: Letters 2082 to 2203–1529, translated by Alexander Dalzel, annotated by James M. Estes, Toronto/Buffalo/London 2012.
[858] Nicolas Wary, in: BR 3, S. 432.

machte mich auf um zu sehen, ob sich der Himmel verändert hatte und Wolken gekommen waren, die ein Regengewitter mit sich brachten. Als ich keine Gefahr sah, wandte ich mich wieder meinem Buch zu. Kurz darauf hörte ich einen dumpfen unterdrückten Ton." Erasmus war Augenzeuge einer Explosion in einem Turm an der Stadtmauer geworden, in dem mehrere Fässer Schießpulver eingelagert gewesen waren.

Minutiös beschrieb Erasmus den Ablauf des Ereignisses, die Wirkung der Explosion und die Reaktion der Stadt. Er konnte es nicht unterlassen, seine Erzählung mit einigen nachdenklichen Überlegungen über die neue Mode der Lust am Feuerwerk zu verknüpfen: „Und das ist heute auch noch das Spielzeug von Christen und sogar von Kindern geworden. Die Humanität nimmt ab und der Stumpfsinn nimmt zu."[859]

Im März 1528 hatte Erasmus bei Froben in Basel den Dialog „Ciceronianus" herausgebracht.[860] Diese erste Auflage erschien zusammen mit der Schrift „Über die richtige Aussprache des Lateinischen und Griechischen („De recta Latini Graecique sermonis pronuntiatione").[861] Der „Ciceronianus" war als eine Antwort auf seine italienischen Kritiker gedacht, die sich weigerten, ein christliches Vokabular zu benutzen. Aber Erasmus wurde völlig überrascht von der feindlichen Reaktion, die dieser satirische Dialog im französischen Publikum fand, vor allem bei dem größten der französischen Humanisten, Guillaume Budé. Bei einem Vergleich wurde Budé hinter den Pariser Verleger Josse Bade zurückgestellt. Daran sollte die lange Freundschaft zwischen Erasmus und Budé zerbrechen.[862] In der zweiten Auflage von 1529 änderte Erasmus die Passage über Budé. Im September 1528 brachte Erasnus eine erweiterte Ausgabe der „Adagia" heraus, zu der er ein neues Vorwort schrieb.[863]

Die Erstauflage des „Ciceronianus" war den Kolloquien beigefügt, die Hieronymus Froben im März 1529 in Basel herausbrachte, aber in den folgenden Auflagen erscheint der „Ciceronianus" immer gesondert. Diese Auflage der Kolloquien enthielt acht neue Kolloquien, darunter auch der Text des „Charon".[864] Diese Figur entstammte der antiken Mythologie. Er ist

---

[859] CWE 12, Ep. 1756, Zeile 92–94.
[860] Dialogus Ciceronianus, hg. Pierre Mesnard, in: ASD I, 2 (1971), S. 581–710; Ciceronianus, hg. Betty I. Knott, in: CWE 28 (1986); Dialogus cui tutulus Ciceronianus sive de optimo dicendi genere/Der Ciceronianer oder der beste Stil. Ein Dialog, hg. Theresia Payr, in: AS 7 (1972), S. 1–355. – Widmung an Johann Vlatten (CWE 14, Ep. 1948 [19.3.1528] u. 2088 [24.1.1529]).
[861] De recta Latini Graecique sermonis pronuntiatione, in: ASD I, 4 (1973); CWE 26: The Right Way of Speaking Latin and Greek: A Dialogue/De recta latini graecique sermonis pronuntiatione dialogus, translated and annotated by Maurice Pope, Toronto/Buffalo/London 1985, S. 347–475. – CWE 14, Ep. 1949 (Widmung an Maximilian von Burgund).
[862] CWE 14, S. XII-XIII (Preface).
[863] CWE 14, Ep. 2022.
[864] CWE 40, S. 818–830, ASD I, 3, S. 575–584; Schiel, Erasmus: Vertraute Gespräche, S. 35–42.

der Fährmann der Unterwelt, der die Verstorbenen mit einem Boot über den Fluss Styx in den Hades bringt.

In diesem Dialog, der lukianische Züge enthält, unterhält sich Charon mit dem bösen Geist Alastor. Erasmus hatte diesen Dialog 1523 schon an anderer Stelle veröffentlicht.[865] Alastor erwähnt, dass die Furien keinen Teil der Welt mit Krieg, Räuberei und der Pest unverseucht gelassen haben. Charon solle seinen Kahn und seine Ruder bereithalten, denn in Kürze werde eine Unmenge von Schatten ankommen, die er hinüberbringen solle. Charon wendet ein, dass sein altersschwacher und geflickter Kahn der Aufgabe nicht mehr gewachsen sei. Drei Herrscher der Welt (nämlich Karl V., Franz I. und Heinrich VIII.) stürzten sich im tödlichen Hass gegenseitig ins Verderben. Kein Flecken der christlichen Welt werde von den Kriegsfurien verschont. Weder der Däne, noch der Pole und der Schotte und selbst der Türke verhalten sich ruhig. Schreckliches sei im Anzug: überall wüte die Pest, in Spanien, England, Italien und Frankreich. Zu allen komme noch, dass im Widerstreit der Meinungen eine neue Seuche entstanden ist, so dass es nirgendwo mehr lautere Freundschaft gebe, der Bruder misstraue dem Bruder, Frau und Mann verstünden sich nicht mehr. Man könne hoffen, dass auch von dieser Seite her ein prächtiges Verderben über die Menschen einbreche, wenn die Sache einmal von der Zunge und der Feder an die Fäuste überginge.

Aber es ist zu befürchten, dass ein böser Geist aufsteht, der unvermutet zum Frieden mahnt. Denn die Gemüter der Sterblichen sind wandelbar. Leider ist jetzt auch noch da oben auf der Welt ein gewisser Vielschreiber („Polygraphus", d. i. Erasmus) aufgetaucht, der nicht aufhört, den Krieg zu verabscheuen und zum Frieden zu mahnen

Es gäbe gewisse Kreaturen in schwarzweißen Mänteln, aschfarbenen Kutten (d. h. Mönche), mit mancherlei Gefieder geschmückt, die nicht von den Höfen der Fürsten weichen. Sie träufeln ihnen die Liebe zum Krieg ins Ohr und stacheln die Großen wie das Volk dazu auf. In ihren evangelischen Predigten schreien sie, der Krieg sei gerecht, heilig und gottgefällig. In Frankreich predigen sie, Gott stehe auf Seiten Frankreichs, in England und Spanien, Gott stehe auf Seiten des Kaisers. Sie sollten sich nur tapfer schlagen, der Sieg sei sicher, Aber falls einer fallt, gehe er nicht zugrunde, sondern fliegt gleich in den Himmel, so bewaffnet er auch ist.

In diesem Dialog wiederholt Erasmus seine Mahnung, dass der Krieg unter Christen unmöglich ist, wie er es zuvor schon häufig geäußert hatte, so in seiner „Institutio principis christiani" (1516) und der „Querela pacis" (1517)[866] und in den Adagien, in denen er den Krieg der Söldner ins Absurde

---

[865] Erasmus, Catalogus omnium Erasmi Roterdami lucubrationum, Basel 1523.
[866] Institutio principis christiani: ASD IV, 1; CWE 27; AS Bd. 5. – Querela Pacis: ASD IV, 2 (Amsterdam 1977); CWE Bd. 27; AS Bd. 5.

führt, wie in der „Confessio militis" („Soldatenbeichte", 1522) und in „Militis et Cartusiani" („Der Soldat und der Kartäuser", 1523).[867]

In dem „Ciceronianus" hatte Erasmus einen bekannten italienischen Autor, Alberto Pio, Prinz von Carpi, erwähnt.[868] Erasmus hatte erfahren, dass Alberto Pio wegen des „Sacco di Roma" im Mai 1528 Italien verlassen hatte und sich in Paris aufhielt. Er wusste um eine kritische Schrift, die Pio gegen Erasmus geschrieben hatte, die aber nur in Kopien, nicht im Druck vorhanden war. Im Januar 1529 gab Pio die Schrift dann unter dem Titel „Responsio paraenetica" bei Josse Bade auch im Druck heraus.[869] Noch im Februar 1529 brachte Erasmus seine Gegenschrift „Responsio ad epistolam paraeneticam clarissimi doctissimique viri Alberti Pii" bei Froben heraus, damit sie noch zur Frankfurter Frühjahrsmesse vorlag.[870] Im Anhang dieser Schrift erschien auch noch die „Responsio ad notulas Bedaicas", mit der Erasmus auf Bédas Schrift „Apologia adversus clandestinos Lutheranos" reagierte, die im Februar 1529 in Paris erschienen war.

Im Februar 1529 gab Erasmus auch die Schrift „De vidua christiana" bei Froben heraus, die Maria von Ungarn, der Schwester Karls V. und Ferdinands gewidmet war, die seit dem Tod ihres Mannes 1526 Witwe geworden war.[871] Maria war Erasmus sehr zugetan.

Erasmus hatte sich in Basel wohlgefühlt. Er hatte ein freundschaftliches und vertrauensvolles Verhältnis zu seinem Drucker Johann Froben und dessen Familie, nach Johanns Tod im Oktober 1527 auch zu dessen Sohn Hieronymus, der das Unternehmen übernommen hatte. Erasmus hatte ein gutes Verhältnis zu den Professoren der Stadtuniversität. Er war mit dem Theologieprofessor Ludwig Baer und dem reformfreudigen Bischof von Basel Christoph von Utenheim befreundet. Das politische Klima in der Stadt änderte sich, als Oekolampad und der Guardian der Franziskaner Pellican, beide frühere Mitarbeiter des Erasmus, sich den Lutheranern anschlossen. Oekolampad wurde Prediger von St. Martin und der Führer der reformatorischen Bewegung in Basel. Der von den Zünften dominierte Rat der Stadt ernannte Oekolampad und Pellican zu Theologieprofessoren an der Universität. Beide standen im engen Kontakt zu Zwingli in Zürich. Die öffentliche Meinung in Basel war seit der Mitte der 1520er Jahre zwischen

---

[867] Confessio militis: ASD I, 3; CWE 39; Schiel, Erasmus: Vertraute Gespräche. – Militis et Cartusiani: ASD I, 3; CWE 39.
[868] CWE 28, S. 420.
[869] Alberti Pii, Ad Erasmi.Rotrodami expostulatione[m] respo[n]sio accurata [et] paraenetica, Martini Lutheri [et] asseclarum ejus haeresim, Paris 1529.
[870] CWE 84: The Reply of Desiderius Erasmus of Rotterdam to the Hortatory Letter of the Most Illustrious and Most Learned -Count Alberto Pio, Prince of Carpi – Desiderii Erasmi Roterodami Responsio ad epistolam paraeneticam clarissimi doctissimique viri Alberti Pii Carporum principis, Toronto/Buffalo/London 2005, S. 1–105; Einführung, S. LXV.
[871] CWE 15, Ep. 2100.

Katholiken und Lutheranern gespalten, und es kam immer häufiger zu Konflikten. Erasmus lehnte es ab, sich für die reformatorische Bewegung instrumentalisieren zu lassen.

So hatte Erasmus lange darüber nachgedacht, Basel zu verlassen. Zwar lagen ihm zahlreiche Einladungen aus England, Frankreich, den Niederlanden, Österreich und Polen vor, aber er hatte nicht vor, in die Länder der kriegsführenden Fürsten zu gehen. Schließlich entschied er sich für Freiburg, das nahe bei Basel lag, katholisch und hasburgisch war. Im Januar schrieb er an König Ferdinand und im Februar an Bischof Bernhard von Cles, dessen Berater, wo er Freiburg als seinen künftigen Wohnsitz empfahl.[872] Im März hatte er vorab einige Wertsachen nach Freiburg schicken lassen.[873]

Im Frühjahr 1529 kam es zum Bruch in Basel. Am Fastnachtsdienstag, dem 9. Februar, fand ein Bildersturm auf das Münster statt, bei dem Kreuze und Heiligenbilder zerstört wurden. Am 24. März schrieb Erasmus an Vergara nach Spanien: „Hier in Basel ist mitten in der Winterkälte eine heiße Bilderschlacht entbrannt. Auch nicht die geringste Spur von Bildern blieb in den Kirchen zurück. Radikal wurden die Messen und die kirchlichen Zeremonien beseitigt. Nur eine Predigt wird bisweilen gehalten. Dann singen Frauen und Kinder ein Lied in deutschen Strophen und man teilt dabei Brot aus als Symbol des Leibes des Herrn. Mönche und Nonnen erhalten Befehl, das heilige Kleid niederzulegen oder auszuwandern. Bisher ist man noch in keine Privathäuser eingedrungen und hat sich des Blutvergießens enthalten. So viele deutsche und Schweizer Städte haben sich der neuen Lehre angeschlossen, dass ich lieber weit fort sein möchte, wenn die Sache mit Blut und Eisen zum Austrag gebracht wird. Die Macht der Fürsten ist zwar groß, aber wo findet man einen Soldaten, der bereit wäre, für das Recht der Priester zu kämpfen?"[874]

Bereits am 20. Januar 1529 hatte der Rat der Stadt Straßburg die Messe abgeschafft. Am 1. April folgte auch der Rat der Stadt Basel mit der Einführung der reformierten Kirchenordnung. Basel war protestantisch geworden. Der Bischof, das Domkapitel und die meisten Professoren der Universität, darunter der Theologe Baer und der Humanist Glareanus, beide Freunde des Erasmus, und viele Studenten verließen die Stadt.[875] Das Domkapitel, die katholischen Geistlichen und die Professoren gingen nach Freiburg. Auch Erasmus entschloss sich jetzt, die Stadt zu verlassen. Ökolampad versuchte in letzter Minute, ihn davon abzuhalten.[876] Am 13. April bestieg Erasmus das Schiff am Kai des Rheins. Bonifacius Amerbach und einige Freunde beglei-

---

[872] CWE 15, Epp. 2090, 2107.
[873] CWE 15, Ep. 2149 (Einführung).
[874] CWE 15, Ep. 2133, Zeile 79–82; Köhler, Erasmus: Briefe, S. 453 f.
[875] Amy Nelson Burnett, Basel, in: The Oxford Encyclopedia of the Reformation, Bd. 1, S. 125–127.
[876] CWE 15, Epp. 2147, 2158.

Der vierzehnte und fünfzehnte Band der „Correspondence of Erasmus" 159

teten ihn auf dem Schiff bis Neuenburg am Rhein. Von dort begab er sich auf dem Landweg nach Freiburg. Einen Monat später berichtete Erasmus Pirckheimer über die letzten Wochen in Basel und über seine Abreise: „Als ich das Schiff besteigen wollte, machte man Schwierigkeiten wegen des Gepäcks der Magd. Ich wollte an einer mehr verborgenen Stelle, bei der Kapelle der Antoniter, abfahren, um dem Volke kein Schauspiel zu bieten. Das hat der Rat beharrlich verboten, während man früher stets abfahren konnte, wo man wollte. Ich gehorchte und fuhr bei der Rheinbrücke ab, in Begleitung einiger Freunde. Niemand sagte mir ein Abschiedswort."[877]

Beim Umzug von Basel nach Freiburg hatte Erasmus Hilfe von dem jungen Nikolaas Kan, der aus Amsterdam stammte und den er wahrscheinlich seit 1527 beschäftigte und gelegentlich zum Überbringen von Briefen nach England und Brabant einsetzte. 1530 ging Kan wieder nach Amsterdam zurück und wurde Priester.[878]

In Freiburg sollte er die nächsten sechs Jahre beiben. Auch in Freiburg ließ Erasmus seine Bücher weiter in Basel drucken, so die zehnbändige Editiom des Augustinus, die er dem Erzbischof vom Toledo, Alonso de Fonseca, widmete.[879] Im Herbst 1529 konnte er auf Wunsch von Hieronymus Froben das „Opus epistolarum" herausbringen, für das er sein Vorwort auf den 7. August 1529 datiert hatte.[880] Es war die umfangreichste Sammlung seiner Korrespondenz, die Erasmus zu seinen Lebzeiten veröffentlichte.

In Deutschland hatte inzwischen der Streit um das Wormser Edikt ein neues Stadium erreicht. Auf dem Reichstag von Speyer im März und April 1529 haben sich die Lutheraner förmlich als Konfession der „Protestanten" konstituiert. Am 17. April 1529 war der Übersetzer seiner Werke ins Französische Louis de Berquin in Paris hingerichtet worden. Von einem Augenzeugen hatte Erasmus davon erfahren. Von seinem Tod berichtete Erasmus ausführlich in einem Brief an Berquins Landsmann, den Flamen Karel Uutenhove, den er auch in das „Opus epistolarum" aufnahm.[881]

---

[877] Brief vom 9. Mai 1529 (CWE 15, Ep. 2158); Köhler, Erasmus: Briefe, S. 463 f.
[878] CWE 13, Epp. 1816, 1832, 1849, 1857, 1861, 1890; CWE 14, Ep. 2040. – Franz Bierlaire, Nicolaas Kan, in: BR 2, S. 252 f.
[879] CWE 15, Ep. 2157.
[880] CWE 15, Ep. 2203.
[881] CWE 15, Ep. 2188. (Brief vom 1. Juli 1529 aus Freiburg).

6. Die Freiburger Jahre: 1529 bis 1535

DER SECHSZEHNTE BAND DER „CORRESPONDENCE OF ERASMUS"
(CWE 16) UMFASST DIE ZEIT VOM AUGUST 1529 BIS JULI 1530.[882]

Angriffe auf Erasmus durch konservative katholische und protestantische Theologen. Erasmus' Briefwechsel von Freiburg aus mit Teilnehmern beim Ausburger Reichstag 1530, mit Campeggio, Pistoris, Johann Vlatten, Cornelius Schepper und Melanchthon. Die protestantische „Confessio" vom 25. Juni und die katholische „Confutatio" am 3. August 1530.

Nach dem „Sacco di Roma" beendete der „Frieden von Barcelona" vom 29. Juni 1529 den Konflikt zwischen Kaiser und Papst, und Karl V. konnte sich in Bologna 1530 zum Kaiser krönen lassen. Der „Damenfrieden von Cambrai" vom 5. August 1529 beendete den Krieg zwischen Kaiser Karl V. und König Franz I. von Frankreich.[883] Karl V., der sich bis 1529 in Spanien aufgehalten hatte, zog nach Deutschland und hielt den Augsburger Reichstag ab.

Mit Erasmus waren auch der befreundete Theologe Ludwig Bär, der Poetikprofessor Heinrich Glarean, der Jurist Johannes Sichard und der Drucker Johannes Faber, der gelegentlich auch Bücher von Erasmus druckte, von Basel nach Freiburg gezogen.[884] Auch seine alte Haushälterin Margarete Büsslin, die ihn seit zwölf Jahren versorgte, hatte Erasmus nach Freiburg mitgenommen.[885] Zwar bemerkte er einmal, dass sie diebisch, habgierig, tränkerisch, lügenhaft und geschwätzig sei[886], aber als er sie einmal entlassen wollte, musste er feststellen, dass die jüngere Frau, die sie ersetzen sollte, ihn betrog[887], so dass er Margarete wieder einstellte. In Freiburg fand er glücklicherweise einen begabten Sekretär, den 1530 24-jährigen Gilbert Cousin,

---

[882] CWE 16: The Correspondence of Erasmus: Letters 2204 to 2356–August 1529–July 1530, translated by Alexander Dalzell, annotated by James M. Estes, Toronto/Buffalo/London 2015.
[883] Parker, Der Kaiser, S. .231–253 („Der Held der westlichen Welt 1528–1531").
[884] Peter G. Bietenholz, Ludwig Baer, BR 1, S. 84–86; Peter G. Bietenholz, Johannes Faber Emmeus, in: BR 2, S. 5; Fritz Busser, Henricus Glareanus, in: BR 2, S. 105–108; Ilse Günther, Johann Sichard, in: BR 3, S. 247.
[885] CWE 29, Ep. 2897. – (Peter G. Bietenholz, Margarete Busslin, in: BR 1, S. 237; Franz Bierlaire, La familia d'Érasme. Contribution à l'histoire de l'humanisme, Paris 1968, S. 90 f.). – Nach Erasmus' Umzug nach Basel 1535 wurde sie entlassen (CWE 21, Ep. 3059).
[886] „Furax, rapax, bibax, mendax, loquax." (CWE 19, Ep. 2735. Brief an Quirinus Talesius vom 31. Oktober 1532).
[887] CWE 20, Ep. 2868 (Brief an Johann Koler vom 9. September 1533).

der aus der Stadt Nozeroy in der Franche-Comté stammte.[888] Er verstand es obendrein, Erasmus mit burgundischem Wein zu versorgen. Es gibt einen Holzschnitt, den Cousin später anfertigen ließ, der Erasmus und Cousin gemeinsam im Freiburger Studierzimmer zeigt.[889]

Auch in Freiburg musste sich wieder Erasmus seiner Löwener Kritiker erwehren: Ein Schüler des Latomus, der Franziskaner Frans Titelmans, war in dessen Fußstapfen getreten und hatte im Mai 1529 in einem Antwerpener Verlag ein Buch geschrieben, das sich kritisch mit der Abwertung der Vulgata bei Erasmus auseinandersetzte.[890] Erasmus konterte gleich mit der Gegenschrift „Responsio ad collationes", die er im Oktober veröffentlichte.[891]

Aber Erasmus musste feststellen, dass er jetzt von zwei Seiten, von den konservativen katholischen Theologen und von den protestantischen Theologen angegriffen wurde. Im Frühjahr 1529, als Erasmus seinen Umzug aus der protestantischen Stadt Basel in die katholische Stadt Freiburg vorbereitete, brachte sein früherer Freund Gerhard Geldenhauer einen kleinen Sammelband mit Briefen und Texten von Erasmus zusammen mit seinen eigenen Briefen und Texten heraus. Erasmus wurde in dem Büchlein, das auch in einer deutschen Übersetzung erschien, ganz selbstverständlich für die protestantische Bewegung vereinnahmt.[892] Im selben Jahr brachte Geldenhauer noch drei weitere Schriften mit Texten von Erasmus heraus, bei denen es um die Behandlung von Häretikern ging. Ende September machte Bonifacius Amerbach Erasmus auf diese Schriften mit der Bemerkung aufmerksam, dass sie in Basel schon ausverkauft seien. Er warnte Erasmus, dass er in diesen Schriften für den Protestantismus vereinnahmt werde. Das berge einige Risiken für ihn.[893]

Erasmus sah jetzt alle seine Vorbehalte gegenüber den Reformatoren bestätigt. Er reagierte mit einer zornigen kleinen Anklageschrift „Epistola contra pseudoevangelicos", die im November bei Emmeus in Freiburg erschien und ebenfalls ins Deutsche übersetzt und an anderen Orten, so in Köln und Antwerpen, nachgedruckt wurde.[894] In einem knappen Begleitbrief

---

[888] Peter G. Bietenholz, Gilbert Cousin, in: BR 1, S. 350–352. – Zu dieser Zeit hatte Erasmus mehrere seiner Gehilfen („amanuenses") verloren, so Frans van der Dilft aus Antwerpen, Nikolaas Kan aus Amsterdam, Quirinus Talesius aus Haarlem, Quirinus Hagius und Haio Cammigha aus Friesland.

[889] Abbildung in: CWE 17, S. 72. – Vgl. CWE 20, Epp. 2870, 2889.

[890] Frans Titelmans, Collationes quinque super epistolam ad Romanos, Antwerpen 1529. – Vgl. Ilse Guenther/Peter G. Bietenholz, Frans Titelmans, in: BR 3, S. 326 f.

[891] CWE 73: A Response by Desiderius Erasmus to the Discussions of a Certain ‚Youth Who Would Teach his Elders'- Desiderii Erasmi responsio ad Collationes cuiusdam iuvenis gerontodidascali, Toronto/Buffalo/London 2015, S. 135–262.

[892] Peremans, Érasme et Bucer d'après leur correspondance, S. 71–73.

[893] CWE 16, Ep. 2219 (Brief vom 27.9.1529).

[894] Epistola contra pseudoevangelicos, hg. Cornelis Augustijn, in: ASD IX, 1 (1982), S. 263–309; CWE 78: Epistle against the False Evangelicals. Epistola contra pseudevangelicos. Introduction and annotation by Laurel Carrington. Translation by

an Geldenhauer schrieb er, er wolle damit „den Hass abwehren, den deine kleinen Bücher gegen mich erzeugt haben".[895] Die Schrift hielt Geldenhauer vor, Erasmus' Texte zu missbrauchen. Kritisch setzte sie sich mit einzelnen Reformatoren, darunter auch Bucer, auseinander, und sie zeichnete ein „düsteres Bild von der Reformation":[896] Alles habe man verändert, die Bilder in den Kirchen, die Messe und die Beichte abgeschafft. Aber habe sich irgendetwas verbessert? Luther predige überall den Glauben und den Heiligen Geist. „Aber wo bleiben die Früchte des Geistes: die Liebe, die Freude, der Friede, die Geduld, das Wohlwollen, die Güte, die Langmut, die Sanftmut, der Glaube, die Bescheidenheit, die Selbstzucht, die Keuschheit?"[897] Die Reformatoren wollten die Kirche nach dem Vorbild der Urkirche reformieren. Aber das sei so absurd, wie wenn man die Erwachsenen wieder in die Wiege legen wollte. Doch könne es nicht schaden, wenn sich die Reformatoren bei ihrem eigenen Lebenswandel ein Vorbild an dem einfachen Leben der Apostel nähmen. Im Blick auf den bevorstehenden Augsburger Reichstag schloss die Schrift mit einer Mahnung an Katholiken und Protestanten, sich auf das Gemeinsame aller Christen zu besinnen.

Der Angriff auf die Reformation, mit der Autorität eines Erasmus vorgetragen, war in Straßburg nicht hinnehmbar. Im Namen der Straßburger Prediger bereitete deren führender theologischer Kopf Martin Bucer eine Verteidigungsschrift vor, die im Mai 1530 unter dem Titel „Epistola apologetica" erschien. Sie war an die Protestanten Ostfrieslands gerichtet.[898] Geschickt versuchte Bucer, Erasmus' Vorwürfe gegen die Reformation, teilweise mit Bezug auf dessen eigene Schriften wie die kürzlich erschienene Ausgabe des „Opus Epistolarum" zu widerlegen. Bucer rechtfertigte die reformatorische Entwicklung in einzelnen Städten und hob die Leistungen hervor, die hier erbracht wurden.

Bucer verteidigte die Lehren der Straßburger Theologen zu den Sakramenten, zur Dreifaltigkeit, zum freien Willen, zum Gesetz, zur Taufe und zur Eucharistie und verwarf den katholischen Kult, die Messe, das Mönchtum und die Bilderverehrung. Er betonte das Recht der Magistrate der Städte zur Kirchenreform. Sie diene der Besserung des christlichen Lebens. Die Reformation habe die Christen befreit, und sie nicht neuem Druck unterworfen. Ausdrücklich distanzierte sich Bucer von den Aufständen der Bauern. Mit

---

Garth Tissol. Toronto/Buffalo/London 2011, S. 207–253. – vgl. Peremans, Érasme et Bucer d'après leur correspondance, S. 67–89.

[895] CWE 16, Ep. 2238 (Brief vom 3.12.1529).
[896] Augustijn, Einleitung, in: ASD IX, 3, S. 275.
[897] ASD 9, 3, S. 295, Zeile 335–338.
[898] Martin Bucer, Epistola apologetica [1530], hg. Cornelis Augustijn, in: C. Augustijn/P. Fraenkel/M. Lienhard, Martin Bucer, Opera omnia II, 1 (Leiden 1982), S. 59–225. Vgl. Peremans, Érasme et Bucer d'après leur correspondance, S. 91–119.

dieser Verteidigungsschrift hatten die Straßburger unmittelbar vor Beginn des Augsburger Reichstags die Chance genutzt, sich positiv darzustellen.

Erasmus beließ es nicht bei diesem Stand der Kontroverse, sondern antwortete auf Bucers „Epistola apologetica" im September 1530 mit einer „Responsio ad fratres Inferioris Germaniae".[899] Offensichtlich hatte ihn der Vorwurf der Unredlichkeit getroffen, den ihm Bucer gemacht hatte. Er versuchte, einzelne Argumente der „Apologetica" zu widerlegen und kritisierte erneut den Streit der protestantischen Führer untereinander. Er hielt ihnen vor, dass sie sich gegen die Hinrichtung der Häretiker wehrten, aber keine Einwände gegen die Hinrichtung der Wiedertäufer erhöben.[900] Er kritisierte die Überheblichkeit der Reformatoren, wenn sie behaupteten, nach tausend Jahren kirchlichen Verfalls die wahren Lehren und die richtigen Lebensformen des Christentums wiederentdeckt zu haben.

Im Gegensatz zu der Schrift „Pseudoevangelicos" fand Erasmus' „Responsio" keinen starken Widerhall. Die Protestanten mussten sich damit abfinden, dass sie Erasmus nicht in ihr Lager herüberziehen konnten. Im katholischen Lager erkannte man, dass Erasmus differenzierende Argumentation in Zeiten wachsender konfessioneller Militanz keine Hilfe bedeutete. Der ungarische Erasmianer Janos Henckel, Hofkaplan Marias von Ungarn, der Maria kurz darauf nach Brabant begleitete, schrieb Erasmus Ende August aus Augsburg, ob er nicht besser daran täte, durch „nützlichere Studien und überzeugendere Schriften seinen unsterblichen Namen der Nachkommenschaft zu empfehlen."[901] Henckel, der in Augsburg Kontakt zu Melanchthon aufgenommen hatte und dort auch Bucer und Capito begegnet war, musste nach der Ernennung Marias zur Regentin der Niederlande auf Druck Karls V. aus ihrem Dienst ausscheiden, weil man ihn verdächtigte, mit den Lutheranern zu sympathisieren. Er ging als Stiftsherr nach Breslau.[902]

In dieser Zeit, als Erasmus die Bildung und Zivilität Europas bedroht sah[903], brachte er bei Froben in Basel zwei kleine Erziehungsschriften heraus: Die erste, „De pueris statim ac liberaliter instituendis" erschien im September

---

[899] Epistola ad fratres Inferioris Germaniae, hg. C. Augustijn, in: ASD IX, 1 (1982), S. 311–425; CWE 78: Letter to the Brethren of Lower Germany. Epistola ad fratres Inferioris Germaniae. Introduction and annotation by Laurel Carrington. Translation by Peter Matheson. Toronto/Buffalo/London 2011, S. 255–366. – Vgl. Peremans, Érasme et Bucer d'après leur correspondance, S. 121–134.

[900] Augustijn, Epistola ad fratres Inferioris Germaniae, in: ASD IX, 1, S. 332, Zeile 112–120; CWE 78: Letter to the Brethren of Lower Germany, S. 271.

[901] CWE 17, Ep. 2393, Zeile 63–70.

[902] L. Domonkos, Johann Henckel, in: BR 2, S. 175 f.

[903] John Hale, The Civilization in Europe in the Renaissance, London 1993, S. 421–463 („Civility in Danger?").

1529,[904] und die zweite „De civilitate morum puerilium", im März 1530.[905] Beide Schriften wurden sofort in verschiedenen Landessprachen übersetzt, und sie wurden in Europa bis in das 18. Jahrhundert in zahlreichen Auflagen nachgedruckt. Zusammen mit seinen übrigen pädagogischen Schriften brachten sie Erasmus in späteren Jahrhunderten den Titel eines „Lehrmeisters Europas" und eines „Klassikers der Pädagogik" ein.[906] „De pueris instituendis" war dem 13-jährigen Wilhelm von Kleve gewidmet, dessen Erzieher Konrad Heresbach war und der 1539 die Nachfolge seines Vaters Johann III. als Herzog von Kleve, Mark, Jülich und Berg antrat.[907] Die Schrift ging auf Entwürfe zurück, die Erasmus bereits 1509 in Italien ausgearbeitet hatte.

„De pueris instituendis" („Über die Erziehung der Kinder") ist eine eindringliche Ermahnung an die Eltern, mit der Erziehung und Bildung der Kinder bereits im frühen Alter zu beginnen. Wie kann jemand, heißt es gleich zu Beginn, „der ungebildet ist, überhaupt ein Mensch sein"?[908] Und weiter: „Menschen werden nicht geboren, sondern sie werden es erst durch Bildung".[909] Die Mütter wüssten, wie auch schon Galen gelehrt habe, wie sehr man sich um die körperliche Konstitution des Kindes kümmern müsse, um Schäden abzuwenden. Aber das gelte nicht nur für den Körper, sondern auch für die geistigen Anlagen des Kindes. Tiere könnten sich von Natur aus durch die Schnelligkeit ihrer Beine oder Flügel, durch die Schärfe ihrer Augen, ihre Körperkraft, durch Schalen, Hörner, Klauen und Gifte vor Schäden und Gefahren schützen. Nur der Mensch wurde von der Natur schwach, nackt und wehrlos in die Welt gesetzt. Aber dafür habe er den Verstand erhalten, all das Wissen zu erwerben, das er zum Überleben braucht. Tiere sind nicht so leicht belehrbar wie Menschen, aber dafür arbeiten sie mit ihren

---

[904] De pueris statim ac liberaliter instituendis, hg. Jean-Claude Margolin, in: ASD I, 2 (1971), S. 1–78; A Declamation on the Subject of Early Liberal Education for Children/De pueris statim ac liberaliter instituendis declamatio, hg. Beert C. Verstraete, in: CWE 26 (1985), S. 291–346; Über die Notwendigkeit einer frühzeitigen allgemeinen Charakter- und Geistesbildung der Kinder, in: Anton J. Gail (Hg.), Erasmus von Rotterdam. Ausgewählte pädagogische Schriften, Paderborn 1963, S. 89–159.

[905] De civilitate morum puerilium, in: Desiderii Erasmi Roterodami opera omnia, hg. Johannes Clericus, Leiden 1703 (Nachdruck: Hildesheim 1962), Bd.1, S. 1029–1044; On Good Manners for Boys/De civilitate morum puerilium, hg. Brian McGregor, in: CWE 25 (1985), S. 269–289; La civilité puérile d'Erasme, hg. Franz Bierlaire, Brüssel 1999; Über die Umgangserziehung der Kinder, in: Gail, Erasmus von Rotterdam. Ausgewählte pädagogische Schriften, S. 89–106.

[906] Jean-Claude Margolin, Érasme. Précepteur de l'Europe, Paris 1995, S. 7–24; Heinz-Elmar Tenorth, Klassiker der Pädagogik, Bd. 1: Von Erasmus bis Helene Lange, München 2003, S. 28 ff.

[907] CWE 15, Ep. 2189. – Ilse Guenther, William V., duke of Cleves-Mark-Jülich-Berg (1516–1592), in: BR 1, S. 316 f.

[908] ASD I, 2, S. 24.

[909] ASD I, 2, S. 31.

Instinkten.⁹¹⁰ Das erklärt die Bedeutung der Erziehung für den Menschen im Kindesalter. Eltern, die sie vernachlässigen, versündigen sich schwer.

Das sorgfältige und genaue Erlernen der Sprache im Kindesalter ist eine Grundvoraussetzung für eine erfolgreiche Erziehung und für das spätere Erlernen von fremden Sprachen, auch des Lateinischen und Griechischen. Erst die Sprache ermöglicht die Vermittlung des Wissens von Begriffen und Dingen.⁹¹¹ Kinder sind sprachbegabter als Erwachsene. Manche Kinder lernen lebende Fremdsprachen wie das Französische im täglichen Umgang einfach ganz nebenbei. Die literarische Bildung wird vor allem durch den sozialen Umgang gefördert. Hier geht Erasmus auf das Problem ein, dass die gebildeten Oberschichten und die Unterschichten der Länder Europas – anders als im antiken Rom – nicht dieselbe Sprache sprechen. In der Antike sei der Erwerb von Bildung leichter gewesen, weil „das ungebildete einfache Volk die gleiche Sprache wie die gebildete Oberschicht sprach, wenn auch nicht so korrekt, elegant, intelligent und differenziert." Insgesamt ist „De pueris instituendis" kein Erziehungshandbuch, sondern eher ein Essay, der versucht, pädagogische Impulse zu geben und das Bewusstsein für die Bedeutung der Erziehung zu schärfen.

„De civilitate morum puerilium", die zweite Erziehungsschrift, die Erasmus dem zehnjährigen Heinrich von Burgund, dem Sohn Adolfs von Veere und Enkel seiner früheren Förderin Anna von Veere gewidmet hatte⁹¹², war vom Inhalt und Stil scheinbar erheblich anspruchsloser.⁹¹³ Es geht darin ausschließlich um die Erziehung zum guten Benehmen: um die körperliche Haltung, die Kleidung, das Verhalten in der Kirche, bei Gastmählern, bei Begegnungen mit Menschen, beim Spiel und im Schlafzimmer. Erasmus gibt offen zu, dass die körperliche Erziehung gegenüber der Erziehung zur Frömmigkeit, zur Bildung und zu den Pflichten des Lebens als der „gröbste Teil der Philosophie" erscheinen mag. Aber für die gesamte Erscheinung des Menschen ist es wichtig, „dass die geistige und die körperliche Haltung, das Auftreten und die Kleidung aufeinander abgestimmt sind." Wer gebildet ist, gilt auch als vornehm: „Mögen andere Löwen, Adler, Stiere und Leoparden

---

⁹¹⁰ ASD I, 2, S. 28 f.
⁹¹¹ Vgl. Jean-Claude Margolin, The Method of „Works and Things" in Erasmus' „De Pueris Instituendis" (1529) and Comenius' „Orbis Sensualium Pictus" (1658), in: Richard DeMolen (Hg.), Essays on the Works of Erasmus, New Haven/London 1978, S. 221–238.
⁹¹² CWE 16, Ep. 2282.
⁹¹³ De civilitate morum puerilium per Des. Erasmum Roterodamum libellus nunc primum atque conditus atque aeditus, Froben, Basel 1530. Eine deutsche Übersetzung erschien bereits 1532 in Leipzig: Zuchtbüchleyn Erasmi vor die Jungen knaben, ubersehn und gebessert. Gedruckt zu Leypzigk durch Michael Blum, Leipzig 1532.

auf ihre Wappenschilder malen. Wer sich durch die geistigen Fähigkeiten auszeichnet, die er erworben hat, ist ihnen an Vornehmheit überlegen."[914]

Die kleine Schrift über das gute Benehmen war sofort äußerst populär, und sie wurde in vielen Schulen Europas benutzt.[915] Bereits 1532 erschien eine deutsche Übersetzung in Leipzig unter dem Titel „Zuchtbüchlein". Norbert Elias hat in seinem Buch „Der Prozeß der Zivilisation", das erstmals 1936 erschien, und 1980 durch den Nachdruck bei Suhrkamp bekannt wurde, die historische Bedeutung des kleinen Buchs „De civilitate" herausgestellt. Nicht zuletzt von dieser Schrift seien Wort und Begriff der „civilité", „civility", „civiltà" und „Zivilität" in die europäischen Sprachen eingegangen.[916] John Hale hat in seiner Untersuchung „The Civilization of Europe in the Renaissance" aufgezeigt, wie die „Zivilisation" der Renaissance die ritterliche Kultur des Mittelalters ablöste.[917] In diesem Prozess haben Schriften wie Erasmus' „De civilitate" und Baldassare Castigliones „Il cortegiano" („Der Hofmann") von 1528 eine wichtige Rolle gespielt.

In Freiburg wohnte Erasmus von April 1529 bis September 1531 in dem Haus „Zum Walfisch" und später in dem Haus „Zum Kinde Jesu", das er selbst erwarb.[918] Durch einen intensiven Briefwechsel mit Bonifacius Amerbach blieb er auch mit Basel verbunden. In Freiburg erhielt Erasmus zahlreiche Berichte von dem Reichstag, der 1530 in Augsburg tagte, u. a. von Simon Pistoris, dem Kanzler Herzog Georgs von Sachsen, von Johann Vlatten, dem Kanzler des Herzogs von Kleve und dem flämischen Diplomaten Cornelius Schepper, einem Erasmianer am Hof Karls V.[919] Pistoris berichtete von der Übergabe der Bekenntnisschrift am 25. Juni an den Kaiser und deren Verlesung vor dem versammelten Reichstag. Das sei alles sehr gemäßigt gewesen und schließe eine Übereinkunft („concordia") zwischen den Parteien nicht aus. Auch sei Campeggio als Apostolischer Legat bemerkenswert konziliant aufgetreten. Wenn doch Erasmus in Augsburg wäre, damit er als Vermittler auftreten könne, fügte Pistoris hinzu.[920]

---

[914] De civilitate morum puerilium, S. 4 f.
[915] Franz Bierlaire, Erasmus at School. The „De Civilitate Morum Puerilium Libellus", in: DeMolen (Hg.), Essays on the Works of Erasmus, S. 239–251.
[916] Norbert Elias: Über den Prozeß der Zivilisation, Bd. 1: Wandlungen des Verhaltens in den weltlichen Oberschichten des Abendlandes, Frankfurt a. M. 1980, S. 68.
[917] John Hale, The Civilization in Europe in the Renaissance, London 1993, S. 489 ff. (Dt.: Die Kultur der Renaissance in Europa, München 1994). – Vgl. Baldessar Castiglione, Das Buch vom Hofmann (Il Libro del Cortegiano), München 1986.
[918] CWE 21, Ep. 3067 A (Brief an Bonifacius Amerbach von 1535, Anm. 8). – Vgl. Peter Walter, Erasmus in Freiburg, in: Poeten und Professoren. Eine Literaturgeschichte Freiburgs in Porträts, hg. von Achim Aurnhammer u. a., Freiburg 2009, 95–114.
[919] CWE 16, Epp. 2333, 2335, 2336.
[920] Brief von Simon Pistoris vom 27. 6. 1530 (CWE 16, Ep. 2333). – Erasmus antwortete am 2. 8. 1530 (CWE 16, Ep. 2344). – Vgl. Eugène Honée, Die Religionsverhandlungen der Reichstage von Nürnberg (1524), Speyer (1526) und Augsburg (1530)

Seit längerem stand Erasmus mit Campeggio, dem päpstlichen Legaten auf dem Reichstag, in Verbindung. Er war ihm 1519 in Brügge persönlich begegnet. Campeggio hatte sich in schwierigen päpstlichen Missionen in Deutschland, Böhmen, Ungarn und eben zuletzt in England bewährt. Für Augsburg hatte Campeggio den Auftrag, eine harte Linie gegenüber den Lutheranern einzunehmen.[921] Am 24. Juni hatte Erasmus an Campeggio geschrieben, nachdem ihn der Kardinal aus Innsbruck um eine Einschätzung der politischen Lage in Deutschland gebeten hatte. Es gebe sicherlich viele, die über die deutschen Dinge besser informiert seien als er selbst, antwortete Erasmus. Er wundere sich, dass trotz der großen Unruhen in den deutschen Städten man doch nicht zu den Waffen gegriffen habe und dass bisher noch kein Blut vergossen worden sei. Man habe immer noch die zivilen Umgangsformen gewahrt.[922] Es gebe in Deutschland viele Klagen der Untertanen gegen ihre Herren, die nicht unberechtigt seien.

Das sei der Anlass für die Bauernaufstände gewesen, und er befürchte, dass deren Asche immer noch glühe. Dann gebe es die Klagen des Volks gegen die Fürsten, zu denen noch die Klagen gegen die geistlichen Fürsten kämen. Sie würden nicht nur von Lutheraner vorgetragen, sondern von fast allen Laien geteilt. „Bei den Deutschen haben selbst diejenigen, die die Sekten verachten, keine gute Meinung vom Papsttum. Das bezieht sich auch auf die Anwesenheit der apostolischen Vertretung in Deutschland. Es wäre vielleicht besser, wenn der apostolische Legat nicht auf dem Reichstag anwesend wäre."[923] Dann sei da das Wüten der Türken. Hinzukämen die Teuerungen bei den Waren und Gütern. Aber selbst für den Fall, dass die Fürsten sich darin einig wären, den Religionsstreit mit einem Krieg zu beenden, könnten sie sich überhaupt sicher sein, dass ihnen die Soldaten Gehorsam leisten? Denn es gebe keine klaren Fronten in der deutschen Bevölkerung. In vielen Städten des neuen Glaubens seien nicht wenige Katholiken und umgekehrt in vielen katholischen Städten zahlreiche andere Glaubensrichtungen.[924] Erasmus war Realist. Er hatte ein sicheres Gespür dafür, wie sich in dem Konfessionsstreit Religiosität, Interessen und Wahnvorstellungen unlöslich miteinander vermischten. Mit welcher Schnelligkeit habe sich der Irrtum über die Abendmahlslehre verbreitet? Mit welcher Blindheit stürzten sich jetzt auch die Wiedertäufer in den Tod? Die Bevölkerung in Deutschland sei so erregt, dass sie bereit sei, jedem, der eine noch so absurde Lehre verkünde, sogleich zu folgen.[925]

    und die Entstehung der Idee eines Religionsgesprächs, in: Nederlands Archief voor Kerkgeschiedenis/Dutch Review of Church History 73 (1993), S. 1–30.

[921] John F. d'Amico, Lorenzo Campeggi, in: BR 1, S. 253–255.
[922] CWE 16, Ep. 2328, Zeile 84–90.
[923] CWE 16, Ep. 2328, Zeile 96–99.
[924] CWE 16, Ep. 2328, Zeile 99–107.
[925] CWE 16, Ep. 2328, Zeile 122–130.

Am 7. Juli machte Erasmus Campeggio in einem weiteren ergänzenden Brief darauf aufmerksam, dass die reformatorische Bewegung inzwischen stark gespalten sei. Der Einfluss Zwinglis sei bereits größer als der Luthers. Die wirklichen Probleme kämen auch längst nicht mehr aus den Lehrdifferenzen mit Luther, sondern aus der neuen Art von Menschen, die unter dem Deckmantel des Evangeliums hervorträten. Deren Auftreten missfalle ihm ganz und gar. Gelinge es, diese Prädikanten zu vertreiben, vor allem Zwingli, Oekolampad und Capito, so gäbe es eine gute Hoffnung, das Volk zu heilen.[926] Er fügte hinzu: „Die Wiedertäufer tun mir leid. Man könnte ihnen zur Hilfe kommen, wenn es nur um die Taufe ginge. Aber sie erzeugen überall nur Verwirrung. Sie haben aufrührerische Züge, und doch wird berichtet, dass es manche in dieser Sekte gibt, die keine schlechten Menschen sind."[927]

Melanchthon als Führer der Lutheraner hatte bereits vor Beginn des Reichstags in Augsburg Kontakt zur Gegenseite aufgenommen. Am 3. Juni schrieb er nach einem Gespräch mit Cochläus einen Brief an den Erzbischof und Kurfürsten von Mainz Albrecht von Brandenburg. Er beschwor ihn, für die Erhaltung des Friedens zu sorgen. Melanchthon deutete dabei ein Entgegenkommen der protestantischen Seite an. Der Brief wurde geheim gehalten und tatsächlich erst 1921 (!) bekannt.[928] Der kaiserliche Sekretär Alfonso Valdés vermittelte Begegnungen Melanchthons mit der katholischen Seite. Am 4. Juli wandte sich Melanchthon in einem Brief an Campeggio, den dieser gleich nach Rom weiterleitete.[929] Melanchthon betonte die Friedensbereitschaft seiner Seite. In dogmatischen Fragen stimme man mit der katholischen Lehre überein. In der Frage der Kirchenverfassung könne man sich einigen. Von den Zwinglianern setzte er sich betont ab. „Wir sind bereit", schrieb Melanchthon, „der römischen Kirche zu gehorchen, wenn sie nur ... einiges wenige, das wir, selbst wenn wir wollten nicht mehr rückgängig machen könnten, entweder toleriert oder genehmigt."[930] Am folgenden Tag fand eine längere Aussprache zwischen Melanchthon und Campeggio statt, bei dem die einzelnen Streitpunkte detailliert erörtert wurden. Ein weiteres Gespräch, an dem auch die beiden katholischen Theologen Eck und Coch-

---

[926] CWE 16, Ep. 2341.
[927] CWE 16, Ep. 2341. – Über Erasmus und die Täufer: Marc Lienhard, Die Radikalen des 16. Jahrhunderts und Erasmus, in: Mout/Smolinsky/Trapman (Hg.), Erasmianism: Ideal and Reality, S. 91–104; Léon Halkin, Erasme et l'anabaptisme, in: Marc Lienhard (Hg.), Les Dissidents du XVIe siècle entre l'Humanisme et le Catholicisme (Bibliotheca Dissidentium. Scripta et Studia 1), Baden-Baden 1983.
[928] Scheible, Melanchthon, S. 109 f.
[929] Vgl. Eugène Honée, Die Römische Kurie und der 22. Artikel der Confessio Augustana: Kardinal Lorenzo Campeggios Verhalten zur protestantischen Forderung des Laienkelches während des Augsburger Reichstages 1530, in: Nederlands Archief voor Kerkgeschiedenis/Dutch Review of Church History 50 (1970), S. 140–196.
[930] Scheible, Melanchthon, S. 111.

läus teilnahmen, kam am 8. Juli zustande. Am 5. August wurden die Kontakte jedoch ergebnislos abgebrochen.[931]

Die kaiserliche Seite hatte auf einer Staatsratssitzung Ende Juni die politische Strategie für die Verhandlungen auf dem Reichstag festgelegt. Sollte die katholische und die protestantische Seite eine Entscheidung der Streitfragen über ein Schiedsgericht des Kaisers ablehnen, wollte man beiden Seiten eine Lösung über ein Konzil vorschlagen. Erst wenn auch dieser Vorschlag scheitere, bliebe nur noch der Weg über die Anwendung von Gewalt übrig.[932] Am 14. Juli schrieb Karl V. einen eindringlichen Brief an Papst Clemens, um ihn für die Einberufung eines Konzils zu gewinnen.[933] Die Hartnäckigkeit der Lutheraner sei so groß, dass man ihnen das Konzil gewähren müsse, das sie verlangen. Wenn man es ihnen nicht anbiete, würden „sie sich von ihren Irrtümern nicht nur nicht zurückziehen und losmachen..., sondern mit größerer Festigkeit darin beharren, und von Tag zu Tag schlechter werden."[934]

Die katholische Gegenerklärung zur protestantischen „Confessio" vom 25. Juni wurde am 3. August im Namen des Kaisers als „Confutatio pontificia"[935] vor dem Reichstag vorgetragen. Erst jetzt begannen die eigentlichen Verhandlungen zwischen den Konfessionsparteien, wobei es in der Auseinandersetzung zwischen der katholischen Mehrheit und der protestantischen Minderheit nicht mehr nur um theologische Streitfragen ging, sondern diese zwangsläufig mit politischen Machtfragen verknüpft wurden. Dabei ging es auch um handfeste materielle Interessen. Nach der eher versöhnlichen Haltung zu Beginn des Reichstags wurde jetzt die Konfrontation zwischen den Parteien offen ausgetragen. Auf den Kaiser wurde zunehmend Druck ausgeübt, damit er sich entscheide.

DER SIEBZEHNTE BAND DER „CORRESPONDENCE OF ERASMUS" (CWE 17) UMFASST DIE ZEIT VOM AUGUST 1530 BIS MÄRZ 1531.[936]

Der Reichstag in Augsburg 1530. Briefwechsel zwischen Melanchthon und Erasmus. Briefwechsel zwischen Campeggio und Erasmus. Der Ausgang des Reichstags. Die Schrift zum Türkenkrieg. Der „Ciceronianus".

---

[931] Scheible, Melanchthon, S. 112.
[932] Kohler, Quellen zur Geschichte Karls V., S. 164 f.
[933] Kohler, Quellen zur Geschichte Karls V., S. 165–169; Vgl. Gerhard Müller, Die römische Kurie und die Reformation 1523–1534, Gütersloh 1977.
[934] Kohler, Quellen zur Geschichte Karls V., S. 166 f.
[935] Herbert Immenkötter, Die Confutatio der Confessio Augustana vom 3. August 1530 (Corpus catholicorum Bd. 33), Münster 1979.
[936] CWE 17: The Correspondence of Erasmus: Letters 2357 to 2471–August 1530–March 1531, translated by Charles Fantazzi, annotated by James M. Estes, Toronto/Buffalo/London 2016.

Am 1. August informierte Melanchthon Erasmus über den Stand der Verhandlungen in Augsburg: „Wir vermeiden hier alles, was das kirchliche Gemeinwesen auflösen könnte".[937] Er entrüstete sich über die Aggressivität, mit der Johannes Eck als Vertreter der katholischen Theologen auftrete. Treffe es zu, fragte er, dass sich Erasmus, wie es in Augsburg heiße, direkt in einem Brief an den Kaiser gewandt habe, um ihm von einer gewaltsamen Lösung des Konflikts abzuraten? Melanchthon beschwor Erasmus, sich weiterhin dafür einzusetzen, dass es zu einer Beruhigung komme.[938] Erasmus antwortete Melanchthon in Briefen vom 12. und vom 17. August.[939] Er befürchte, dass beide Seiten es auf einen Krieg zutreiben ließen. Philipp von Hessen, einer der Unterzeichner der „Confessio", – der als Kriegstreiber galt[940] – solle den Reichstag bereits wieder verlassen haben, und in Basel drohe man, die Domherren zu enteignen. Seien das nicht alles Vorzeichen zu einem Krieg? Dem Papst werde ein Schauspiel gefallen, bei dem sich die Deutschen gegenseitig niedermetzelten.[941] Wenn Luther nur rechtzeitig über solche Konsequenzen nachgedacht hätte. Aber er folge nur seinen eigenen Neigungen.[942]

Er selbst habe während des jetzigen Reichstags weder an den Kaiser noch an Ferdinand geschrieben. Es sei ihm auch zu riskant, sich in diese Sachen einzumischen, auch wenn es in vielen Briefen an ihn heiße: ‚Wenn du doch nur hier wärest!' Er wolle sich auf dem Reichstag nicht Leuten wie Eck aussetzen, die ihm nichts Gutes wollten. Eck habe ihn auch in seiner Auflistung der 404 protestantischen Irrtümer aufgeführt, wenngleich er statt des Namens „Erasmus" das Wort „jemand" eingesetzt habe. Erasmus schloss seinen Brief an Melanchthon mit der resignierenden Bemerkung: „All das hat uns das ‚Evangelium' gebracht."[943] Zuvor hatte Erasmus Melanchthon schon mitgeteilt, dass er an Campeggio geschrieben habe. Er habe ihn eindringlich darauf hingewiesen, dass man Glaubensartikel nicht mit Krieg behaupten könne. Ähnlich habe er auch an den Bischof von Augsburg Christoph von Stadion und an einige andere Freunde geschrieben.[944] Er brauche also nicht gemahnt zu werden, sich für den Frieden einzusetzen.

Am 18. August schrieb Erasmus erneut einen warnenden Brief an Campeggio. Wenn der Kaiser jetzt mit dem Krieg nur drohe, so wäre das vielleicht

---

[937] CWE 17, Ep. 2357, Zeile 23 f.
[938] CWE 17, Ep. 2357, Zeile 12–14.
[939] CWE 17, Epp. 2363, 2365.
[940] Scheible, Melanchthon, S. 106, 116.
[941] CWE 17, Ep. 2363. – Philipp von Hessen hatte den Reichstag am 6. August verlassen.
[942] CWE 17, Ep. 2365, Zeile 9 f.
[943] CWE 17, Ep. 2365, Zeile 26 f. – Eck schrieb Erasmus am 18. 9.1530 direkt an, spielte aber die Aufnahme der vier „ketzerischen" Äußerungen des Erasmus in die „Irrtumsliste" herunter (CWE 17, Ep. 2387). Erasmus empörte Reaktion auf Ecks Brief findet sich in dem Brief an Johann Choler vom 2.11.1530 (CWE 17, Ep. 2406).
[944] CWE 17, Ep. 2362.

noch ein vertretbares Druckmittel. Käme es aber tatsächlich zum Krieg, wäre das schrecklich. Die Macht des Kaisers sei sicherlich groß. Dennoch werde sein Titel nicht von allen Nationen anerkannt. Auch seien schon durch die bisherigen Kriege viele Kräfte verbraucht.[945] Das Lager der Anhänger Luthers erstrecke sich inzwischen im Osten Deutschlands bis Dänemark und reiche bis in die Schweiz. Wolle der Kaiser das tun, was der Papst von ihm erwarte, so sei zu befürchten, dass ihm nicht mehr viele folgen würden. Und schließlich erwarte man von einen auf den anderen Tag eine Invasion der Türken. Es sei nicht sicher, gab Erasmus Campeggio zu bedenken, ob man genügend Ressourcen aufbringen könne, um den Türken zu widerstehen. Selbst wenn die Fürsten einig wären, bliebe immer noch die Frage, ob man sich überhaupt der eigenen Soldaten sicher sein könne: „Was passieren kann, wenn man ohne Zustimmung der eigenen Soldaten Krieg führt, hat der Sacco di Roma gezeigt und kürzlich der Kampf um Wien."[946]

Er bezweifle nicht, dass der Kaiser zum Frieden, zur Milde und zur Ruhe neige. Aber warum sei es trotzdem immer wieder zu Kriegen gekommen? Gegen Frankreich und noch schlimmer gegen Italien? „Da das Kriegsglück unsicher ist, muss man sogar befürchten, dass die ganze Kirche zum Umsturz gebracht werden kann, weil das einfache Volk meint, dass hinter allem der Papst steht und der größte Teil der Bischöfe und Äbte. Ich befürchte sogar, dass dem Kaiser diese Gefahr droht. Das möge Gott verhüten!"[947] Er kenne und verabscheue die Frechheit der Führer und Anhänger der Sekten. Man müsse sich aber mehr Gedanken über die Stabilität der Weltordnung als über die Bestrafung der Frevel dieser Leute machen. Um die Kirche brauche man sich noch keine Sorgen zu machen, schloss der Brief. Sie sei schon häufig von Krisen erschüttert worden, etwa zur Zeit der Kaiser Arkadius und Theodosius. Damals habe es zur gleichen Zeit Arianer, Heiden und Rechtgläubige gegeben, in Afrika Donatisten und Circumcellionen und zur Zeit der Völkerwanderung an vielen Orten Manichäer und Marcioniten. Aber damals habe es auch Kaiser gegeben, die sich nicht zum Krieg hinreißen ließen und die die Zügel fest in der Hand behielten. So habe man die Zeiten der Irrlehren überstanden.[948] Der Brief scheint Campeggio nicht erreicht zu haben. Er wurde abgefangen und zur Erasmus' Verärgerung in Straßburg von den dortigen reformatorischen Kreisen publiziert.[949]

Die Verhandlungen in dem Vierzehnerausschuss des Reichstags, bei denen die Lutheraner praktisch als gleichberechtigt anerkannt worden waren, hatten zu keiner Einigung geführt. Auf eine Anfrage der katholischen Mehrheit zum weiteren Verfahren gab Karl V. am 8. September eine schrift-

---

[945] CWE 17, Ep. 2366. (Brief vom 18. August 1530).
[946] CWE 17, Ep. 2366, Zeile 24–26.
[947] CWE 17, Ep. 2366, Zeile 27–37.
[948] CWE 17, Ep. 2366, Zeile 38–49.
[949] CWE 17, Ep. 2366 (Vorbemerkung).

liche Erklärung ab, in der er seine bisherige Position kaiserlicher Neutralität aufgab und damit zugleich die Machtfrage stellte. Die protestierende Minderheit der Reichstagsstände habe zu respektieren, dass er „ihr rechtmäßiger und natürlicher Herr" und der „Schutzherr der gesamten Christenheit" sei. Wie die Protestanten berief sich Karl jetzt auf sein eigenes Gewissen, das er zugleich mit seiner kaiserlichen Autorität verband. Und ähnlich wie bereits 1521 in Worms ließ Karl jetzt in Augsburg erklären: „Nun ist es Seiner Majestät nach ihrem Gewissen für die Erhaltung ihrer Ehre, ihrer Hoheit und ihres Ansehens nicht möglich anders zu handeln, als bei unserem alten von seinem langen Herkommen her wahren christlichen Glauben zu verbleiben, denn Seine Majestät will es so, und sie hat auch eine Seele und ein Gewissen und von Gott her mehr Autorität und Ansehen als sie [die protestierenden Stände] es haben."[950]

Der von der Mehrheit vorgelegte Entwurf des Reichstagsabschieds vom 13. Oktober sah die Einberufung eines allgemeinen Konzils vor, verlangte aber zugleich von den protestierenden Ständen, bis dahin keine kirchlichen Neuerungen einzuführen und die Verbreitung reformatorischer Schriften zu verbieten.[951] Die protestantische Minderheit lehnte den Abschied ab, wie bereits ein Jahr zuvor auf dem Reichstag in Speyer. Der endgültige Reichstagsabschied, den Karl V. am 19. November proklamierte, war kompromisslos. Er bekräftigte, „dass aus der hiervor verdammten Lehr viel verführige Irrsal unter dem gemeinen Volke erwachsen, alle wahrhaftige Andacht verloren, alle christliche Ehre, Zucht, Gottesfurcht und Nächstenliebe gänzlich in Abfall gekommen seien". Der Minderheit der protestierenden Stände wurde nur noch die Möglichkeit offen gelassen, dem Reichstagsabschied bis zum 15. April des kommenden Jahres beizutreten.[952] Trotz dieses Ausgangs setzte Erasmus in einem Brief an Campeggio Ende November weiter darauf, dass Karl klug genug sei, den Frieden zu bewahren und einen Bürgerkrieg zu vermeiden.[953] Im Januar 1531 wurde Karls jüngerer Bruder Ferdinand von den Kurfürsten in Köln zum „römischen König" und damit zu dessen Nachfolger gewählt. Er war damit auch als dessen Stellvertreter in Reich bestätigt. Ferdinand hatte auf dem Reichstag eine eher vermittelnde Haltung gegenüber den protestantischen Ständen eingenommen.[954]

---

[950] Kohler, Quellen zur Geschichte Karls V., S. 170–172 (Antwort Karls V. auf die Anfrage der altgläubigen Reichsstände im Hinblick auf das weitere Verfahren in der Religionsfrage); hier S. 170 f.

[951] Förstemann, Urkundenbuch zu der Geschichte des Reichstages zu Augsburg im Jahre 1530, Bd. 2, S. 715–725.

[952] Brandi, Kaiser Karl V., S. 162; Vgl. Kohler, Karl V., S. 217 f.

[953] CWE 17, Ep. 2411.

[954] Alfred Kohler, Ferdinand I. 1503–1564; Fürst, König und Kaiser, München 2003, S. 201 f.

6. Die Freiburger Jahre: 1529 bis 1535

Nach dem Ausgang des Reichstags in Augsburg, dachte Erasmus, dass ein Krieg unmittelbar bevorstehe.[955] Aber er hat diesen Krieg nicht mehr erlebt. Es dauerte noch siebzehn Jahre, bevor es zur Schlacht vom Mühlberg am 24. April 1547 kam, bei der Karl V. über den protestantischen Schmalkaldischen Bund siegte.

Als der Reichstag auseinanderging, war es auch zu keiner Vereinbarung in der Türkenfrage gekommen. In seinen Briefen aus Augsburg an Erasmus beklagte Nikolaus Ohla, der Sekretär Marias von Ungarn[956], dass der Reichstag seine Kräfte damit vertan habe, eine Einigung in der Glaubensfrage zu finden, was doch nicht gelungen sei. Weil die Fürsten sich nicht einig seien, sei Deutschland schutzlos dem Angriff der Türken preisgegeben. Werde die alte Weissagung wahr werden, dass die Türken bis nach Köln vordringen und werde auf den Verlust Ungarns die Zerstörung Deutschlands folgen?[957] Nach dem Ende des Reichstags begleitete Olah Maria in die Niederlande und blieb ihr Sekretär auch nach ihrer Bestellung zur Regentin der Niederlande. 1539 kehrte Olah in die Dienste Ferdinands nach Wien zurück. 1548 wurde er Bischof von Eger und 1553 Erzbischof von Esztergom. Als Primas von Ungarn war er einer der führenden Köpfe der Gegenreformation.[958]

Erasmus sah deutlicher und realistischer als andere die politischen Implikationen des Kirchenstreits. Der Reichstag war für ihn kein Kirchenkonzil, sondern eine politische Versammlung. Vor allem erkannte Erasmus sehr früh die gefährliche Tendenz zu Ideologisierung des Politischen, die mit der Entstehung des Konfessionsstreits verbunden war. In Augsburg war die erasmische Partei am Hof Karls V. mit ihrem Ziel, durch Vermittlung zwischen den Parteien den Religionsfrieden herbeizuführen, an den Realitäten gescheitert. Der Ausgang des Reichstags führte zu einer weiteren Politisierung des Kirchenkonflikts.[959]

Im März 1530, unmittelbar vor dem Beginn des Augsburger Reichstags, hatte Erasmus bei Froben eine Schrift zum Türkenkrieg („Consultatio de bello turcico") herausgebracht.[960] Sie war dem Juristen an der Universität Köln

---

[955] CWE 17, S. XII (Preface).
[956] L. Domonkos, Nicolaus Olahus, in BR 3, S. 29–31.
[957] CWE 17, Ep. 2399 (Brief vom 25.10.1530).
[958] Vgl. Cristina Neagu, Servant of the Renaissance. The Poetry and Prose of Nicolaus Olahus, Frankfurt/M. u. a. 2003.
[959] Vgl. Heinrich Lutz, Kaiser, Reich und Christenheit. Zur weltgeschichtlichen Würdigung des Augsburger Reichstages 1530, in: HZ Bd. 230 (1980), S. 57–88; hier: S. 81 f.
[960] A. G. Weiler (Hg), Utilitissima consultatio de bello Turcis inferendo, et obiter enarratus psalmus XXVIII, in: ASD V, 3 (1986), S. 1–82 ; A most useful discussion concerning proposals for war against the Turks, including an exxposition of psalm 28/Ultissima consultatio de bello turcis inferendo et obiter ennaratus psalmus 28, tanslated and annotated by Michael J. Heath, in: CWE 64 (2005), S. 201–274.

Johann Rinck gewidmet.[961] Literarisch war die Schrift als Kommentar zum Psalm 28 gestaltet. Die Türkenfrage war immer wieder auf den deutschen Reichstagen verhandelt worden. Nach der Niederlage König Ludwigs von Ungarn in der Schlacht von Mohacz 1526 und der Belagerung von Wien im September und Oktober 1529 gewann sie an Aktualität, und sie prägte die öffentliche Meinung Europas.[962]

Im November 1529 schrieb Erasmus an Amerbach: „Ungarn ist an den Türken gefallen, und ich befürchte, dass der Sturm in kurzer Zeit den ganzen Erdkreis erfassen wird."[963] Luther reagierte auf die neue Situation mit den beiden Schriften „Von kriege widder die Türcken", die im April 1529 erschien, und „Eine Heerpredigt widder den Türcken",[964] die er nach dem Abzug der Türken von Wien herausbrachte. Luther erklärte jetzt den Kampf gegen die türkische Bedrohung für gerechtfertigt, und er stimmte darin mit dem sächsischen Kurfürsten Johann überein.

Die Antwort, die Erasmus in „De bello turcico" gab, war ambivalent. Er beschreibt eingehend die Geschichte der Türken und geht dabei auch auf die zeitgeschichtlichen Ereignisse und die jüngsten Erfolge der Türken in Ungarn ein, auf die Kämpfe in Österreich und die Belagerung Wiens: „Ein großer Teil Europas ist verloren, in ganz Europa sind wir in Gefahr."[965] Erasmus versuchte das Bild des „Türken" zu relativieren. Die Türkengefahr ist bei Erasmus eine der vielen Plagen, unter denen „unser unglückliches Zeitalter"[966] zu leiden hat, wie unter Kriegen, Bürgerkriegen, aber auch Seuchen wie der „gallischen Krankheit" (Syphilis) oder dem „englischen Schweiß".[967] Im einfachen Volk herrsche wohl die Meinung vor, man könne einen Türken töten wie einen tollwütigen Hund, nur weil er ein Türke sei. Aber auch ein christlicher Magistrat verurteile beispielsweise Juden nur, weil sie gegen die öffentlichen Gesetze verstoßen haben, denen sie sich unterworfen haben, jedoch nicht, weil sie einer anderen Religion angehören.[968] Wenn wir unter der Herrschaft der Türken stünden, was Gott abwenden möge, müssten wir uns auch unter deren Gesetze fügen. Wenn also jemand meine, dass er gleich in den Himmel komme, wenn er im Kampf gegen die Türken falle, so sei das ein Irrtum.[969]

---

[961] CWE 16, Ep. 2285. – Frank Golczewski, Johann Rinck, in: BR 3, S. 161 f.
[962] Carl Göllner, Turcica. Die europäischen Türkendrucke des XVI. Jahrhunderts. Bd. 3: Die Türkenfrage in der öffentlichen Meinung Europas im 16. Jahrhundert, Buccuresti /Baden-Baden 1978.
[963] CWE 16, Ep. 2236, Zeile 29–31 (Brief vom 18.11.1529).
[964] Luther, Werke (WA), Bd. 30 II, S. 81–148 u. S. 160–197.
[965] CWE 64, S. 231.
[966] „Infelicitas nostri seculi" (ASD V, 3, S. 70
[967] ASD V, 3, S. 11 f.- Vgl. A.G. Weiler, ASD 5,3 (Einleitung), S. 17–23 („Das Bild der Türken und der Christen in ihrem historischen Streit").
[968] CWE. 64, S. 238.
[969] CWE. 64, S. 238.

Erasmus wehrt aber auch das „abscheuliche" Argument derjenigen ab, die behaupten, es sei erträglicher unter der Herrschaft der Türken zu leben als unter der der christlichen Fürsten und des Papstes, das gelegentlich in Kreisen der Wiedertäufer auftauchte.[970] Solche Leute wüssten nicht, was die Herrschaft der Türken bedeute oder sie dächten selbst schon wie die Türken![971] Erasmus gibt am Schluss der Schrift doch zu verstehen, dass er Papst Clemens, Kaiser Karl, König Ferdinand und den deutschen Fürsten bei ihren Entscheidungen vertraut. „Ich rate nicht vom Krieg ab, aber ich bin bei einem glücklichen Ausgang des Kriegs besorgt."[972] Offensichtlich beurteilte Erasmus den Türkenkrieg primär als einen Eroberungs- und weniger als einen Verteidigungskrieg.[973]

Im März 1528 hatte Erasmus bei Froben in Basel den Dialog „Ciceronianus" herausgebracht.[974] Weitere, überarbeitete Ausgaben erschienen im März 1529, im Oktober 1529 und im März 1530 gleichfalls bei Froben. Die erste Ausgabe von 1528 erschien zusammen mit der Schrift „Über die richtige Aussprache des Lateinischen und Griechischen" („De recta Latini Graecique sermonis pronuntiatione").[975] Die zweite Ausgabe vom März 1529 erschien zusammen mit einer erweiterten Neuausgabe der „Kolloquien". Auch der „Ciceronianus" war der äußeren Form nach ein Dialog. Der Untertitel „über den besten Stil" („de optimo genere dicendi") deutet aber an, dass die übliche Dialogform der Kolloquien gesprengt wurde. Das gilt vor allem für den Umfang.[976] Die Hauptfigur des Dialogs ist Nosoponus („der Schmerzgeplagte"), der als eingebildeter Kranker darunter leidet, den Stil Ciceros nachahmen zu müssen. Sein Gegenspieler Bulephorus („der freundliche Berater"), der offensichtlich die Meinung des Erasmus wiedergibt, versucht Nosoponus zur Vernunft zu bringen und von seiner Krankheit zu heilen. Der dritte Teilnehmer Hypologus („der Mitredner") spielt eine untergeordnete vermittelnde Rolle. Die Dramaturgie des Dialogs ist so gestaltet, dass im ersten Teil Noso-

---

[970] Vgl. CWE. 64, S. 257 f., Anm. 234 u. 236.
[971] CWE. 64, S. 257.
[972] CWE. 64, S. 265.
[973] Vgl. Fred R. Dallmayr, A war against the Turks? Erasmus on war and peace, in: Asian Journal of Social Science 34 (2006), S. 67–85.
[974] Dialogus Ciceronianus, hg. Pierre Mesnard, in: ASD I, 2 (1971), S. 581–710; Ciceronianus, hg. Betty I. Knott, in: CWE 28 (1986); Dialogus cui tutulus Ciceronianus sive de optimo dicendi genere/Der Ciceronianer oder der beste Stil. Ein Dialog, hg. Theresia Payr, in: AS 7 (1972), S. 1–355. – Widmung an Johann Vlatten (CWE 14, Ep. 1948 [19.3.1528] u. CWE 14, Ep. 2088 [24.1.1529]).
[975] De recta Latini Graecique sermonis pronuntiatione, in: ASD I, 4 (1973); CWE 26: The Right Way of Speaking Latin and Greek: A Dialogue/De recta latini graecique sermonis pronuntiatione dialogus, translated and annotated by Maurice Pope, Toronto/Buffalo/London 1985, S. 347–475. – CWE 14, Ep. 1949 (Widmung an Maximilian von Burgund).
[976] ASD I, 2, S. 583–596 („Introduction").

ponus sich selbst als „Ciceronianer" vorstellt⁹⁷⁷, im zweiten Teil Bulephorus die Krankheit des „Ciceronianismus" diagnostiziert und dessen Argumente zu widerlegen versucht.⁹⁷⁸ Der dritte Teil ist gleichsam als eine Art lateinischer Literaturgeschichte gestaltet, in der lateinische Autoren der Spätantike, des Mittelalters und der Gegenwart vorgestellt und nach ihrem Stil beurteilt werden.⁹⁷⁹ Da in diesem Teil zeitgenössische Humanisten aus verschiedenen Ländern Europas miteinander verglichen und kritisch beurteilt werden, löste der „Ciceronianus" sofort nach seinem Erscheinen empörte Reaktionen und heftige Kontroversen aus.

Anders als in den bisherigen Kolloquien, in denen Fischhändler und Metzger, Soldaten, Händler und Betrüger, Liebende und Eheleute, Mönche und Geistliche, Pilger und Reisende in das Rollenspiel der erasmischen Satiren eingebaut wurden, steht in diesem Dialog die Bildungselite im Mittelpunkt. Nosoponus erscheint als ihr negativer Prototyp. Seine Krankheit, unter der er bereits seit sieben Jahren leidet, wird als „eine Art Geisteskrankheit" („dementiae genus") beschrieben. Nosoponus gibt selbst eine detaillierte Beschreibung seines Zustands: Seit zehn Jahren rührt er keine Bücher außer von Cicero mehr an, und er übt sich in einer literarischen Abstinenz „wie die Kartäuser beim Fleisch".⁹⁸⁰ Überall in seinem Haus, auch in seiner Hauskapelle hängen Bilder von Cicero, der ihm sogar im Traum erscheint. In seinem Kalender hat Cicero einen Platz neben den Aposteln.

Nosoponus hat mit philologischer Akribie drei Cicero-Bücher zusammengestellt: In dem ersten ist jedes Wort Ciceros alphabetisch indiziert, in dem zweiten jede Redewendung Ciceros gleichfalls alphabetisch verzeichnet und in dem dritten sind alle metrischen Schemata aufgeführt, die Cicero am Beginn und am Schluss von Textabschnitten, Satzperioden und Nebensätzen verwendet. „Ans Schreiben gehe ich nur in stiller Nachtstunde, wenn sich unendlicher Friede und tiefes Schweigen über alles gesenkt hat."⁹⁸¹ Seine Studierstube ist gegen den Außenlärm mit dicken Mauern, doppelten Türen und Fenstern abgesichert. Alle Leidenschaften, die einen Mensch sonst erregen, hat er abgetötet: Liebe, Eifersucht, Ehrgeiz, Gewinnsucht „und ähnliche krankhafte Regungen".⁹⁸² Er habe sich zu dieser Selbstdisziplin erzogen und sei deshalb auch ehelos geblieben. An diesem Punkt gibt ihm Bulephorus ausnahmsweise einmal recht: Würde er so leben wie Nosoponus, dann „würde mir meine Frau die Tür einrennen, die Indizes in Fetzen reißen

---

⁹⁷⁷ AS 7, S. 1–47.
⁹⁷⁸ AS 7, S. 47–217.
⁹⁷⁹ AS 7, S. 217–355. – Vgl. Emile V. Telle, Erasmus's „Ciceronianus": A Comical Colloquy, in: Richard DeMolen (Hg.), Essays on the Works of Erasmus, New Haven/London 1978, S. 211–220.
⁹⁸⁰ AS 7, S. 14 f.
⁹⁸¹ AS 7, S. 28 f.
⁹⁸² AS 7, S. 32 f.

und die Blätter mit den ciceronianischen Stilübungen ins Feuer werfen". Und während er sich so bemühe, Cicero immer ähnlicher zu werden, würde seine Frau sich möglicherweise nach einem männlichen Ersatz umsehen und ein Kind gebären, das ihm selbst ganz unähnlich ist![983]

Nach dem ironisch angelegten ersten Teil wird in dem zweiten, der von Bulephorus beherrscht wird, ernsthaft gegen den Ciceronianismus argumentiert. Auch wenn die Nachahmung ein altes Stilmittel in der Kunst und in der Literatur sei, so habe sie ihre Grenzen.[984] Wisse man überhaupt sicher, welche Schriften Ciceros echt sind und welche nicht? Viele literarische Sparten würden von Cicero gar nicht abgedeckt, ebenso wenig viele Sachgebiete und Themen. Auch viele alte lateinische Begriffe und Wörter würden gar nicht mehr benutzt.[985] Wie wolle man Cicero nachahmen? Mache man sich dabei nicht zu den „Affen Ciceros" („Ciceronis simii").[986] Schon an der Mode sehe man den Wandel der Zeiten. Wer sich heute am Hofe noch so kleide, wie man es auf älteren Bildern dargestellt sehe, würde von Kindern und Narren mit faulen Äpfeln beworfen.[987]

Die Zeiten hätten sich geändert. Wie soll man heute die Sprache Ciceros nachahmen, wenn es das Rom seiner Zeit längst nicht mehr gibt: mit seinem Senat, den Senatoren, dem Ritterstand und dem Volk, der Priesterschaft und den Vestalinnen, den Ädilen, Prätoren und Volkstribunen, den Konsuln, Diktatoren und Cäsaren, mit seinen Tempeln, Heiligtümern und Opferriten, seinen Göttern und Göttinnen. Rom war einst die Herrin der Welt. Heute aber, da sich der Schauplatz menschlichen Lebens von Grund auf geändert hat, muss man in einer ganz anderen Sprache sprechen als in der Ciceros.[988] „Nicht der ist ein Redner vom Format Ciceros, der als Christ vor Christen über ein christliches Thema so spricht wie Cicero als Heide vor Heiden über weltliche Themen gesprochen hat, sondern wer so redet wie Cicero, wenn er in der heutigen Zeit lebte, als Christ zu Christen reden würde."[989]

Was nütze einem die ganze Rhetorik Ciceros, wenn man heute vor einem gemischten Publikum beispielsweise vor Jungfrauen, Frauen und Witwen über das Fasten, die Buße, über Almosen, die Heiligkeit der Ehe und die Verachtung des Luxus zu predigen habe? Bulephorus berichtet über eine Karfreitagspredigt, die im Jahre 1509 in Rom vor Papst Julius II. gehalten wurde und die Erasmus damals gehört hatte. Das sei eine Predigt genau nach

---

[983] AS 7, S. 34 f.
[984] Vgl. Jörg Robert, Norm, Kritik und Autorität. Der Briefwechsel „De imitatione" zwischen Gianfrancesco Pico della Mirandola und Pietro Bembo und der Nachahmungsdiskurs in der Frühen Neuzeit, in: Daphnis. Zeitschrift für mittlere deutsche Literatur und Kultur der frühen Neuzeit (1400–1750), Bd. 30 (2001), Heft 3-4.
[985] AS 7, S. 348–351.
[986] AS 7, S. 90 f.
[987] AS 7, S. 128 f.
[988] AS 7, S. 134–138.
[989] AS 7, S. 162–165.

dem ciceronianischen Muster gewesen, wie es Nosoponus sich vorstelle: Der Redner habe den Papst mit Jupiter verglichen, „der mit einem Nicken seines Hauptes alles vollbringt, was er will": in Frankreich, Deutschland, Spanien, Portugal, Afrika und Griechenland.[990] Hier vollzieht der Dialog eine eigenartige Wende. Erasmus lässt Bulephorus gegenüber dem Ciceronianismus den Vorwurf des Paganismus erheben: „Heidentum ist es, glaube mir, Nosoponus, Heidentum ist es, was unsere Ohren und unsere Herzen für diese Dinge einnimmt. Christen sind wir nur dem Namen nach"[991] Es kommt also darauf an, Cicero weiterzuentwickeln, und die Psalmen, die Propheten, die Aposteldekrete und die Entwicklung des Christentums ebenso gründlich zu studieren wie das antike Rom zur Zeit Ciceros. Erst dann kommt man zur wahren „philosophia Christi".[992]

Man spürt, wie der „Sacco di Roma" auch bei Erasmus Spuren hinterlassen hat. Anders als in früheren Schriften, beispielsweise den „Antibarbari", distanziert sich Erasmus im „Ciceronianus" diesmal von Rom und dem italienischen Humanismus.[993] Er entwickelt ein neues Geschichtsbewusstsein. Das zeigt sich vor allem in dem dritten Teil des „Ciceronianus". Dort heißt es unmissverständlich: „Rom ist nicht mehr Rom. Es hat nur noch Trümmer und Ruinen, die schlecht vernarbte Wunden und stumme Zeugen längst vollendeten Verfalls sind."[994] Wären in Rom nicht der Papst, die Kardinäle, die Bischöfe, die Kurie und die Äbte und diejenigen, die aus Liebe zur Freiheit oder auf der Suche nach Glück dorthin strömten, was wäre dann noch Rom? Es folgt ein bezeichnender Satz: „Was bedeutet es heute schon, ein römischer Bürger zu sein? Ganz gewiss um einiges weniger als ein Baseler Bürger zu sein."[995]

Im dritten Teil des „Ciceronianus" wird eine historische Liste lateinischer Schriftsteller aufgeführt, an denen überprüft wird, wie weit sie ciceronianischen Ansprüchen genügen. Hier finden sich antike christliche Autoren wie Laktanz, Cyprian, Hilarius und Tertullian, Hieronymus und Augustin, die Päpste Gregor I. und Leo I. Von mittelalterlichen Autoren werden Beda, Anselm und Isidor genannt, die aber von Nosoponus als „Stümper" verworfen werden, während er Bonaventura und Thomas von Aquin noch gelten lässt. Schließlich kommen die Humanisten an die Reihe, beginnend mit Petrarca, italienischen Humanisten wie Leonardo Bruni, Poggio, Valla, Pico della Mirandola, Pietro Bembo und Angelo Poliziano. Neben den verstorbenen

---

[990] AS 7, S. 138–141.
[991] AS 7, S. 170 f.
[992] AS 7, S. 190 f.
[993] Bejczy, Erasmus and the Middle Ages, S. 164–170.
[994] AS 7, S. 298 f.
[995] AS 7, S. 300 f. – Vgl. Renaudet, Érasme et l'Italie, S. 343–354 („Querelles Cicéroniennes"): Jan-Dirk Müller, Warum Cicero? Erasmus' Ciceronianus und das Problem der Autorität, in: Scientia Poetica 3 (1999), S. 20–46.

werden auch lebende Autoren genannt, darunter Paulo Bombace, Andrea Aciati, Hieronymus Aleander, Jacopo Sadoleto und Alberto Pio da Carpi. Bei den Franzosen wird der Verleger Josse Bade vor dem berühmten Humanisten Guillaume Budé genannt, was in Frankreich als eine Beleidigung Budés empfunden wurde.[996]

Schließlich werden auch Humanisten aus England, darunter More, aus den Niederlanden und aus Westfalen aufgeführt, wobei Erasmus mit Agricola, Hegius, Rudolf von Langen, Hermann Buschius und Konrad Gockeln gleichsam „heimatliche" Autoren herausstellt. Aus Deutschland werden unter anderen Reuchlin, Hutten und Pirckheimer, aus der Schweiz Glareanus, aus Polen Kricius und aus Spanien Vives genannt. Eine Sonderrolle nimmt in dieser Aufstellung der französische Humanist Longolius (Christophe de Longueil) ein, der in Kontakt zu den französischen Humanisten um Budé stand und später nach Italien ging. 1520 schrieb er im Auftrag des Papstes eine lateinische Rede gegen Luther. Er war 1522 in Padua gestorben. Longolius diente Erasmus in diesem Dialog offensichtlich als historisches Vorbild für die erfundene Figur des Nosoponus.[997]

Da die Beurteilung der jeweils aufgeführten, verstorbenen und lebenden, Autoren immer von Nosoponus abgegeben wird, ist es nie ganz klar, wie weit die Urteile wirklich ernst gemeint sind. Das gilt natürlich auch für die Beurteilung, die Erasmus in einem Anflug von Selbstironie über sich selbst durch Nosoponus abgeben lässt. Auf Bulephorus' Frage, ob man nicht Erasmus zu den „besonders fruchtbaren Schriftstellern" zählen müsse, antwortet Nosoponus, dass man Erasmus nur nennen könne, wenn er „große Mengen von Papier mit Tinte vollschmiert." Leute, die mit dem Kopieren von Büchern ihr Geld verdienen, würde man eher als „Schreiber" bezeichnen. Bei Erasmus sei „alles flüchtig und übereilt hingeworfen": „Er gebiert nicht, er treibt ab. Oft schreibt er ein ganzes Buch ‚wie im Sprung auf einem Bein stehend': Nie kann er sich dazu zwingen, das, was er geschrieben hat, wenigstens noch einmal durchzulesen. Und er schreibt und schreibt in einem fort."[998] Er sollte lieber erst nach längerer Lektüre zur Feder greifen und auch das auch nur selten. Im Übrigen habe Erasmus gar nicht den Ehrgeiz, im Stile Ciceros zu schreiben. „Er meidet auch theologische Ausdrücke nicht, ja nicht einmal triviale."[999]

[996] CWE 14, Ep. 2021 (Bericht Germain de Bries vom 12.8.1528 aus Chantilly über die Reaktion in Frankreich auf den „Ciceronianus"), CWE 14, Ep. 2046 (Erasmus' Antwort an de Brie vom 6.9.1528). – Vgl. Charlier, Érasme et l'amitié, S. 323 f.

[997] AS 7, S. 308 ff. – Vgl. M. M. de la Garanderie, Christophe de Longueil, in: BR 2, S. 342–345.

[998] Erasmus scheute nicht die Kritik an seiner eigenen Arbeitsweise: Ueli Dill – Die Arbeitsweise des Erasmus, beleuchtet anhand von fünf Basler Fragmenten. In: Nederlands Archief voor Kerkgeschiedenis/Dutch Review of Church History (1999), S. 1–38.

[999] AS 7, S. 274–277.

Erasmus widmete den „Ciceronianus" Johann von Vlatten, dem Rat und späteren Kanzler am Hof Herzog Johanns von Kleve.[1000] Die Schrift „De pueris instituendis" von 1529 und später die Sammlung antiker Sprüche „Apophthegmata" von 1531[1001] widmete er dem Sohn des Herzogs, Wilhelm von Kleve.[1002] Es war zugleich ein Dank an dessen Erzieher Konrad Heresbach. Über Vlatten und Heresbach stand Erasmus in enger Verbindung zu dem Hof des Herzogs von Kleve in Düsseldorf, zu dessen Herrschaftsbereich auch die Grafschaften Mark und Ravensberg in Westfalen und die Herzogtümer Jülich und Berg am Niederrhein zählten.[1003] Seit Erasmus' Umzug nach Basel war ein Netzwerk entstanden, das Erasmus mit den Humanisten an den deutschen Höfen und in den deutschen Städten verband. Dadurch war er über Vorgänge im deutschen Reich und auf den Reichstagen gut informiert. Eine wichtige Rolle bei der Entstehung des Netzwerks hatte der Freiburger Jurist Ulrich Zasius gespielt. Vlatten und Heresbach hatte beide eine Zeitlang in Freiburg studiert und dort Zasius kennengelernt. Erasmus verstand es, dieses Netzwerk zu pflegen. Am Niederrhein hatte er über Hermann von Neuenahr, Johann Rinck und Tileman Graven auch Kontakte zum Hof des Kölner Kurfürsten und Erzbischofs Hermann von Wied, dem er seine Ausgabe der Werke des Origines widmen sollte, die erst nach seinem Tod 1536 erschien.[1004]

Auch während seiner Freiburger Jahre von 1529 bis 1535 brachte Erasmus weitere größere Werke immer noch bei Froben in Basel heraus. Kleinere Schriften erschienen auch bei Johann Faber Emmeus, der Basel 1529 verlassen und gleichfalls nach Freiburg gegangen war. 1529 erschien in Basel die zehnbändige Ausgabe der Werke des Augustinus, die Erasmus dem Erzbischof von Toledo Alonso de Fonseca widmete.[1005] Das lange Vorwort wird auf den Mai 1929 in Freiburg datiert. Das Vorwort „An den Leser" der umfangsreichsten Briefedition des Erasmus, des „Opus Epistolarum", das tausend Briefe enthielt, ist auf August 1529 in Freiburg datiert.[1006] In diesem Vorwort

---

[1000] CWE 14, Ep. 1948.
[1001] Apophthegmatum libri I –IV, hg. Tineke L. ter Meer (ASD IV, 4), Leiden 2010; CWE 37–38: Apophthegmata, translated and annotated by Betty I. Knott and Elaine Fantham, edited by Betty I. Knott, Toronto/Buffalo/London 2014; Erasmus von Rotterdam, Apophthegmata [deutsch], hg. Heribert Philips, Würzburg 2001.
[1002] CWE 15, Ep. 2189 (Widmung vom 1.7.1529 an den 13-jährigen Wilhelm von Kleve) u. 2431 (Widmung vom 26.2.1531).
[1003] Elisabeth Kloosterhuis, Erasmusjünger als politische Reformer. Humanismusideal und Herrschaftspraxis am Niederrhein im 16. Jahrhundert, Köln 2006.
[1004] CWE 21, Ep. 3128. – Vgl. August Franzen, Bischof und Reformation. Erzbischof Hermann von Wied in Köln vor der Entscheidung zwischen Reform und Reformation, Münster 1971; Kloosterhuis, Erasmusjünger als politische Reformer, S. 582 f., 636 ff.
[1005] CWE 15, Ep. 2157.
[1006] CWE 15, Ep. 2203. – Vgl. Halkin, Erasmus ex Erasmo, S. 149–164; Allen, Opus Epistolarum, Bd. 1, S. 593–602 (Appendix 7: ‚The Principal Editions of Erasmus'

notierte Erasmus, dass er die ermüdenden und überflüssigen Anreden wie „unbesiegliche Majestät", „ehrwürdige Herrschaft", „gnädigste Hoheit" in seinen Briefen an Könige, Äbte und Bischöfe fallengelassen habe, weil sie die Reinheit der lateinischen Sprache verderben würden.[1007] Im August 1531 brachte Erasmus noch einmal eine weitere Briefauswahl unter dem Titel „Epistolae Floridae" heraus.[1008]

Die fünfbändige Ausgabe der Werke des Chrysostomus von 1530 war dem Bischof von Augsburg Christoph von Stadion gewidmet.[1009] Eine Ausgabe von Geschichtswerken des Livius erschien im März 1531 mit einer Widmung an Charles Blount, den Sohn seines Förderers William Blount, Lord Mountjoy. Eine Ausgabe der Komödien des Terenz vom März 1532 war den beiden Söhnen Jan und Stanislaw des Krakauer Bankiers Seweryn Boner gewidmet.[1010] Die beiden Brüder hatten 1531 auf dem Weg zu ihrem Studium nach Italien fünf Monate bei Erasmus in Freiburg verbracht. Dem befreundeten Bischof von Carpentras Jacopo Sadoleto widmete Erasmus die Ausgabe der griechischen Werke des Kirchenvaters Basilius von Cäsarea vom März 1532.[1011]

In Freiburg erhielt Erasmus immer wieder Aufforderungen aus der Umgebung Marias von Ungarn, so von Jean de Carondelet und Nikolas Ohla, sich in Brabant niederzulassen. Erasmus sagte grundsätzlich zu, doch scheiterten alle Umzugspläne am Zustand seiner Gesundheit. Im Januar 1531 war die 26-jährige Maria von ihrem Bruder Karl als Nachfolgerin ihrer verstorbenen Tante Margarete zur Regentin der Niederlande ernannt worden. Sie residierte in Brüssel. Weitere Einladungen erreichten Erasmus in Freiburg aus dem Herzogtum Kleve und aus der Stadt Besançon in der habsburgischen Freigrafschaft Burgund. Im Januar 1531 war Ferdinand von Österreich in Köln zum „römischen König" gewählt worden. Er war damit offiziell der Vertreter seines Bruders, Kaiser Karls V., im Reich. Im Auftrag Ferdinands lud Kardinal Bernhard von Cles, dessen Kanzler, Erasmus ein, nach Wien zu kommen.[1012] Im Mai 1535 aber kehrte Erasmus schließlich nach Basel zurück, nachdem sich dort die politischen Verhältnisse beruhigt hatten. Hier lebte er bis zu seinem Tod im Juli 1536 im Haus „Zur Luft" seines Druckers Hieronymus Froben. Die letzten Jahre waren von seiner Krankheit gezeichnet.[1013]

Epistolae'); CWE 1, S. XXI-XXII (Introduction).
[1007] CWE 15, Ep. 2203, Zeile 40–45.
[1008] CWE 18, Ep. 2518 (Widmungsbrief an Johann Herwagen). – Vgl. Halkin, Erasmus ex Erasmo, S. 165–175.
[1009] CWE 17, Ep. 2359. – Michael Erbe, Christoph von Stadion, in: BR 3, S. 274–276.
[1010] CWE 18, Ep. 2584. – Halina Kowalska, Jan und Stanislaw Boner, in: BR 1, S. 166–168.
[1011] CWE 18, Ep. 2611.
[1012] CWE 18, Ep. 2515.
[1013] CWE 20, Erasmus' Illnesses in His Final Years (1533–6), S. 335–338.

DER ACHTZEHNTE BAND DER „CORRESPONDENCE OF ERASMUS" (CWE 18) UMFASST DIE ZWÖLF MONATE VON APRIL 1531 BIS MÄRZ 1532.[1014]

Das Ende des Kampfs gegen Alberto Pio. Der Frieden von Kappel. Das „Zeytbuch" Sebastian Francks. Die „Determinatio facultatis theologiae in schola Parisiensi super quam plurimis assertionibus D. Erasmi Roterodami" (1531) und Erasmus' Gegenschrift „Declarationes ad censuras Lutetiae vulgatas sub nomine facultatis theologiae Parisiensis" (1532).

Im Juni 1530 hatte Erasmus erfahren, dass Alberto Pio ein weiteres Buch gegen ihn vorbereite, in welchen er alle Aussagen auflisten werde, in denen Luther und Erasmus übereinstimmten.[1015] Das Buch erschien im März 1531 bei Bade in Paris unter dem Titel „Dreiundzwanzig Bücher", in dem die inkriminierten Stellen bei Erasmus angezeigt waren.[1016] Allerdings war damals Alberto Pio schon seit zwei Monaten tot. Bereits im Juni 1531 kam Erasmus' Gegenschrift, die „Apologie gegen die Rhapsodien Alberto Pios" bei Froben in Basel heraus.[1017] Er klagte den toten Pio zahlreicher Lügen und falscher Zitate an.

Auf seinen ausdrücklichen Wunsch hatte Pio sich, angetan mit einem Franziskanerhabit, im Januar in Paris beerdigen lassen. Erasmus hatte keine Scheu, in seinem neuen Kolloquium das „seraphische Begäbnis", das im September 1531 erschien, Pios Begräbnis ironisch darzustellen. Agostino Steuco hielt ihm später vor, nicht einmal einem toten Mann Respekt zu zollen.[1018]

Im Frühjahr 1529 war in der Stadt Straßburg fast zur gleichen Zeit wie in Basel die Messe abgeschafft worden. Zusammen mit Nürnberg, Ulm und Augsburg zählte Straßburg zu den führenden protestantischen Reichsstädten in Süddeutschland.[1019] Der Straßburger Politiker Jakob Sturm, ein früherer Schüler Wimpfelings, wurde der Außenpolitiker der protestantischen Städte des Reichs und einer der Architekten des „Schmalkaldischen Bundes" der

---

[1014] CWE 18: The Correspondence of Erasmus: Letters 2472 to 2634–April 1531–March 1532, translated by Charles Fantazzi, annotated by James M. Estes, Toronto/Buffalo/London 2018.
[1015] CWE 16, Ep. 2329.
[1016] Alberti Pii, Tres et viginti libri in locos lucubrationum variarum D. Erasmi Rotterodami, Paris 1531.
[1017] CWE 84: The Apology of Desiderius Erasmus of Rotterdam against the Patchworks of Calumnious Complaints by Alberto Pio, Former Prince of Carpi – Desiderii Erasmi Roterodami Apologia adversus rhapsodias calumniosarum querimoniarum Alberti Pii quondam Carporum principis, Toronto/Buffalo/London 2005, S. 105–360.
[1018] CWE 18, Ep. 2513. – Vgl. CWE 84, S. XV-CXLI (Introduction).
[1019] James M. Kettelson, Strassbourg, in: Oxford Dictionary of the Reformation, Bd. 4, S. 115–118.

protestantischen Fürsten und Städte.[1020] Die Stadt Straßburg übte anfangs durch ihre liberale Religionspolitik eine starke Anziehungskraft auf sektiererische protestantische Gruppen bis hin zu den „Schwärmern" und Wiedertäufern aus. Mehrere frühere Mitarbeiter und Anhänger des Erasmus wie Wolfgang Capito, Martin Bucer, Caspar Hedio und Gerhard Geldenhauer hatten sich als Geistliche der Reformation angeschlossen und waren bekannte Prediger in Straßburg geworden.[1021] Sie alle hatten den Zölibat aufgegeben und geheiratet. Das Bekenntnis der „Tetrapolitana", das die Städte Straßburg, Memmingen, Konstanz und Lindau auf dem Augsburger Reichstag 1530 vorlegten, war von Bucer und Capito verfasst worden. Straßburg war sowohl von Freiburg wie von Basel nicht allzuweit entfernt. So wurde Erasmus in Straßburg aufmerksam beobachtet. Diese jüngere Generation früherer Erasmianer erwartete ganz selbstverständlich, dass sich auch ihr Lehrer der Reformation anschließen werde.[1022]

Bucer hatte schon 1527 aus Straßburg an Erasmus nach Basel geschrieben, um ihn für die Reformation zu gewinnen.[1023] Erasmus hatte entschieden ablehnend geantwortet.[1024] Er höre, dass in „eurer Kirche" die Studien verkämen. Die Sitten des Volkes hätten sich nicht verbessert, sondern verschlechtert. Er vermisse Ehrlichkeit bei dem Bemühen um das Evangelium. Stattdessen sehe er überall Streit, vor allem unter den Führern der evangelischen Bewegung wie Luther, Zwingli und Osiander. Wie lächerlich habe sich Luther gegenüber dem englischen König verhalten. Luthers Angriffe auf ihn, Erasmus, wolle er übergehen. Gerade Luther, die „Koryphäe", habe das Evangelium verraten, weil er die Fürsten, Bischöfe, die falschen Mönche und die falschen Theologen gegen alle Gutwilligen unnötig aufgehetzt habe. Hätten sich die evangelischen Führer ehrlicher und gemäßigter verhalten, so hätten sie viele Fürsten und Bischöfe für sich gewinnen können. Gerade diejenigen, die anfangs große Hoffnung auf die Reform gesetzt hätten, seien enttäuscht worden. Man solle sich vor der Nähe zum Aufruhr hüten. Man schaffe jetzt die Messe wegen ihres Missbrauchs ab. Genau so gut könne man auch die Predigt abschaffen, weil sie ebenso missbraucht werde.[1025] Er sehe

---

[1020] Thomas Brady, Zwischen Gott und Mammon. Protestantische Politik und deutsche Reformation, Berlin 1996, S. 134–150.
[1021] Vgl. Friedhelm Krüger, Bucer und Erasmus. Eine Untersuchung zum Einfluß des Erasmus auf die Theologie Martin Bucers, Wiesbaden 1970.
[1022] Vgl. Nicole Peremans, Érasme et Bucer d'après leur correspondance, Paris 1970; Matthieu Arnold/Berndt Hamm (Hg.), Martin Bucer zwischen Luther und Zwingli, Tübingen 2003; James M. Kittelson, Wolfgang Capito from Humanist to Reformer, Leiden 1975.
[1023] Peremans, Érasme et Bucer d'après leur correspondance, S. 57 f. – Vgl. J. V. Pollet, Martin Bucer: Etudes sur la correspondance, avec de nombreux textes inédits, 2 Bde., Paris 1958–62.
[1024] Brief an Bucer vom 11.11.1527 (CWE 13, Ep. 1901).
[1025] CWE 13, Ep. 1901, Zeile 100–111.

in der Reformation ein neues Pharisäertum aufkommen und befürchte, dass sich die bereits bestehehende Sklaverei nur noch verdoppeln werde.[1026]

Erasmus' Distanzierung von der Reformation durfte in Straßburg kaum verstanden werden. Er verwarf die neue konfessionelle Parteilichkeit, die man in Straßburg als Errungenschaft ansah. Der Konflikt sollte sich in den folgenden Jahren noch mehrfach wiederholen. Wolfgang Capito war zunächst katholischer Domprediger in Basel und später unter Albrecht von Brandenburg auch in Mainz gewesen. Eine Zeitlang war er als Korrektor bei Froben ein enger Mitarbeiter des Erasmus gewesen. Nachdem er sich der Reformation angeschlossen hatte, war Capito als Probst des Kapitels von St. Thomas ein einflussreicher Theologe der Reformation in Straßburg geworden. Gerhard Geldenhauer kannte Erasmus aus der früheren Zusammenarbeit in den Niederlanden, als Geldenhauer noch Sekretär des Bischofs von Utrecht Philipp von Burgund und zeitweilig Korrektor bei dem Drucker Dirk Martens in Löwen gewesen war. Geldenhauer war, nachdem er sich für die Reformation entschieden hatte, nach Straßburg gekommen. Er verfasste verschiedene historische Arbeiten. 1532 wurde er Professor für Geschichte an der neugegründeten protestantischen Universität Marburg.[1027]

Am 11. Oktober 1531 fiel Ulrich Zwingli in der Schlacht bei Kappel im Kampf zwischen den protestantischen und katholischen Kantonen der Schweiz. Kurz darauf starb auch der Führer der Reformation in Basel, Oekolampad. In dem Frieden von Kappel vom 20. November 1531 wurde ein Ausgleich gefunden, der die konfessionspolitischen Kämpfe in der Schweiz beendete und später auch die Rückkehr des Erasmus nach Basel ermöglichte. Angesichts der friedlichen Entwicklung in der Schweiz fühlte sich Erasmus erleichtert.[1028] Das „Gebet um Frieden für die Kirche", das er Johann Rinck widmete, drückt Erasmus' Friedenssehnsucht aus.[1029]

Aber in diesem Augenblick wurde er in einen neuen Konflikt mit Straßburg verwickelt. Hier hatte der 32-jährige Sebastian Franck im September 1531 seine „Chronica. Zeytbuch und Geschichtbibel" ohne Angabe der Autorschaft herausgebracht.[1030] Franck hatte Erasmus' Adagium „Scarabaeus

---

[1026] CWE 13, Ep. 1901, Zeile 95–100. – Vgl. Peremans, Érasme et Bucer d'après leur correspondance, S. 57–65.
[1027] Gilbert Tournoy, Gerard Geldenhouwer, in: BR 2, S. 81–84.
[1028] CWE 18, Ep. 2582 (Brief an Nicolaus Olah vom 11.12.1531).
[1029] CWE 69: Prayer to the Lord Jesus for Peace in the Church – Precatio ad Dominum Jesum pro pace ecclesiae, translated and annotated by Christopher J. McDonough, S. 109–116. – CWE 18, Ep. 2618.
[1030] Sebastian Franck, Chronica, Zeytbuch und geschycht-bibel von anbegyn biß inn diß gegenwertig M. D. xxxj. jar: Darin[n] beide Gottes vnd der welt lauff/ hendel/ art/ wort/ werck/ thun/ lassen/ kriegen/ wesen/ und leben ersehen un[d] begriffen wirt; Mit vil wunderbarlichen gedechtniß würdige[n] worten und thatte[n] ... Ankunfft viler Reich/ breüch/ neüwer fünd [et]c., Straßburg: Beck 1531.

aquilam quaerit" aufgegriffen und es zur Kritik der kaiserlichen Politik des Reichs verwandt.[1031] Auch hatte er beklagt, dass Häretiker oft unschuldig unter ihren Verfolgungen gelitten hätten. Als Beispiel hatte er Erasmus aufgeführt, der als frommer Gelehrter zu Unrecht verdächtigt worden sei. So hatte der junge Franck Erasmus als Häretiker eingestuft, mit dem er offensichtlich sympathisierte. Franck war anfangs katholischer Geistlicher der Diözese Augsburg gewesen. Er hatte sich der Reformation angeschlossen und war 1527 Pfarrer in Nürnberg geworden. Dort hatte er sich den Wiedertäufern und den Spiritualisten angenähert, deren Kontakt er suchte, als er 1531 nach Straßburg kam.[1032]

Erasmus hatte von dem Buch erst durch einen Brief von Ferdinands Kanzler Bernhard von Cles erfahren, der es „sehr aufrührerisch und für Erasmus sehr gefährlich" nannte.[1033] Er hielt das anonyme Buch zunächst für ein Machwerk Bucers und Capitos, um ihm zu schaden. Er beschwerte sich bei dem Rat der Stadt Straßburg, der am 18. Dezember Jakob Sturm beauftragte, die Sache zu untersuchen. Der Ratsbeschluss hält fest: „Diweil er [Erasmus] nit teutsch kann, ihm wider lateinisch zu antworten."[1034] Man fand heraus, dass Franck der Autor war. Er wurde verhaftet. Die „Chronica" wurden eingezogen, jeder weitere Verkauf verboten und die vorhandenen Exemplare vernichtet. Am 30. Dezember wurde Franck aus der Stadt ausgewiesen. Noch aus dem Gefängnis hatte er an Erasmus geschrieben, dass dieser ihm für die Ehre dankbar sein müsse, die er ihm in seinem Buch erwiesen habe.[1035] Eine Neuauflage der „Chronica" konnte Franck erst 1536 in Ulm herausbringen. Sie verarbeitete bereits die Ereignisse um die Herrschaft der Wiedertäufer in Münster der Jahre 1534/35.[1036] Anfang des Jahres 1532 war es aus dem Anlass der Publikation der „Chronica" noch zu einem Briefwechsel zwischen Bucer und Erasmus gekommen.[1037]

[1031] Vgl.Denis Drysdall, Erasmus on Tyranny and Terrorism: Scarabaeus aquilam quaerit and the Institutio principis christiani, in: Erasmus of Rotterdam Society Yearbook, Leiden, 29 (2009), S. 89–102.

[1032] Hans R. Guggisberg, Sebastian Franck, in: BR 2, S. 53 f. Vgl. Emmet McLaughlin, The radical Reformation, in: Hsia, Reform and Expansion 1500–1660, S. 37–55; hier: S. 44 f.

[1033] CWE 18, Ep. 2622; CWE 18, Ep. 2587, Zeile 24–28 (Brief an Gockeln vom 14.12.1531). – Vgl. Peremans, Érasme et Bucer d'après leur correspondance, S. 142–144; Jean Lebeau, Erasme, l'Alsace et son temps (Ausstellungskatalog), Straßburg 1971, S. 117–138.

[1034] Manfred Krebs/Hans Georg Rott, Quellen zur Geschichte der Täufer, Bd. 7: Elsaß I: Stadt Straßburg 1522–1532, Gütersloh 1959, S. 358 f.

[1035] CWE 18, Ep. 2615, Zeile 379–383. (Erasmus' Brief an Bucer vom 2.3.1532).

[1036] Sebastian Franck, Chronica. Reprograf. Nachdr. d. Original-Ausg. Ulm 1536, Darmstadt 1969.

[1037] CWE 18, Ep. 2615. Es ist nicht sicher, ob dieser Antwortbrief von Erasmus an Bucer vom 2.3.1531 Bucer auch tatsächlich erreicht hat.

Bereits im Dezember 1527 hatte die Sorbonne eine Reihe von Aussagen aus den Schriften des Erasmus verurteilt, auch aus den Kolloquien.[1038] Die Auseinandersetzung mit Béda war seit Jahren abgeschlossen gewesen, bei der Erasmus und Béda elf Briefe gewechselt hatten.[1039] 1529 hatte Erasmus die Schrift gegen Béda „Responsio ad notulas Bedaicas" veröffentlicht.[1040] Aber im Juli 1531 druckte die Theologische Fakultät der Universität von Paris die bisher geheim gehaltene Verurteilung von Erasmus' Werken aus dem Jahre 1527 und den Kolloquien im Jahre 1526 bei Josse Bade in Paris als Buch („Determinatio facultatis theologiae in schola Parisiensi super quam plurimis assertionibus D. Erasmi Roterodami").[1041] Erasmus hat immer die Anklagen seiner katholischen und protestantischen Gegner mit eigenen Gegenschriften beantwortet.[1042] Insofern konnte er die neue Attacke der angesehensten theologischen Fakultät in Europa nicht unbeachtet lassen.

Seine Gegenschrift erschien im März 1532 unter dem Titel „Declarationes ad censuras Lutetiae vulgatas sub nomine facultatis theologiae Parisiensis" und in einer ausführlicheren Version im September 1532 bei Froben in Basel.[1043] Das war das Ende der Kontroverse mit Béda in dem letzten Jahrzehnt. In seiner Schrift wurden die 32 „Argumente", die die Fakultät aufgelistet hatte, zitiert und durch Erasmus' „declarationes" widerlegt. Clarence H. Miller und James K. Farge kommentieren, dass diese Gegenüberstellung der Argumente beider Seiten, zwischen Erasmus und der Fakultät, „stark und bedenkenswert" sei, weil sie genau die Themen und die Rhetorik wiedergeben, die bei dem Zusammenstoß zwischen den humanistischen und den scholastischen Zugängen der christlichen Lehre und den Vorschlägen für eine Reform der Kirche vorherrschend waren.[1044]

[1038] Rummel, Erasmus and His Catholic Critics, Bd. 2, S. 46–51.
[1039] CWE 11, Epp. 1571, 1579, 1581, 1596, 1609, 1610, 1620, 1642; CWE 12, Epp. 1679, 1685 und CWE 13, Ep. 1906.
[1040] Als Reaktion auf Bédas Schrift „Apologia adversus clandestinos Lutheranos" von 1529. – Vgl. Opera omnia Desiderii Erasmi Roterodami, ASD IX , 5, hg. Edwin Rabbie, Leiden 2013 (Controversies with Noel Beda).
[1041] Determinatio facultatis theologiae in schola Parisiensi super quam plurimis assertionibus D. Erasmi Roterodami, Paris (Josse Bade) 1531. Erasmus erwähnt die Schrift in: CWE 18, Ep. 2587, Zeile 3–10 in einem Brief an Goclenius vom 14. Dezember 1531.
[1042] Insgsamt schrieb Erasmus fünfunddreißig Bücher oder Traktaten gegen seine katholischen Kritiker und sieben gegen die protestantischen Widersacher. – Vgl. CWE 82: Introduction by Clarence H. Miller and James K. Farge, S. IX-XXXVII.
[1043] CWE 82: Clarifications Concerning the Censures Published at Paris in the Name of the Theology Faculty There – Declarationes ad censuras Lutetiae vulgatas sub nomine facultatis theologiae Parisiensis. Edited, translated, and annotated by Clarence H. Miller, Toronto/Buffalo/London 2012, S. 1-326. – Vgl. Rummel, Erasmus and His Catholic Critics, Bd. 2, S. 51-55.
[1044] CWE 82: Introduction by Clarence H. Miller and James K. Farge, S. XXXIV.

Der neunzehnte Band der „Correspondence of Erasmus" (CWE 19) umfasst die Zeit vom April 1532 bis April 1533.[1045]

Karl V. in Wien. Die Scheidungssache Heinrichs VIII. Rücktritt Thomas Mores als Lordkanzler. Cranmer wird nach dem Tod Warhams im Januar 1533 zum Erzbischof von Canterbury ernannt. Die letzten Briefe Mores an Erasmus. Die Schrift „De praeparatione ad mortem". Der Tod alter Freunde. Neue Freunde: Viglius Zuichemus, Julius Pflug, Damian de Goes.

Karl V. kam im April 1532 von Brüssel nach Regensburg, um an dem dortigen Reichstag teilzunehmen. Angesichts der türkischen Bedrohung Wiens wurde ein Kompromiss mit den protestantischen Ständen ausgehandelt, der zu dem „Nürnberger Anstand" führte. Er sicherte die Türkenhilfe durch die Protestanten. Als Gegenleistung wurde die Einlösung des Augsburger Reichstagsabschieds von 1530 aufgehoben.[1046] Als Karl V. Ende September 1532 in Wien erschien, zogen sich die Truppen Suleimans zurück. Anschließend begab sich Karl nach Italien, um in Bologna mit Papst Clemens VII. über die Einberufung des Konzils zu verhandeln. Im Frühjahr 1533 kehrte Karl nach Spanien zurück.

In England hatte 1532 die Scheidungssache Heinrichs VIII. eine neue Wendung genommen. Der König hatte sich entschlossen, die Dinge selbst in die Hand zu nehmen und sich von der klerikalen Abhängigkeit zu befreien. Im Sinn der königlichen Politik hatte das Unterhaus am 18. März in der „Supplication against the ordinaries" eine kritische Haltung gegenüber dem englischen Episkopat eingenommen. Ein wichtiger Drahtzieher war Thomas Cromwell, der frühere Sekretär Wolseys, der inzwischen in den Dienst Heinrichs getreten war und der dem Unterhaus angehörte.[1047] Ein Verbindungsmann der Opposition gegen Heinrich war der Botschafter Karls V. Eustache Chapuys, der die Interessen Katharinas wahrnahm.[1048] Er korrespondierte mit Bischof John Fisher von Rochester, einem der wenigen Bischöfe, der offen gegen Heinrich auftrat. More lehnte es jedoch ab, von Chapuys einen an ihn gerichteten Brief des Kaisers in Empfang zu nehmen. Chapuys berichtete, teilweise verschlüsselt, dem Brüsseler Hof über die Vorgänge in England.

[1045] CWE 19: The Correspondence of Erasmus: Letters 2635 to 2802–April 1532–April 1533, translated by Clarence H. Miller † with Charles Fantazzi, annotated by James M. Estes, Toronto/Buffalo/London 2019.

[1046] Rosemarie Aulinger (Hg.), Der Reichstag in Regensburg und die Verhandlungen über einen Friedstand mit den Protestanten in Schweinfurt und Nürnberg 1532 (Deutsche Reichstagsakten unter Kaiser Karl V, Bd. 10), Göttingen 1992.

[1047] Schoeck, Thomas Cromwell, in: BR 1, S. 360 f.

[1048] Felipe Fernandez-Armesto, Eustache Chapuys, in: BR, Bd. 1, S. 293–295.

Heinrich VIII. legte die Resolution des Unterhauses der Versammlung der Bischöfe der Metropole von Canterbury vor, der „Southern Convocation", und verlangte ultimativ deren Zustimmung zur Kontrolle der kirchlichen Gerichtshöfe und der kirchlichen Gesetzgebung durch die Krone. Nach anfänglichem Widerstand gaben die Bischöfe nach, und am 15. Mai 1532 kam es zur „Unterwerfung des Klerus" („submission of the clergy").[1049] Damit war der Weg zum Schisma mit Rom eingeleitet. Am folgenden Tag, am 16. Mai, trat Thomas More von seinem Amt als Lordkanzler zurück.[1050]

Der Bruch mit Rom war zu dieser Zeit aber noch nicht vollzogen. Rom hatte 1531 der Ernennung Stephen Gardiners zum neuen Bischof von Winchester und Edward Lees zum neuen Erzbischof von York als Nachfolger Wolsey zugestimmt. Wolsey war im November 1530 in Leicester Abbey gestorben, als er sich auf dem Weg von York nach London befand, wo er sich einem Prozess gegen ihn stellen sollte. Nach dem Tod des Erzbischofs von Canterbury, des 76-jährigen William Warham, im August 1532 stimmte Rom im März 1533 auch der Ernennung Thomas Cranmers zu dessen Nachfolger zu, um die Spannungen mit England nicht zu verschärfen. Cranmer hatte als Geistlicher die Scheidungssache Heinrichs unterstützt. Er hatte 1532 als englischer Gesandter am Hof Karls V. an dem Reichstag in Regensburg teilgenommen und dort Kontakt zu dem protestantischen Kurfürsten Johann Friedrich von Sachsen aufgenommen.[1051] In Deutschland heiratete er heimlich Margaret Osiander, die Nichte des Nürnberger Reformators. Cranmer hatte Karl noch nach Wien und Italien begleitet, war dann aber nach England zurückgerufen und im Januar 1533 zum Erzbischof von Canterbury ernannt worden. Am 23. Mai 1533 erklärte Cranmer Heinrichs Ehe mit Katharina für ungültig. Katharina war jetzt nur noch die Witwe von Heinrichs älterem Bruder Arthur und keine Königin mehr.[1052] Die Scheidungsangelegenheit war damit für Heinrich beendet.

Am 14. Juni 1532 schrieb Thomas More aus Chelsea, seinem neuen Wohnsitz seit einigen Jahren, einen Brief an Erasmus, in dem er über seinen Rücktritt als Kanzler einen Monat zuvor berichtete.[1053] Er bewegte sich dabei auf dünnem Eis.[1054] Der Brief verschleierte die politischen Hintergründe seines Rücktritts. Er war offensichtlich zur Publikation gedacht, um eine quasi offizielle Rücktrittsversion in die Welt zu setzen. Seit seiner Jugend, schrieb More, sei es sein Wunsch gewesen, einmal wie Erasmus von allen öffentlichen Pflichten frei zu sein und „eine Zeitlang nur Gott und mir selbst zu leben".

[1049] Scarisbrick, Henry VIII, S. 241–304 („The Campaign Against the Church").
[1050] Marius, Thomas Morus, S. 507–519 („Niederlage und Rücktritt"); Ackroyd, The Life of Thomas More, S. 305–320 („Infinite Clamour").
[1051] Thomas Cranmer, in: BR 1, S. 355–357.
[1052] Scarisbrick, Henry VIII, S. 312 f.
[1053] CWE 19, Ep. 2659; Morus, Briefe der Freundschaft, S. 290–296.
[1054] John Guy, Thomas More, London 2000, S. 161.

Leider sei dieser Wunsch aber nur in Erfüllung gegangen, weil ihn ein schweres Brustleiden befallen habe, so dass er auf Drängen seiner Ärzte den König habe bitten müssen, ihn von seinem Amt zu entbinden.[1055] More ging auch auf seine Auseinandersetzung mit den Häretikern ein. Sie hätten bisher in England durch die „Wachsamkeit der Bischöfe und die Autorität des Königs" noch keinen Einfluss gewonnen. Dennoch würden einige Engländer immer wieder versuchen, schlecht übersetzte Bücher aus den Häfen Belgiens zu importieren. Er selbst habe dagegen geschrieben. Er sehe auch künftig seine Aufgabe in der Abwehr der Häresien: „Alle meine Bemühungen gelten dem Schutz derer, die nicht freiwillig die Wahrheit aufgeben, aber durch die Verlockungen Dritter zu Falschem verführt werden."[1056] Entgegen seiner Ankündigung beabsichtigte More offensichtlich nicht, sich auf Chelsea in die Einsamkeit und Stille seines Landsitzes zurückzuziehen.

Eine Kopie von Mores Brief schickte Erasmus an Johann Fabri, seit 1530 Bischof von Wien. In dem Begleitbrief übernahm Erasmus die „sanfte" Rücktrittsversion Mores und verstärkte sie noch, indem er das Verhältnis zwischen Heinrich und More als besonders vertrauensvoll beschrieb.[1057] In England sei zudem der Kanzler nicht einfach ein Sekretär des Königs, sondern gleichsam dessen rechte Hand und dessen rechtes Auge. Aber offensichtlich machte sich Erasmus keine Illusionen über die scheinbare Harmlosigkeit der Entlassung Mores. Er erwähnte den Sturz Wolseys, und wehrte angebliche Vorwürfe ab, dass More als Kanzler besonders hart mit Ketzern umgegangen sei. Unter der Kanzlerschaft Mores habe es keine Todesurteile gegen Ketzer gegeben wie zur gleichen Zeit in Deutschland oder in Frankreich. In dem langen Brief zeichnet Erasmus noch einmal ein liebevolles Bild des Lebens der Familie More in Chelsea, wo More mit den Familien seiner Kinder und auch bereits mit seinen Enkeln zusammenlebe. Das Landhaus an der Themse erinnere an eine „platonische Akademie" oder besser noch an eine Schule oder ein Gymnasium des christlichen Lebens, in dem gleicherweise die Studien und die Frömmigkeit gepflegt würden.[1058] Es gebe keinen Zank und kein böses Wort, und die Gemeinschaft werde nicht durch Strenge, sondern durch den freundlichen Umgang miteinander zusammengehalten: „Alle sind beschäftigt und eifrig, aber in einer nüchternen Heiterkeit."[1059]

1529 hatte More in der Druckerei seines Schwagers John Rastell in London sein Buch „Dialogue Concerning Heresies" gegen die englischen Luthe-

---

[1055] Eine ähnliche Begründung für seinen Rücktritt gab More auch in seinem Brief an Cochläus nach Dresden vom 14.6.1532 (Rogers, The Correspondence of Sir Thomas More, S. 438).
[1056] CWE 19, Ep. 2659, Zeile 110–112; Morus, Briefe der Freundschaft, S. 296.
[1057] CWE 19, Ep. 2750 (Brief vom Ende des Jahres 1532).
[1058] CWE 19, Ep. 2750, Zeile 183–188.
[1059] CWE 19, Ep. 2750, Zeile 192.

raner, vor allem gegen William Tyndale[1060], veröffentlicht. Noch im gleichen Jahr brachte More als Antwort auf die Schrift von Simon Frith „Supplication of the Beggars", die für die Unterstützung der Bettler anstelle unnützer Ausgaben für Totenmessen warb, die Schrift „Supplication of the Souls" heraus, in der More leidenschaftlich die Gebete und Messen für die Seelen der Verstorbenen im Fegefeuer verteidigte. Auf Tyndales „Answer unto Sir Thomas More's Dialogue" von 1531 reagierte More mit seiner Gegenschrift „Confutation of Tyndales Answer", deren erster Teil Anfang 1532 und deren zweiter Teil 1533 erschien. Die Schrift gegen Tyndale war schon wegen ihres großen Umfangs kaum lesbar. Aber More schrieb weiter fast wie besessen. Erasmus konnte die englischen Schriften Mores nicht lesen, und er hat sie vermutlich auch nicht gekannt. More scheint bei seinem leidenschaftlichen Engagement gegen die englischen Häretiker fast seine humanistischen Anfänge vergessen zu haben.[1061]

Mit der Ernennung Thomas Cranmers zum Erzbischof von Canterbury Anfang 1533 war erstmals ein Protestant in die Spitze der englischen Kirchenhierarchie aufgestiegen. Man sah in England die Distanzierung von Rom nicht wie auf dem Kontinent als eine religiöse, kulturelle und konfessionelle Angelegenheit, sondern als eine politische und nationale. So konnte Heinrich zunehmend Zustimmung zu seiner Politik sowohl im Unterhaus wie im Oberhaus finden. Nach der Annullierung seiner Ehe mit Katharina und der Anerkennung seiner Ehe mit Anne Boleyn, die er im Januar 1533 heimlich geheiratet hatte, wurde Anne am Pfingstsonntag, den 1. Juni, feierlich in Westminster zur Königin gekrönt. Thomas More nahm an den Krönungsfeierlichkeiten nicht teil. Am 11. Juli verurteilte Papst Clemens VII. vor dem Konsistorium der Kardinäle in Rom die Auflösung der Ehe Heinrichs mit Katharina und die Eheschließung mit Anne. Unter Androhung der Exkommunikation wurde Heinrich eine Frist bis September gegeben, um seine Ehe mit Katharina wieder aufzunehmen.[1062] Am 7. September gebar Anne ein Mädchen. Es war nicht der erhoffte männliche Thronerbe. Das Kind wurde drei Tage später in der Franziskanerkirche von Greenwich auf den Namen Elisabeth getauft. Cranmer war Taufpate. Heinrich war bei der Taufe nicht anwesend.

Im Juni 1533 schrieb More an Erasmus. Es ist der letzte Brief an seinen Freund, der erhalten ist.[1063] More fügte dem Brief einen längeren Text bei, den er für sein Epitaph vorbereitet hatte. Er enthielt eine Lebensbeschreibung, in der er ausdrücklich seine Mitwirkung an dem Frieden von Cambrai und seinen Kampf gegen die Häretiker erwähnte, aber nicht die „Utopia".

[1060] Mordechai Feingold, William Tyndale, in: BR 3, S. 354 f.
[1061] Vgl. Alistair Fox, Thomas More. History and Providence, Oxford 1982; Louis L. Martz, Thomas More. The Search for the Inner Man, New Haven/London 1977.
[1062] Scarisbrick, Henry VIII, S. 317 f.
[1063] CWE 19, Ep. 2831; Morus, Briefe der Freundschaft, S. 296–305.

More und Erasmus waren sich bewußt, dass Mores Position bei dem Wechsel der politischen Verhältnisse in England äußerst prekär war. More ermächtigte Erasmus, die Version seines Rücktritts, die er ihm ein Jahr zuvor geschickt hatte, zu veröffentlichen.

Wie weit Erasmus wirklichen Einblick in die politische Situation in England hatte, ist nicht klar. 1529 hatte Erasmus eine Bitte Thomas Boleyns, des Grafen von Wiltshire und Vaters von Anne Boleyn, entsprochen, als dieser ihn um eine Auslegung des Psalms 23 gebeten hatte.[1064] Wiederum auf den Wunsch Boleyns hin, der inzwischen zu den führenden Köpfen der Gegenpartei Mores am englischen Hof zählte[1065], widmete Erasmus ihm eine weitere Schrift, eine Deutung des Glaubensbekenntnisses, die im März 1533 bei Froben erschien.[1066] Boleyn war schließlich auch noch eine dritte Schrift gewidmet, „De praeparatione ad mortem", die im Januar 1534 bei Froben erschien.[1067] Erasmus hatte dieser Ausgabe den Brief Mores über dessen Rücktritt von 1532 beigefügt. Der kaiserliche Botschafter Chapuys berichtete Erasmus später, dass Katharina, die im Januar 1536 starb, noch vor ihrem Tod in dieser Schrift gelesen und darin Trost gefunden habe. Er fügte mit einer deutlichen Kritik an Erasmus hinzu, dass der Schatten dieser ehrfurchtgebietenden Frau sicherlich „um das Zweitausendfache" größer sei als der Boleyns, des Adressaten der Widmung der Schrift![1068]

Inzwischen erreichten Erasmus in Freiburg häufiger Nachrichten vom Tod alter Bekannter, Freunde und Förderer, die sein bisheriges Leben begleitet hatten. Hermann von Neuenahr war im August 1530 während des Reichstags in Augsburg gestorben und Willibald Pirckheimer im Dezember 1530 in Nürnberg. Im November 1531 starben fast zur gleichen Zeit Ulrich Zwingli und Johannes Ökolampad, beide frühere Anhänger und spätere Gegner des Erasmus. Im August 1532 starb sein englischer Förderer William Warham, der Erzbischof von Canterbury, auf den Pensionszahlungen zurückgingen, die Erasmus immer noch, wenn auch unregelmäßig, aus England

---

[1064] CWE 16, Ep. 2232.
[1065] C. S. Knighton, Thomas Boleyn, in: BR 1, S. 161 f.
[1066] CWE 19, Ep. 2772 (Widmung an Boleyn); CWE 20, Ep. 2824 (Dankschreiben Boleyns an Erasmus vom 19.6 1533 aus Greenwich); Explanatio symboli apostolorum, hg. J. N. Bakhuizen van den Brink, in: ASD V, 1 (1977), S. 177–320; CWE 70: An Explanation of the Apostles' Creed/Explanatio symboli apostolorum sive catechismus, translated by Louis A. Perraud, annotated by Laurel Carrington. Toronto/Buffalo/London 1998, S. 231–387.
[1067] CWE 20, Ep. 2884; De praeparatione ad mortem, hg. A. van Heck, in: ASD V, 1 (1977), S. 321–392; CWE 70: Preparing for Death/De praeparatione ad mortem, translated and annotated by John N. Grant. Toronto/Buffalo/London 1998, S. 389–450.
[1068] CWE 21, Ep. 3090, Zeile 33–38 (Brief Chapuys' aus London an Erasmus vom 11.2.1536). – Erasmus hatte am 23.4 1533 aus Freiburg an Chapuys geschrieben und dabei den Tod von Warham, Valdés und Szydlowiecki beklagt. (CWE 19, Ep. 2798).

erhielt. In Krakau starb im Dezember 1532 der polnische Kanzler Krzysztof Szydlowiecki, mit dem Erasmus durch Jan Laski bekannt geworden war.[1069]

Alfonso de Valdés, der Sekretär Karls V. und einflussreichste Erasmianer an dessen Hof, der Karl 1532 zum Reichstag nach Regensburg begleitet hatte, starb im Oktober 1532 in Wien an der Pest. Alonso de Fonseca, der Erzbischof von Toledo und Primas von Spanien starb im Februar 1534. Mit Valdés und Fonseca verlor Erasmus seine wichtigsten Stützen in Spanien. Die Anti-Erasmianer gewannen in Spanien jetzt an Einfluss. Fonsecas Sekretär Juan de Vergara wurde jetzt der Häresie verdächtigt und ins Gefängnis gebracht.[1070] Im November 1533 starb Erasmus alter Freund aus der Antwerpener Zeit Peter Gilles und im November 1534 sein treuester englischer Förderer William Blount, Lord Mountjoy, der während des Scheidungsprozesses und bis 1533 Kammerherr Katharinas gewesen war. Im April 1535 starb Johann Botzheim, der mit dem Konstanzer Domkapitel 1527 nach Überlingen gezogen war, nachdem die Stadt Konstanz sich für die Reformation entschieden hatte. Im November 1535 starb Erasmus' Freiburger Freund Ulrich Zasius.

Bis zu seinem Tod im Juli 1536 hatte Erasmus einen engen und vertraulichen Kontakt zu Konrad Gockeln in Löwen.[1071] Gockeln, der drei Jahre nach Erasmus starb, schrieb seinen letzten Brief an Erasmus am 21. März 1536.[1072] Der Schluss dieses Briefs bezog sich auf ein Nachspiel zum Ende der Täuferherrschaft in Münster. Kurz vor dem Fall Münsters am 24. Juni 1535 war es am 10. Mai 1535 noch zu einem Sturm der Wiedertäufer auf das Rathaus der Stadt Amsterdam gekommen.

Neben Gockeln war Juan Luis Vives in Brügge ein weiterer zuverlässiger Kontaktmann für Erasmus in den Niederlanden. Allerdings hatten sich die Beziehungen zwischen beiden etwas abgekühlt. Erasmus hatte Vives' Bearbeitung von Augustinus' „De civitate Dei" in seine Edition der Werke des Augustinus aufgenommen. In seinem letzten an Erasmus gerichteten Brief vom Mai 1534 informierte ihn Vives über die Gefangennahme ihrer gemeinsamen Freunde Thomas More und John Fisher in London.[1073]

[1069] CWE 19, Epp. 2798, 2800; CWE 20, Ep. 2879. Diese drei Briefe an Eustache Chapuys, Abel van Colster und Juan de Vergara wurden erstmals von Erasmus im Anhang zu dem Buch „De praeparatione ad mortem" (Basel: Froben 1534) veröffentlicht.

[1070] Zum letzten Mal korrespondierte Erasmus mit Vergara am 19.11.1533 (CWE 20, Ep. 2879).

[1071] Godelieve Tournoy-Thoen, Conradus Goclenius, in: BR 2, S. 109–111.

[1072] CWE 21, Ep. 3111. Erasmus antwortete aus Basel am 28. Juni 1536 (CWE 21, Ep. 3130).

[1073] CWE 20, Ep. 2932. – Zu Vives: Charles Fantazzi (Hg.), A Companion to Juan Luis Vives, Leiden 2008; Susanne Zeller, Juan Luis Vives (1492–1540). (Wieder)Entdeckung eines Europäers, Humanisten und Sozialreformers jüdischer Herkunft im Schatten der spanischen Inquisition. Ein Beitrag zur Theoriegeschichte der sozialen Arbeit als Wissenschaft, Freiburg/Br. 2006; Christoph Strosetzki (Hg.), Juan Luis Vives. Sein Werk und seine Bedeutung für Spanien und Deutschland.

Auch im Alter wurde es nicht wirklich einsam um Erasmus. Die starke Anziehungskraft, die von seinem Namen und seinen Schriften ausging, führte dazu, dass immer wieder auch jüngere Bewunderer den Kontakt zu ihm suchten. Mit einigen von ihnen kam es zu einer intensiven Korrespondenz. 1525 hatte der Antwerpener Fernhandelskaufmann und Bankier Erasmus Schets Kontakt zu Erasmus aufgenommen, nachdem er an Erasmus Briefe aus Spanien übermittelt hatte.[1074] Er profitiere, schrieb Schets, ein wenig von der Gemeinsamkeit ihres Namens. Erasmus machte Schets anstelle von Gilles zu einem Agenten für die englischen Pensionszahlungen. Schets war kein lateinischer Stilist. Aber er bewunderte Erasmus, und es entwickelte sich eine rege Korrespondenz zwischen beiden, von der über siebzig Briefe erhalten sind. Es ging dabei nicht nur um finanzielle Angelegenheiten, sondern auch um aktuelle Informationen und Kommentare zum Geschehen in Europa.[1075]

Der 31-jährige Julius Pflug hatte 1530 im Auftrag Herzog Georgs von Sachsen mit Erasmus Kontakt aufgenommen.[1076] Daraus entwickelte sich eine regelmäßige Korrespondenz. Der Jurist Pflug hatte zunächst bei Mosellanus in Leipzig und anschließend in Bologna und Padua studiert. Nach seiner Rückkehr nach Sachsen war er in das sächsische Hofgericht eingetreten. Er wurde Propst in Zeitz und Kanonikus in Merseburg, Mainz und Naumburg. Bei einem zweiten Italienbesuch hatte er 1527 den Sacco di Roma miterlebt. Als Berater Herzog Georgs versuchte er auf eine versöhnliche Politik zwischen Katholiken und Lutheranern hinzuwirken. Diese Haltung wird auch in seinem Briefwechsel mit Erasmus deutlich. Pflug führte eine umfangreiche Korrespondenz mit zahlreichen Zeitgenossen.[1077] 1541 wurde Pflug zum letzten katholischen Bischof von Naumburg-Zeitz gewählt. Er nahm an verschiedenen Religionsgesprächen teil und von 1545 bis 1563, ein Jahr vor seinem Tod, auch an dem Konzil von Trient.[1078]

1529 nahm der 21-jährige aus Friesland stammende Jurist Viglius Zuichemus (Wigle van Aytta) von Dole in der Franche Comté aus brieflichen Kontakt zu Erasmus auf.[1079] Daraus entstand ein intensiver Briefwechsel.

Akten der internationalen Tagung vom 14.–15. Dezember 1992 in Münster, Frankfurt a. M. 1995; Thomas B. Deutscher, Juan Luis Vives, in: BR 3, S. 409–412.

[1074] CWE 11, Ep. 1541 (Brief aus Antwerpen vom 30.1.1525).

[1075] Marcel A. Nauwelaerts u. Peter G. Bietenholz, Erasmus Schets, in: BR 3, S. 220 f.; CWE 11, S. 18 f.

[1076] CWE 17, Ep. 2395 (Schreiben an Pflug aus Freiburg vom 10.10.1530).

[1077] Julius Pflug, Correspondance. Recueillie et éditée par J[acques] V. Pollet, 5 Bde., Leiden 1969–1982. Zur Korrespondenz zwischen Erasmus und Pflug vgl. Pflug, Correspondance, Bd. 1, S. 276–287.

[1078] J. V. Pollet, Julius Pflug (1499–1564) et la crise religieuse dans l'Allemagne du XVIe siècle. Essai de synthèse biographique et théologique, Leiden 1990; Michael Erbe, Julius Pflug, in: BR 3, S. 77 f.

[1079] CWE 15, Ep. 2101 (Brief vom 13.2.1529); CWE 15, Ep. 2111(Antwort Erasmus vom 1.3.1529); CWE 15, Ep. 2129 (Brief Viglius' vom 23.3.1529).

Viglius hatte zunächst in Löwen und Dole studiert, und später bei dem mit Erasmus befreundeten Alciati in Avignon und Bourges. 1531 begab er sich nach Italien, wo er sich zwei Jahre lang in Padua aufhielt. Auf dem Rückweg in den Norden vereinbarte er in Basel mit Froben den Druck zweier Bücher und besuchte im Frühjahr 1534 Erasmus in Freiburg. Kurz darauf kam er in Köln mit dem Bischof von Münster Franz von Waldeck zusammen, der ihn zum Offizial in seinem Bistum bestellte. Viglius folgte Waldeck an dessen Hof nach Dülmen. Die Stadt Münster war inzwischen protestantisch geworden und entschied sich im Frühjahr 1534 für die Wiedertaufe. So wurde Viglius Augenzeuge der Täuferherrschaft in Münster in den Jahren 1534/35. In seinen Briefen aus Dülmen an Erasmus gab er detaillierte Schilderungen über die Täuferherrschaft. 1535 ging Viglius an das Reichskammergericht nach Speyer. Seine spätere Karriere führte ihn nach Brüssel, wo er eine führende Stellung in der Verwaltung Burgunds einnahm. 1555, im Jahr des Rücktritts Karls V., wurde Viglius Präsident des Staatsrats. In dieser Funktion, die er bis zu seinem Tod 1577 innehatte, erlebte er noch die Anfänge des Aufstands der nördlichen Provinzen gegen die spanische Herrschaft, die Karl V. begründet hatte, und den Beginn der Spaltung der Niederlande in Nord und Süd.[1080]

Im Frühjahr 1533 besuchte der 31-jährige portugiesische Diplomat Damian de Goes Erasmus in Freiburg. Aus der Bekanntschaft entstand ein reger Briefwechsel. Anfangs versuchte Damian, Erasmus zu dessen Meinung in der Scheidungssache Heinrichs VIII. auszuforschen.[1081] Im April 1534 besuchte Damian Erasmus erneut. Als junger Adeliger war Damian Page am Hof König Manuels von Portugal gewesen. Dessen Nachfolger Johann III. machte Goes 1523 zum Sekretär des portugiesischen Indienhauses in Antwerpen. In Antwerpen begann Damians diplomatische Karriere, die ihn 1528 nach England und in den folgenden Jahren nach Dänemark, Preußen, Polen und Rußland führte. Bei einem Abstecher nach Wittenberg lernte er Luther und Melanchthon kennen. In Danzig machte ihn der Bischof von Uppsala Johannes Magnus, der hier im Exil lebte, mit dem Schicksal der Lappen bekannt.

Damian schwankte, ob er sich für die Diplomatie oder für die humanistischen Studien entscheiden sollte. In Antwerpen war er mit dem früheren Stadtsekretär Cornelius Grapheus, einem Kollegen Peter Gilles', bekannt geworden, der, einige Jahre zuvor der Sympathie mit Luther verdächtig, in Brüssel gefangen gesetzt und nach seiner Freilassung Lehrer in Antwerpen geworden war. Grapheus arbeitete auch in der dortigen Druckerei seines Bruders Johannes. Damian hatte bereits als Page am Hof König Manuels von den äthiopischen Christen erfahren. 1532 brachte er in Antwerpen bei

---

[1080] Kees Sluys, Viglius van Aytta. Friese Europeaan avant la lettre, Thoth 2019; Folkerts Postma, Viglius van Aytta als humanist en diplomaat (1507–1549), Zutphen 1983; Michael Erbe, Viglius Zuichemus, in: BR 3, S. 393–395.

[1081] CWE 20, Ep. 2826 (Brief Damians aus Antwerpen vom 20.6.1533); CWE 20, Ep. 2846 (Antwort Erasmus' vom 25.7.1533).

Grapheus sein erstes Buch „Legatio ... presbyteri Johannis ad Emanuelem" heraus, dem die Schrift „De Pilapiis" über die Lappen beigefügt war.[1082] In dem Buch plädierte er für eine Anerkennung der äthiopischen Christen durch den Papst und für eine bessere Behandlung der Lappen. Bei seinem ersten Besuch bei Erasmus brachte er das Buch mit, aber Erasmus scheint es zunächst nicht zur Kenntnis genommen zu haben. Aber später nahm er in seinem Buch „Ecclesiastes" einige Passagen zu den Lappen und zu den äthiopischen Christen auf. Damian studierte seit 1531 am Dreisprachenkolleg der Universität Löwen bei Ressen und Gockeln, den Freunden des Erasmus. 1534 setzte er seine Studien in Italien fort. In ihrem ausführlichen Briefwechsel informierten sich Erasmus und Damian gegenseitig über das Zeitgeschehen.[1083]

Nach dem unbefriedigenden Ausgang der Reichstage von Augsburg 1530 und Regensburg 1532 wurde Erasmus von seinen Sympathisanten bedrängt, sich für den Erhalt des kirchlichen Friedens einzusetzen. Melanchthon beklagte sich im Oktober 1532 in einem Brief an Erasmus, dass auf beiden Seiten die Stimmen der Gemäßigten unterdrückt würden.[1084] Erasmus solle eine Gelegenheit suchen, um mit seiner ganzen Autorität die Mächtigen zum Frieden zu mahnen, „damit die Kirchen nicht auch noch von einem Bürgerkrieg zerrissen werden". Er könne nur zu einer allgemeinen Verwüstung führen. Maßlose Leute würden den Kaiser in diese Richtung drängen. Wenn Erasmus gleichsam im letzten Akt seines Lebens, wie es bei den Dichtern heiße, dem schwankenden Staat seine Hilfe gewähre, so würde er noch einmal vor aller Welt einen Beweis seiner Weisheit geben.[1085] In Briefen aus Zeitz an Erasmus vom Januar und Mai 1533 beklagte Julius Pflug das gleiche Übel, das seit langem „unsere Nation" („natio nostra") erschüttere.[1086] Auch er forderte Erasmus auf, ein Heilmittel zu finden, das wirksam, aber nicht zu bitter das Übel bekämpfe. Erasmus wisse schon, was die Zeit brauche, und er wolle ihm nichts vorschreiben.[1087]

[1082] Siegbert Uhlig/Gernot Bühring: Damian de Góis' Schrift über Glaube und Sitten der Äthiopier [lat. u. dt.], Wiesbaden 1994.
[1083] 1545 kehrte Damian mit seiner Familie nach Portugal zurück. Er wurde von König Johann III. mit der Betreuung der Archive in Lissabon beauftragt. Unter dessen Nachfolger Sebastian wurde Damian wegen seiner früheren Kontakte zur Luther und Erasmus der Häresie verdächtigt und zwei Jahre lang gefangen gehalten. Er starb 1574. – Vgl. Elisabeth Feist Hirsch, Damião de Gois. The Life and Thought of a Portuguese Humanist, 1502–1574, Den Haag 1967; Elisabeth Feist Hirsch, The Friendship of Erasmus and Damião de Goes, in: Proceedings of the American Philosophical Society 95 (Oct. 17, 1951), S. 556–568; Dies.: Damião de Gois, in: BR 2, S. 113–117.
[1084] CWE 19, Ep. 2732, Zeile 13 f.
[1085] CWE 19, Ep. 2732, Zeile 25–28.
[1086] CWE 19, Ep. 2751 u. CWE 20, Ep. 2806.
[1087] CWE 19, Ep. 2751.

Der zwanzigste Band der „Correspondence of Erasmus" (CWE 20) umfasst die Zeit vom Mai 1533 bis zum Mai 1534.[1088]

Die Schrift „De sarcienda ecclesiae concordia". Erasmus' letztes größeres Werk über den „Prediger" („Ecclesiastes sive de ratione concionandi", 1535). Das Täuferreich in Münster.

Im Sommer 1533 brachte Erasmus bei Froben die Schrift „De sarcienda ecclesiae concordia" („Über die Erhaltung der Eintracht der Kirche") heraus.[1089] Er wolle damit, schrieb er in seinem Widmungsbrief an Julius Pflug, dessen Wunsch entsprechen und für die Eintracht und den Frieden in der Kirche werben. Aber er komme sich dabei vor wie ein Pygmäe, der anstelle des Atlas den Himmel tragen solle.[1090] Erasmus gestaltete die Schrift als Auslegung des Psalms 83 (84), der „vorzüglich die Eintracht der Kirche vorzeichne".[1091] Damit hatte er eine Textgrundlage ausgewählt, die Katholiken und Protestanten miteinander verband. Durch den exegetischen Ansatz entzog er sich dem Zwang, einen kirchenpolitischen Traktat zu schreiben. Die Kirche wird mit dem „Tempel des Herrn" verglichen, „nach dem sich meine Seele verzehrt", wie es in dem Psalm heißt. In den Bildern des Psalms wird die Kirche als „Wohnung" und als „Haus Gottes" dargestellt: „Mein Herz und mein Leib jauchzen ihm zu, ihm, dem lebendigen Gott. Auch der Sperling findet ein Haus und die Schwalbe ein Nest für ihre Jungen." Von den Bewohnern des Hauses heißt es: „Wenn sie durch das Tal der Tränen gehen, machen sie es zu lauter Quellen, und der Frühregen bedeckt es mit Segen." Und weiter: „Denn ein Tag in deinen Vorhöfen ist besser als tausend andere. Ich will lieber an der Schwelle im Haus meines Gottes stehen, als wohnen in den Zelten der Gottlosen."

Zeile für Zeile interpretiert Erasmus den Psalm, wobei er den Text der Vulgata zugrundelegt. Er verband die Deutung mit Vergleichen zu andern Psalmen und zu Aussagen des Neuen Testaments. Erst im letzten Drittel des Textes kam er auf die aktuellen Streitpunkte zwischen Katholiken und Protestanten zu sprechen. Er vermied Zuspitzungen und ging auf dogmatische Differenzen kaum ein. Streitfragen wie der Laienkelch, der Zölibat und die Abschaffung des Mönchtums werden nicht erwähnt. Eine entscheidende Ursache für den Kirchenstreit sah Erasmus in der Einseitigkeit und der

---

[1088] CWE 20: The Correspondence of Erasmus: Letters 2803 to 2939–May 1533–May 1534, translated by Clarence H. Miller † with Charles Fantazzi, annotated by James M. Estes, Toronto/Buffalo/London 2020.

[1089] De sarcienda ecclesiae concordia, hg. R. Stupperich, in: ASD V, 3 (1986), S. 245–313; CWE 65: On Mending the Peace of the Church/De sarcienda ecclesiae concordia, translated and annotated by Emily Kearns, Toronto/Buffalo/London 2010, S. 125–216.

[1090] CWE 20, Ep. 2852 (Brief vom 31.7.1533).

[1091] CWE 20, Ep. 2852, Zeile 22–23.

verzerrten Sicht der Anderen durch die jeweiligen Parteien. Man maße sich ein Urteil über die Gewissen der Anderen an, das nur Gott zukomme, der allein zu richten habe: „Nicht Gott ist anders, sondern nur unsere Augen sind verschieden."[1092]

Erasmus relativierte die Differenzen zwischen den streitenden kirchlichen Parteien. Es fällt auf, dass seine Kirchenkritik im Vergleich zu seinen früheren Schriften wie beispielsweise dem „Lob der Torheit" und den „Kolloquien" erheblich milder ausfällt: Man kritisiere zu Recht Mißbräuche bei Priestern und Mönchen, ja auch bei Bischöfen und Äbten. Aber man übersehe dabei leicht, wie viele von ihnen „fromm, besonnen und gelehrt sind" und selbst „in ihren Reichtümern noch arm, in ihren Würden noch bescheiden und in ihrer Macht noch demütig". Man könne den Brand, der in der Kirche ausgebrochen sei, nicht löschen, wenn man das Material nicht beseitige, an dem er sich immer wieder entzünde. Das liege vor allem an dem menschlichen Verhalten. Erasmus neigt dazu, die Ursachen des Unfriedens eher in menschlichen Schwächen wie Neid, Gier, Eifersucht und parteiischer Blindheit und Verbissenheit zu suchen. Er verteidigte die katholische Messe und sogar die Heiligenverehrung, wenn die das religiöse Gefühl anspricht und nicht ins Abergläubische abgleitet. Andererseits ließen sich manche der überkommenen Festtage abschaffen. Ebenso könnten die überkommenen Bräuche beim Fasten und beim Essen geändert werden. Erasmus verteidigte die Beichte, weil sie aus einer langen Tradition entstanden sei, und gegenüber den Lehren der Wiedertäufer die Kindertaufe. Zum Schluß gibt sich Erasmus vorsichtig hoffnungsvoll. Mit moderaten Vorschlägen und gedämpften Leidenschaften ließe sich die Eintracht der Kirche erhalten. Im Sinne des Psalms könnten alle gemeinsam ausrufen: „Quam amabilia tabernacula tua, domine virtutum."[1093]

Noch im gleichen Jahr kam in Straßburg und im folgenden Jahr in Erfurt eine deutsche Übersetzung der Schrift heraus, und die lateinische Fassung von „De sarcienda ecclesiae concordia" wurde an verschiedenen Orten nachgedruckt. Erasmus ging immer noch davon aus, dass die überkommene Einheit von Kirche und Gesellschaft noch bestand, während sie bereits auseinanderbrach. Bezeichnenderweise hatte er am Schluss dieser Schrift Kaiser Karl V., König Ferdinand, Papst Clemens VII., den französischen König als „rex christianissimus" und sogar den englischen König als „defensor fidei" sowie

---

[1092] „Non est alius Deus, sed diversi sunt oculi." (ASD V, 3, S. 293, Zeile 224; CWE 65: On Mending the Peace of the Church, S. 186.)

[1093] ASD V, 3, S. 313, Zeile 910 f.; CWE 65: On Mending the Peace of the Church, S. 216: „How lovely are your tabernacles, O Lord of hosts." – Vgl. J. V. Pollet, Origine et structure du De carcienda ecclesiae concordia d'Erasme, in: Scrinium Erasmianum II, Leiden 1969, S. 183–195; Raymond Himelick (Hg.), Erasmus and the Seamles Coat of Jesus. De sarcienda ecclesiae concordia (On the Restoring the Unitiy of the Church) with Selections from the Letters and Ecclesiastes, Lafayette, Ind.1971; Halkin, Erasmus von Rotterdam (1989), S. 280 ff.

die Kardinäle, die Fürsten und die Städte lobend erwähnt, weil er von ihnen einen positiven Beitrag zur Erhaltung der kirchlichen Eintracht erwartete.[1094]

Erasmus konnte die sich vertiefenden Spaltungen zwischen den Bekenntnissen nicht überbrücken. Auch sein Verhältnis zu Luther war nach der Auseinandersetzung über den „freien Willen" nicht mehr zu heilen. In einem Brief an Nikolaus Amsdorf vom 11. März 1534 gab Luther ein negatives Urteil über Erasmus ab.[1095] Er nannte ihn einen „eingefleischten Teufel" („diabolum incarnatum"), der alle Glaubensbekenntnisse für erfundene Geschichten halte.[1096] Als Erasmus den im Druck verbreiteten Brief erhielt, antwortete er umgehend mit einer Schrift, die unter der Überschrift „Purgatio" im April 1534 bei Froben in Basel herauskam.[1097] Erasmus verteidigte darin seine Theologie, insbesondere seine Erläuterung des Glaubensbekenntnisses („Explanatio symboli"), in der er versucht hatte, eine Brücke zwischen Katholiken und Protestanten zu schlagen.

An Luther kritisierte Erasmus, dass er in Hyberbolen und Paradoxien spreche. Er überschütte seine Gegner mit Beschimpfungen, Lügen und böswilligen Verleumdungen. Ein wirkliches Gespräch könne man mit ihm nur führen, wenn man ihm zustimme. Überall stifte er größte Verwirrung: Stadt stehe gegen Stadt, Volk gegen Fürst und Bischof und auch die Fürsten wendeten sich gegeneinander. Das alles sei nicht verwunderlich, denn Luthers Auftreten bewirke überall eine Scheidung der Geister zwischen seinen zahlreichen leidenschaftlichen Anhängern und denen, die ihn – sogar in seinen eigenen Reihen – wegen seiner Heftigkeit ablehnten.[1098] Noch in seiner letzten Schrift gegen Luther sieht Erasmus die entscheidenden Unterschiede zwischen ihm und Luther im Verhalten und im Stil und weniger in den theologischen Differenzen.

Im katholischen Freiburg hatte Erasmus keine unmittelbare Berührung mit der Reformation als Volksbewegung. Im nahen Straßburg auf der anderen Seite des Rheins sahen die Verhältnisse ganz anders aus. Die protestantische Stadt Bucers und Capitos zog religiöse Flüchtlinge, Schwärmer und Wiedertäufer aus dem ganzen Reich an. 1531 kam Bernard Rothmann, der spätere theologische Wortführer der Täufer in Münster, nach Straßburg und

---

[1094] ASD V, 3, S. 312 f.; CWE 65: On Mending the Peace of the Church, S. 215 f.
[1095] D. Martin Luthers Werke, Kritische Gesamtausgabe. Briefwechsel Bd. 7, Weimar 1937, S. 27–40. – Vgl. Martin Brecht, Martin Luther, Bd. 3: Die Erhaltung der Kirche 1532–1546, Stuttgart 1987, S. 86–91.
[1096] „Hoc est aliud nihil, quam pro fabulis haberi universas religiones." (Martin Luthers Werke, Briefwechsel Bd. 7, S. 34).
[1097] Purgatio adversus epistolam non sobriam Martini Lutheri, hg. C. Augustijn, in: ASD IX, 1 (1982), 429–483; CWE 78: Desiderius Erasmus of Rotterdam against a Most Slanderous Letter of Martin Luther/Purgatio adversus epistolam non sobriam Martini Lutheri. Introduction and annotation by James D. Tracy, Translation by Peter Macardle, Toronto/Buffalo/London 2011, S. 395–464.
[1098] C. Augustijn, Einleitung, in: ASD IX, 1, S. 429–440.

sprach mit Capito.[1099] In Straßburg hatte sich eine Täufergemeinde gebildet, zu der 1529 auch Melchior Hofmann gestoßen war.[1100] Hofmann hatte zunächst als lutherischer Prediger im Baltikum, in Stockholm und in Lübeck, Kiel und Flensburg gewirkt, sich aber mit den Lutheranern überworfen, und er war aus Holstein ausgewiesen worden. Auf der Flucht war er schließlich über Ostfriesland nach Straßburg gekommen. Hier schloss er sich unter dem Einfluß von Hans Denck, Kaspar von Schwenckfeld der Täuferbewegung an. Der Rat und die protestantischen Prediger der Stadt betrieben eine relativ tolerante Politik gegenüber den zahlreichen nonkonformistischen Zirkeln in der Stadt. In Straßburg gab es keine Hinrichtung von Täufern.[1101] In Straßburg kündigte Hofmann in Auslegung der Geheimen Offenbarung (Kapitel 14, 1–5) an, dass der Heilige Geist 144 000 Apostel aussenden werde, um im Jahre 1533 hier ein Neues Jerusalem zu errichten.[1102] Hofmanns apokalyptischen Schriften wurden auch am Niederrhein und in den Niederlanden verbreitet. Seine Aktivitäten gingen dem Rat schließlich zu weit, und er wurde im April 1530 aus Straßburg ausgewiesen.[1103]

Hofmann begab sich wieder nach Ostfriesland. In der großen Kirche von Emden taufte er 300 Anhänger, und im folgenden Jahr brachte er die Täuferbewegung auch nach Holland. Als es aber zu ersten Hinrichtungen von Täufern in Den Haag kam, stellte er die Taufe vorerst ein und zog sich aus Holland zurück. Doch die Täuferbewegung setzte sich als Untergrundbewegung fort und begann in Holland, am Niederrhein, in Westfalen und schließlich auch in der Stadt Münster Fuß zu fassen. Sie brachte neue Führer hervor und begann sich zu radikalisieren. Bis dahin war der Protestantismus in den Niederlanden unterdrückt worden. Karl V. hatte seine Schwester Maria von Ungarn bei ihrer Einsetzung als Regentin gewarnt, ihren lutherischen Neigungen nachzugeben. In seinem Edikt vom 7. Oktober 1531 hatte Karl V.

[1099] Manfred Krebs/Hans Georg Rott, Quellen zur Geschichteder Täufer, Bd. 8: Elsaß II: Stadt Straßburg 1533–1535, Gütersloh 1960, S. 207 f.; vgl. BR 3, S. 173 f.; R. Stupperich (Hg.), Die Schriften Bernhard Rothmanns. Münster 1970, S. XI-XXII (Einleitung).

[1100] Vgl. Emmet McLaughlin, The radical Reformation, in: Hsia, Reform and Expansion 1500–1660, S. 37–55; hier: 50–52.

[1101] Richard van Dülmen, Reformation als Revolution. Soziale Bewegung und religiöser Radikalismus in der deutschen Rvolution, München 1977, S. 192–196.

[1102] Melchior Hofman, Weissagung usz heiliger götlicher geschrifft. Von den trubsalen dieser letsten zeit. Von der schweren hand vnd straff gottes über alles gottloß wesen. Von der zukunfft des Türkischen Thirannen vnd seines gantzen anhangs. Wie er sein reiß/vnnd volbringen wirt/vns zu einer straff/vnnd rutten. Wie durch Gottes gewalt sein niderlegung vnnd straff entpfahen wirt, Straßburg: Balthasar Beck, 1529; Melchior Hofman, Auslegung der heimlichen Offenbarung Joannis des heyligen Apostels vnnd Euangelisten, Straßburg: Balthasar Beck 1530.

[1103] Roling S. Armour, Melchior Hofman, in: Oxford Dictionary of the Reformation, Bd. 2, S. 240–243.

für Brabant jede Verbreitung protestantischer Schriften verboten.[1104] Öffentliche Debatten über das religiöse Bekenntnis wie in deutschen Reichsstädten hatte es in den Niederlanden nicht gegeben. Aber Luthers Schriften wurden in Antwerpen, Deventer, Zwolle, Amsterdam und Leiden heimlich gedruckt und sie waren unter Handwerkern, also unter theologisch ungebildeten Laien, verbreitet.[1105] Die neuen täuferischen Gemeinden, die jetzt in Holland, Friesland und Groningen, in der alten Heimat des Erasmus, entstanden, waren die ersten protestantischen Gemeinden in den Niederlanden.[1106] Ihre Unterdrückung verstärkte in der kleinen Bewegung das Mißtrauen gegenüber den Obrigkeiten und die Neigung zum aggressiven Bildersturm und zu gewaltsamer Militanz.[1107]

1533 kehrte Melchior Hofmann nach Straßburg zurück, wo er das von ihm angekündigte Jüngste Gericht erwartete. Er wurde im Mai verhaftet. Auf der im Juni vom Rat und der Geistlichkeit Straßburgs einberufenen Synode wurde die Lehre Hofmanns verurteilt.[1108] Hofmann blieb weiter im Gefängnis, wo er zehn Jahre später starb. Auch im Gefängnis verfaßte er weiter apokalyptische Schriften, bis man ihm Tinte, Feder und Papier verbot.[1109] Seine Gefängnisschriften wurden am Niederrhein, in den Niederlanden und in Westfalen verbreitet und bestärkten Hofmanns Anhänger, die „Melchioriten", in ihrem Glauben. Als Gegenmaßnahme faßte Bucer die Widerlegung Hofmanns auf der Synode in einer eigenen Schrift zusammen[1110], die an den Niederrhein, in die Niederlande und nach Westfalen verschickt wurde, aber wenig bewirkte.[1111]

Auch in der westfälischen Stadt Münster war inzwischen der Anhang der Täufer stärker geworden. Um die Lehren des führenden Theologen der Täufer Bernhard Rothmann abzuwehren, hatte der lutherische Syndikus der Stadt Johannes von Wiek ein Gutachten der Universität Marburg eingeholt, das die Täuferlehre Rothmanns verwarf. Im August 1533 veranstaltete der Rat der Stadt auf dem Rathaus eine Diskussion zwischen Lutheranern, Katholiken und Täufern. Für die Täufer nahm Rothmann und für die Lutheraner

[1104] Köhler, Quellen zur Geschichte Karls V., S. 184–186.
[1105] Alastair Duke, Reformation and Revolt in the Low Countries. London 1990, S. 31-.38
[1106] Israel, The Dutch Republic, S. 83.
[1107] A. F. Mellink, De Wederdopers in de noordelijke Nederlanden 1531–1544, Groningen 1953.
[1108] Krebs/Rott, Quellen zur Geschichte der Täufer, Bd. 8, II, S. 75–90 (Protokoll der Synode vom 10.–14. Juni 1533 (Verhör der Sektierer).
[1109] „Item dem Melchior Hofman soll man kein dinten, feder und papier mehr geben, hab seines irrthums gleich genug geschrieben." (Krebs/Rott, Quellen zur Geschichte der Täufer, Bd. 8, II, S. 110 (30. Juni1533):
[1110] Martin Bucer, Handlung in dem offentichen gespresch zu Straßburg ... gehalten gegen Melchior Hofman, Straßburg: Matthias Apiarius, 1533.
[1111] van Dülmen, Reformation als Revolution, S. 236–258 („Melchior Hofman und das niederländische Täufertum").

der Humanist und alte Freund des Erasmus Hermann Buschius teil, der sich inzwischen in Westfalen niedergelassen hatte. Buschius sprach sich gegen die Wiedertaufe aus und mahnte zum Frieden.[1112] Das zweitägige Streitgespräch zwischen dem 36-jährigen Prediger der Täufer und dem 65-jährigen Humanisten auf dem Rathaus von Münster brachte nicht das gewünschte Ergebnis. Man konnte sich nicht einigen, Rothmann lehnte andere Vorstellungen als die seinen ab, und Buschius gab schließlich auf: Er sei zu alt, krank, und die beiden letzten Tage hätten ihn ermüdet.

Im November 1533 schrieb der Stadtsyndikus von Münster Wiek einen verzweifelten Brief an Jakob Sturm nach Straßburg, den er eindringlich um Unterstützung gegen die Taufer bat. In Münster herrsche der Eindruck vor, dass Melchior Hofmann bei der Rathausdisputation im August auf der ganzen Linie gesiegt habe.[1113] Bucer verfasste darauf noch im Dezember eine lateinische Schrift gegen Rothmanns Lehre von der Wiedertaufe, die nach Münster geschickt wurde.[1114] Weder die moralische Unterstützung durch Straßburg noch die politische, die Wiek von dem hessischen Landgrafen Philipp von Hessen erhielt, konnte verhindern, dass die Stadt Münster Anfang 1534 zu den Täufern überging.

Im Januar 1534 trafen die ersten „Sendboten" der Täufer aus den Niederlanden in Münster ein, darunter auch der 25-jährige Jan Bockelson aus Leiden. Weitere Scharen von Täufern folgten. Die niederländische und die westfälische Täuferbewegung kamen zusammen.[1115] Es gab keine Sprachschwierigkeiten, da man in Münster niederdeutsch sprach. In den Niederlanden hatte sich der Bäcker Jan Matthys aus Haarlem zum Führer der Täuferbewegung aufgeschwungen. Er verstand es, der unterdrückten Minderheit ein Bewußtsein ihrer Auserwähltheit einzupflanzen. Hofmanns Prophezeiung für Straßburg als dem neuen Jerusalem hatte er zunächst auf Amsterdam und dann auf die westfälische Stadt Münster umgedeutet. In Münster war nach dem jüngsten Bischofswechsel und durch die seit Jahren bestehenden Spannungen zwischen dem katholischen Domkapitel und der lutherischen Ratsmehrheit ein politisches Machtvakuum entstanden.

Jan Matthys war durch Holland gezogen und hatte verkündet, dass die Zeit der Verfolgung zu Ende gehe und Gott zu Ostern 1534 in Münster sein tausendjähriges Reich errichte, das alle Gottlosen vernichten werde.[1116] Bei

---

[1112] Stupperich, Die Schriften Bernhard Rothmanns, S. 103 f.
[1113] Krebs/Rott, Quellen zur Geschichte der Täufer, Bd. 8, II, S. 204.
[1114] Quid de Baptismate infantium iuxta scripturas Die sentiendum ... Epistoal ad quendam hac in re impulsum, Martini Buceri, Straßburg: Matthias Apiarius, Dezember 1533; Krebs/Rott, Quellen zur Geschichte der Täufer, Bd. 8, II, S. 222–225.
[1115] A. F. Mellink, The Mutual Relations between the Münster Anabaptists and the Netherlands, in: Archiv für Reformationsgeschichte 50 (1959), S. 16–33.
[1116] Hans J. Hillerbrand, Jan Matthijs, in: Oxford Encyclopedia of the Reformation, Bd. 3, S. 33 f.

der Wahl zum Rat der Stadt Münster Anfang Februar gelang es den Täufern, die Mehrheit zu erringen. Die Katholiken und Lutheraner Münsters, die jetzt als „Gottlose" galten, verließen die Stadt oder wurden aus ihr vertrieben. 1533 war der damals etwa 14-jährige Hermann Kerssenbrock als Schüler an die Domschule nach Münster gekommen. Dort erlebte er die Anfänge der Täuferbewegung. Zusammen mit den Verwandten, bei denen er untergebracht war, verließ er die Stadt im folgenden Jahr. Später als Erwachsener verfaßte er eine lateinische Geschichte der Täuferzeit in Münster.[1117] Der alteingesessene münstersche Tuchhändler Knipperdolling, der sich ebenso wie Rothmann den Täufern angeschlossen hatte, wurde einer der beiden Bürgermeister. Er verstand es, sich der eigenartigen Sprache der Täufer anzupassen, in der der Kleinmut der von aller Welt Verfolgten mit dem Hochmut der Auserwählten eine eigenartige Mischung einging. Der „apokalyptische Kreuzzug" der Täufer war mit der Eroberung der Stadt Münster in ein neues Stadium getreten.[1118]

Die Täuferherrschaft begann mit einem Bildersturm auf den Dom und die Kirchen der Stadt. Die berühmte Dombibliothek Rudolf von Langens wurde geplündert, und Bücher wurden verbrannt. Sehr früh wurde die Gütergemeinschaft eingeführt, die auch zur Versorgung der zugezogenen Täufer aus Holland und Friesland diente. Der Bischof von Münster Franz von Waldeck zog Truppen zusammen. Seit dem März 1534 belagerte er die Stadt, um die Täuferherrschaft zu beenden. Er wurde dabei von dem Herzog von Kleve und dem Erzbischof von Köln unterstützt. Die Täuferbewegung war in ihren Anfängen friedlich und unpolitisch gewesen. Aber unter dem Einfluß von Matthys hatte sie zunehmend militante Züge angenommen. Die in Münster eingeschlossene Täufergemeinde verwandelte sich von einer Glaubens- zu einer Kampfgemeinschaft.

Der Feind, dem der Kreuzzug der Täufer galt, war nicht mehr der Türke an den Grenzen des Reichs, sondern der Feind im Innern des Reichs, der eigene „Türke", dessen Tyrannei im Bündnis mit den „Gottlosen" die Gläubigen bedrängte. Das Ziel des Kreuzzugs der Täufer war die Errichtung eines Neuen Jerusalem in der eigenen Stadt inmitten des Heiligen Römischen Reichs, das, wie Knipperdolling seinen Anhängern verkündete, nur ein Name ohne Kraft sei. Bei einem Angriff der Eingeschlossenen auf die Belagerer zu Ostern 1534 kam Jan Matthys an dem Tag ums Leben, für den er

---

[1117] Hermann Kerssenbrock, Anabaptistici furoris Monasterium inditam Westphaliae metropolim evertentis historica narratio, hg. H. Detmer, 2 Bde., Münster 1899/1900.

[1118] Vgl J. M. Stayer, Anabaptists and the Sword, Lawrence, Kansas 1976, S. 227–280 („The Apocalyptic Crusade"). Zu dem dramatischen Verlauf der Täuferherrschaft in Münster vgl. Richard van Dülmen (Hg.), Das Täuferreich zu Münster 1534–1535. Berichte und Dokumente, München 1974.

den Anbruch des neuen Reichs angekündigt hatte. Damit verloren die Täufer ihren Führer, der den Kreuzzug entworfen und begonnen hatte.

Jan Bockelson trat als Matthys' Nachfolger an die Spitze der Täuferbewegung in Münster, und er nahm später als Parodie auf die weltlichen Herrscher den Titel eines „Königs" an. Was sich danach abspielte, trug oft Züge von Theatralik. Von der Außenwelt abgeschnitten steigerten sich die Eingeschlossenen in jenen Wahn hinein, der bis heute mit dem Bild des „Täuferreich von Münster" verbunden ist. Aus Münster sandten die Täufer ihre Botschaften und Flugschriften in die nähere Umgebung und in die weitere Ferne, darunter auch Rothmanns Schrift „Van der Wrake" („Von der Rache").[1119] Man forderte Hilfe von außen an, die niemals eintraf. Im Dezember 1534 wurden auf einer Versammlung von Reichsständen in Koblenz Gelder für die Rückeroberung der Stadt und ihre Befreiung von der Täuferherrschaft bereitgestellt.[1120] Der Kaiser und das Reich selbst griffen in Münster nicht ein. Erst nach eineinhalb Jahren, am 25. Juni 1535, konnte die Stadt nach dem Verrat eines geheimen Zugangs von den Belagerern erobert werden. Dabei kam es zu einem Blutbad. Die führenden Täufer wurden verhört, zum Tode verurteilt und öffentlich hingerichtet.[1121]

DER EINUNDZWANZIGSTE BAND DER „CORRESPONDENCE OF ERASMUS" (CWE 21) UMFASST DIE ZEIT VON JUNI 1335 BIS ZUM FEBRUAR 1537.[1122]

Das Ende des Täuferreichs. Die Hinrichtung Thomas Mores und John Fishers in London. Erasmus' letzte Schrift: Der Psalmenkommentar für Christoph Eschenfelder. Der Briefwechsel mit Piotr Tomicki. Erasmus' Tod 1536.

Berichte über die Täuferherrschaft in Münster erhielt Erasmus in Freiburg von Viglius Zuichemus aus Dülmen, Konrad Heresbach aus Düsseldorf und Tielmann Gravius aus Köln.[1123] Zuichemus hielt sich seit Juni 1534 an der Residenz des Bischofs von Münster in Dülmen auf, das etwa 30 km von Münster entfernt war. Schon zuvor bei seinem Besuch in Holland und Friesland, berichtete Zuichemus in seinem Brief vom 12. August, habe er erlebt, wie sich große Scharen von Bürgern und Bauern, Männern und Frauen aller

---

[1119] Eyn gantz Troestlich Bericht van der Wrake und Straffe des Babilonischen Gruwels, Münster Dezember 1534, in: Stupperich, Die Schriften Bernhard Rothmanns, S. 284–97.

[1120] Helmut Neuhaus, Das Reich und die Wiedertäufer von Münster, in: Westfälische Zeitschrift. Bd. 133 (1983), S. 9–36; Winfried Dotzauer, Die deutschen Reichskreise (1383–1806). Geschichte und Aktenedition, Stuttgart 1998, S. 55.

[1121] van Dülmen, Reformation als Revolution, S. 229–360.

[1122] CWE 21: The Correspondence of Erasmus: Letters 2940 to 3141/June 1534–February 1537, translated by Alexander Dalzell † with Ann Dalzell † and John N. Grant, annotated by James M. Estes, Toronto/Buffalo/London 2022.

[1123] CWE 21, Epp. 2957, 2962, 2990, 2999, 3031, 3040, 3041.

Altersgruppen auf der Flucht nach Münster bewegt hätten. Einige Schiffe, die sie benutzten, seien abgefangen worden.[1124] Zuichemus rechtfertigte die Maßnahmen, die sein Bischof Franz von Waldeck ergriffen hatte. Er hatte die Wege für die Zufuhr von Lebensmitteln nach Münster abgesperrt und eine Truppe von 12 000 Mann gegen diese „fanatische und aufrührerische Sekte" zur Belagerung der Stadt aufgestellt.[1125] Der bessere Teil der Bürger Münsters sei schon vorher aus der Stadt geflohen. Der andere sei nach dem Beginn der Belagerung gezwungen worden, sie zu verlassen: „Da sie sich weigerten, sich wiedertaufen zu lassen, ihre Güter in das Gemeineigentum einzubringen und sich dem neuen Bekenntnis anzuschließen, wurden sie von der anderen Partei als Feinde eingestuft."[1126]

Zuichemus sah in dem Bauernkrieg von 1525, der „damals fast ganz Deutschland erfasste", eine Art Vorspiel zu dem jetzigen Aufstand der Täufer. Eine führende Rolle habe in Münster Bernhard Rothmann gespielt, dem es leichtgefallen sei, die Bevölkerung zur Revolte zu bewegen. Er habe Teile der Lehren Zwinglis und der Täufer vermischt und dem noch „seine eigenen schrecklichen Neuerungen" hinzugefügt.[1127]

Über die Rolle Jan van Leidens heißt es: Der „Fürst aller" sei „ein gewisser Schneider", der Jan van Leiden genannt werde. „Unter dem Vorwand, er sei ein Prophet, verstand er es, den erstaunlichen Wahn des Volkes zu vergrößern. Nachdem die angesehensten Bürger verjagt waren, schuf er einen neuen Staat, machte Gesetze und setzte einen Magistrat ein, alles kraft göttlicher Offenbarung. Und bis jetzt spielt er genüsslich sein Spiel mit ihnen: Mal ordnete er an, dass alles Gold und Silber auf einem Haufen zusammengetragen wird, mal, dass die Kleider ausgewechselt werden, mal, dass die Häuser getauscht werden. Niemand dürfe glauben, Eigentum zu besitzen. Gelegentlich lasse er auf einen unscheinbaren Verdacht hin und unter angeblichen göttlichen Befehl einzelne Bürger niedermetzeln. Die Stadt nennen sie Jerusalem und sich selbst Israeliten."[1128]

Detailliert beschrieb Zuichemus die Verteidigungsanlagen, die die Täufer in Münster errichtet hatten. Er bewunderte ihren Mut und ihre Disziplin, die sich merklich von der Disziplinlosigkeit der Söldner im Lager ihrer Feinde unterscheide. „Wenn das Nest nicht zerstört wird", befürchtete Zuichemus, „wird es unausweichlich der Zufluchtsort aller Elenden werden und derjenigen, die unter dem Joch ihrer Fürsten leiden."[1129] Zur Frömmigkeit der Täufer merkte er an, man sei inzwischen in der Stadt schon so weit, dass man das Evangelium verwerfe. Man behaupte, von der Inspiration durch den

---

[1124] CWE 21, Ep. 2957, Zeile 24–32.
[1125] CWE 21, Ep. 2957, Zeile 32–44.
[1126] CWE 21, Ep. 2957, Zeile 39–44.
[1127] CWE 21, Ep. 2957, Zeile 82–96.
[1128] CWE 21, Ep. 2957, Zeile 98–115.
[1129] CWE 21, Ep. 2957, Zeile 113–119.

Allerhöchsten zu leben. Der Brief endete mit einem düsteren Ausblick: „Es steht nicht nur der Glauben, sondern der Ruin des Reichs auf dem Spiel."[1130] Schließlich erwähnte Zuichemus noch, dass Buschius, der sich nach dem Disput mit Rothmann vor einem Jahr auf seinen Familienbesitz nach Dülmen zurückgezogen hatte, im April gestorben war.

Von der Niederwerfung der Täufer erfuhr Erasmus im Juli 1535 aus dem Hof des Herzogs von Kleve in Düsseldorf von Konrad Heresbach, der ihm einen ausführlichen Bericht über das „Ende der Tragödie" in Münster gab.[1131] Heresbach beschrieb den Zusammenbruch der ursprünglichen Ideale der Täufergemeinschaft. Nach der langen Dauer der Belagerung habe in der Stadt nur noch Mangel geherrscht. Man habe so sehr unter dem Hunger gelitten, dass man schließlich Leder und Häute in Wasser aufgeweicht habe, um sich zu ernähren. Einige hätten sogar Hunde und Mäuse gegessen. Aus der Anarchie der Anfänge habe sich schließlich die Tyrannei des Königs und seines Hofstaats entwickelt. Das Gemeineigentum der ersten Wochen und die gemeinsamen Mahlzeiten in den vier Stadtteilen seien am Ende durch die individuelle Verteilung der Güter unter strenger Kontrolle ersetzt worden. So sei eine „societas leonina" entstanden. Der privilegierte Hofstaat des Königs habe sich von der Masse abgehoben, die von zwölf „Herzögen" kontrolliert worden sei. Dem Volk sei das Recht genommen worden, sich zu versammeln und sich zu beschweren. Niemand habe sich mehr ohne Erlaubnis fortbewegen dürfen.[1132] Nach dem Fall der Stadt habe man Vorräte an Gemüse, Wein und Bier sowie Geld entdeckt, das die Führung der Täufer für sich gehortet hätte. Heresbach beschrieb aber auch die unglaubliche Brutalität der Soldaten gegenüber den Täufern bei der Eroberung der Stadt.

Erasmus gab die Informationen über die Täuferbewegung an seine Korrespondenzpartner in Europa weiter. Im August 1534 schrieb er an Justus Decius nach Krakau: „Niederdeutschland wird von den Wiedertäufern überflutet wie einst Ägypten von den Fröschen und Heuschrecken." Die Täufer seien Menschen, die sich geradezu dem Tod ergeben hätten. „Münster, die Metropole Westfalens, wird inzwischen belagert. Im Innern herrschen die Täufer."[1133] Ähnlich schrieb er am 30. August 1534 an den Sekretär Karls V. Guy Morillon nach Spanien.[1134]

Am 28. Februar 1535 notierte Erasmus in einem Brief an Tomicki, dass wir überall „eine tödliche Veränderung der menschlichen Verhältnisse"[1135] beobachten müssen: Der Herzog von Württemberg hätte in seinem Territorium die Messe abgeschafft. In England wäre die Autorität des Papstes auf-

---

[1130] CWE 21, Ep. 2957, Zeile 122–123.
[1131] CWE 21, Ep. 3031 (Brief vom 28. Juli 1535). – Vgl. die Einleitung zu diesem Brief.
[1132] CWE 21, Ep. 3031, Zeile 64–71.
[1133] CWE 21, Ep. 2961, Zeile 120–125.
[1134] CWE 21, Ep. 2965. – Hilde de Ridder-Symoens, Guy Morillon, in: BR 2, S. 461 f.
[1135] CWE 21, Ep. 3000, Zeile 31 (Schreiben vom 28.2.1535).

gelöst worden, und die Ehe mit der früheren Königin trotz des Einspruchs des Papstes gelöst worden, und diejenigen, die dem König widersprochen hätten, riskierten ihr Leben zu verlieren. Der Bischof von Rochester, der sich durch seine Frömmigkeit wie Bildung auszeichne, wie Thomas More, der leuchtende Stern Englands und bis vor kurzem noch der Kanzler des Landes, seien ins Gefängnis gebracht worden. In Frankreich würden durch die „Plakataffäre" Unschuldige verfolgt.

Die Sekte der Wiedertäufer breite sich auf wunderbare Weise aus: „Sie hat schon einen großen Teil von Niederdeutschland besetzt, besonders meine eigene Heimat Holland."[1136] Münster werde immer noch belagert. Dort herrsche ein Schuster als König, der „König von Sion" genannt werde.[1137] Im August 1535 berichtete Erasmus Damian von Goes nach Italien über das Ende der Täufer in Münster: „Münster wurde erobert. Wenn das Gerücht wahr ist, wurden alle Bewohner der Stadt über zwölf Jahre getötet."[1138]

Zeitlich parallel zur Täuferherrschaft in Münster vollzog sich der politische Umbruch in England, der unter Heinrich VIII. zur Trennung der englischen Kirche von Rom führte. Ein Opfer dieses Umbruchs wurde Thomas More. Zu dieser Zeit befand sich Kaiser Karl V. in Spanien, um eine Flotte zum Kampf gegen die osmanische Herrschaft im Mittelmeer aufzurüsten. Im Juli 1535 eroberte Karl die muslimische Stadt Tunis.[1139] Nachdem More Erasmus im Juni 1533 den Text seines Epitaphs geschickt hatte, traf kein Brief mehr von More in Freiburg ein. Die Nachrichten, die Erasmus seitdem über die Vorgänge in England erhielt, waren äußerst spärlich.[1140] Im Mai 1534 hatte Erasmus von Vives aus Brügge erfahren, dass Thomas More und John Fisher gefangen genommen waren.[1141]

Im April 1534 war More vor eine Kommission unter dem Vorsitz Audleys, seines Nachfolgers als Lordkanzler, bestellt worden, um einen Eid auf die vom Parlament kurz zuvor beschlossene Sukzessionsakte abzulegen. Das Gesetz regelte die Thronfolge nach der Heirat Heinrichs mit Anne Boleyns. Der Eid schloss die Anerkennung des Königs als Oberhaupt der englischen Kirche ein. More lehnte den Eid ab und berief sich dabei auf sein Gewissen. Am 17. April wurde er in den Tower gebracht. Das Verfahren zog sich bis zum Juli 1535 hin.[1142] Da viele Bekannte Mores den verlangten Eid auf die Gesetze ablegten – aber nicht Bischof John Fisher und die Mönche des Londoner Kartäuserklosters –, wurde Mores „Halsstarrigkeit" nicht verstanden. Es kam

---

[1136] CWE 21, Ep. 3000, Zeile 47 f.
[1137] CWE 21, Ep. 3000, Zeile 53 f.
[1138] CWE 21, Ep. 3043, Zeile 111–113.
[1139] Kohler, Karl V., S. 240–246; 297–304.
[1140] Marc'hadour, L'Univers de Thomas More, S. 477–515.
[1141] CWE 20, Ep. 2932.
[1142] Marius, Thomas Morus, S. 573–606 („Morus im Gefängnis"); Ackroyd, Life of Thomas More, S. 350–372 ("The Weeping Time").

zu verschiedenen Aussprachen und Verhören, u. a. mit Thomas Cromwell, dem Sekretär Heinrichs VIII., in denen versucht wurde More umzustimmen. More schrieb in einem Brief an Cromwell, dass der Primat des Papstes eingesetzt worden sei, um die Einheit der gesamten Kirche zu erhalten und Schismen zu verhindern: „Und da die Christenheit ein einziger Leib ist, kann ich nicht verstehen, wie sich irgend ein Glied dieses Leibes ohne Zustimmung der anderen sich von dem allen gemeinsamen Haupt trennen kann."[1143]

Als im Herbst 1534 das Parlament die Suprematsakte beschloss, die den englischen König auf gesetzlichem Weg zum Oberhaupt der englischen Kirche bestellte, lehnte More auch diesmal den Eid auf das Gesetz ab. Daraufhin wurde Anklage gegen ihn wegen Hochverrats erhoben. Am 18. Februar 1535 berichtete Erasmus Amerbach, dass More noch im Tower sei, aber von seiner Frau und seinen Kindern Besuch erhalte.[1144] Einen Monat vor dem förmlichen Prozess gegen More in der Westminster Hall verhandelte am 3. Juni 1535 noch einmal eine königliche Kommission mit More. Ihr gehörten außer Audeley und Cromwell als königlicher Sekretär Erzbischof Cranmer, der Herzog von Suffolk und Thomas Boleyn an. Heinrich VIII. sah in der Opposition Mores gegen den königlichen Supremat offensichtlich eine politische Gefahr. Unmissverständlich ließ er More durch Cromwell in dieser Sitzung klarmachen, dass er verärgert sei, weil Mores obstinate Haltung viel Groll und Missmut in England ausgelöst habe. Der König habe ihn beauftragt, erklärte Cromwell, von More eine klare Antwort zu verlangen, ob er die Suprematsakte für gesetzlich halte oder nicht. Lehne er dies ab, dann sei seine „Boshaftigkeit" eindeutig erwiesen.[1145]

Am 17. Juni begann der Prozess gegen Bischof Fisher. Er wurde zum Tode verurteilt und am 22. Juni hingerichtet. More wurde am 1. Juli in der Westminster Hall wegen Hochverrats angeklagt. In seiner Verteidigungsrede erinnerte More noch einmal daran, dass die Suprematsakte ungesetzlich sei, weil sie gegen das Gesetz Gottes verstoße. Gegen das Gesetz des englischen Parlaments ließen sich die Konzilien der letzten tausend Jahre anführen. Auch hier berief sich More auf sein Gewissen. Anders als Luther 1521 in Worms, der sich gleichfalls auf sein Gewissen berief, gründete More seine Entscheidung jedoch nicht auf die Auslegung der Bibel, sondern auf die Tradition der universalen Kirche. More wurde in Westminster zum Tode verurteilt und am 6. Juli auf dem Hügel des Towers enthauptet.[1146]

Kurz vor seinem Umzug nach Basel Ende Mai 1535 hatte Erasmus von Raffaelo Maruffo, einem Kaufmann aus Genua, der sich nach einem längeren Aufenthalt in England auf der Rückreise nach Italien befand und Erasmus in Freiburg aufgesucht hatte, Einzelheiten über die prekäre Lage

---

[1143] Rogers, The Correspondence of Sir Thomas More, S. 491–501; hier: S. 498 f.
[1144] CWE 21, Ep. 2996.
[1145] Rogers, The Correspondence of Sir Thomas More, S. 556.
[1146] Marius, Thomas Morus, S. 607–636 („Die letzten Tage").

Fishers und Mores erfahren. Erasmus schrieb am 18. Juni aus Basel an Schets nach Antwerpen, dass ihm Maruffo berichtet habe, dass More kaum noch der Todesstrafe entgehen könne: „Dass der König seinen Zorn auf More gerichtet hat, sieht man schon daran, dass er alle seine Güter konfisziert hat. Ich frage mich, woraus das Wüten des Königs entstanden ist."[1147] In Briefen von Konrad Gockeln aus Löwen vom 10. August und von Tielmann Gravius aus Köln vom 17. August 1535 erfuhr Erasmus von der Hinrichtung Mores.[1148] In beiden Briefen wird berichtetet, dass die Köpfe Fishers und Mores nach ihrer Hinrichtung auf Pfählen an der Londoner Brücke zum allgemeinen Schauspiel aufgestellt worden seien. Vermutlich geht auch der Bericht über Mores und Fishers Tod („Expositio fidelis de morte Thomae Morae et quorundam aliorum insignium virorum in Anglia"), der von Froben im Sommer 1535 gedruckt wurde, auf die Initiative von Erasmus zurück.[1149]

[1147] CWE 21, Ep. 3025, Zeile 7–10.
[1148] CWE 21, Ep. 3037, Zeile 97–121 u. 3041, Zeile 167–176.
[1149] Expositio Fidelis de Morte D. Thomae Mori & quorundam alioru[m] insignium uirorum in Anglia, [Basel?] 1535. – Vgl. CWE 21, Preface XIX; CWE 21, Ep. 3069, Anmerkung 10; CWE 21, S. 601–618; The „Expositio Fidelis": Winter 1535–1536. In: Humanistica Lovaniensia, Vol. 7, Acta Thomae Mori. History of the reports of his trial and death with an unedited contemporary narrative (1947), S. 53–96.

7. RÜCKKEHR NACH BASEL: DIE LETZTEN LEBENSJAHRE 1535 UND 1536

Nach seiner Rückkehr nach Basel Ende Mai 1535 brachte Erasmus bei Froben sein letztes größeres Werk über den „Prediger" („Ecclesiastes sive de ratione concionandi") im Oktober bei Froben heraus, das er dem Bischof von Augsburg Christopher von Stadion widmete.[1150] Er habe es ursprünglich John Fisher, dem Bischof von Rochester, widmen wollen, „einem Mann, der sich durch seine Frömmigkeit und Eloquenz auszeichnet" und der mir durch eine enge Freundschaft verbunden ist. Da aber der Bischof durch einen schmerzvollen Schicksalsschlag von mir genommen wurde, schreibt er in dem Vorwort, habe er die Widmung geändert. Er fügte hinzu: Kann etwas grausamer sein als der Sturm, der mich der angesehensten Freunde beraubte: William Warham, William Mountjoy, John Fisher und Thomas More, „der der Lord Chancellor seines Landes war, ein Mann, dessen Herz reiner war als Schnee und dessen Charakter niemand in England gleichkam und auch künftig gleichkommen werde".[1151]

Die Idee, ein Werk über das Predigen zu schreiben, war erstmals in einem Briefwechsel mit Jan Becker in Löwen vor 16 Jahren entstanden.[1152] Aber die Fertigstellung hatte Erasmus immer aufgeschoben. Das Buch hatte einen Umfang von 856 Seiten, und es ist in vier „Bücher" aufgeteilt. Es ist das umfangreichste Werk, das er geschaffen hat.[1153] Das Buch wandte sich gleichermaßen an katholische Priester und protestantische Prediger und zielte auf eine gründlichere Ausbildung der Geistlichkeit ab. Erasmus' „Ecclesiastes" war ein Vermächtnis an die alte und an die neuen Konfessionen. „Ecclesiastes" erinnerte an eine kirchliche Tradition, die allen gemeinsam war.

[1150] CWE 21, Ep. 3036 (6.8.1535).
[1151] CWE 21, Ep. 3036, Zeile 109–112.
[1152] CWE 6, Ep. 932, 952 (Briefe von 28. März und 24. April 1519). – C. G, van Leijenhorst, Jan Becker of Borsele, in: BR 1, S. 115 f.
[1153] Ecclesiastes, hg. Jacques Chomarat, in: ASD V, 4 u. 5 (1991/94); CWE 67–8: The Evangelical Preacher/Ecclesiastes sive de ratione concionandi, translated by James L. P. Butrica, annotated by Frederick J. McGinness, 2 Bde., Toronto/Buffalo/London 2015. – Vgl. CWE 67–68: Frederick J. McGinness: Introductory note, S. 87–237; Robert G. Kleinhans, „Ecclesiastes sive de Ratione Concionandi", in: Richard L. DeMolen, Essays on the Works of Erasmus, New Haven/London 1978, S. 253–266; Francis P. Kilcoyne and Margaret Jennings, Rethinking ‚Continuity': Erasmus' ‚Ecclesiastes' and the ‚Artes Praedicandi', in: Renaissance and Reformation/Renaissance et Réforme (Fall/Automne 1997), S. 5–24.

Im März 1536 erschien übrigens bei Thomas Platter in Basel Calvins Erstausgabe der „Unterweisung in der christlichen Religion" („Institutio Christianae religionis").[1154]

Die Nachrichten über die Niederwerfung der Täufer in Münster und den Tod seines Freundes Thomas More in London trafen bei Erasmus zur gleichen Zeit in Basel ein. Beide Ereignisse hatten für ihn einen persönlichen Bezug. Aber er konnte sie zunächst nur wahrnehmen, jedoch nicht wirklich erklären. Sie deuteten den Zusammenbruch einer Welt an, in der er aufgewachsen war und in der er gelebt hatte. Die Bühne Europas begann sich zu verändern. Aus der nachträglichen historischen Distanz gesehen endete das mittelalterliche Europa. Die neuen europäischen Nationen nahmen bereits festere Gestalt an, ein Vorgang, den Erasmus noch im „Lob der Torheit" nur ironisch kommentiert hatte. Jene Szene im Lambeth Palace, bei der Thomas More 1534 bei seinem Verhör mit den Forderungen der nationalen Partei Heinrichs VIII. konfrontiert wurde, hat Liah Greenfeld in ihrem Buch „Nationalism" aufgegriffen und folgendermaßen gedeutet: „Hier stießen zwei grundlegende Weltanschauungen, die vor-nationalistische und die nationalistische, aufeinander. Da diese Weltanschauungen die jeweiligen Identitäten prägten, war eine vermittelnde Position zwischen ihnen nicht möglich. Es gab einen kognitiven Abgrund, einen klaren Bruch in der Kontinuität. Die geeinte Welt, die Sir Thomas More in seiner inneren Vision sah, war eine untergehende Welt, und er war eine einsame Figur unter der wachsenden Zahl der Anhänger des neuen Glaubens an die Nation."[1155]

In seinem Buch über die Republik Holland hat Jonathan Israel die holländische Täuferbewegung als Teil der protestantischen Bewegung beschrieben, die eine führende Rolle bei dem Aufstand der nördlichen Niederlande gegen die spanisch-habsburgische Herrschaft spielte, aus dem die holländische Republik hervorging.[1156] Aber nicht nur in protestantischen Ländern wie in England, Holland und in Skandinavien verband sich im 16. Jahrhundert der Konfessionalismus mit den neu entstehenden Nationen, sondern auch in katholischen Ländern wie in Spanien, Frankreich und Italien.[1157] Für Spanien

---

[1154] Vgl. Marie Barral-Baron, Érasme et Calvin au prisme du „Traité des reliques", in: Bulletin de la Société de l'Histoire du Protestantisme Français, 156 (Juillet-Août-Septembre 2010), S. 349–371. – Emmanuel Le Roy Ladurie, Eine Welt im Umbruch. Der Aufstieg der Familie Platter im Zeitalter der Renaissance und Reformation. Stuttgart 1998, S. 63, 102 u. 108; Volker Reinhardt, Die Tyrannei der Tugend. Calvin und die Reformation in Genf, München 2009.

[1155] Greenfeld, Nationalism, S. 30.

[1156] Jonathan Israel, The Dutch Republic. Its Rise, Greatnes, and Fall 1477–1896, Oxford 1995, („The Making of the Republic: 1577–1588"); Geoffrey Parker, Der Aufstand der Niederlande. Von der Herrschaft der Spanier zur Gründung der Niederländischen Republik 1549–1609, München 1979.

[1157] Thomas A. Brady Jr./Heiko A. Oberman/James D. Tracy (Hg.), Handbook of European History 1400–1600. Late Middle Ages, Renaissance and Reformation,

7. Rückkehr nach Basel: die letzten Lebensjahre 1535 und 1536

hat Bataillon in seinem Buch „Érasme et l'Espagne" darauf hingewiesen, dass seit den 1530er Jahren der spanische Katholizismus die Erasmianer der Ketzerei verdächtigte.[1158] Ähnlich nahm auch der italienische Konfessionalismus zunehmend nationale Züge an und stilisierte Erasmus zum „Erasmus lutheranus", wie Silvana Seidel Menchi in ihrem Buch „Reformation und Inquisition im Italien des 16. Jahrhunderts" aufgezeigt hat.[1159]

Bereits seit der Mitte der 1520er Jahre hatte Alberto Pio, Prinz von Capri, Erasmus verdächtig, Luther zu unterstützen. Daraus entwickelte sich eine Kontroverse zwischen Erasmus und Carpi, die noch über Carpis Tod 1531 andauerte.[1160] Vorbehalte gegenüber Erasmus werden auch in dem Briefwechsel deutlich, den Erasmus 1531 mit dem gelehrten italienischen Augustinermönch und Bibliothekar Agostino Steuco führte. Steuco kritisierte beispielsweise die Destruktivität der Sprache der Kolloquien.[1161] Die Kontroverse mit Carpi wurde in der sich daran anschließenden Auseinandersetzung mit dem Italiener Pietro Corsi fortgeführt. Corsi verband in seinem Angriff auf Erasmus konfessionelle und nationale Argumente.[1162] Erasmus vermutete hinter den italienischen Angriffen auf seine Person immer wieder die dirigierende Hand seines früheren Freundes und späteren Gegners Girolamo Aleander, so auch bei der Schrift Julius Caesar Scaligers „Die Verteidigung Ciceros" von 1531, die sich gegen Erasmus' „Ciceronianus" richtete.[1163]

Schriften des Erasmus wurden in der zweiten Hälfte des 16. Jahrhunderts in Italien praktisch nicht mehr gedruckt, nachdem sie zusammen mit den lutherischen Schriften auf den neugeschaffenen Index der verbotenen Bücher gesetzt worden waren.[1164] Der Zusammenbruch der europäischen Welt des

Bd. 1: Structures and Assertions; Bd. 2: Visions, Programs and Outcomes, Leiden/New York/Köln 1994 u.1995; Bernhard Giesen (Hg.): Nationale und kulturelle Identität. Studien zur Entwicklung des kollektiven Bewußtseins in der Neuzeit, Frankfurt a. M. 1991; A. G. Dickens, The German Nation and Martin Luther, London 1976.

[1158] Bataillon, Érasme et l'Espagne, S. 367–532 („Persécution des Érasmistes").
[1159] Silvana Seidel Menchi, Erasmus als Ketzer. Reformation und Inquisition im Italien des 16. Jahrhunderts, Leiden 1993, S. 33–66.
[1160] Alberto Pio prince of Carpi, in: BR 3, S. 86–88; Nelson H. Minnich and Daniel J. Sheerin (Hg.). Controversies with Alberto Pio, in: CWE Bd. 84 (2004).
[1161] CWE 17, Ep. 2465 (Brief Erasmus' an Steuco vom 27.3.1531) u. 2513 (Brief Steucos an Erasmus vom 25.7.1531).
[1162] Marco Bernuzzi, Pietro Corsi, in: BR 1, S. 344; CWE 21, Ep. 3032 (Brief an Johann Choler vom August 1535 und Widmung zur Schrift „Responsio ad Pietri Cursii defensionem").
[1163] Julius Caesar Scaliger, Oratio pro M. Tullio Cicerone contra Erasmum, Paris 1531. Vgl. Anthony Grafton. Julius Caesar Scaliger, in: BR 3, S. 212–214. – Aleander bestritt jede Mitwirkung an den Schriften von Alberto Pio und Scaliger gegen Erasmus (Brief an Erasmus vom 1. 4.1532 aus Regensburg, CWE 19, Epp. 2638, 2639).
[1164] Seidel Menchi, Erasmus als Ketzer, S. 427–451 („Der Ausschluß von Erasmus: Ein Epilog").

Erasmus wurde aber nicht nur durch die neue Verbindung von Nationalität und Konfessionalität bewirkt, sondern auch dadurch, dass seit dem 16. Jahrhundert in allen Ländern Europas die überkommene Latinität der Bildung zunehmend durch die neuen Nationalsprachen und nationalen Literaturen zurückgedrängt wurde. Nicht nur im Land Shakespeares erhielt die Bildung ein nationales Gepräge.[1165] Sechs Monate vor seinem Tod, im Januar 1536, veröffentlichte Erasmus sein letztes Werk, einen Psalmenkommentar, den er Christoph Eschenfelder widmete.[1166] Holländische, deutsche, englische und tschechische Übersetzungen der Schrift erschienen bald.

Erasmus hielt bis zum Ende seines Lebens an der Einheit von Kirche, Religion, Bildung und Kultur in der europäischen Gesellschaft fest. Als nach dem Tod Papst Clemens' VII. der 66-jährige Alessandro Farnese im Oktober 1534 als Paul III. zum Papst gewählt wurde, begrüßte ihn Erasmus mit einem Brief, in dem er Vorschläge aufgriff, die er bereits früher den Päpsten gemacht hatte, und denen er neue hinzufügte. Der Brief wurde von Ludwig Bär nach Rom überbracht.[1167] Erasmus erinnerte an den greisen Simeon im Lukasevangelium, der es „fast schon vor Alter kalt, doch in Frömmigkeit erglüht" auf sich genommen habe, im Leben auszuharren, „weil er Christus den Herrn noch sehen wollte"[1168] Auch er würde gelassen aus dem Leben scheiden, „wenn ich gesehen hätte, dass nach so großen Stürmen unter den Menschen und nach solchen Wirbeln der Uneinigkeit Gott der Kirche die Ruhe zurückgegeben werde."[1169]

Erasmus hob die päpstliche Vermittlerrolle im politischen Streit unter den Fürsten hervor. Dann ging er auf den Kirchenstreit und das künftige Konzil ein, das Paul III. später tatsächlich einberufen sollte: „Die Definition der Dogmen kann man dem Konzil vorbehalten. Ich halte es aber nicht für nötig, dass sich das Konzil zu allen bestehenden Differenzen äußert, sondern zu den Kernpunkten der christlichen Lehre."[1170] Da sich inzwischen die Häresie aber gleichsam wie eine Seuche verbreitet habe, würde er eine Amnesie des Konzils für frühere Irrtümer empfehlen. Erasmus blieb optimistisch.

[1165] A. J. Krailsheimer, The Continental Renaissance 1500–1600 (The Pelican Guide to European Literature), Harmondsworth 1981.

[1166] Enarratio psalmi XIV qui est de puritate tabernaculi (hg. Ch. Bene, ASD V, 2, S. 277–317; An Exposition of Psalm 14 on the Purity of the Tabernacle or of the Christian Church/Enarratio psalmi 14 qui est de puritate tabernaculi sive ecclesiae christianae, translated and annotated by Carolinne White, CWE 65, S. 217–267. – Vgl. Halkin, Léon-E.: Érasme et la mort, in: Revue de l'histoire des religions, 200 (Juillet-Septembre 1983), S. 269–291.

[1167] CWE 21, Ep. 2988 (Brief vom 23.1.1535) und Bärs Brief aus Rom vom 14. April 1535 (Ep. 3011).

[1168] CWE 21, Ep. 2988, Zeile 1–4. – Vgl. Germain Marc'hadour, Le Nouveau Testament dans la correspondance d'Erasme, in: La correspondance d'Erasme et l'épistolographie humaniste, Brüssel 1985, S. 82.

[1169] CWE 21, Ep. 2988, Zeile 4–9.

[1170] CWE 21, Ep. 2988, Zeile 70–78.

Auch wenn das Übel schon weit verbreitet sei, so gebe es doch keinen Grund an einem Erfolg zu zweifeln. Der größte Teil der Menschen, zumal unter den Gelehrten, sei noch nicht davon berührt, und viele derjenigen, die sich hätten anstecken lassen, seien bereits des jetzigen Zustands überdrüssig und sehnten sich nach dem Vergangenen zurück.[1171]

Noch im Alter hatte Erasmus Freundschaft mit Piotr Tomicki, dem Bischof von Krakau und Vizekanzler König Zygmunts geschlossen.[1172] Im Dezember 1527 hatte er erstmals an Tomicki geschrieben. Der Ton war zurückhaltend, „lakonisch", wie es Erasmus formulierte.[1173] Erasmus bezog sich auf eine Schilderung der Persönlichkeit Tomickis, die ihm Jan Antonin aus Krakau übermittelt hatte. Gäbe es in der Christenheit mehr Bischöfe, die in ihrer Haltung Tomicki ähnlich seien, so würde sich der Sturm der gegenwärtigen Zeiten schneller legen. Im Februar 1528 antwortete Tomicki aus Piotrków (Petrikau), wo gerade der polnische Sejm tagte. Der Brief befand sich unter mehreren Briefen an Erasmus, die von Decius als Bündel gesammelt von Polen nach Basel geschickt hatte.[1174] Tomicki schrieb in seinem Brief, er werde hinter niemanden zurückstehen, der Erasmus liebe und für dessen Gelehrsamkeit empfänglich sei.[1175] Im Übrigen war auch dieser Brief, wie Tomicki hinzufügte, gleichfalls etwas „lakonisch" gehalten.

1529 widmete Erasmus Tomicki seine Neuausgabe des Seneca, die im März bei Froben erschien.[1176] Anfangs bestand der Briefwechsel mehr im Austausch von Freundlichkeiten zwischen zwei vielbeschäftigten Männern, gelegentlich auch in Informationen über den Stand der Gesundheit und über Krankheiten. „Wir sind, mein lieber Erasmus", schrieb Tomicki im April 1535, „miteinander nicht nur das Alter vereint, sondern auch durch eine Schicksalsgemeinschaft. Denn wir haben beide, du wie ich, einen Körper, der gebrechlich ist wie Glas und gezeichnet durch unsere Jahre und unsere Arbeiten und der niemals, sozusagen, geschützt ist vor dem einen oder anderen Angriff."[1177]

Erasmus berichtete regelmäßig über die jungen Polen, die ihn besuchten. Seine Briefe an Tomicki, Krzycki, Laski, Decius und Danticus nach Polen enthielten Informationen über führende kirchliche Persönlichkeiten und über Ereignisse in ganz Europa. Die Briefe aus Polen informierten ihn über das dortige kirchliche und politische Geschehen. Man tauschte Meinungen und Urteile aus. Tomicki informierte Erasmus über den Tod des polnischen Kanzlers Szydlowiecki.

[1171] CWE 21, Ep. 2988, Zeile 75–92. – Paul III. antwortete am 31.5.1535 (Allen 3021).
[1172] Maria Cytowska, Piotr Tomicki, in: BR 3, S. 327–329.
[1173] CWE 13, Ep. 1919.
[1174] CWE 14, Ep. 1954.
[1175] CWE 14, Ep. 1953.
[1176] CWE 15, Ep. 2091.
[1177] CWE 21, Ep. 3014, Zeile 50–59.

Der Briefwechsel zwischen Tomicki und Erasmus nahm im Laufe der Jahre einen zunehmend vertrauter werdenden Charakter an. Beide erhofften sehnlich eine Beruhigung der innerkirchlichen Spannungen. Im Februar 1535 informierte Erasmus Tomicki über die Aufhebung des päpstlichen Supremats in England und über die Gefangennahme seiner beiden Freunde Thomas More und John Fisher. Er berichtete Tomicki auch über die Ausbreitung der Wiedertäufer in Niederdeutschland und in Holland, die Belagerung der Stadt Münster und die dortige Herrschaft der Täufer.[1178] Erasmus und Tomicki begrüßten die Wahl Alexander Farneses zum Papst, von dem sie sich eine Beilegung des innerkirchlichen Streits erhofften.

Im August 1535 berichtete Erasmus Tomicki von der Niederwerfung der Täufer in Münster und deren harter Bestrafung.[1179] Die Korrespondenz nimmt gelegentlich fast den Charakter einer zeitgeschichtlichen Dokumentation an. Erasmus fragte sich, ob Karl V. ausgerechnet zu dieser Zeit zu seinem Feldzug nach Nordafrika aufbrechen musste, um Tunis zu erobern. Es gäbe manche, die es besser gefunden hätten, wenn Karl stattdessen Niederdeutschland vor dieser „Pest" verteidigt hätte.[1180] Erasmus fügte dem Brief einen Bericht über die Hinrichtung Mores und Fishers in London bei, der bereits 14 Tage nach der Hinrichtung in Paris verfasst worden war und der damals in Europa kursierte.[1181] Erasmus war erschüttert: Niemals habe England heiligere und bessere Männer gehabt als More und Fisher: „Ich habe das Gefühl, mit More gestorben zu sein, so als hätten wir – nach Pythagoras – eine Seele statt zwei Seelen."[1182]

Der Schluss des Briefs enthielt eine überraschende Wendung. Erasmus berichtete, dass Papst Paul III. zur Vorbereitung des Konzils neue Kardinäle ernennen wolle, die sich durch ihre Gelehrsamkeit ausgezeichnet hätten. So sei auch er, Erasmus, als Kardinal benannt worden.[1183] Aber Erasmus hatte sich entschieden, den Kardinalshut abzulehnen. Er kommentierte seinen Entschluss mit einigen ironischen Bemerkungen: „Soll ich ein armes kleines Lebewesen, das sozusagen nur noch einen Tag zu leben hat, jetzt in den Wettkampf gegen die Müßiggänger, die Gewalttäter und die Reichen eintreten, nur um reich zu sterben?" Er werde nicht wie ein Ochse sein Joch freiwillig

---

[1178] CWE 21, Ep. 3000.
[1179] CWE 21, Ep. 3049 (Brief vom 31.8.1535 aus Basel).
[1180] CWE 21, Ep. 3049. Vgl. Wilhelm Ribhegge, Das Reich Karls V., die Reformation und das Täuferreich zu Münster, in: Das Königreich der Täufer. Reformation und Herrschaft der Täufer in Münster, hg. Barbara Rommé, Münster 2000, S. 10–35.
[1181] Guy, Thomas More, S. 209.
[1182] CWE 21, Ep. 3049, Zeile 179–181.
[1183] In dem Brief an Bartholomaeus Latomus vom 24. August 1535 (CWE 21, Ep. 3048, Zeile 97 f.) erwähnt Erasmus, dass ein „Freund in Rom" (Ambrosius von Gumppenberg) seinen Namen für den Kardinalshut eingebracht habe. Tatsächlich aber befand sich Erasmus' Name nicht in der Liste der Kardinäle, die Paul III. im Konsistorium vom 21. Mai 1535 vorlegte.

annehmen.[1184] Bei diesen Formulierungen tauchten offensichtlich alte, tief eingelagerte Gefühle des Misstrauens gegenüber einem kirchlichen Triumphalismus auf, die Erasmus bereits in seiner Jugend in den Niederlanden unter dem Einfluss der „devotio moderna" übernommen hatte.

Tomicki sah das ganz anders. In seinem letzten Brief, den er am 25. Oktober 1535, drei Tage vor seinem eigenen Tod am 28. Oktober, an Erasmus schrieb, drängte er Erasmus, den ihm von Papst Paul III. angebotenen Kardinalshut um der Sache der Kirche willen anzunehmen und ihn nicht abzulehnen.[1185] „Du sagst, die Alten hätten nicht mehr lange zu leben. Das mag sein. Aber auch die Jungen können bald sterben."[1186] Der alte Bischof führte eindrucksvolle Gründe dafür an, dass man sich öffentlichen Ämtern nicht entziehen dürfe. „Selbst wenn der Himmel dir nur ein Jahr gewähren würde, um diese Würde auszuüben, so habe ich keinen Zweifel, dass das für die Kirche von größerem Vorteil wäre, als wenn viel andere viele Jahre lang diese Ehre bekleideten."[1187]

Aber vielleicht befürchte Erasmus, die Bosheiten der Böswilligen zu provozieren, besonders die der Lutheraner? „Lieber Erasmus, es ist das Schicksal der Könige, angepöbelt zu werden, auch wenn man Gutes tut." Er solle das alles ganz anders sehen: „Hier bietet dir der Himmel plötzlich die Gelegenheit, dich an der Verachtung durch die verachtenswertesten Menschen zu rächen, und er erlaubt dir, mit einem Schlag des heiligen Stocks zu den höchsten Ehren zu kommen."[1188] Manche könnten ihm sogar vorhalten, er verweigere sich der Kardinalswürde nur, um nicht an vorderster Front gegen die Lutheraner kämpfen zu müssen.[1189] Schließlich müsse auch bedacht werden, dass Paul III. nicht ohne die Inspiration des Heiligen Geistes dazu gekommen sei, die Kardinäle für ein künftiges Konzil auszuwählen.[1190] Tomicki fügte hinzu: „Du hast bisher die Päpste, Kardinäle, Könige und christlichen Fürsten belehrt, wie sie sich verhalten sollen. Trete jetzt, wo Gott dich ruft, an ihre Stelle. Stelle dich Ihnen als ein lebendes Beispiel dar. Komme der schwankenden Kirche zur Hilfe!"[1191]

Es gäbe noch viel andere Gründe, die ihm die Liebe eingäbe, schloss Tomicki, um „dich, lieber Erasmus zu ermahnen, den Kardinalshut nicht zu verweigern". Aber der Brief sei bereits viel zu lang geworden. Dieser letzte Brief Tomickis aus Krakau an Erasmus hat Erasmus nie erreicht. Er wurde verspätet in den hinterlassenen Papieren Tomickis gefunden und erst am 9.

[1184] CWE 21, Ep. 3049, Zeile 183–194.
[1185] CWE 21, Ep. 3066.
[1186] CWE 21, Ep. 3066, Zeile 52 f.
[1187] CWE 21, Ep. 3066, Zeile, 84–87.
[1188] CWE 21, Ep. 3066, Zeile 124–127.
[1189] CWE 21, Ep. 3066, Zeile 112–117.
[1190] CWE 21, Ep. 3066, Zeile 145–147.
[1191] CWE 21, Ep. 3066, Zeile 171–178.

August 1536 von Jan Antonin von Krakau aus nach Basel abgesandt. Erasmus war bereits am 12. Juli 1536 in Basel gestorben. Erasmus und Tomicki sind sich nie persönlich begegnet. Aber über die räumliche Distanz hinweg waren in diesem Briefwechsel der Intellektuelle und Gelehrte und der Bischof und Politiker miteinander verbunden.

8. Schluss

2014 erschien die neueste französische Erasmus-Biographie von Marie Barral-Baron unter einem ungewöhnlichen Titel: „L'Enfer d'Erasme" („Die Hölle des Erasmus"). Das Werk hat einen Umfang von 752 Seiten.[1192] Das Buch deutet Erasmus' Leben von seinem tragischen Ende her: „Er hatte beobachten müssen, wie die europäischen Länder, die er kannte, sich mit einer erschreckenden Schnelligkeit mit Blut verfärbten. England, das er so geliebt hatte, hatte Morus und Fisher getötet. Das Kaiserreich hatte den Bauernkrieg und die Tragödie von Münster aufgeführt, Italien war durch den Sacco di Roma erschüttert worden, die Plakataffäre hatte Paris in Blut getaucht."[1193] Seine körperlichen Gebrechen seien hinzugekommen, unter denen Erasmus in den letzten Jahren seines Lebens von 1530 bis 1535 in Freiburg und das letzte Jahr 1535/36 in Basel litt. Häufig musste er das Bett hüten, war von Nierensteinen, schmerzhaften Gichtanfällen und Gelenkrheumatismus geplagt, und er hatte häufig Schmerzen im linken Bein und in der rechten Hand, so dass er beim Schreiben oft nicht einmal mehr die Feder halten konnte.[1194] Die letzten Jahre seien die schrecklichsten seines Lebens gewesen: „Er fühlt sich bestraft. Er erlebt seine Hölle auf Erden."[1195]

Auch in Lisa Jardines Buch (Erasmus. Man of Letters. The Construction of Charisma by Print)[1196], kommen kritische Facetten der Erasmus-Biographie zur Sprache. Demgegenüber wird Erasmus in dem 2023 erschienenen Buch der niederländische Historikerin Sandra Langereis „Erasmus. Biografie eines Freigeists" als „der bedeutendste Humanist der Geschichte und Europas Umbruch zur Moderne" bezeichnet.[1197] Das Buch umfasst 976 Seiten. In diesem Buch wird der „holländische Humanist" Erasmus zum Nationalhelden. Langereis erwähnt die hölzernen, steinernen und bronzenen Erasmus-Statuen, die in Rotterdam seit dem 16. Jahrhundert errichtet wurden. Bezeichnenderweise zeichnet ihr Prolog eine Geschichte auf, wie im Jahre 1598 eine Flotte von fünf Schiffen der Ostindischen Kompanie den Rotterdamer Hafen verließ, um über die Magellanstraße in Südamerika im Jahre 1600 in Japan

---

[1192] Marie Barral-Baron, L'Enfer d'Érasme. L'humaniste chrétien face à l'histoire, Genf 2014.
[1193] Barral-Baron, L'Enfer d'Erasme. S. 660.
[1194] Vgl. Erasmus' illnesses in his final years (1533–6), in: CWE 20, S. 335–8.
[1195] Barral-Baron, L'Enfer d'Érasme, S. 607. – Vgl. auch: Sandra Langereis, Erasmus. Biografie eines Freigeists, Berlin 2023.
[1196] Princeton, N. J., 1995.
[1197] Berlin 2023. – Das niederländische Original erschien 2021 unter dem Titel: Erasmus. Dwarsdenker. [„Querdenker"] Een biografie, Amsterdam 2021. Den Hinweis auf das Buch verdanke ich Hans Peterse 2021.

zu landen. An dem Achtersteven eines der fünf Schiffe, der „Liefde" („Die Liebe"), war eine Holzskulptur des Erasmus angebracht. Die Skulptur blieb in Japan, bis sie 1919 von japanischen Archäologen wiederentdeckt wurde. Für die Japaner repräsentierte die Skulptur seitdem die kulturelle Begegnung zweier Welten, zwischen West und Ost.

Ausführlich beschreibt die neue Erasmus-Biografie die holländische Jugend von Erasmus. Auch Langereis sieht Erasmus nicht unkritisch. An mehreren Stellen zeigt sie seine Fehler auf. Nach der erstmaligen Veröffentlichung seines Novum Instrumentum in Griechisch und Latein im Jahre 1516 habe er in folgenden Neuauflagen, die seitdem unter dem Titel Novum

Testamentum geführt wurden, von 1519, 1522, 1527 und 1535 ständig Korrekturen eingefügt. Aber im Gegensatz zu Luther habe Erasmus eingestanden, dass er fehlerhaft sei. Langereis betont, dass Luther Erasmus von Anfang an misstraut habe. Mit der Kontroverse zwischen Erasmus und Luther über den Freien Willen von 1524/1526 endet faktisch das Buch. Das letzte Kapitel führt einen Ausspruch des Erasmus an: „Zum Märtyrertum habe ich kein Talent". Im Gegensatz zu der Biografie von Marie Barral-Baron endet die Erasmus-Biografie von Sandra Langereis friedlich: „Er starb als Mensch. In seinem eigenen Bett."

Fast falle bekannten Biographien, die im 20. Jahrhundert erschienen sind, zeichnen ein positives Bild von Erasmus: so in der Biographie von Preserved Smith (1923), der bereits die ersten der von P. S. Allen herausgegebenen Bände der Erasmus-Korrespondenz benutzen konnte. Die kenntnisreiche und kritische Biographie von Johan Huizinga (1924) wird bis heute immer noch neu aufgelegt und ist gut lesbar. Huizinga kommt zu dem Schluss: „Nicht umsonst hat Erasmus jene Eigenschaften als echt niederländisch gepriesen, die wir auch echt erasmisch nennen können: Sanftmut, Wohlwollen, Mäßigung und eine allgemein verbreitete mittlere Bildung. Keine romantischen Tugenden, wenn man so will. Sind sie darum weniger heilsam?"[1198]. Stefan Zweigs „Triumph und Tragik des Erasmus von Rotterdam" erschien 1934. Dieses Buch, das Erasmus als den „ersten bewussten Europäer"[1199] beschreibt, wurde gleichsam als Gegenbeispiel zu dem Zeitgeist des Nationalsozialismus geschrieben. Marcel Bataillons Buch „Érasme et l'Espagne", das noch immer als beispielhaft gilt, kam 1937 heraus.

Nach dem Zweiten Weltkrieg richtete sich die Erasmus-Forschung auf neue Themen. 1949 erschien von Margaret Mann Phillips das Buch „Erasmus and the Northern Renaissance"[1200], das neue Horizonte eröffnete, und ebenso wie das Buch „The ‚Adages' of Erasmus: A Study with Translations",

---

[1198] Johan Huizinga, Erasmus. Eine Biographie. Neuherausgabe, Reinbek Hamburg 1993, S. 246.

[1199] Stefan Zweig, Triumph und Tragik des Erasmus von Rotterdam, Frankfurt a. M. 1980, S. 9.

[1200] London 1949 (Nachdruck: 1981).

das dieselbe Autorin 1964 herausbrachte.[1201] Erst Jahre später wurden die „Adagia" in der neuen lateinischen Fassung der „Opera Omnia" in den Niederlanden[1202] und in der englischsprachigen Übersetzung der „Collected Works of Erasmus" in Kanada[1203] herausgebracht.

Auch neue Erasmus-Biographien erschienen: 1969 brachte Roland H. Bainton seine Biografie „Erasmus of Christendom"[1204] heraus, 1986 erschien Cornelis Augustijns „Erasmus"[1205], 1987 Léon E. Halkins „Érasme parmi nous"[1206] und 1990/93 Richard J. Schoecks zweibändige Erasmus-Biographie „Erasmus of Europe" (Bd. 1: The Making of a Humanist 1465–1500, Bd. 2: The Prince of Humanists 1501–1536).[1207] Wesentlich erweitert wurde das Erasmus-Verständnis durch die zweibändige englische Übersetzung und Kommentierung der „Kolloquien" durch Craig R. Thompson (Colloquies, CWE 39–40) von 1997[1208]. Die neue lateinische Fassung der „Kolloquien" in den „Opera Omnia" erschien schon 1972[1209].

Das Verständnis der Briefe von Erasmus wurde auch erleichtert durch das Werk von Yvonne Charlier „Erasme et l'amitié d'après sa correspondance" von 1977[1210]. Richard DeMolens „Essays on the Works of Erasmus" [1211] versammelt die Essays einige der wichtigsten Interpreten des Erasmus nach 1945. Bruce Mansfield hat durch sein dreibändiges Werk „Interpretations of Erasmus", das die Deutungen des Erasmus vom 16. bis zum 20. Jahrhundert umfasst, den Zugang zu Erasmus entscheidend geebnet.[1212] Léon E. Halkin

---

[1201] Cambridge 1964. Vgl. William Barker, The Adages of Erasmus, Toronto 2001
[1202] ASD II, 1–9; 1991–2005.
[1203] CWE 30–36, 1982–2017.
[1204] New York 1969. Deutsch: „Erasmus. Reformer zwischen den Fronten", Göttingen 1972.
[1205] Baarn 1986. Deutsch: Erasmus von Rotterdam. Leben-Werk-Wirkung, München 1986.
[1206] Paris 1987. Deutsch: Erasmus von Rotterdam. Eine Biographie, Zürich 1989.
[1207] Edinburgh 1990/93.
[1208] Toronto 1997. – Dazu auch: Elsbeth Gutmann, Die Colloquia Familiaria des Erasmus von Rotterdam, Basel 1967.
[1209] ASD I, 3, hg. von Léon-E. Halkin, Franz Bierlaire und René Hoven.
[1210] Paris 1977.
[1211] New Haven/London 1978. – Der Sammelband enthält Beiträge von M.M. Phillips über die „Adagia", von E.W. Kohls über das „Enchiridion", von G. Chantraine über die „Ratio verae theologiae", von C.H. Miller über die „Laus stultitiae", von M.P. Gilmore über die „Apologiae", die Erasmus zur Verteidigung des „Laus stultitiae" verfasste, von Virginia Callahan über „De Copiae", von J.C. Margolin über „De pueris instituendis", von E.V. Telle über den „Ciceronianus", von Franz Bierlaire über „De civitate morum puerilium libellus", von Geraldine Thompson über die „Colloquia", von C.A.L. Jarrot über „Erasmus' Annotations and Colet's Commentaries on Paul", von B.A. Gerrish über „De libero arbitrio (1924): Erasmus on Piety, Theology, and the Lutheran Dogma", von Albert Rabil über „Erasmus' Paraphrases of the New Testament" und von Robert Kleinhans über den „Ecclesiastes".
[1212] Toronto 1979/1992/2003.

„Erasmus ex Erasmo. Érasme éditeur de sa correspondance"[1213] gab 1983 einen vorzüglichen Einblick in die Briefsammlungen, die Erasmus zu seinen Lebzeiten selbst veröffentlicht hat.

James D. Tracy „The Politics of Erasmus. A Pacifist Intellectual and His Political Milieu"[1214] führte 1978 in die politische Vorstellungswelt des Erasmus ein, und sein Buch „Erasmus of the Low Countries" vermittelte 1996 einen Einblick in den Lebensweg des Erasmus vor seinem burgundischen Hintergrund.[1215] 1986 fand ein Arbeitsgesprächs des „Wolfenbütteler Arbeitskreises für Renaissanceforschung" über „Erasmus und Europa" statt, das vom August Buck ediert wurde.[1216] Friedhelm Krügers „Humanistische Evangelienauslegung. Desiderius Erasmus von Rotterdam als Ausleger der Evangelien in seinen Paraphrasen"[1217] vermittelte 1988 einen Zugang zu den populären Paraphrasen der vier Evangelien, die Erasmus Kaiser Karl V., dessen Bruder Erzherzog Ferdinand von Österreich, dem englischen König Heinrich VIII. und dem französischen König Franz I. in den Jahren 1522 bis 1524 gewidmet hatte. Das zweibändige Buch von Erika Rummel „Erasmus and his Catholic critics"[1218], das 1989 herauskam, vermittelte einen ausgezeichneten Zugang zu der Welt seiner katholischen Kritiker des Erasmus. Peter Walters „Die Theologie aus dem Geist der Rhetorik. Zur Schriftauslegung des Erasmus von Rotterdam" gab 1991 einen Einblick in die erasmische Hermeneutik.[1219]

In dem Buch „Erasmus als Ketzer. Reformation und Inquisition im Italien des 16. Jahrhunderts"[1220] verfolgte 1993 Silvana Seidel Menchi, wie die Inquisition in Italien Erasmus im Verlauf des 16. Jahrhunderts zum Ketzer abstempele. 1995 erhob Jean-Claude Margolin in seiner Studie „Érasme. Précepteur de l'Europe"[1221] Erasmus zum Lehrmeister ganz Europas. In dem Sammelband von M.E.H.N. Mout, H. Smolinsky und J. Trapman „Erasmianism: Ideal and Reality"[1222] zeigen die Autoren[1223] 1997 auf, wie der „Erasmianismus" Wege zur Deutung der Geschichte des 16. Jahrhunderts jenseits von Reformation und Gegenreformation schuf. 2001 stellte István

---

[1213] Aubel 1983.
[1214] Toronto/Bullalo/London 1978.
[1215] Berkeley-Los Angeles-London 1996.
[1216] August Buck (Hg.), Erasmus und Europa, Wiesbaden 1988. – An der Tagung nahmen führende Erasmus-Forscher wie Otto Herding, Léon-E- Halkin, Jean-Claude Margolin, Dietrich Briesemeister, Hubertus Schulte Herbrüggen, Agnes Ritook-Szalay, Paul Gerhard Schmidt, Bengt Hägglund, Cornelis Reedijk teil.
[1217] Tübingen 1988.
[1218] Nieuwkoop 1989.
[1219] Mainz 1991.
[1220] Leiden-New York-Köln 1993.
[1221] Paris 1995.
[1222] Amsterdam-Oxford-New York-Tokyo 1997.
[1223] C. Augustijn, J. IJsewijn, E. Rummel, J.K. McConica, S.S. Menchi, H. Smolinsky, M. Lienhard, S. Wollgast, E. Rabbie, P. Walter, B. Henze, J. Trapman, H.J.M. Nellen, M.E.H.N. Mout.

8. Schluss

Bejczy in seinem Buch „Erasmus and the Middle Ages. The Historical Consciousness of a Christian Humanist"[1224] die Relation des Erasmus zur Welt des Mittelalters dar.

Zum Gedenken an die Edition des Neuen Testaments durch Erasmus 1516 vor 500 Jahren brachten 2016 Martin Wallraff, Silvana Seidel Menchi und Kaspar von Greyerz den Sammelband „Basel 1516. Erasmus' edition of the New Testament" heraus[1225]. Gleichzeitig erschien in der Zeitschrift „Church History and Religious Culture" ein Gedenkband zu dem gleichen Anlass: „Littera Scripta Manet: Erasmus and the 1516 Novum Instrumentum"[1226].

Zur der Zeit, als Erasmus lebte, sprachen die Gebildeten Europas Latein. An Stelle von Latein ist heute Englisch die Sprache geworden, in der sich alle Menschen weltweit verständigen können. Erstmals, nach fast 500 Jahren, sind heute sämtliche der über 3000 Briefe des Erasmus in einer Übersetzung in die englische Sprache vollständig zugänglich geworden. Das eröffnet weltweit einen neuen Zugang. Aber anders als zu Erasmus Zeiten, leben wir nicht mehr in einer durchweg christlichen Welt, auch nicht in Europa. Aber unsere Welt wird erneut von Kriegen bedroht. Insofern ist Erasmus' „Klage des Friedens" und sein Kampf gegen die Ideologien seiner Zeit immer noch oder wieder aktuell.

Die Bedeutung der „Correspondence of Erasmus" ist kaum zu überschätzen. Fast alle Rezensionen, die bisher erschienen sind, heben hervor, dass diese Übersetzung ins Englische gut gelungen und sorgfältig kommentiert und besonders wertvoll für jene Benutzer ist, die das Latein nicht beherrschen. So eröffnet die englische Übersetzung der Briefe einen neuartigen Zugang zu Erasmus.[1227]

[1224] Leiden-Boston-Köln 2001.
[1225] Tübingen 2016. – Mit Beiträgen von Mark Vessey, Erika Rummel, Ignacio García Pinilla, Patrick Andrist, Andrew J. Brown, Martin Wallraff, Mieske van Pollvan de Lisdonk, Jan Krans, Silvana Seidel Menchi, Valentina Sebastiani, Marie BarralBaron, Greta Kroeker, Sundar Henny, Christine Christvon Wedel.
[1226] Church History and Religious Culture 96 (Jan 2016): Special Issue. – Mit den folgenden Beiträgen: R. Ward Holder, Erasmus the Theologian; Greta Grace Kroeker, Erasmus Openeth the Way Before Luther; David M. Whitford, The Mimetic Paraphrase. Faith, Speech, and Imitatio in Erasmus's Paraphrase on John; Reinier Leushuis, St. Jerome's Exegetical Authority in Erasmus of Rotterdam's Annotations on the New Testament; Hilmar M. Pabel, Erasmus's Biblical Project. Some Thoughts and Observations on Its Scope, Its Impact in the Sixteenth Century and Reception in the Seventeenth and Eighteenth Centuries.
[1227] James M. Estes, The Englishing of Erasmus: The Genesis and Progress of the Correspondence Volumes of the Collected Works of Erasmus, in: Essays Charles E. Fantazzi, Toronto 2014, S. 143–157.

Literaturverzeichnis

1. Quellen

Aland, Kurt (Hg.): Luther Deutsch, Bd. 3: Der neue Glaube; Bd. 10: Die Briefe, Stuttgart 1959 u. 1961.

Akten und Briefe zur Kirchenpolitik Herzog Georgs von Sachsen, hg. Felician Gess, Bd. 2: 1525–1527, Leipzig 1917 [Nachdruck 1985].

Allen, Percy Stafford (Hg.): Opus Epistolarum Des. Erasmi Roterodami, 12 Bde. Oxford 1906–1958 (Nachdruck: Oxford 1992).

Böcking, Eduard (Hg.): Ulrichi Hutteni, equitis Germani, opera quae reperiri potuerant omnia, Leipzig 1859–1861 (Nachdruck: Aalen 1963).

Bömer, Aloys (Hg.): Epistolae obscurorum virorum, Bd. 1: Einführung; Bd. 2: Text, Heidelberg 1924.

Castiglione, Baldessar: Das Buch vom Hofmann (Il Libro del Cortegiano), München 1986.

Descoeudres, Claude-Eric: Erasmus von Rotterdam: Adagia. Sprichwörter (6 Bde.), Basel 2021.

Desiderii Erasmi Opera Omnia, hg. Johannes Clericus [Jean Leclerc], 10 Bde., Lugduni Batavorum (Leiden) 1703–1706 (Nachdruck: Hildesheim 1961–1962, Abkürzung: LB).

Deutsche Reichstagsakten unter Karl V. Bd. 2, bearbeitet von Adolf Wrede, Göttingen 1962 (Nachdruck).

Erasmus von Rotterdam: Ausgewählte Schriften. Ausgabe in acht Bänden. Lateinisch und Deutsch, hg. Werner Welzig, Darmstadt 1967–1980 (Lateinisch-deutsche Auswahlausgabe der Werke des Erasmus. Abkürzung: AS).

Erasmus von Rotterdam: Briefe. Verdeutscht und hg. von Walther Köhler (4. Aufl.), Darmstadt 1995.

Franck, Sebastian: Chronica, Zeytbuch und geschycht-bibel von anbegyn biß inn diß gegenwertig M. D. xxxj. jar: Darin[n] beide Gottes vnd der welt lauff/ hendel/ art/ wort/ werck/ thun/ lassen/ kriegen/ wesen/ und leben ersehen un[d] begriffen wirt; Mit vil wunderbarlichen gedechtniß würdige[n] worten und thatte[n] ... Ankunfft viler Reich/ breüch/ neüwer fünd [et]c., Straßburg: Beck 1531.

Franck, Sebastian: Chronica. Zeitbuch unnd Geschichtsbibell von anbegyn biß in diß gegenwertig M.D.XXXVI. iar verlengt. Darinn bede gottes und der welt lauff, händel, art, wort, werck, thun, lassen, kriegen, wesen und leben sehen und begriffen wirdt, Ulm 1536 (Nachdruck nach der Originalausgabe: Darmstadt 1969).

Godin, André: L'Homéliaire de Jean Vitrier. Spiritualité Franciscaine en Flandre au XVIe Siècle. Texte, Etude Thématique et Sémantique, Genf 1971.
Hoffman, Melchior: Auslegung der heimlichen Offenbarung Joannis des heyligen Apostels vnnd Euangelisten, Straßburg: Beck 1530.
Holborn, Annemarie/Holborn, Hajo (Hg.): Desiderius Erasmus Roterodamus. Ausgewählte Werke, München 1933 (Nachdruck: München 1955).
Kerssenbrock, Hermann: Anabaptistici furoris Monasterium inditam Westphaliae metropolim evertentis historica narratio, hg. Heinrich Detmer, 2 Bde., Münster 1899/1900.
Kühn, Johannes (Hg.): Deutsche Reichstagsakten unter Karl V. Bd. 7, 2 (Beilagen), Göttingen 1963 (Nachdruck).
La Correspondance d'Erasme, hg. Institut interuniversitaire pour l'étude de la renaissance et de l'humanisme, Bd. 1–12, Brüssel 1967–1984 (Vollständige französische Übersetzung der Briefe des Erasmus).
La Garanderie, Marie-Madeleine de: La correspondance d'Érasme et de Guillaume Budé. Traduction intégrale, Paris 1967.
Logan, George M./Adams, Robert M. (Hg.): More: Utopia (Cambridge texts in the history of political thought), Cambridge 1989.
Luther, Martin: D. Martin Luthers Werke, Kritische Gesamtausgabe, Reihe 1 (Schriften), Bd.10, 2: Schriften 1522, Weimar 1907; Bd. 15: Predigten und Schriften 1524, Weimar 1899; Reihe 4 (Briefwechsel), Bd. 7: Briefe 1540–1542, Weimar 1937.
Luther, Martin: De servo arbitrio, in: Otto Clemen (Hg.): Luthers Werke in Auswahl, Bd. 3, Berlin 1934, S. 94–293.
Luther, Martin: Ermahnung zum Frieden auf die zwölf Artikel der Bauernschaft in Schwaben 1525, in: Otto Clemen (Hg.): Luthers Werke in Auswahl, Bd. 3, Berlin 1934, S. 47–68.
Luther, Martin: Wider die räuberischen und mörderischen Rotten der Bauern, 1525, in: Otto Clemen (Hg.): Luthers Werke in Auswahl, Bd. 3, Berlin 1934, S. 69–93.
Martz, Louis L./Sylvester, Richard S. (Hg.): Thomas More's Prayer Book. A Facsimile Reproduction of the Annotated Pages, New Haven, Conn. [u.a.], 1969.
Melanchthon, Philipp: Glaube und Bildung. Texte zum christlichen Humanismus. Lateinisch/Deutsch, hg. Günter R. Schmidt, Stuttgart 1989.
Mirandola, Pico della: De hominis dignitate/Über die Würde des Menschen (lat./dt.), hg. Gerd von der Gönna, Stuttgart 1997.
Morawski, Kazimierz (Hg.): Andreae Cricii carmina (Corpus antiquissimorum poetarum Poloniae Latinorum usque ad Joannem Cochanovium, vol. 3), Krakau 1888.
Morus, Thomas: Briefe der Freundschaft mit Erasmus. Übersetzt, eingeleitet und kommentiert von Hubertus Schulte Herbrüggen, München 1985

Müntzer, Thomas: Die Fürstenpredigt. Theologisch-politische Schriften, hg. Günther Franz, Stuttgart 1967.
Opera Omnia Desiderii Erasmi. Recognita et adnotatione critica instructa notisque illustrate, Amsterdam 1969 ff. (Abkürzung: ASD).
Pflug, Julius: Correspondance. Recueillie et éditée par J[acqes] V. Pollet, 5 Bde, Leiden 1969–1982.
Pirckheimer, Willibald: Eckius dedolatus/Der enteckte Eck (lateinisch/ deutsch), hg. Niklas Holzberg, Stuttgart 1983.
Rastell, William (Hg.): The Works of Sir Thomas More, Knyght, sometyme Lorde Chancellor of England, wrytten by him in the Englysh tonge, London 1557 (Facsimile-Reprint, Introduction by K. J. Wilson, London 1978).
Reedijk, Cornelis (Hg.): The Poems of Desiderius Erasmus, Leiden 1956.
Rogers, Elizabeth F. (Hg.): The Correspondence of Sir Thomas More, Princeton 1947.
Rolevinck, Werner: Fasciculus temporum, Köln: Heinrich Quentel 1479.
Rolevinck, Werner: Laus Westphaliae, Köln: Arnold Ther Hoernen 1474.
Stupperich, Robert (Hg.): Die Schriften Bernhard Rothmanns, Münster 1970.
Surtz, Edward/Hexter, Jack H. (Hg.): Thomas More: Utopia (The Complete Works of St. Thomas More, Bd. 4), New Haven/London 1965.
Valdés, Alfonso de: Diálogo de las cosas ocurridas en Roma. Ed., introd. y notas de José F. Montesinos (Clasicos castellanos 89), Madrid 1969.
Zuchtbüchleyn Erasmi vor die Jungen knaben, ubersehn und gebessert. Gedruckt zu Leypzigk durch Michael Blum, Leipzig 1532.
The Correspondence of Erasmus: Letters 1 to 141–1484 to 1500, translated by Roger A.B. Mynors and Douglas F.S. Thomson, annotated by Wallace K. Ferguson, Toronto and Buffalo 1974 (CWE 1).
The Correspondence of Erasmus. Letters 142 to 297–1501 to 1514, translated by Roger A.B. Mynors and Douglas F.S. Thomson, annotated by Wallace K. Ferguson, Toronto and Buffalo 1975 (CWE 2).
The Correspondence of Erasmus: Letters 298 to 445–1514 to 1516, translated by Roger A.B. Mynors and Douglas F.S. Thomson, annotated by James K. McConica, Toronto and Buffalo 1976 (CWE 3).
The Correspondence of Erasmus: Letters 446 to 593–1516 to 1517, translated by Roger A.B. Mynors and Douglas F.S. Thomson, annotated by James K. McConica, Toronto and Buffalo 1977 (CWE 4).
The Correspondence of Erasmus: Letters 594 to 841–1517 to 1518, translated by Roger A.B. Mynors and Douglas F.S. Thomson, annotated by Peter G. Bietenholz, Toronto/Buffalo/London 1979 (CWE 5).
The Correspondence of Erasmus: Letters 842 to 992–1518 to 1519, translated by Roger A.B. Mynors and Douglas F.S. Thomson, annotated by Peter G. Bietenholz, Toronto/Buffalo/London 1982 (CWE 6).

The Correspondence of Erasmus: Letters 993 to 1121–1519 to 1520, translated by Roger Mynors, annotated by Peter G. Bietenholz, Toronto/Buffalo/London 1987 (CWE 7).

The Correspondence of Erasmus: Letters 1122 to 1251–1520 to 1521, translated by Roger A.B. Mynors, annotated by Peter G. Bietenholz, Toronto/Buffalo/London 1988 (CWE 8).

The Correspondence of Erasmus: Letters 1252 to 1355–1522 to 1523, translated by Roger A.B. Mynors, annotated by James M. Estes, Toronto/Buffalo/London 1989 (CWE 9).

The Correspondence of Erasmus: Letters 1356 to 1534–1523 to 1524, translated by Roger A.B. Mynors and Alexander Dalzel, annotated by James M. Estes, Toronto/Buffalo/London 1992 (CWE 10).

The Correspondence of Erasmus: Letters 1535 to 1657–January-December 1525, translated by Alexander Dalzell, annotated by Charles G. Nauert jr, Toronto/Buffalo/London 1994 (CWE 11).

The Correspondence of Erasmus: Letters 1658 to 1801–January 1526-March 1527, translated by Alexander Dalzell, annotated by Charles G. Nauert jr, Toronto/Buffalo/London 2003 (CWE 12).

The Correspondence of Erasmus: Letters 1802 to 1925–March–December 1527, translated by Charles Fantazzi, annotated by James K. Farge, Toronto/Buffalo/London 2010 (CWE 13).

The Correspondence of Erasmus: Letters 1926 to 2081–1528, translated by Charles Fantazzi, annotated by James M. Estes, Toronto/Buffalo/London 2011 (CWE 14).

The Correspondence of Erasmus: Letters 2082 to 2203–1529, translated by Alexander Dalzel, annotated by James M. Estes, Toronto/Buffalo/London 2012 (CWE 15).

The Correspondence of Erasmus: Letters 2204 to 2356–August 1529–July 1530, translated by Alexander Dalzell, annotated by James M. Estes, Toronto/Buffalo/London 2015 (CWE 16).

The Correspondence of Erasmus: Letters 2357 to 2471–August 1530–March 1531, translated by Charles Fantazzi, annotated by James M. Estes, Toronto/Buffalo/London 2016 (CWE 17).

The Correspondence of Erasmus: Letters 2472 to 2634–April 1531–March 1532, translated by Charles Fantazzi, annotated by James M. Estes, Toronto/Buffalo/London 2018 (CWE 18).

The Correspondence of Erasmus: Letters 2635 to 2802–April 1532–April 1533, translated by Clarence H. Miller † with Charles Fantazzi, annotated by James M. Estes. Toronto/Buffalo/London 2019 (CWE 19).

The Correspondence of Erasmus: Letters 2803 to 2939–May 1533–May 1534, translated by Clarence H. Miller † with Charles Fantazzi, annotated by James M. Estes, Toronto/Buffalo/London 2020 (CWE 20).

The Correspondence of Erasmus: Letters 2940 to 3141–June 1534–February 1537, translated by Alexander Dalzell † with Ann Dalzell† and John N. Grant, annotated by James M. Estes, Toronto/Buffalo/London 2022 (CWE 21).

2. Literatur

Ackroyd, Peter: The Life of Thomas More, London 1998.
Akkerman, Fokke/Vanderjagt, Arjo J. (Hg.): Rodolphus Agricola Phrisius (1444–1485), Leiden 1988.
Allen, Percy Stafford: The Age of Erasmus. Lectures delivered in the universities of Oxford and London, Oxford 1914.
Augustijn, Cornelis: Erasmus und die Juden, in: Ders., Erasmus. Der Humanist als Theologe und Kirchenreformer, Köln 1996, S. 94–110.
Augustijn, Cornelis: Erasmus, Baarn 1986 (Deutsch: Erasmus von Rotterdam. Leben-Werk-Wirkung, München 1986.
Augustijn, Cornelis: Erasmus. Der Humanist als Theologe und Kirchenreformer, Leiden u. a. 1996.
Augustijn, Cornelis: Verba valent usu: Was ist Erasmianismus?, in: Marianne E. H. N. Mout/Heribert Smolinsky/Johannes Trapman (Hg.): Erasmianism: Ideal and Reality, Amsterdam/Oxford/New York/Tokyo 1997, S. 5–14.
Avilés, Miguel de: Erasmo y la Inquisición. El libelo de Valladolid y la apología de Erasmo contra los frailes españoles, Madrid 1980.
Backvis, Claude: La fortune d'Érasme en Pologne, in: Colloquium Erasmianum. Actes du Colloque International réuni à Mons du 26. au 29. octobre 1967 à l'occasion du cinquième centenaire de la naissance d'Érasme, Mons 1968, S. 173–202.
Bainton, Roland H.: Erasmus of Christendom, New York 1969 (Deutsch: Erasmus. Reformer zwischen den Fronten, Göttingen 1972).
Barker, Paula S. Datsko: Caritas Pirckheimer: A Female Humanist confronts the Reformation, in: Sixteenth Century Journal 26 (1995), S. 259–272.
Barker, William (Hg.): The Adages of Erasmus, Toronto 2001.
Barral-Baron, Marie: L'Enfer d'Erasme. L'humaniste chretien face à l'histoire, Genf 2014.
Bartel, Oskar: Johannes a Lasco und Erasmus von Rotterdam, in: Luther-Jahrbuch 32 (1965), S. 48–66.
Bataillon, Marcel: Erasme et l'Espagne. Nouvelle édition en trois volumes. Text établi par Daniel Devoto, Genf 1991.
Baumann, Eduard: Thomas More und der Konsens. Eine theologiegeschichtliche Analyse der ‚Responsio ad Lutherum', Paderborn 1993.

Bejczy, István: Erasme explore le moyen âge: sa lecture de Bernard de Clairvaux et de Jean Gerson, in: Revue d'Histoire Ecclesiastique 93 (1998), S. 460–476.
Bejczy, István: Erasmus and the Middle Ages. The Historical Consciousness of a Christian Humanist, Leiden-Boston-Köln 2001.
Béné, Charles: Érasme et saint Augustin ou influence de saint Augustin sur l'humanisme d'Erasme, Genf 1969.
Bernstein, Eckhard: Hans Sachs mit Selbstzeugnissen und Bilddokumenten, Reinbek bei Hamburg 1993.
Bernstein, Eckhard: Mutianus Rufus und sein humanistischer Freundeskreis in Gotha, Köln/Wien 2014.
Bernstein, Eckhard: Ulrich von Hutten. Mit Selbstzeugnissen und Bilddokumenten, Reinbek bei Hamburg 1988.
Beumer, Johannes: Erasmus der Europäer. Die Beziehungen des Rotterdamers zu den Humanisten seiner Zeit unter den verschiedenen Nationen Europas, Werl 1969.
Beumer, Johannes: Erasmus von Rotterdam und seine Freunde aus dem Franziskanerorden, in: Franziskanische Studien 51 (1969), S. 117–129.
Bezzel, Irmgard: Erasmus von Rotterdam. Deutsche Übersetzungen im 16. Jahrhundert, Passau 1980.
Bierlaire, Franz: Erasmus at School. The „De Civilitate Morum Puerilium Libellus", in: Richard DeMolen (Hg.): Essays on the Works of Erasmus, S. 239–251.
Bierlaire, Franz: La familia d'Érasme. Contribution à l'histoire de l'humanisme, Paris 1968.
Bierlaire, Franz: Les Colloques d'Érasme: réforme des études, réforme des moeurs et réforme de l'Église au XVIe siècle, Paris 1978.
Bietenholz, Peter G./Deutscher, Thomas B. (Hg.): Contemporaries of Erasmus. A Biographical Register of the Renaissance and Reformation, 3 Bde., Toronto/Buffalo/London 1985–1987.
Bietenholz, Peter G.: Erasme et le public allemand, 1518–1520. Examen de sa correspondance selon les critères de la publicité intentionnelle ou involontaire, in: Centre d'Etudes Supérieures de la Renaissance de l'Université de Tours (Hg.): L'humanisme allemand (1480–1540). XVIIIe colloque international de Tours, München/Paris 1979, S. 81–98.
Boeff, Jan de: Erasmus and the Church Fathers, in: Irena Backus (Hg.), The Reception of the Church Fathers in the West. From the Carolingians to the Maurists, Leiden [u.a.] 1997, S. 537–572.
Boisset, Jean: Erasme et Luther: Libre ou serf arbitre?, Paris 1962.
Brachin, Pierre.: Vox clamantis in deserto. Reflexions sur le pacifisme d'Erasme, in: Colloquia Erasmiana Turonensia, I, Toronto 1972, S. 247–275.
Brady, Thomas A. Jr./Oberman, Heiko A./Tracy, James D. (Hg.): Handbook of European History 1400–1600. Late Middle Ages, Renaissance and

Reformation, Bd. 1: Structures and Assertions; Bd. 2: Visions, Programs and Outcomes, Leiden/New York/Köln 1994 u. 1995.

Brady, Thomas A.: Turning Swiss. Cities and Empire, 1450–1550, Cambridge 1985.

Brady, Thomas A.: Protestant politics. Jacob Sturm (1489–1553) and the German Reformation. New Jersey 1995 (dt.: Zwischen Gott und Mammon. Protestantische Politik und deutsche Reformation, Berlin 1996).

Branden, Jean-Pierre van den, Erasme et les papes de son temps, Bruxelles 2004.

Brandi, Karl: Kaiser Karl V. Werden und Schicksal einer Persönlichkeit und eines Weltreichs, Frankfurt [7]1979.

Brecht, Martin: Martin Luther, Bd. 1: Sein Weg zur Reformation 1483–1521; Bd. 2: Ordnung und Abrenzung der Reformation 1521–1532, Bd. 3: Die Erhaltung der Kirche 1532–1546, Stuttgart 1981–1987.

Briesemeister, Dietrich: Erasmus und Spanien, in: August Buck (Hg.): Erasmus und Europa, Wiesbaden 1988, S. 75–90.

Brown, Peter: Die Entstehung des christlichen Europa, München 1996.

Buck, August (Hg.): Erasmus und Europa, Wiesbaden 1988.

Burke, Peter: Antwerp. A Metropolis in comparative perspective, Antwerpen 1993.

Burke, Peter: The Spread of Italian Humanism, in: Goodman, Anthony/MacKay, Angus (Hg.): The Impact of Humanism on Western Europe, London/New York 1990, S. 1–23.

Carrington, Laurel: Erasmus' Lingua: the double-edged Tongue, in: Erasmus Studies Bd. 9 (1989), S. 106–143.

Caspari, Fritz: Erasmus on the Social Functions of Christian Humanism, in: Journal of the History of Ideas (Jan. 1947), S. 78–106.

Charlier, Yvonne: Érasme et l'amitié d'après sa correspondance, Paris 1977.

Charrier, Sylvie: Recherches sur l'oeuvre latine en prose de Robert Gaguin (1433–1501), Paris 1996.

Checa Cremades, Fernando: Art et pouvoir, in: Hugo Soly/Johan Van de Wiele (Hg.): Carolus/Charles Quint 1500–1558 (Ausstellungskatalog), Gent 2000, S. 89–99.

Chomarat, Jacques: Grammaire et rhétorique chez Érasme, 2 Bde., Paris 1981.

Christ-von Wedel, Christine: Erasmus von Rotterdam. Anwalt eines neuzeitlichen Christentums, Münster u. a. 2003.

Collard, Franck: Un historien au travail à la fin du XVe siècle: Robert Gaguin, Paris 1996.

Congar, Yves: Der Laie. Entwurf einer Theologie des Laientums, Stuttgart 1956.

Crane, Mark: Forty Years of the „Collected Works of Erasmus" [1964–2014], in: Renaissance and Reformation/Renaissance et Réforme (Fall/automne 2014), S. 71–79.
Curtius, Ernst Robert: Europäische Literatur und lateinisches Mittelalter, Bern/München ⁹1978.
Cytowska, Maria: Korespondencja Eraszma z Rotterdamu z Polakami, Warschau 1965.
Dahrendorf, Ralf: Versuchungen der Unfreiheit. Die Intellektuellen in Zeiten der Prüfung, München 2008.
Dannell, David: William Tyndale. A Biography, New Haven/London 1994.
Davies, Norman: Im Herzen Europas. Geschichte Polens, München 2002.
Delumeau, Jean: La peur en occident (XIVe-XVIIIe siècles), Paris 1987.
Dickens, Arthur Geoffrey: The German Nation and Martin Luther, London 1976.
Doernberg, Erwin: Henry VIII and Luther. An Account of their Personal Relations, Stanford 1960.
Dolan, John Patrick: The influence of Erasmus, Witzel and Cassander in the church ordinances and reform proposals of the united duches of Cleve during the middle decades of the 16th century, Münster 1957.
Drees, Clemens (Hg.): Der Christenspiegel [Der kerstenen spieghel] des Dietrich Kolde [Coelde] von Münster, Werl 1954.
Drysdall, Denis: Erasmus on Tyranny and Terrorism. „Scarabaeus aquilam quaerit" and the „Institutio principis christiani", in: Erasmus of Rotterdam Society Yearbook 29 (2009), Leiden, S. 89–102.
Duke, Alastair: Reformation and Revolt in the Low Countries, London 1990.
Dülmen, Richard van (Hg.): Das Täuferreich zu Münster 1534–1535. Berichte und Dokumente, München 1974.
Dülmen, Richard van: Reformation als Revolution. Soziale Bewegung und religiöser Radikalismus in der deutschen Revolution, München 1977.
Ebels-Hoving, Bunna: Erasmus in de aanval. Aantekeningen bij de Antibarbari, in: Bijdragen en mededelingen betreffende de geschiedenis der Nederlanden 114 (1999), S. 169–191.
Eckert, Willehad Paul: Erasmus von Rotterdam. Werk und Wirkung, Bd. 1: Der humanistische Theologe; Bd. 2: Humanismus und Reformation, Köln 1967.
Elias, Norbert: Über den Prozeß der Zivilisation, Bd. 1: Wandlungen des Verhaltens in den weltlichen Oberschichten des Abendlandes, Frankfurt a. M. 1980.
Elliger, Walter: Außenseiter der Reformation: Thomas Müntzer, Göttingen 1975.
Erasmus von Rotterdam. Vorkämpfer für Frieden und Toleranz. Ausstellung zum 450. Todestag des Erasmus von Rotterdam veranstaltet vom Historischen Museum Basel, Basel 1986.

Erikson, Erik H.: Der junge Mann Luther. Eine psychoanalytische und historische Studie, Frankfurt a. M. 1975.

Estes, James M.: The Achievement of P.S. Allen and the Role of CWE, in: Renaissance and Reformation/Renaissance et Réforme (Summer/été 1989), S. 289–298.

Estes, James M.: The Englishing of Erasmus: The Genesis and Progress of the Correspondence Volumes of the Collected Works of Erasmus, in: Luc Deitz/Timothy Kirchner/Jonathan Reid (Hg.): Neo-Latin and the Humanities: Essays in Honour of Charles E. Fantazzi (Essays and Studies 32), Center for Reformation and Renaissance Studies 2014, S. 143–156.

Faludy, George: Erasmus von Rotterdam, Frankfurt 1970.

Fantazzi, Charles (Hg.): A Companion to Juan Luis Vives, Leiden 2008.

Fantazzi, Charles: The Evolution of Erasmus' Epistolary Style, in: Renaissance and Reformation (Summer 1989), S. 263–288.

Farge, James K.: Le parti conservateur au XVIe siècle. Université et Parlement de Paris à l'époque de la Renaissance et de la Réforme. Préface de Marc Fumaroli, Paris 1992.

Hirsch, Elisabeth Feist: Damião de Gois. The Life and Thought of a Portuguese Humanist, 1502–1574, Den Haag 1967.

Fischer, Ludwig (Hg.): Die lutherischen Pamphlete gegen Thomas Müntzer, München 1976.

Flitner, Andreas: Erasmus im Urteil seiner Nachwelt. Das literarische Erasmus-Bild von Beatus Rhenanus bis zu Jean Le Clerc, Tübingen 1952.

Foakes, Reginald A. (Hg.): King Henry VIII (The Arden Shakespeare), London 1968.

Förstemann, Karl Heinz (Hg.): Urkundenbuch zu der Geschichte des Reichstages zu Augsburg im Jahre 1530, Bd 1, Osnabrück 1966 (Neudr.).

Fox, Alistair: Thomas More. History and Providence, Oxford 1982.

Franzen, August: Bischof und Reformation. Erzbischof Hermann von Wied in Köln vor der Entscheidung zwischen Reform und Reformation, Münster 1971.

Freitag, Werner/Reininghaus, Wilfried (Hg.): Beiträge zur Geschichte der Reformation in Westfalen, Münster 2017.

Friesen, Abraham: Thomas Muentzer. A Destroyer of the Godless: The Making of a Sixteenth Century religious Revolutionary, Berkeley [u.a.] 1990.

Froude, James Anthony: Life and letters of Erasmus. Lectures delivered at Oxford 1893–4. London 1894.

Gail, Anton J.: Erasmus von Rotterdam in Selbstzeugnissen und Bilddokumenten, Reinbek bei Hamburg 2004.

Gerlo, Aloïs: Erasme et ses portraitistes: Metsijs, Dürer, Holbein, Nieuwkoop 1969.

Gerlo, Aloïs: The opus de conscribendis epistolis of Erasmus and the Tradition of the Ars Epistolica, in: Robert R. Bolgar (Hg.): Classical Influences on European Culture A.D. 5001500, Cambridge 1971, S. 103114.

Giesen, Bernhard (Hg.): Nationale und kulturelle Identität. Studien zur Entwicklung des kollektiven Bewußtseins in der Neuzeit, Frankfurt a. M. 1991.

Godin, André: De Vitrier à Origène. Thématique et vocabulaire origéniens dans l'enchiridion militis christiani, in: Ders.: Érasme lecteur d'Origène, Genf 1982, S. 33–74.

Godin, André: Érasme et le modèle origénien de la prédication, in: Colloquia Erasmiana Turonensia 2 (1972), S. 807–820.

Godin, André: Jean Vitrier et le „cenacle" de Saint-Omer, in: Colloquia Erasmiana Turonensia 2 (1972), S. 781–805.

Godin, André: L'Homéliaire de Jean Vitrier. Spiritualité Franciscaine en Flandre au XVIe Siècle. Texte, Etude Thématique et Sémantique, Genf 1971.

Goertz, Hans-Jürgen: Die Täufer. Geschichte und Deutung, München 1980.

Göllner, Carl: Turcica. Die europäischen Türkendrucke des XVI. Jahrhunderts. Bd. 3: Die Türkenfrage in der öffentlichen Meinung Europa im 16. Jahrhundert, Buccuresti/Baden-Baden 1978.

Goodman, Anthony/MacKay, Angus: The impact of humanism in Western Europe, London/New York 1990.

Greenfeld, Liah: Nationalism. Five Roads to Modernity, Cambridge Mass./London 1992.

Gülpen, Ilonka van: Der deutsche Humanismus und die frühe Reformations-Propaganda 1520–1526. Das Lutherportrait im Dienst der Bildpublizistik, Hildesheim 2002.

Guthmüller, Bodo (Hg.): Latein und Nationalsprachen in der Renaissance (Wolfenbütteler Abhandlungen zur Renaissanceforschung 17), Wiesbaden 1998.

Gutmann, Elsbeth: Die Colloquia Familiaria des Erasmus von Rotterdam, Basel/Stuttgart 1967.

Guy, John: Thomas More, London 2000.

Hadot, Jean: Erasme à Tournehem et à Courtebourne, in: Colloquia Erasmiana Turonensia 1 (1969), S. 87–96.

Hale, John: The Civilization in Europe in the Renaissance, London 1993 (Deutsch: Die Kultur der Renaissance in Europa, München 1994).

Halkin, Léon E.: Erasme: La guerre et la paix, in: Franz Josef Worstbrock (Hg.): Krieg und Frieden im Horizont des Renaissancehumanismus, Weinheim 1986, S. 13–44.

Halkin, Léon E.: Erasmus ex Erasmo. Érasme éditeur de sa correspondance, Aubel 1983.

Halkin, Léon E.: Érasme et la mort, in: Revue de l'histoire des religions, vol. 200 (Juillet-Septembre 1983), S. 269–291.
Halkin, Léon E.: Érasme parmi nous, Paris 1987 (Deutsch: Erasmus von Rotterdam. Eine Biografie, Zürich 1989).
Hartmann, Alfred: Gedenkschrift zum 400. Todestage des Erasmus von Rotterdam, Basel 1936.
Headley, John M.: Gattinara, Erasmus, and the Imperial Configurations of Humanism, in: Archiv für Reformationsgeschichte 71 (1980), S. 64–98.
Headley, John M.: The emperor and his chancellor. A study of the imperial chancellery under Gattinara, Cambridge 1983.
Heer, Friedrich: Erasmus von Rotterdam, Frankfurt a. M. 1962.
Heer, Friedrich: Die Dritte Kraft. Der europäische Humanismus zwischen den Fronten des konfessionellen Zeitalters, Frankfurt a. M. 1960.
Hein, Rudolf B.: „Gewissen" bei Adrian von Utrecht [Hadrian VI.], Erasmus von Rotterdam und Thomas More. Ein Beitrag zur systematischen Analyse des Gewissensbegriffs in der katholischen nordeuropaischen Renaissance, Münster u. a. 2000.
Heinisch, K. J. (Hg): Der utopische Staat, Reinbek bei Hamburg 1960.
Heinrich, Hans Peter: Thomas Morus, Reinbek bei Hamburg 1984.
Herding, Otto: Erasmus von Rotterdam, in: Lexikon des Mittelalters, Bd. 3 (1986), S. 2096–2100.
Herding, Otto: Wimpfelings Begegnung mit Erasmus. Ein Kapitel aus der Geschichte des oberrheinischen Humanismus, in: Klaus Heitmann (Hg.): Renatae litterae. Studien zum Nachleben der Antike und zur europäischen Renaissance. August Buck zum 60. Geburtstag, Frankfurt a. M. 1973, S. 131–155.
Herding, Otto: Zur Amsterdamer Ausgabe (ASD) der Werke des Erasmus, in: Ludwig Hödl (Hg.): Probleme der Edition mittel- und neulateinischer Texte, Boppard 1978, S. 101–115.
Hermans, Jos M. M./Peters, Robert (Hg.): Humanistische Buchkultur. Deutsch-Niederländische Kontakte im Spätmittelalter (1450–1520), Münster 1997.
Hillerbrand, Hans J. (Hg.): The Oxford Encyclopedia of the Reformation, 4 Bde., New York/Oxford 1996.
Himelick, Raymond (Hg): Erasmus and the Seamless Coat of Jesus. De sarcienda ecclesiae concordia (On the Restoring the Unitiy of the Church) With Selections from the Letters and Ecclesiastes, Lafayette, Ind. 1971.
Hirschi, Caspar: Wettkampf der Nationen. Konstruktionen einer deutschen Ehrgemeinschaft an der Wende vom Mittelalter zur Neuzeit, Göttingen 2005.
Hochrenaissance im Vatikan. Kunst und Kultur im Rom der Päpste 1503–1534 Ausstellungskatalog: Kunst- und Ausstellungshalle der Bundesrepublik Deutschland Bonn, Ostfildern-Ruit 1998.

Holborn, Hajo: Ulrich von Hutten, Göttingen 1968.
Holeczek, Heinz: Erasmus Deutsch. Bd. 1: Die volkssprachliche Rezeption des Erasmus von Rotterdam in der reformatorischen Öffentlichkeit 1519–1536, Stuttgart-Bad Cannstatt 1983.
Holezcek, Heinz: Erasmus, der Lehrer der Lehrer und gelehrter Humanist, in: Erasmus von Rotterdam. Vorkämpfer für Frieden und Toleranz. Ausstellung zum 450. Todestag des Erasmus von Rotterdam veranstaltet vom Historischen Museum Basel, Basel 1986, S. 13–16.
Hombergh, Frederik A. H. van den: Leven en Werk van Jan Brugman O. F. M. (1400–1473), Groningen 1967.
Homza, Lu-Ann: Erasmus as Hero, or Heretic? Spanish Humanism and the Valladolid Assembly of 1527, in: Renaissance Quarterly 50 (1997), S. 78–118.
Honée, Eugène: Erasmus und die Religionsverhandlungen der deutschen Reichstage (1524–1530), in: Marianne E.H.N. Mout/Heribert Smolinsky/Johannes Trapman (Hg.): Erasmianism: Ideal and Reality, Amsterdam – Oxford – New York – Tokyo 1997, S. 65–75.
Howard, Michael: Der Krieg in der europäischen Geschichte, München 1981.
Hsia, R. Po-chia: Reform and Expansion 1500–1660 (Cambridge History of Christianity 6), Cambridge 2007.
Hsia, Ronnie Po-chia: Gegenreformation. Die Welt der katholischen Erneuerung 1540–1770, Frankfurt a. M. 1998.
Huijbregts, G. A.: De geschiedenis van Bergen op Zoom: Bergen op Zoom onder de heren van Glymes 1419 – 1567, in: De Waterschans Jg. 30 (2000) u. Jg. 31 (2001).
Huizinga, Johan: Erasmus. Eine Biographie. Mit einem Nachwort von Heinz Holezcek und aktualisierter Bibliographie [Dt. Übers.: Werner Kaegi], Reinbek bei Hamburg 1993.
Huizinga, Johan: Herbst des Mittelalters. Studien über Lebens- und Geistesformen des 14. und 15. Jahrhunderts in Frankreich und in den Niederlanden, hg. Kurt Köster, Stuttgart 1975.
Hyma, Albert: The Youth of Erasmus. Ann Arbor 1930 (New York ²1968).
IJsewijn, Jozef: Humanism in the Low Countries. A collection of studies selected and edited by Gilbert Tournoy, Löwen 2015.
IJsewijn, Jozef: The coming of humanism in the Low Countries, in: Heiko A. Oberman (Hg.): Itinerarium Italicum. Essay in Honour of P. O. Kristeller, Leiden 1975, S. 193–304.
Immenkötter, Herbert: Die Confutatio der Confessio Augustana vom 3. August 1530 (Corpus Catholicorum 33), Münster 1979.
Israel, Jonathan: The Dutch Republic. Its Rise, Greatness, and Fall 1477–1806, Oxford 1995.

Jardine, Lisa (Hg.): Erasmus: The Education of a Christian Prince with the Panegyric for Archduke Philip of Austria (Cambridge Texts in the History of Political Thought), Cambridge 1997.
Jardine, Lisa: Erasmus, Man of Letters. The Construction of Charisma by Print, Princeton, N. J. 1995.
Jobert, Ambroise: De Luther a Mohila. La Pologne dans la crise de la Chrétienté 1517–1648, Paris 1974.
Johnson, Paul: A History of Christianity, Harmondsworth 1978.
Jürgens, Henning P.: Johannes a Lasco in Ostfriesland. Der Werdegang eines europäischen Reformators, Tübingen 2002.
Kamp, Hermann: Burgund. Geschichte und Kultur, München 2007.
Kautsky, Karl: Thomas More und seine Utopie, Bonn-Bad Godesberg 1973.
Kelly, John N. D., Lexikon der Päpste, Ditzingen 2005.
Kilcoyne, F. P.: Rethinking „Continuity": Erasmus' Ecclesiastes and the Artes Praedicandi, in: Renaissance and Reformation 21 (1997), S. 5–24.
Kleinhans, Robert G: „Ecclesiastes" sive „de Ratione Concionandi", in: Richard L. DeMolen (Hg.): Essays on the Works of Erasmus, New Haven/London 1978, S. 253–266.
Kloosterhuis, Elisabeth: Erasmusjünger als politische Reformer. Humanismusideal und Herrschaftspraxis am Niederrhein im 16. Jahrhundert, Köln 2006.
Knecht, Robert J.: Un prince de la Renaissance. François Ier et son royaume, Paris 1998.
Kohler, Alfred: Ferdinand I. 1503–1664. Fürst, König und Kaiser, München 2003.
Kohler, Alfred: Karl V. 1500–1558. Eine Biographie, München 1999.
Kohler, Alfred: Quellen zur Geschichte Karls V., Darmstadt 1990.
Kohls, Ernst-Wilhelm: Die Theologie des Erasmus, 2 Bde., Basel 1966.
Krailsheimer, Alban J.: The Continental Renaissance 15001600, London 1971.
Krebs, Manfred/Rott, Hans Georg: Quellen zur Geschichte der Täufer, Bd. 7: Elsaß I: Stadt Straßburg 1522–1532, Bd. 8: Elsaß II: Stadt Straßburg 1533–1535, Gütersloh 1959–1960.
Krüger, Friedhelm: Bucer und Erasmus. Eine Untersuchung zum Einfluß des Erasmus auf die Theologie Martin Bucers, Wiesbaden 1970.
Krüger, Friedhelm: Humanistische Evangelienauslegung. Desiderius Erasmus von Rotterdam als Ausleger der Evangelien in seinen Paraphrasen, Tübingen 1988.
La Garanderie, Marie-Madeleine de: Christianisme et lettres profanes (1515–1535). Essai sur les mentalités des milieus intellectuels parisiens et sur la pensée de Guillaume Budé, Lille/Paris 1976.
Lademacher, Horst: Geschichte der Niederlande, Darmstadt 1983.
Langereis, Sandra: Erasmus. Biografie eines Freigeists, Berlin 2023.

Le Goff, Jacques: Les intellectuels au Moyen Age, Paris 1985.
Lebeau, Jean: Erasme, l'Alsace et son temps (Ausstellungskatalog), Straßburg 1971.
Lehmann, Oscar: Herzog Georg der Bärtige von Sachsen im Briefwechsel mit Erasmus von Rotterdam und dem Erzbischof Sadolet, Leipzig 1889.
Leppin, Volker: Martin Luther, Darmstadt 2006.
LeRoy Ladurie, Emmanuel: Eine Welt im Umbruch. Der Aufstieg der Familie Platter im Zeitalter der Renaissance und Reformation, Stuttgart 1998.
Lettinck, Nico: „Praten als Brugman". De wereld van een Nederlandse volksprediker aan het einde van den Middeleeuven, Hilversum 1999.
Levy, Anthony: Renaissance and Reformation. The Intellectual Genesis, New Haven/London 2002.
Liechtenhan, Rudolf: Die politische Hoffnung des Erasmus und ihr Zusammenbruch, in: Gedenkschrift zum 400. Todestage des Erasmus von Rotterdam, Basel 1936, S. 144-165.
Lienhard, Marc: Die Radikalen des 16. Jahrhunderts und Erasmus, in: Marianne E.H.N. Mout/Heribert Smolinsky/Johannes Trapman (Hg.): Erasmianism: Ideal and Reality, Amsterdam/Oxford/New York/Tokyo 1997, S. 91-104.
Liessem, Hermann Joseph: Hermann von dem Busche. Sein Leben und seine Schriften, in: Programm des Kaiser Wilhelm Gymnasiums in Köln, 1884 – 1908 (Nachdruck: Nieuwkoop: de Graaf, 1965).
Lohse, Bernhard: Erasmus und die Verhandlungen auf dem Reichstag zu Augsburg 1530, in: Herbert Immenkötter/Gunther Wenz (Hg.): Im Schatten der Confessio Augustana. Die Religionsverhandlungen des Augsburger Reichstages 1530 im historischen Kontext. (Reformationsgeschichtliche Studien und Texte 135), Münster 1997, S. 70-83.
Lortz, Joseph: Die Reformation in Deutschland, 2 Bde., Freiburg 1941.
Ludolphy, Ingetraut: Die Ursachen der Gegnerschaft zwischen Luther und Herzog Georg von Sachsen, in: Luther-Jahrbuch 1965, Hamburg 1965.
Lutz, Heinrich: Kaiser, Reich und Christenheit. Zur weltgeschichtlichen Würdigung des Augsburger Reichstages 1530, in: Historische Zeitschrift Bd. 230 (1980), S. 57-88.
MacCutcheon, R. R.: The Responsio ad Lutherum: Thomas More's Inchoate Dialogue With Heresy, in: Sixteenth Century Journal 22 (1991), S. 77-90.
Maczak, Antoni: Poland, in: Roy Porter/Mikulas Teich (Hg.): The Renaissance in National Context, Cambridge 1994, S. 180-196.
Mandrou, Robert: Des Humanistes aux homme de science XVIe et XVIIe siècles (Histoire de la pensée européenne 3), Paris 1973.
Mann Phillips, Margaret: Erasmus and the Northern Renaissance, London 1949 (Nachdruck: 1981).
Mann Phillips, Margaret: Erasmus on the Tongue, in: Erasmus of Rotterdam Society Yearbook 1 (1981), S. 113-125.

Mann Phillips, Margaret: The „Adages" of Erasmus. A Study with Translations, Cambridge 1964.
Mansfield, Bruce: Interpretations of Erasmus c 1550–1750: Phoenix of His Age (Bd. 1); Interpretations of Erasmus 1750–1920: Man on His Own (Bd. 2); Interpretations of Erasmus c 1920–2000: Erasmus in the Twentieth Century (Bd. 3), Toronto 1979/1992/2003.
Marc'hadour, Germain: Le Nouveau Testament dans la correspondance d'Erasme, in: La correspondance d'Erasme et l'épistolographie humaniste, Brüssel 1985.
Marc'hadour, Germain: L'Univers de Thomas More. Chronologie critique de More, Erasme et leur époque (14771536), Paris 1963.
Margolin, Jean-Claude: Érasme. Précepteur de l'Europe, Paris 1995.
Margolin, Jean-Claude: The Method of „Works and Things" in Erasmus „De Pueris Instituendis" (1529) and Comenius' „Orbis Sensualium Pictus" (1658), in: Richard DeMolen (Hg.): Essays on the Works of Erasmus, New Haven/London 1978, S. 221–238.
Marius, Richard: Martin Luther. The Christian Betweeen God and Death, Cambridge, Mass. 1999.
Marius, Richard: Thomas Morus. Eine Biographie, Zürich 1987.
Marti, Susan u. a. (Hg.): Karl der Kühne (1433–1477). Kunst, Krieg und Hofkultur (Ausstellungskatalog), Stuttgart 2008.
Martz, Louis: Thomas More. The Search for the Inner Man, New Haven und London 1990.
Marx, Harald/Kluth, Eckhard (Hg.), Glaube und Macht. Sachsen im Europa der Reformationszeit [Ausstellungskatalog], Dresden 2004.
McNeill, David O.: Gillaume Budé and Humanism in the Reign of Francis I, Genf 1975.
Mellink, Albert F.: Wederdopers in de Noordelijke Nederlanden 1531–1544, Groningen 1953.
Mellink, Albert F.: The Mutual Relations between the Münster Anabaptists and the Netherlands, in: Archiv für Reformationsgeschichte 50, 1959.
Mestwerdt, Paul: Die Anfänge des Erasmus. Humanismus und Devotio Moderna, Leipzig, 1917.
Miaskowski, Kasimir v.: Die Korrespondenz des Erasmus von Rotterdam mit Polen (Diss. Breslau), Posen 1901.
Miaskowski, Kasimir von: Jugend- und Studienjahre des ermländischen Bischofs und Kardinals Stanislaus Hosius, in: Zschr. f. Gesch. u. Altertumskunde Ermlands 19 (1914–16), S. 329–394.
Moeller, Bernd: Reichsstadt und Reformation (Neuausgabe), Berlin 1987.
Molen, Richard de (Hg.): Essays on the Works of Erasmus, New Haven/London 1978.
Mout, Marianne E.H.N./Smolinsky, Heribert/Trapman, Johannes (Hg.): Erasmianism. Ideal and Reality, Proceedings of the colloquium, Amster-

dam, 19–21 September 1996, Amsterdam/Oxford/New York/Tokyo 1997.
Müller, Gerhard: Die römische Kurie und die Reformation 1523–1534, Gütersloh 1977.
Nauert, Charles G.: Humanism and the Culture of Renaissance (New Approaches to European History), Cambridge 1995.
Neagu, Cristina: Servant of the Renaissance. The Poetry and Prose of Nicolaus Olahus, Frankfurt a. M. u. a. 2003.
Neuhaus, Helmut: Das Reich und die Wiedertäufer von Münster, in: Westfälische Zeitschrift 133 (1983), S. 9–36.
Newald, Richard: Erasmus Roterodamus, Freiburg 1947.
North, Michael: Geschichte der Niederlande, München 2003.
O'Malley, John: Erasmus and Luther. Continuity and Discontinuity as Key to Their Conflict, in: Sixteenth Century Journal 5 (1974), S. 47–65.
O'Rourke Boyle, Marjorie: Rhetoric and Reform: Erasmus' Civil Dispute with Luther, Cambridge, Mass./London 1983.
Oberman, Heiko A.: Luther. Mensch zwischen Gott und Teufel, München 1986.
Oelrich, Karl Heinz: Der späte Erasmus und die Reformation, Münster 1961.
Parker, Geoffrey: Der Kaiser. Die vielen Gesichter Karls V., Darmstadt 2020.
Parker, Geoffrey: Der Aufstand der Niederlande. Von der Herrschaft der Spanier zur Gründung der Niederländischen Republik 1549–1609, München 1979.
Datsko Barker, Paula S., Caritas Pirckheimer: A Female Humanist confronts the Reformation, in: Sixteenth Century Journal 26 (1995), S. 259–272.
Peterse, Hans: Jacobus Hoogstraeten gegen Johannes Reuchlin. Ein Beitrag zur Geschichte des Antijudaismus im 16. Jahrhundert, Mainz 1995.
Peterse, Hans: „Süß scheint der Krieg den Unerfahrenen." Erasmus von Rotterdam über Krieg und Frieden, in: Ders. (Hg.): „Süß scheint der Krieg den Unerfahrenen." Das Bild vom Krieg und die Utopie des Friedens in der Frühen Neuzeit. Göttingen 2006, S. 9–23.
Peremans, Nicole: Érasme et Bucer d'après leur correspondance, Paris 1970.
Pfeiffer, Rudolf: Die Wandlungen der ‚Antibarbari', in: Gedenkschrift zum 400. Todestage des Erasmus von Rotterdam, Basel 1936, S. 50–68.
Pollet, Jacques V.: Origine et structure du de carcienda ecclesiae concordia d'Erasme, in: Scrinium Erasmianum II, Leiden 1969, S. 183–195.
Pollet, Jacques V.: Julius Pflug (1499–1564) et la crise religieuse dans l'Allemagne du XVIe siècle Essai de synthèse biographique et théologique, Leiden 1990.
Pollet, Jacques V.: Martin Bucer: Etudes sur la correspondance, avec de nombreux textes in édits, 2 Bde., Paris 1958–62.
Postma, Folkert: Viglius van Aytta als humanist en diplomaat (1507–1549), Zutphen 1983.

Price, David H: Johannes Reuchlin and the Campaign to Destroy Jewish Books, Oxford 2010.
Ranke, Leopold von: Deutsche Geschichte im Zeitalter der Reformation, 4 Teile, hg. Willy Andreas, Hamburg 1957 (1. Aufl.: 1839–47, 6 Bde.).
Reichel, Gisela: Herzog Georg der Bärtige und Erasmus von Rotterdam. Eine Studie über Humanismus und Reformation im albertinischen Sachsen (mschr. Diss.), Leipzig 1947.
Reinhardt, Volker: Der Primat der Innerlichkeit und die Probleme des Reichs. Zum deutschen Nationalgefühl der frühen Neuzeit, in: Martin Bernd (Hg.): Deutschland in Europa. Ein historischer Überblick, München 1992, S. 88–104.
Reinhardt, Volker: Die Tyrannei der Tugend. Calvin und die Reformation in Genf, München 2009.
Renaudet, Augustin: Érasme et l'Italie, Genf ²1999.
Renaudet, Augustin: Erasme. Sa pensée religieuse et son action d'après sa correspondance (1518–1521), Paris 1926 (Nachdruck: Genf ²1970).
Renaudet, Augustin: Etudes Èrasmiennes 1521–1529, Paris 1939.
Renaudet, Augustin: Préréforme et Humanisme à Paris pendant les premières guerres d'Italie (1494 –1516). Deuxième édition, revue et corrigée, Paris 1981.
Reulos, Michel: Paris au temps d'Érasme, in: Colloquia Erasmiana Turonensia 1 (1969), S. 79–86.
Ribhegge, Wilhelm: Erasmus und Karl V.: Der Intellektuelle und die Politik, in: Christoph Strosetzki (Hg.): Aspectos históricos y culturales bajo Carlos V/Aspekte der Geschichte und Kultur unter Karl V. (Studia Hispanica 9), Frankfurt a. M./Madrid 2000, S. 159–187.
Ribhegge, Wilhelm: Das Reich Karls V., die Reformation und das Täuferreich zu Münster, in: Barbara Rommé (Hg.): Das Königreich der Täufer. Reformation und Herrschaft der Täufer in Münster, Münster 2000.
Ribhegge, Wilhelm: Erasmus und Europa: Studien zur Korrespondenz des Erasmus von Rotterdam, in: Zeitschrift für Historische Forschung 25 (1998), S. 549–580.
Ribhegge, Wilhelm: Erasmus von Rotterdam und der burgundische Hof: „Institutio principis christiani" (1516), in: Chantal Grell/Werner Paravicini/Jürgen Voss (Hg.): Les princes et l'histoire du XIVe au XVIIIe siècle, Bonn 1998, S. 373–401.
Ribhegge, Wilhelm: Erasmus von Rotterdam, Darmstadt 2010.
Ribhegge, Wilhelm: Erasmus, Luther und Karl V. Nationale oder europäische Geschichte?, in: Iberoromania Bd. 54 (2001), S. 53–71.
Ribhegge, Wilhelm: German or European Identity? Luther and Erasmus in Nineteenth- and Twentieth-Century German Cultural History and Historiography, in: Christian Emden/David Midgley (Hg.): Cultural Memory and Historical Consciousness in the German Speaking World Since 1500,

Bd. 1: Papers from the Conference ‚The Fragile Tradition' – Cambridge 2002, Oxford u. a. 2004, S.139–163.

Ribhegge, Wilhelm: Geschichte der Universität Münster. Europa in Westfalen, Münster 1985.

Ribhegge, Wilhelm: Latein und die nationalen Sprachen bei Erasmus von Rotterdam, Martin Luther und Thomas More, in: Bodo Guthmüller (Hg.): Latein und Nationalsprachen in der Renaissance, Wiesbaden 1998, S. 151–180.

Ribhegge, Wilhelm: Humanisten vor dem Ernstfall. Die „Klage des Friedens" von Erasmus von Rotterdam oder Wie Geschichte zurückgewonnen wurde, in: Frankfurter Allgemeine Zeitung, 12.12.1998.

Ribhegge, Wilhelm: Stadt und Nation in Deutschland vom Mittelalter bis zur Gegenwart. Die Entstehung der Zivilgesellschaft aus der Tradition der Städte, Münster u. a. 2002.

Ribhegge, Wilhelm: Thomas More: Utopia (1516). Geschichte als Gespräch, in: Ders.: Europa-Nation-Region. Perspektiven der Stadt- und Regionalgeschichte, Darmstadt 1991, S. 48–71.

Ribhegge, Wilhelm: Thomas More's „Utopia". The humanist view of city and court in the Renaissance, in: Wolfenbütteler Renaissance-Mitteilungen 29 (2005), S. 18–31.

Ribhegge, Wilhelm: Westfälische Humanisten, in: Wolfenbütteler Renaissance Mitteilungen 17 (1993) u. 18 (1994).

Robert, Jörg: Norm, Kritik und Autorität. Der Briefwechsel „De imitatione" zwischen Gianfrancesco Pico della Mirandola und Pietro Bembo und der Nachahmungsdiskurs in der Frühen Neuzeit, in: Daphnis. Zeitschrift für mittlere deutsche Literatur und Kultur der frühen Neuzeit (1400–1750), Bd. 30 (2001), S. 597–644.

Roberts, John M.: A History of Europe, London 1997.

Rublack, Ulinka: Die Reformation in Europa, Frankfurt a. M. 2003.

Rummel, Erika: „Et cum Theologo bella poeta gerit": The Conflict between Humanists and Scholastics Revisited, in: The Sixteenth Century Journal 23 (1992), S. 713–726.

Rummel, Erika: Erasmus and his Catholic critics. Bd. 1: 1515–1522; Bd. 2: 1523–1536 Nieuwkoop 1989.

Rummel, Erika: Erasmus and the Restoration of Unity in the Church, in Howard P. Louthan/Randall C. Zachman (Hg.): Concilation and Confession: the Struggle for Unity in the Age of Reform 1415–1618, Notre Dame, Ind. 2004.

Rummel, Erika: Erasmus on Women, Toronto 1996.

Rupp, Michael: „Narrenschiff" und „Stultifera Navis". Deutsche und lateinische Moralsatire von Sebastian Brant und Jakob Locher in Basel 1494–1498, Münster 2002.

Scarisbrick, John J.: Henry VIII, London 1968 (Neudruck: 1981).

Scheible, Heinz: Melanchthon. Eine Biographie, München 1997.
Schieber, Martin: Nürnberg. Eine illustrierte Geschichte der Stadt, München 2000.
Schilling, Heinz: Erasmus und die politischen Kräfte seines Zeitalters, in: Dieter Hein/Klaus Hildebrand/Andreas Schulz (Hg.): Historie und Leben. Der Historiker als Wissenschaftler und Zeitgenosse, München 2006, S. 379–390.
Schmidt, Paul Gerhard (Hg.): Humanismus im deutschen Südwesten. Biographische Profile, Sigmaringen 1993.
Schneider, Christoph/Vögeli, Benedikt (Hg.): Griechischer Geist aus Basler Pressen (Katalog der frühen griechischen Drucke aus Basel in Text und Bild). Internetausgabe der Öffentlichen Bibliothek der Universität Basel, Basel 2003.
Schoeck, Richard J.: Erasmus of Europe, Bd. 1: The Making of a Humanist 1467–1500, Bd. 2: The Prince of Humanists 1501–1536, Edinburgh 1990–1993.
Schoeck, Richard J.: The Geography of Erasmus, in: Fokke Akkerman/Arjo J Vanderjagt/Adrie van der Laan (Hg.): Northern Humanism in European Context 1469–1625, Leiden/Boston/Köln 1999, S. 198–204.
Schottenloher, Otto: Erasmus im Ringen um die humanistische Bildungsreform. Ein Beitrag zum Verständnis seiner geistigen Entwicklung, Münster 1933.
Schottenloher, Otto: Erasmus, Johann Poppenruyter und die Entstehung des Enchiridion militis christiani, in: Archiv für Reformationsgeschichte 45 (1954), S. 109–116.
Schramm, Gottfried: Der polnische Adel und die Reformation 1548–1607, Wiesbaden 1965.
Schröer, Alois: Die Kirche in Westfalen vor der Reformation, Bd. 2, Münster 1967.
Schultz, Uwe: Erasmus von Rotterdam. Der Fürst der Humanisten, München 1998.
Screech, Michael A.: Erasmus: Ecstasy and the Praise of Folly, Harmondsworth 1988.
Segel, Harold B.: Renaissance Culture in Poland. The Rise of Humanism 1470–1543, New York, 1989.
Seibt, Ferdinand: Karl V. Der Kaiser und die Reformation, Berlin 1990.
Seidel Menchi, Silvana: Do we need the 'ism'? Some Mediterranean Pespectives, in: Marianne E.H.N. Mout/Heribert Smolinsky/Johannes Trapman (Hg.): Erasmianism: Ideal and Reality, Amsterdam/Oxford/New York/Tokyo 1997, S. 47–64.
Seidel Menchi, Silvana: Erasmus als Ketzer. Reformation und Inquisition im Italien des 16. Jahrhunderts, Leiden-New York-Köln 1993.

Seppelt, Franz Xaver/Schwaiger, Georg: Geschichte der Päpste. Von den Anfängen bis zur Gegenwart, München 1964.
Shaw, Christine: Julius II: The Warrior Pope, Oxford 1993.
Skinner, Quentin: The Foundations of Modern Political Thought, vol. 1: The Renaissance, Cambridge 1978.
Smith, Preserved: A key to the colloquies of Erasmus, New York 1969 (Repr. d. Ausg. von 1927).
Smith, Preserved: Erasmus: A Study of His Live and Place in History (1923), Neuauflage: New York 1962.
Smolinsky, Heribert: Aspekte geistigen Lebens zur Zeit Herzog Georgs des Bärtigen (1500–1539), in: Harald Marx/Cecilie Hollberg (Hg.: Glaube und Macht. Sachsen im Europa der Reformationszeit. Aufsätze, Dresden 2004, S. 61–69.
Smolinsky, Heribert: Augustin von Alveldt und Hieronymus Emser. Eine Untersuchung zur Kontroverstheologie der frühen Reformationszeit im Herzogtum Sachsen, Münster 1984.
Southern, Richard W.: Western Society and the Church in the Middle Ages, Harmondsworth 1979.
Spitz, Lewis W.: Humanism in Germany, in: Anthony Goodman/Angus MacKay (Hg.): The Impact of Humanism on Western Europe, London/New York 1990, S. 202–219.
Spitz, Lewis W.: The Religious Renaissance of German Humanists, Cambridge, Mass. 1963.
Stasiewski, Bernhard: Reformation und Gegenreformation in Polen. Neue Forschungsergebnisse, Münster 1960.
Strosetzki, Christoph (Hg.): Juan Luis Vives. Sein Werk und seine Bedeutung für Spanien und Deutschland. Akten der internationalen Tagung vom 14.–15. Dezember 1992 in Münster, Frankfurt a. M. 1995.
Stupperich, Robert: Erasmus und Melanchthon in ihren gemeinsamen Bestrebungen, in: Centre d'Etudes Supérieures de la Renaissance de l'Université de Tours (Hg.): L'humanisme allemand (1480–1540). XVIIIe colloque international de Tours, München/Paris 1979, S. 405–426.
Stupperich, Robert: Erasmus von Rotterdam und seine Welt, Berlin/New York 1977.
Telle, Emile V.: Erasmus' „Ciceronianus": A Comical Colloquy, in: Richard DeMolen (Hg.): Essays on the Works of Erasmus, New Haven/London 1978, S. 211–220.
Tenorth, Heinz-Elmar: Klassiker der Pädagogik, Bd. 1: Von Erasmus bis Helene Lange, München 2003.
Thienen, Gerard van/Goldfinch, John: Incunabula Printed in the Low Countries. A Census, Nieuwkoop 1999.
Thomson, Douglas F. S.: Erasmus and Paris, in: Gerald Sandy (Hg.): The Classical Heritage in France, Leiden u. a. 2002, S. 109–136.

Tracy, James D.: Erasmus becomes a German, in: Renaissance Quarterly 21 (1968), S. 281–188.
Tracy, James D.: Against the ‚Barbarians': The Young Erasmus and His Humanist Contemporaries, in: Sixteenth Century Journal 11 (1980), S. 3–22.
Tracy, James D.: Erasmus of the Low Countries, Berkeley und London 1996.
Tracy, James D.: The Politics of Erasmus. A Pacifist Intellectual and His Political Milieu, Toronto/Bullalo/London 1978.
Trapman, Johannes: Editing the Works of Erasmus. Some Observations on the Amsterdam Edition (ASD), in: Erika Rummel/Milton Kooistra (Hg.): Reformation Sources. The Letters of Wolfgang Capito and His Fellow Reformers in Alsace and Switzerland (Centre for Reformation and Renaissance Studies), Toronto 2007, S. 87–101.
Treu, Erwin: Die Bildnisse des Erasmus von Rotterdam, Basel 1959.
Uhlig, Siegbert/Bühring, Gernot: Damian de Góis' Schrift über Glaube und Sitten der Äthiopier [lat. u. dt.], Wiesbaden 1994.
Vickers, Brian: In Defence of Rhetoric, Oxford 1988.
Vocht, Henry de: John Dantiscus and his Netherlandish Friends, Löwen 1961.
Volkmar, Christoph: Die Heiligenerhebung Bennos von Meißen (1524/24). Spätmittelalterliche Frömmigkeit, landesherrliche Kirchenpolitik und reformatorische Kritik im albertinischen Sachsen in der frühen Reformationszeit, Münster 2002.
Vossler, Otto: Herzog Georg der Bärtige und seine Ablehnung Luthers, in: Historische Zeitschrift 184 (1957), S. 272–291.
Vredeveld, Harry: The Ages of Erasmus and the Year of His Birth, in: Renaissance Quarterly (Winter 1993), S. 754–809.
Wallraff, Martin/Seidel Menchi, Silvana/Greyerz, Kaspar von: Basel 1516. Erasmus' Edition of the New Testament, Tübingen 2016.
Walter, Peter: Die Theologie aus dem Geist der Rhetorik. Zur Schriftauslegung des Erasmus von Rotterdam, Mainz 1991.
Wartenberg, Günther: Zum „Erasmianismus" am Dresdener Hof Georgs des Bärtigen, in: Nederlands Archief voor Kerkgeschiedenis 66 (1986), S. 2–16.
Weiss, Roberto: Learning and education in Western Europe from 1470 to 1520, in: George R. Potter (Hg.): The New Cambridge Modern History, Bd. 1: The Renaissance 1493–1520, Cambridge 1978, S. 95–126.
Wiesflecker, Hermann: Kaiser Maximilian I. Bd. 1: Jugend, burgundischen Erbe und Römisches Königtum bis zur Alleinherrschaft 1459–1493, Wien 1971; Bd. 5: Der Kaiser und seine Umwelt: Hof, Staat, Wirtschaft, Gesellschaft u. Kultur, München 1986.
Wilson, Derek: In the Lion's Court. Power, Ambition and Sudden Death in the Reign of Henry VIII, London 2001.

Winkler, Gerhard: Die Bernhardrezeption bei Erasmus von Rotterdam, in: Kaspar Elm (Hg): Bernhard von Clairvaux. Rezeption und Wirkung im Mittelalter und in der Neuzeit, Wiesbaden 1994.

Wohlfeil, Rainer: Der Wormser Reichstag von 1521, in: Fritz Reuter (Hg.): Der Reichstag zu Worms von 1521. Reichspolitik und Luthersache, Köln/ Wien 1981, S. 59–154.

Wojtyska, Henry Damien: Cardinal Hosius. Legate to the Council of Trent, Rom 1967.

Wolter, Hans: Das Bekenntnis des Kaisers, in: Fritz Reuter (Hg.): Der Reichstag zu Worms von 1521. Reichspolitik und Luthersache, Köln/Wien 1981, S. 222–236.

Worstbrock, Franz Josef: Erasmus, in: Franz J. Worstbrock (Hg.): Deutscher Humanismus 1480–1520. Verfasserlexikon Bd. 1, Berlin u. a. 2008, Sp. 658–804.

Worstbrock, Franz: Der Brief im Zeitalter der Renaissance, Weinheim 1983.

Wright, Craig M.: Music at the Court of Burgundy 1364–1419. A Documentary History, Henryville 1979.

Zack, Andreas: Studien zum „Römischen Völkerrecht". Kriegserklärung, Kriegsbeschluß, Beeidung und Ratifikation zwischenstaatlicher Verträge, internationale Freundschaft und Feindschaft während der römischen Republik bis zum Beginn des Prinzipats, Göttingen ²2007.

Zeller, Susanne: Der Humanist Erasmus von Rotterdam (1469–1536) und sein Verhältnis zum Judentum, in: Kirche und Israel 21 (2006). S. 17–28.

Zeller, Susanne: Juan Luis Vives (1492–1540). (Wieder)Entdeckung eines Europäers, Humanisten und Sozialreformers jüdischer Herkunft im Schatten der spanischen Inquisition. Ein Beitrag zur Theoriegeschichte der sozialen Arbeit als Wissenschaft, Freiburg/Br. 2006.

Zweig, Stefan: Triumph und Tragik des Erasmus von Rotterdam, Wien 1938 (Zahlreiche Nachdrucke).

Personenregister

Ackroyd, Peter 26, 44, 70, 189, 207, 229
Adams, Robert M. 66, 226
Adolf von Burgund 25, 166
Akkerman, Fokke 51, 229
Albrecht von Brandenburg (Erzbischof von Mainz, Kurfürst) 74, 88, 115, 169, 185
Alciati, Andrea 195
Alcibiades 56
Aleander, Hieronymus 90, 93, 94, 96, 98, 180, 213
Alfonso Manrique de Lara (Erzbischof von Sevilla, Generalinquisitor in Spanien) 134, 149, 150, 151, 153
Allen, Percy 7, 8, 9, 14, 15, 30, 115, 120, 151, 181, 215, 220, 225, 229, 223
Alveldt, Augustin von 85, 244
Ambrosius von Mailand 27, 146
Amerbach, Bonifacius 158, 162, 167, 175, 208
Amerbach, Bruno 52
Ammonio, Andrea 48, 49, 64, 65, 70, 75
Amsdorf, Nikolaus 199
Andrelini, Fausto 13, 21, 24, 25, 28
Andrist, Patrick 223
Anna van Borssele (Herrin von Veere) 25, 28, 29, 166
Anna von Ungarn und Böhmen 99
Anselm von Canterbury (Erzbischof) 179
Anthoniszoon, Jacob 37

Antonin, Jan 140, 144, 145, 215, 218
Apiarius, Matthias 201, 202
Aristoteles 14, 68
Arkadius, Flavius (Kaiser) 172
Armour, Roling 200
Arnobius 105
Arnold, Matthieu 184
Audley, Thomas (Lordkanzler von England) 207
Augustijn, Cornelis 11, 36, 53, 57, 58, 117, 132, 162, 163, 164, 199, 222, 229
Augustinus von Hippo (Bischof, Kirchenlehrer) 8, 14, 27, 28, 58, 62, 148, 159, 181, 193
Aulinger, Rosemarie 188
Aurnhammer, Achim 167
Avilés, Miguel de 150, 229

Backus, Irena 34, 230
Backvis, Claude 137, 229
Bade, Josse 29, 38, 40, 47, 48, 49, 128, 155, 157, 180, 183, 187
Baechem, Nikolaus (Egmondanus) 96
Baer, Ludwig 157, 158, 161, 214
Bainton, Roland H. 11, 24, 36, 95, 221, 229
Bakhuizen van den Brink, Jan Nicolaas 139, 192
Baravellus (Pseudonym für Thomas More) 100
Barbier, Pierre 72, 104, 105
Barker, Paula S. Datsko 104, 229, 240
Barker, William 28, 42, 221, 229

… Personenregister

Barral-Baron, Marie 212, 219, 220, 229
Bartel, Oskar 147, 229
Basilius von Casarea (Bischof, Kirchenvater) 138, 182
Bataillon, Marcel 10, 134, 135, 150, 152, 153, 213, 229
Batt, Jakob 14, 17, 18, 19, 21, 24, 25, 28, 29, 33, 34, 35
Baumann, Eduard 100, 229
Beck, Balthasar 184, 200, 225, 226
Becker of Borsele, Jan 211
Beda Venerabilis 179
Béda, Noël (Noël Bédier) 74, 124, 125, 126, 127, 128, 129, 130, 131, 149, 179, 187
Bejczy, István P. 12, 87, 179, 123, 230
Bembo, Pietro 178, 179, 242
Béné, Charles 11, 214, 230
Berault, Nicolas 110
Bergen, Antoon van 29, 30, 49, 51, 62
Bergen, Hendrik van 13, 16, 17, 21, 22, 25, 33, 35, 36
Bernhard von Cles (Bischof von Trient, Kardinal, Kanzler Ferdinands) 158, 182, 186
Bernstein, Eckhard 56, 80, 92, 101, 103, 230
Bernuzzi, Marco 213
Berquin, Louis de 125, 129, 130, 154, 159
Beumer, Johannes 11, 34, 230
Bezzel, Irmgard 11, 230
Bibaut, Willem 131
Bierlaire, Franz 11, 23, 33, 48, 86, 108, 112, 159, 161, 165, 167, 221, 230
Bietenholz, Peter G. 8, 72, 78, 86, 90, 131, 132, 161, 162, 163, 194, 227, 228, 230

Birckmann, Franz 49
Blount, William (Lord Mountjoy) 13, 23, 25, 26, 28, 41, 43, 48, 50, 97, 148, 149, 182, 193, 211
Blum, Michael 166, 277
Böcking, Eduard 102, 225
Boer, Jan-Hendryk de 54
Boerios, Battista 40
Boleyn, Anne (von 1533 bis 1536 Königin von England) 191, 192
Boleyn, Thomas (Earl of Wiltshire) 192, 208
Bolgar, Robert R. 110, 243
Bombace, Paolo 41, 78
Bömer, Aloys 56, 57, 225
Bonaventura (Kirchenlehrer) 179
Boner, Jan 182
Boner, Seweryn (Bankkaufmann) 127, 137, 138, 147, 182
Boner, Stanislaw 182
Botzheim, Johann von 26, 28, 34, 35, 60, 108, 115, 123, 139, 193
Boudet, Michel 131
Boyle, Marjorie O'Rourke 72, 96, 117, 240
Brady, James F. 58
Brady, Thomas A. Jr. 104, 184, 212, 230, 231
Brandi, Karl 94, 173, 231
Brant, Sebastian 44, 242
Brecht, Martin 18, 80, 91, 93, 118, 119, 121, 199
Breitenbach, Georg von 106
Briart of Ath, Jan (Atensis) 72, 78, 82, 87
Briconnet, Guillaume (Bischof) 125
Brie, Germain de 131, 149, 180
Briesemeister, Dietrich 12, 134, 222, 131
Brown, Andrew J. 223
Brown, Peter 231
Bruni, Leonardo 179

Bucer, Martin (Reformator) 143, 147, 162, 163, 164, 184, 185, 186, 201, 202, 237, 240
Buck, August 12, 52, 134, 222, 231, 235
Budé, Guillaume 38, 47, 52, 59, 60, 69, 70, 71, 74, 97, 129, 138, 149, 155, 180, 226, 237, 239
Bühring, Gernot 196, 245
Burgund, Philipp von (Bischof von Utrecht) 75, 185
Burke, Peter 26, 66, 231
Burnett, Amy Nelson 158
Buschius, Hermann 54, 79, 87, 180, 202, 206
Busleyden, Hieronymus 35, 69, 82, 83
Butrica, James L. P. 211

Caesar Scaliger, Julius 213
Caesarius, Johannes 52, 57
Cajetan, Thomas (Kardinal) 80
Callahan, Virginia 221
Calvin, Johannes 212, 241
Caminad, Augustin Vincentius 23, 24, 28, 29
Cammigha, Haio 162
Campeggi, Lorenzo (auch: Campeggio, Kardinal) 81, 86, 161, 167, 168, 169, 170, 171, 172, 173
Capito, Wolfgang Faber 7, 74, 80, 83, 87, 115, 117, 164, 169, 184, 185, 200, 245
Carley, James P. 26
Carondelet, Jean de 182
Carrington, Laurel 126, 162, 164, 192, 231
Caspari, Fritz 10, 231
Castiglione, Baldassare 135, 153, 167, 225
Chambers, D. S. 33
Chapuys, Eustache (im Auftrag von Kaiser Karl V. Botschafter am Hofe Heinrichs VIII.) 188, 192, 193
Charlier, Yvonne 11, 14, 23, 34, 60, 71, 124, 180, 221, 231
Charnock, Richard 26
Charrier, Sylvie 21, 231
Chaucer, Geoffrey 110
Cheshire, Neil M. 60
Chierigati, Francesco (Bischof) 103
Chomarat, Jacques 11, 19, 109, 211, 231
Chrisman, Miriam U. 35, 52
Christ von Wedel, Christine 223, 231
Christoph von Stadion (Bischof von Augsburg) 171, 182, 211
Christoph von Utenheim (Bischof von Basel) 157
Chrysostomus, Johannes (Kirchenvater) 154, 182
Cicero 14, 24, 30, 31, 177, 178, 179
Claudian 14
Clemens VII. (Giulio de Medici, Papst) 41, 90, 115, 116, 117, 150, 152, 153, 154, 170, 176, 188, 191, 198, 214
Clericus, Johannes (Jean Leclerc) 9, 83, 165, 225
Cochläus, Johannes 120, 147, 169, 190
Colet, John 13, 26, 27, 34, 37, 39, 40, 48, 49, 50, 54, 59, 72
Colghenens, Willem (=Conrad) 18
Colster, Abel van 193
Colt, Jane (Frau von Thomas More) 39
Congar, Yves 36, 231
Cop, Guillaume (Wilhelm Kopp) 28, 74

Copenhaven, Brian P. 29, 31
Corsi, Pietro 213
Cousin, Gilbert 161, 162
Cousturier, Prierre (Sutor) 124, 128, 129
Cox, Leonard 142, 146
Crane, Mark 8, 232
Cranevelt, Frans van 143, 148
Cranmer, Thomas (Erzbischof von Canterbury) 188, 189, 191, 208
Cromwell, Thomas 188, 208
Croy, Guillaume de (Chièvres) 99
Cyprian (Bischof von Karthago) 86
Cytowska, Maria 11, 113, 137, 146, 215, 232

Dallmayr, Fred R. 176
Dalzell, Alexander 8, 9, 118, 127, 161, 204, 228, 229
Dalzell, Ann 9, 204, 229
D'Amico, John F. 168
Dantiscus, Johannes 138, 139, 215, 245
David von Burgund 16
Davies, Norman 137, 146, 232
Decius, Justus 131, 137, 138, 140, 145, 146, 204, 215
Deitz, Luc 8, 233
DeMolen, Richard 11, 14, 166, 167, 177, 211, 230, 237, 239, 244
Denck, Hans 200
Desmarez, Jean 35, 36, 37
Deutscher, Thomas B. 194, 230
Dickens, Arthur Geoffrey 213, 232
Dilft, Frans van der 162
Dill, Ueli 180
Doernberg, Erwin 100, 232
Domonkos, Leslie 164, 174

Dorp, Maarten van 46, 52, 55, 60
Dotzauer, Winfried 204
Douglas, Richard M. 153
Dresden, Samuel 15
Drysdall, Denis 186, 232
Dubois, Francois 131
Ducke, Karl-Heinz 104
Duke, Alastair 201, 232
Dülmen, Richard van 200, 201, 203, 204
Duns Scotus, Johannes 23, 117
Dürer, Albrecht 10, 233

Eberhard von der Mark (Bischof von Lüttich) 82, 84
Eck, Johannes 78, 85, 95, 109, 171, 227
Eckert, Willehad Paul 10, 232
Eleonore von Österreich (Königin von Portugal und Frankreich) 37
Elias, Norbert 167, 232
Elisabeth (Schwester) 14
Emden, Christian 103, 241
Emser, Hieronymus 85, 121, 147, 244
Epicopius, Nikolaus 148
Epikur 14
Erbe, Michael 85, 107, 128, 182, 194, 195
Eschenfelder, Christoph 79, 204, 214
Estes, James M. 8, 9, 102, 115, 154, 161, 170, 183, 188, 197, 204, 223, 228, 229, 233
Everaerts, Nikolaas 92
Ezekiel 125

Faber Emmeus, Johannes (Drucker) 161, 181
Faber, Jacob (Lehrer an der Schule St. Lebuin in Deventer) 35

Faber, Johannes (Dominikaner) 91
Fabri, Johann (seit 1530 Bischof von Wien) 190
Faludy, George 11, 233
Fantazzi, Charles 34, 36, 82, 109, 143, 151, 154, 170, 183, 188, 193, 197, 223, 228, 233
Fantham, Elaine 126, 181
Farge, James K. 8, 124, 129, 130, 143, 187, 228, 223
Feingold, Mordechai 42, 100, 191
Ferdinand I. von Aragon (König von Aragon, Sizilien und Sardinien) 27, 42, 63
Ferdinand von Habsburg (ab 1521 Erzherzog von Österreich, ab 1526/1527 König von Böhmen, Kroatien und Ungarn,1558–1564 Kaiser des Heiligen Römischen Reiches) 37, 73, 88, 90, 99, 102, 103, 108, 109, 144, 145, 158, 171, 173, 176, 182, 198, 222, 237
Ferguson, Wallace K. 8, 13, 30, 58, 64, 91, 227
Fernandez-Armesto, Felipe 96, 188
Filelfo, Francesco 15
Fischer, Ludwig 122, 233
Fischer, Robert 23
Fisher, Christopher 38
Fisher, John (Bischof von Rochester) 30, 39, 48, 54, 59, 64, 72, 83, 87, 120, 188, 193, 207, 208, 211, 216, 219
Fisher, Robert 23. 48,
Fonseca, Alonso de (Erzbischof von Toledo) 126, 127, 134, 159, 181, 193
Förstemann, Karl Heinz 173, 233
Fox, Alistair 191, 233

Fraenkel, Pierre 163
Franck, Sebastian 183, 185, 186, 225
Franz I. (König von Frankreich) 74, 76, 89, 90, 97, 105, 110, 115, 118, 123, 124, 127, 129, 130, 131, 136, 139, 152, 154, 156, 161, 222
Franz von Waldeck (Bischof von Minden, Osnabrück und Münster) 195, 203, 205
Friedrich III. von Sachsen (oder: Friedrich der Weise, Herzog von Sachsen, Kurfürst) 65, 80, 81, 84, 91, 92, 94, 106, 107, 120
Frith, Simon 191, 111
Froben, Johannes (Drucker und Verleger, ab 1527: Hieronymus, dessen Sohn) 17, 24, 30, 31, 35, 47, 49, 51, 52, 53, 57, 59, 60, 65, 66, 70, 75, 80, 81, 86, 87, 108, 111, 115, 116, 230, 132, 133, 148, 151, 155, 157, 159, 164, 166, 174, 176, 181, 182, 183, 185, 187, 192, 193, 195, 197, 199, 209, 212, 215
Froschauer, Christoph 132
Froude, James Anthony 9, 233
Furey, Constance M. 71

Gaguin, Robert 13, 21, 28, 231
Gail, Anton J. 11, 42, 148, 165, 233
Garanderie, Marie-Madeleine de la 38, 59, 74, 110, 124, 131, 180, 226, 237
Gardiner, Stephen (Bischof von Winchester) 189
Gattinara, Mercurino (Großkanzler Karls V.) 89, 94, 99, 132, 133, 235
Geldenhauer, Gerhard 162, 163, 184, 185

Georg der Bärtige (Herzog des albertinischen Sachsens) 65, 81, 85, 92, 93, 106, 107, 116, 117, 121, 122, 147, 238, 241, 141
Gerard, Cornelis (Cornelius Aurelius) 13, 14, 15, 16, 17, 70
Gerbel, Nikolaus 52, 57
Gerhard (Vater des Erasmus) 7
Gerlo, Alois 10, 110, 233, 234
Gerrish, Brian Albert 221
Gess, Felician 85, 121, 225
Giesen, Bernhard 213, 234
Gigli, Silvestro 48, 64
Gilles, Peter 38, 47, 55, 60, 64, 66, 67, 69, 70, 87, 193, 194, 195
Gilmore, Myron P. 221
Glareanus, Henricus 72, 158, 161, 180
Gockeln, Konrad (Conradus Goclenius) 7, 132, 148, 150, 180, 186, 187, 193, 196, 209
Godin, André 29, 33, 34, 226
Góis, Damião de (Damianus de Goes, portugiesischer Diplomat und Historiker) 188, 195, 196, 207
Golczewski, Frank 175
Göllner, Carl 175, 234
Goodman, Anthony 26, 231
Gourmont, Gilles de 47, 66
Grafton, Anthony 213
Grant, John N. 9, 14, 28, 138, 139, 192, 204, 229
Grapheus, Cornelius 195, 196
Grapheus, Johannes 195
Gratius, Ortwin 56
Graven, Tileman 181
Gravius, Tielmann 204, 209
Greenfeld, Liah 45, 212, 234
Gregor I. (Papst) 179
Grell, Chantal 60, 231
Grey, Thomas 23, 24
Greyerz, Kaspar von 12, 223, 245

Griffiths, Gordon 125, 130
Grimani, Domenico (Kardinal) 43, 70
Grocyn, William 25, 72
Grunnius, Lambert (fiktiv) 64
Guenther, Ilse 35, 162, 165
Guggisberg, Hans R. 186
Guilleminot, Genevieve 38
Gutmann, Elsbeth 11, 112, 222, 234
Guy, John 69, 70, 111, 189, 216, 234

Hadot, Jean 33, 234
Hadrian VI. (Adriaen Floriszoon Boeiens, Papst) 102, 104, 105, 106, 116, 235
Hagglund, Bengt 12, 222
Hagius, Quirinus 162
Hale, John 112, 164, 167, 234
Halkin, Leon E. 11, 12, 17, 36, 40, 57, 70, 71, 82, 112, 169, 181, 182, 198, 214, 221, 222, 234, 235
Hamm, Berndt 184
Hannemann, Brigitte 63
Hannibal 141
Harst, Karl 140
Hartmann, Alfred 10, 44, 235
Headley, John M. 89, 100, 133, 134, 235
Heath, Michael J. 60, 76, 113, 141, 174
Heck, Adrianus van 192
Hedio, Caspar 117, 184
Heer, Friedrich 10, 101, 235
Hein, Dieter 136, 243
Hein, Rudolf B. 104, 235
Heinimann, Felix 14, 28
Heinisch, Klaus J. 67, 68, 235
Heinrich VII. (König von England) 26, 43

Heinrich VIII. (König von England) 26, 28, 43, 44, 49, 50, 66, 72, 73, 76, 78, 79, 90, 100, 115, 117, 136, 148, 149, 152, 154, 156, 188, 189, 190, 191, 207, 208, 222
Heinrich, Hans Peter 70, 235
Heitmann, Klaus 52, 235
Heller, Henry 70. 73, 125, 129
Henckel, Janos 164
Henny, Sundar 223
Henze, Barbara 222
Herding, Otto 8, 12, 37, 52, 60, 75, 222, 253
Herennius 109
Heresbach, Konrad 165, 181, 204, 206
Hermann von Wied (Erzbischof von Köln, Kurfürst) 181, 233
Hermans, Willem 3, 14, 15, 17, 18, 34, 35, 37
Herwagen, Johann 148, 182
Hessen, Philipp von (Landgraf) 85, 122, 171, 202
Hessus, Helius Eobanus 80
Hexter, Jack H. 66, 67, 227
Hieronymus, Sophronius Eusebius (Kirchenvater) 14, 19, 24, 27, 48, 51, 58, 72, 170, 244
Hilarius von Poitiers (Bischof) 102, 109, 179
Hildebrand, Klaus 136, 243
Hillerbrand, Hans J. 146, 202, 235
Himelick, Raymond 298, 235
Hirsch, Elisabeth Feist 196, 233
Hirschi, Caspar 53, 235
Hödl, Ludwig 235
Hoffmann, Manfred 102
Hofmann, Melchior 200, 201, 202
Holbein, Ambrosius 66, 88
Holbein, Hans (der Jüngere) 10, 47, 139, 233

Holborn, Annemarie 10, 226
Holborn, Hajo 10, 101, 226, 236
Holder, R. Ward 223
Holeczek, Heinz 11, 236
Hollonius, Lambert 80
Homer 30
Homza, Lu-Ann 150, 236
Honée, Eugène 167, 169, 236
Hoogstraten, Jacob von 54, 56, 96
Horaz 14
Hosius, Stanislaus (Bischof von Kulm, Kardinal) 142, 143, 144, 145, 146, 239, 246
Hoven, René 112, 221
Hsia, Ronnie Po-chia 146, 186, 200, 236
Huber-Rebenich, Gerlinde 56
Huizinga, Johan 10, 42, 220, 236
Hutten, Ulrich von 47, 52, 54, 56, 57, 74, 88, 92, 95, 100, 101, 102, 103, 117, 180, 230, 236
Hydlodaeus, Raphael 67, 68, 69
Hyma, Albert 10, 236

IJsewijn, Jozef 15, 72, 222, 256
Immenkötter, Herbert 170, 236, 238
Isabella von Kastilien 38
Isabella von Österreich (Königin von Dänemark) 37
Isidor von Sevilla (Bischof) 179
Israel, Jonathan I. 15, 201, 212, 236

Jakob IV. (König von Schottland) 42, 43
Jan van Leiden (Jan Bockelson, „König" des Täuferreichs von Münster) 202, 204
Jardine, Lisa 12, 70, 219, 237
Jarrot, C. A. L. 221

Jean de Guise-Lorraine (Kardinal) 149
Jennings, Margaret 211
Jimenes de Cisneros, Francisco (Kardinal) 96
Jobert, Ambroise 146, 237
Jodocus 15
Johann Friedrich I. (Herzog des ernestinischen Sachsen, bis 1547 Kurfürst) 189
Johann III. (Herzog von Kleve, Mark, Jülich und Berg) 148, 165, 167, 182, 203, 206
Johann III. (König von Portugal) 148, 195, 196
Johanna I. von Kastilien (Frau Philipps des Schönen, genannt: Johanna die Wahnsinnige) 15, 16, 37, 38
Johannes Magnus (Erzbischof von Uppsala, letzter katholischer Erzbischof in Schweden, ab 1526 im Exil) 195
Jonas, Justus 27, 34, 81, 83, 90
Jonge, Henk Jan de 58, 97
Joost van Schoonhoven (=Jodocus) 18
Jud, Leo 132
Julius II. (Giuliano della Rovere, Papst) 38, 40, 42, 44, 49, 76, 75, 77, 178
Jürgens, Henning P. 140, 143, 144, 145, 237
Juvenal 14

Kaegi, Werner 10, 236
Kan, Nikolaas 159, 169
Karl V. (Kaiser des Heiligen Römischen Reiches und König von Spanien) 37, 38, 51, 54, 55, 60, 63, 73, 75, 76, 82, 86, 87, 88, 89, 90, 92, 93, 94, 97, 99, 102, 103, 104, 105, 108, 109, 110, 118, 124, 129, 132, 133, 135, 136, 140, 149, 150, 151, 152, 153, 154, 156, 161, 170, 172, 173, 174, 176, 182, 188, 189, 193, 195, 198, 200, 207, 216, 222, 224, 226, 231, 237, 241, 243
Karl VIII. (König von Frankreich) 20, 40
Karlstadt, Andreas 85
Katharina von Aragon (Königin von England) 89, 113, 148, 154, 189, 191, 192
Kautsky, Karl 70, 237
Kearns, Emily 197
Kerssenbrock, Hermann 203, 226
Kettelson, James M. 183, 184
Kilcoyne, Francis P. 211, 237
Kirchner, Timothy 8, 233
Kittelson, James M. 74, 184
Kleineidam, Erich 80, 81
Kleinhans, Robert 95, 211, 221, 237
Kloosterhuis, Elisabeth 181, 237
Kmita, Piotr (Woiwode) 138
Knecht, Robert 123, 130, 237
Knighton, Charles S. 192,
Knipperdolling, Bernd 203
Knott, Betty I. 48, 155, 176, 181
Kohler, Alfred 63, 99, 170, 173, 201, 207, 237
Kohler, Walther 9, 25, 63, 78, 84, 85, 88, 99, 107, 158, 159, 205
Kohls, Ernst-Wilhelm 221, 237
Koler, Johann (Choler) 171, 213
Konarski, Johann (Bischof von Krakau) 142
Konneker, Barbara 52, 74
Kooistra, Milton 7
Kopp, Wilhelm (lateinisch: Gulielmus Copus) 28, 41, 74
Kowalska, Halina 140, 141, 142, 182

Krailsheimer, Alban J. 110, 214, 237
Krans, Jan 223
Krapfinger, Gernot 82
Krebs, Manfred 186, 200, 201, 202, 237
Krendl, Peer 94
Kries, Douglas 31
Kristeller, Paul Oskar 15, 239
Kroeker, Greta 223
Krüger, Friedhelm 11, 124, 184, 223, 237
Krzyski, Andrzej (Erzbischof von Gnesen, Primas von Polen) 141, 142
Kumaniecki, Kazimierz 17

Laan, Adrie van der 51, 243
Lachner, Wolfgang (Verleger) 54
Laktanz (Kirchenvater) 24, 179
Lang, Johann 81
Lang, Matthäus (Erzbischof von Salzburg, Kardinal) 99
Lange, Helene 166, 244
Langen, Rudolf von 180, 203
Langereis, Sandra 219, 220, 227
Łaski, Hieronymus Jarosław (Diplomat) 126, 127, 127, 139, 140, 141, 144, 146
Łaski, Jan (der Ältere) (Erzbischof von Gnesen) 146, 215
Łaski, Jan (polnischer Reformator) 1499–1560) 126, 139, 140, 141, 142, 143, 144, 145, 146, 193
Łaski, Stanislaw 139
Latimer, William 25, 72
Laurinus, Marcus 86, 92, 97, 98, 102, 106, 143, 148
Le Dru, Pierre 21
Le Roy Ladurie, Emmanuel 212
Lebeau, Jean 186, 238
Lee, Edward (seit 1531 Erzbischof von York) 60, 72, 78, 86, 87, 189

Lefèvre d'Etaples, Jacques (Faber Stapulensis) 70, 72, 73, 74, 78, 125, 128, 130
Leijenhorst, C. G. van 18, 22, 29, 123, 211
Leo I. (Papst) 179
Leo X. (Giovanni de Medici, Papst) 33, 47, 57, 58, 59, 64, 65, 70, 76, 78, 80, 81, 87, 90, 92, 100, 101
Leushuis, Reinier 112, 223
Levi, Anthony H. T. 44, 75
Lienhard, Marc 163, 169, 229, 238
Lieven, Algoet 86
Linacre, Thomas 25
Lips, Maarten 72, 78, 86, 143, 148.
Livius, Titus 24, 182
Locher, Jakob 44, 242
Logan, George M. 66, 226
Longolius (Christophe de Longueil) 180
López Zúniga, Diego (auch: Jacobus Lopis Stunica) 90, 96, 97, 103, 106, 127, 135
Louthan, Howard 144, 242
Lowry, Martin 41, 83
Lucan 14, 24
Ludovicus 33
Ludwig II. (König von Böhmen und Ungarn) 99, 144
Ludwig XII. (König von Frankreich) 37, 40
Lukian 30, 39, 40, 48, 120
Lupset, Thomas 87
Luther, Martin (Reformator) 18, 54, 59, 64, 71, 74, 78, 80, 81, 83, 85, 88, 89, 90, 91, 92, 93, 94, 95, 96, 97, 100, 101, 103, 104, 105, 106, 107, 108, 111, 112, 114, 115, 116, 117, 118, 119, 120, 121, 122, 123, 127, 128, 132, 133,

135, 136, 139, 140, 142, 146, 147, 149, 153, 163, 169, 171, 175, 180, 183, 184, 195, 196, 199, 208, 213, 220, 223, 226

Macardle, Peter 116, 199
MacCutcheon, Robert R. 100, 283
MacKay, Angus 26, 231
Maczak, Antoni 137, 238
Maldonado, Juan 150
Maldonato, Juan 134
Mansfield, Bruce 11, 119, 221, 239
Manuel I. (König von Portugal) 195
Manutio, Aldo 30, 41, 42, 49
Marc'hadour, Germain 39, 111, 214, 239
Margarete (Mutter des Erasmus) 7
Margarete Busslin 108, 113, 161
Margarete von Österreich (in der Zeit von 1507 bis Januar 1515 und von 1517 bis zu ihrem Tod im Jahr 1530, Statthalterin der habsburgischen Niederlande) 37, 38, 54, 99, 162, 182
Margolin, Jean-Claude 12, 24, 48, 71, 109, 165, 166, 221, 222, 239
Marguerite von Angoulême (Königin von Navarra) 130, 131
Maria von Ungarn (ab 1531 Statthalterin der Spanischen Niederlande) 38, 99, 113, 157, 164, 174, 182, 200
Marliano, Luigi 94, 96
Martens, Dirk (niederländischer Drucker) 15, 27, 31, 35, 37, 51, 66, 70, 77, 79, 82, 83, 97, 111, 185
Martial 14

Martin, Bernd 101, 241
Martz, Louis L. 191, 226, 239
Maruffo, Raffaelo 208, 209
Masson, Jacques (Latomus) 60, 78, 82, 83, 127, 162, 216
Matheson, Peter 164
Matthys, Jan (auch: Jan Matthijs) 202, 203, 204
Mauritsz, Jacob 37
Maximilian I. (Kaiser des Heiligen Römischen Reiches) 37, 38, 42, 49, 53, 76, 101. 245
Maximilian von Burgund 155, 176
McConica, James Kelsey 8, 48, 51, 64, 222, 227
McGinness, Frederick J. 211
McGregor, Brian 48, 165
McLaughlin, Emmet 186, 200
McNeil, David O. 60
Medici, Giovanni de (Kardinal) 43
Mehl, James V. 54
Melanchthon, Philipp (Reformator) 81, 85, 94, 95, 117, 118 121, 145, 161, 164, 169, 170, 171, 195, 196, 226, 243, 244
Mellink, Albert Fredrik 201, 202, 239
Merula, Paulus 14
Mesnard, Pierre 155, 176
Metsijs, Quentin (auch: Massys) 10, 70, 233
Miaskowski, Kasimir von 143, 144, 146, 239
Midgley, David 103, 241
Miller, Clarence H. 9, 44, 111, 116, 120, 130, 147, 187, 188, 197, 221, 228
Minnich, Nelson H. 213
Moeller, Bernd 104, 239
Molitor, Hansgeorg 79
Montesinos, Jose F. 153, 227

Morawski, Kazimierz 142, 226
More, Margaret 39
More, Thomas (Lordkanzler) 13, 26, 39, 40, 44, 46, 47, 55, 60, 62, 64, 65, 66, 67, 69, 70, 72, 73, 77, 78, 80, 87, 89, 96, 97, 98, 100, 104, 110, 111, 121, 148, 154, 180, 188, 189, 190, 191, 192, 207, 208, 209, 211, 212, 216, 226, 227, 229, 233, 234, 235, 237, 239, 242
Moriollon, Guy 206
Moritz von Sachsen (Herzog des albertinischen Sachsens) 107
Mornieu, Pierre de (Abt der Zisterzienserabtei Chambery in Savoyen) 131
Morton, John 67
Mosellanus, Petrus 81, 85, 106, 194
Moulin de Rochefort, François du (Bischof von Condom) 131
Mout, Marianne E. H. N. 12, 169, 222, 229, 236, 238, 239, 248
Muhlack, Ulrich 49
Müller, Gerhard 170, 240
Müller, Jan-Dirk 179
Mynors, Roger Aubrey Baskerville 8, 13, 30, 51, 64, 72, 78, 86, 90, 102, 115, 227, 228

Nauert Jr., Charles G. 8, 18, 79, 118, 127, 228, 240
Nauwelaerts, Marcel A. 29, 38, 194
Neagu, Cristina 174, 240
Nellen, Henricus Johannes Maria 222
Neuenahr, Hermann von 52, 57, 59, 79, 91, 181, 192
Neuhaus, Helmut 204, 240
Neve, Jan de 51
Newald, Richard 10, 240

Northoff, Christian 23, 109
Northoff, Heinrich 23, 24
Oberman, Heiko Augustinus 15, 119, 136, 212, 230, 236, 234. 240
Oecolampad, Johannes (Schweizer Reformator) 57, 131
Oelrich, Karl Heinz 10, 118, 240
Ohla, Nikolaus (Bischof von Eger, Erzbischof von Esztergom) 174, 182
Olin, John C. 58
Olivar, Pedro Juan 135, 150
Origenes 27, 34
Osiander, Andreas 103, 147, 184, 189
Ovid 14

Pabel, Hilmar M. 90, 124, 223
Pace, Richard 87, 88, 97
Paracelus (Theophrastus Bombast von Hohenheim, Arzt) 148
Paravicini, Werner 60, 241
Parker, Geoffrey 54, 73, 99, 136, 154, 161, 212, 240
Paul III. (Alessandro Farnese, Papst) 214, 215, 216, 217
Payne, John B. 132
Payr, Theresia 42, 155, 176
Pellican, Konrad (Schweizer Reformator) 126, 141, 143, 157
Peremans, Nicole 162, 163, 164, 184, 185, 186, 240
Perraud, Louis A. 192
Peterse, Hans 54, 219, 240
Petrarca, Francesco 109, 179
Petrus 77, 97
Petrus Mosellanus 81, 106
Petruzzellis, Nicola 47
Peutinger, Konrad 91, 103, 104
Pfefferkorn, Johann 53, 54, 56
Pfeiffer, Rudolf 17, 19, 240

Pflug, Julius (1541 zum letzten katholischen Bischof von Naumburg-Zeitz gewählt) 188, 194, 196, 197, 227, 240
Philibert II. von Savoyen 37
Philipp (Erzherzog von Österreich, genannt: Philipp der Schöne) 30, 37, 237
Philipp von Burgund (Bischof von Utrecht) 86, 185
Philipp von Hessen (Landgraf) 85, 122, 171, 202
Philipp, Johann 28
Phillips, Jane E. 87
Phillips, Margaret Mann 10, 17, 18, 28, 29, 41, 42, 49, 77, 87, 126, 220, 221, 238, 239
Pico della Mirandola, Gianfrancesco 178, 179, 242
Pinilla, Ignacio Garcia 223
Pio, Alberto (Fürst von Carpi) 154, 157, 180, 183, 213
Pirckheimer, Caritas 104, 229, 240
Pirckheimer, Willibald 52, 69, 70, 95, 98, 103, 104, 107, 143, 148, 159, 180, 192, 227
Pistoris, Simon 106, 107, 121, 161, 167
Plato 14, 68
Platter, Thomas 212, 238
Plutarch 48, 68
Poggio Bracciolini 179
Pole, Reginald (Kardinal) 140
Poliziano, Angelo 179
Pollet, Jacqes V. 184, 194, 198, 227, 240
Poll-van de Lisdonk, Miekske van 14, 28, 29, 223
Poncher, Etienne (Bischof von Paris) 74
Pope, Maurice 155, 176
Porter, Roy 137, 238

Potter, George R. 21, 245
Properz 14
Pucci, Lorenzo (Kardinal) 86

Quentel, Heinrich (Kölner Drucker) 56, 130, 227
Quintilian 14

Rabbie, Edwin 187, 222
Rabelais, François 110
Rabil, Albert 221
Radice, Betty 37
Rastell, William 190, 227
Reedijk, Cornelis 12, 16, 41, 222, 227
Regius, Urbanus (Urbanus Rhegius) 13
Reichel, Gisela 107, 241
Reid, Jonathan 8, 233
Reinhardt, Volker 101, 212, 241
Renaudet, Augustin 10, 40, 42, 83, 90, 144, 153, 179, 241
Reuchlin, Johann 52, 53, 54, 56, 57, 180, 240, 241
Reulos, Michel 22
Reuter, Fritz 93, 246
Rhenanus, Beatus 10, 49, 52, 69, 78, 87, 111, 233
Riario, Raffaele (Kardinal) 43, 70
Ribhegge, Wilhelm 12, 52, 60, 61, 66, 69, 77, 89, 103, 111, 136, 216, 241, 242
Ridder-Symoens, Hilde de 206
Riesenberger, Dieter 56
Rinck, Johann 175, 181
Ritook-Szalay, Agnes 12, 222
Robert, Jörg 178, 242
Roberts, Jennifer Tolbert 113
Roberts, John M. 136, 137, 242
Rogers, Elizabeth Frances 47, 55, 69, 109, 208, 227

Rogerus, Servatius 13, 14, 39, 40, 50
Rommé, Barbara 216, 241
Rothmann, Bernard 199, 201, 202, 203, 205, 206
Rott, Hans Georg 186, 200, 201, 202, 237
Rowan, Steven 55
Rufus, Conradus Mutianus 80, 81, 230
Ruistre, Nicolas 36, 37
Ruiz de Virués, Alonso 134, 150
Rummel, Erika 7, 12, 15, 17, 87, 96, 112, 123, 124, 128, 130, 135, 150, 187, 222, 223, 242, 245

Sadoleto, Jacopo (Kardinal) 126, 127, 153, 180, 182
Sallust 14, 24
Sauvage, Jean le 51, 54, 60, 63, 65, 73, 75, 77, 82, 89
Scarisbrick, John Joseph 89, 100, 136, 189, 191, 242
Scarpatetti, Beat von 49
Scevola, Daniele 42
Scheible, Heinz 54, 81, 169, 170, 171, 243
Schepper, Cornelius 161, 167
Schets, Erasmus (Banker) 143, 148, 194, 209
Schieber, Martin 104, 243
Schilling, Heinz 136, 243
Schmidt, Paul Gerhard 12, 44, 49, 222, 226, 243
Schmidt-Dengler, Wendelin 44
Schoeck, Richard 28, 30, 36, 39, 40, 41, 44, 48, 51, 57, 64, 65, 77, 91, 106, 108, 111, 112, 188, 243
Schoeffel, Ronald M. 8
Schottenloher, Otto 10, 243
Schulte Herbruggen, Hubertus 12, 222, 226
Schulz, Andreas 136, 243

Schürer, Matthias 29, 44, 47, 49, 52, 79
Schweiss, Alexander 95
Schwenckfeld, Kaspar von 200
Sebastiani, Valentina 223
Secor, Harry R. 110
Segel, Harold B. 138, 142, 243
Seibt, Ferdinand 94, 243
Seidel Menchi, Silvana 12, 213, 222, 223, 234, 235
Selge, Kurt-Victor 93
Seneca, Lucius Annaeus 48, 59, 215
Sforza, Bona 137
Shakespeare, William 45, 233
Shaw, Christine 40, 244
Sheerin, Daniel J. 213
Skinner, Quentin 60, 244
Sluys, Kees 195
Smith, John 48
Smith, Preserved 10, 51, 112, 221, 244
Smolak, Kurt 24, 109
Smolinsky, Heribert 12, 85, 169, 222, 229, 236, 238, 243, 244
Sokrates 56
Sowards, J. Kelley 71
Spalatin, Georg 81, 84, 87, 91, 117, 118
Spitz, Lewis W. 52, 53, 244
Standonck, Jan 21,
Stasiewski, Bernhard 146, 244
Statius 14
Stayer, James M. 203
Steuco, Agustino 43, 183, 213
Stevens, Forrest Tyler 14
Stewart, Alexander 42, 43
Stromer, Heinrich 74, 106
Strosetzki, Christoph 89, 136, 193, 241, 244
Stupperich, Robert 197, 200, 202, 204, 227, 244

Sturm, Jacob 104, 183, 186, 202, 231
Sueton 65
Suleiman I. (Sultan) 188
Surtz, Edward L. 66, 67, 227
Szydlowiecki, Krzysztof (Kanzler von Polen) 138, 141, 144, 192, 193

Talesius, Quirinus 161, 162
Tate, William 100
Teich, Mikulas 127, 238
Telle, Emile V. 177, 221, 224
Tenorth, Heinz-Elmar 165, 244
Terenz 14, 182
Tertullian 179
Theoderich von Haarlem 15
Theodoricus, Franziscus 14, 40
Theodosius I., Flavius (Kaiser) 172
Theophrast 68
Thibault, Jean 83
Thieme, Hans 55
Thomas von Aquin (Kirchenlehrer) 179
Thompson, Craig R. 40, 112, 113, 130, 134, 221
Thompson, Geraldine 221
Thomson, Douglas F. S. 13, 30, 51, 64, 72, 78, 227, 244
Tibull 14
Tilmans, Karin 15
Tissol, Garth 132, 163
Tomicki, Piotr (Bischof von Krakau) 143, 204, 206, 215, 216, 217, 218
Tournoy, Gilbert 56, 185, 236
Tournoy-Thoen, Godelieve 21, 193
Toussaint, Jacques 131, 149
Tracy, James D. 11, 12, 15, 16, 17, 51, 52, 62, 102, 199, 212, 222, 230, 245

Trapman, Johannes 7, 12, 169, 222, 229, 236, 238, 239, 243, 245
Trapp, Joseph Burney 27, 111
Trinkaus, Charles 15, 116, 120, 147
Tunstall, Cuthbert 65, 72, 74, 97, 114, 115, 117, 121
Tyndale, William 191, 101, 232

Uhlig, Siegbert 196, 245
Ulrich von Wurttemberg (Herzog) 207
Urban, Waclaw 146
Uutenhove, Karel 159

Valdés, Alfonso de 127, 135, 149, 151, 152, 153, 169, 192, 193, 227
Valla, Lorenzo 14, 15, 38, 179
Vanderjagt, Arjo J. 15, 51, 229, 243
Varius, Nikolaus 154
Varnbüler, Ulrich 79
Velius, Caspar 145
Vergara, Francisco de (Bruder Juans) 149
Vergara, Juan de (Kaplan des Erzbischofs von Toledo) 134, 127, 134, 135, 149, 158, 193
Vergil, Polydor (Polidoro Virgilio) 14, 24, 29
Verstraete, Beert C. 165
Vespucci, Amerigo 67
Vessey, Mark 58, 90, 124, 223
Vickers, Brian 109, 245
Viglius Zuichemus (Wigle van Aytta van Zwichem) 188, 194, 195, 204, 240
Villon, François 110
Vinke, Rainer 91, 103
Vitrier, Jean 30, 33, 34, 226, 223

Vives, Juan Luis 73, 91, 98, 109, 135, 143, 148, 150, 180, 193, 194, 209, 233, 244, 246
Vlatten, Johann von 148, 155, 161, 167, 176, 181
Voch, Hendrik de 82
Vocht, Henry de 82, 138, 245
Voecht, Jacob 29, 31
Volkmar, Christoph 108, 245
Volz, Paul 35, 52, 78
Voss, Jürgen 60, 241
Vredeveld, Harry 13, 245

Wallraff, Martin 12, 223, 245
Walter von der Vogelweide 110
Walter, Peter 12, 117, 167, 222, 245
Warham, William (Erzbischof von Canterbury) 30, 39, 43, 44, 48, 58, 70, 74, 89, 97, 148, 189, 192, 211
Wartenberg, Günther 106, 245
Wary, Nicolas 148, 154
Waszink, Jan Hendrik 126
Weiler, Anton G. 113, 141, 174, 175
Weiss, James Michael 146
Weiss, Roberto 21, 245
Welzig, Werner 36, 112, 225
Wentford, Roger 72
Werner, Nikolaus 22
Werter, Johann 80
Whitford, David M. 223
Wiek, Johannes von 201, 202
Wiesflecker, Hermann 53, 245
Wietor, Hieronim 143
Wilhelm V. von Kleve (Herzog von Kleve, Mark, Jülich und Berg) 165, 181
Wimpfeling, Jakob 45, 52, 54, 183
Winkler, Gerhard B. 58, 59, 111, 246

Witz, Johann (Sapidus, Johannes) 17, 52
Wohlfeil, Rainer 93
Wojtyska, Henry Damien 142, 246
Wolfram von Eschenbach 110
Wollgast, Siegfried 222
Wolsey, Thomas (Erzbischof von York, Kardinal, Lordkanzler) 50, 55, 73, 81, 86, 97, 189
Wolter, Hans 94, 246
Worstbrock, Franz Josef 42, 56, 109, 234, 246
Wrede, Adolf 93, 225

Zápolya, Johann (König von Ungarn) 144, 145
Zasius, Ulrich 52, 55, 70, 181, 193
Zebrzydowski, Andrzej 147
Zeller, Susanne 193, 246
Zweig, Stefan 10, 220, 246
Zwingli, Ulrich (Reformator) 108, 117, 126, 131, 132, 141, 147, 157, 169, 184, 185, 192
Zygmunt I. (König von Polen) 137, 138, 139, 140, 141, 143, 144, 145, 146

Dank

Für die Mitarbeit bei der Korrektur des Manuskripts danke ich Hans Peterse (Zentrum für Niederlande-Studien, Universität Münster) und Stefan Schöch (Historische Theologie, Humboldt-Universität zu Berlin).

Der Gesellschaft zur Herausgabe des Corpus Catholicorum danke ich für die Aufnahme des Bandes in die Reihe „Katholisches Leben und Kirchenreform im Zeitalter der Glaubensspaltung".

Die zuletzt erschienenen Bände der Reihe. Einen ausführlichen Prospekt über die Reihe erhalten Sie direkt vom Verlag Aschendorff, Postanschrift: 48135 Münster.

Katholisches Leben und Kirchenreform im Zeitalter der Glaubensspaltung

Die Territorien des Reichs im Zeitalter der Reformation und Konfessionalisierung. Land und Konfession 1500–1650. Herausgegeben von Anton Schindling und Walter Ziegler.

49 **1: Der Südosten.** Brandenburg-Ansbach/Bayreuth – Nürnberg – Pfalz-Neuburg – Bayern, Nieder- und Oberösterreich – Salzburg – Tirol – Brixen, Trient – Innerösterreich – Böhmen. 1992, 2. Auflage, 152 Seiten, 10 Karten, kart. € 20,40.

50 **2: Der Nordosten.** Albertinisches Sachsen – Kur-Brandenburg – Magdeburg – Anhalt – Schlesien – Schleswig-Holstein – Mecklenburg – Pommern, Cammin – Königlich Preußen, Ermland – Herzogtum Preußen. 1993, 3. Auflage, 233 Seiten, 12 Karten, kart. € 27,70.

51 **3: Der Nordwesten.** Braunschweig-Lüneburg, Hildesheim – Bremen, Erzstift und Stadt – Köln, Erzstift und Freie Reichsstadt – Jülich-Kleve-Berg – Münster – Osnabrück – Paderborn – Ostfriesland – Tecklenburg, Bentheim, Steinfurt, Lingen – Niederlande, Lüttich. 1995, 2. Auflage, 235 Seiten, 14 Karten, kart. € 23,10.

52 **4: Mittleres Deutschland.** Ernestinisches Sachsen, kleine thüringische Gebiete – Frankfurt am Main, Friedberg, Wetzlar – Kurmainz – Würzburg – Fulda – Bamberg – Eichstätt – Reichsritterschaft in Franken – Wertheim – Nassau, Ottonische Linien – Hessen. 1992, 288 Seiten, 14 Karten, kart. € 25,50.

53 **5: Der Südwesten.** Kurpfalz, Rheinische Pfalz und Oberpfalz – Kurtrier – Straßburg, Hochstift und Freie Reichsstadt – Lothringen, Metz, Toul, Verdun – Baden und badische Kondominate – Württemberg – Ulm und die evangelischen Reichsstädte im Südwesten – Rottweil und die katholischen Reichsstädte im Südwesten – Weingarten und die schwäbischen Reichsklöster – Österreichische Vorlande – Schweiz. 1993, 323 Seiten, 11 Karten, kart. € 27,70.

56 **6: Nachträge.** Augsburg, Freie Reichsstadt und Hochstift – Regensburg, Freie Reichsstadt, Hochstift und Reichsklöster – Passau – Mansfeld – Lausitzen – Lübeck, Freie Reichsstadt und Hochstift, Wendische Hansestädte Hamburg, Wismar, Rostock, Stralsund – Oldenburg – Lippe, Schaumburg – Pfalz-Zweibrücken, Zweibrückische Nebenlinien – Freigrafschaft Burgund/Franche-Comté, Freie Reichsstadt Besançon – Deutscher Orden. 1996, 248 Seiten, 11 Karten, kart. € 17,90.

57 **7: Bilanz und Register.** Sieben Bilanz-Beiträge beschäftigen sich mit den evangelischen und den katholischen Territorien, der Reichsintegration im Konfessionalisierungsprozeß, den Territorialstädten, der Typologie des Reformationsfürsten, den späten Konfessionalisierungen sowie den männlichen und weiblichen geistlichen Gemeinschaften. Das Register umfaßt alle KLK-Territorien-Hefte. 1997, 311 Seiten, kart. € 20,40.

58 **Die zweite Phase der englischen Reformation (1547–1603) und die Geburt der anglikanischen Via Media.** Von Diarmaid MacCulloch. 1998, 185 Seiten, kart. € 20,40.

59 **„In Christo ist man weder man noch weyb".** Frauen in der Zeit der Reformation und der katholischen Reform. Herausgegeben von Anne Conrad. 1999, 232 Seiten, kart. € 20,40.

60 **Ungarn, das Reich der Stephanskrone, im Zeitalter der Reformation und Konfessionalisierung.** Multiethnizität, Land und Konfession 1500 bis 1700. Von Márta Fata. Herausgegeben von Franz Brendle und Anton Schindling. 2000, 369 Seiten, kart. € 30,20.

61 **Die Erforschung der Kirchengeschichte.** Leben, Werk und Bedeutung von Hubert Jedin (1900–1980). Herausgegeben von Heribert Smolinsky. 2001, 128 Seiten, kart. € 17,40.

62 **Dänemark, Norwegen und Schweden im Zeitalter der Reformation und Konfessionalisierung.** Nordische Königreiche und Konfession 1500 bis 1660. Herausgegeben von Matthias Asche und Anton Schindling. 2002, 333 Seiten, kart. € 25,50.

63 **Die religiösen Bewegungen im Italien des 16. Jahrhunderts.** Von Klaus Ganzer. 2003, 88 Seiten, kart. € 17,40.

64 **Katholische Theologen der Reformationszeit, Band 6.** Herausgegeben von Heribert Smolinsky und Peter Walter. 2004, 147 Seiten, kart. € 19,80.

65 **Orden und Klöster im Zeitalter von Reformation und katholischer Reform 1500–1700.** Band 1. Herausgegeben von Friedhelm Jürgensmeier und Regina Elisabeth Schwerdtfeger. 2005, 254 Seiten, kart. € 22,80.

66 **Orden und Klöster im Zeitalter von Reformation und katholischer Reform 1500–1700.** Band 2. Herausgegeben von Friedhelm Jürgensmeier und Regina Elisabeth Schwerdtfeger. 2006, 232 Seiten, kart. € 22,80.

67 **Orden und Klöster im Zeitalter von Reformation und katholischer Reform 1500–1700.** Band 3. Herausgegeben von Friedhelm Jürgensmeier und Regina Elisabeth Schwerdtfeger. 2007, 240 Seiten, kart. € 22,80.

68 **Reformationsgeschichtliche Studien und Texte.** Vergangenheit und Zukunft einer wissenschaftlichen Reihe. Von Peter Walter. 2008, 80 Seiten, kart. € 16,90.

69 **Die baltischen Lande im Zeitalter der Reformation und Konfessionalisierung.** Estland, Livland, Ösel, Ingermanland, Kurland und Lettgallen. Stadt, Land und Konfession 1500–1721. Teil 1. Herausgegeben von Matthias Asche, Werner Buchholz und Anton Schindling. 2009, 307 Seiten, kart. € 26,80.

70 **Die baltischen Lande im Zeitalter der Reformation und Konfessionalisierung.** Estland, Livland, Ösel, Ingermanland, Kurland und Lettgallen. Stadt, Land und Konfession 1500–1721. Teil 2. Herausgegeben von Matthias Asche, Werner Buchholz und Anton Schindling. 2010, 217 Seiten, kart. € 26,80.

71 **Die baltischen Lande im Zeitalter der Reformation und Konfessionalisierung.** Estland, Livland, Ösel, Ingermanland, Kurland und Lettgallen. Stadt, Land und Konfession 1500–1721. Teil 3. Herausgegeben von Matthias Asche, Werner Buchholz und Anton Schindling. 2011, 184 Seiten, kart. € 24,80.

72 **Die baltischen Lande im Zeitalter der Reformation und Konfessionalisierung.** Estland, Livland, Ösel, Ingermanland, Kurland und Lettgallen. Stadt, Land und Konfession 1500–1721. Teil 4. Herausgegeben von Matthias Asche, Werner Buchholz und Anton Schindling. 2012, 215 Seiten, kart. € 24,80.

73 **Welt-geistliche Frauen in der Frühen Neuzeit.** Studien zum weiblichen Semireligiosentum. Von Anne Conrad. 2013, 170 Seiten, kart. € 24,80.

74 **Unter dem Gegensatz verborgen.** Tradition und Innovation in der Auseinandersetzung des jungen Martin Luther mit seinen theologischen Gegnern. Von Klaus Unterburger. 2015, 160 Seiten, kart. € 24,80.

75 **Die Jubiläen des Konzils von Trient 1845–2013.** Von Peter Walter. 2016, 128 Seiten, kart. € 24,80.

76 **Ernst Walter Zeeden (1916–2011) als Historiker der Reformation, Konfessionsbildung und „Deutscher Kultur".** Relektüren eines geschichtswissenschaftlichen Vordenkers. Herausgegeben von Markus Gerstmeier und Anton Schindling. 2016, 252 Seiten, kart. € 24,80.

77 **Von der Kontroverse zur Historisierung.** Hundert Jahre Corpus Catholicorum. Von Volker Leppin. 2018, 99 Seiten, kart. € 24,80.

78/79 **Jan Hus (um 1372–1415).** Prediger, Theologe, Reformator. Von Franz Machilek. 2019, 272 Seiten, kart. € 29,90.

80 **Kilian Leib (1471–1553).** Prediger – Humanist – Kontroverstheologe. Herausgegeben von Simon Falch und Bernward Schmidt. 2020, 187 Seiten, kart. € 24,80.

81 **Gnade im Werk Michelangelos.** Von Günther Wassilowsky. 2023, 194 Seiten, kart. € 28,00.